Decker • Sport in der griechischen Antike

ΑΦΙΕΡΩΝΕΤΑΙ ΣΤΟΥΣ ΕΛΛΗΝΕΣ

Joachim Ebert (†) & Ingomar Weiler
φιλίας ἕνεκεν

Wolfgang Decker

Sport in der griechischen Antike

Vom minoischen Wettkampf bis zu den Olympischen Spielen

2., völlig überarbeitete und aktualisierte Auflage

Arete Verlag Hildesheim

Bibliografische Informationen
Die Deutsche Bibliothek verzeichnet diese Publikation in der Deutschen Nationalbibliografie; detaillierte bibliografische Daten sind im Internet über http://dnb.ddb.de abrufbar.

Layout/Satz/Umschlaggestaltung: Composizione Katrin Rampp, Kempten
Druck und Verarbeitung: Hubert & Co., Göttingen
ISBN 978-3-942468-06-0

Inhalt

Anhang

Vorwort zur Neuauflage

Als der Verleger Christian Becker im Jahre 2011 anregte, das Buch *Sport in der griechischen Antike* in einer zweiten Auflage herauszubringen, spielte ich seit einiger Zeit bereits selbst mit dem Gedanken, die erste Auflage stark zu überarbeiten und zu aktualisieren. Grund dieser Überlegung war die Tatsache, daß die Literatur zu diesem Forschungsthema sich seit der Vorlage der Erstauflage im Jahre 1995 sehr stark vermehrt hatte. Das läßt sich unschwer der regelmäßig in der Zeitschrift *Nikephoros* erscheinenden *Jahresbibliographie zum Sport im Altertum* entnehmen, die in der Rubrik *III Griechenland* die Neuerscheinungen zum griechischen Sport erfaßt. Die dort erwähnten neuen Aspekte der Wissenschaft sollten in dieser Neuauflage ihren Niederschlag finden wie auch die nicht wenigen Neufunde berücksichtigt werden, die an manchen Stellen eine differenzierte oder gelegentlich auch eine völlig neue Einschätzung der Fakten erforderten.

Bestärkt wurde ich in meinem Vorhaben, als ich in einer aktuellen Einführung in die Altertumswissenschaften die (zweifellos übertriebene) Einschätzung las, daß mein Buch als „Standardwerk und nach wie vor die beste deutschsprachige Einführung in den antiken Sport" gelobt wurde. Als ein Verfechter des Deutschen im Kanon der Wissenschaftssprachen fühle ich mich herausgefordert, diesem Anspruch auch in der neuen Fassung gerecht zu werden, obwohl im Rahmen dieser Neuauflage nur die wichtigsten Veränderungen des Forschungsstandes berücksichtigt werden konnten. Ich konzediere gerne, daß inzwischen auch in anderen Sprachen gute Zusammenfassungen des Themas (oder größerer Teilaspekte desselben) vorgelegt wurden. Ich erwähne hier nur die Arbeiten von F. Canali De Rossi, P. Christesen, N. B. Crowther, F. García Romero, M. Golden, P. Gouw, J. König, D. G. Kyle, H. M. Lee, B. Le Guen, St. G. Miller, J. Mouratidis, Z. Newby, Z. Papakonstantinou, N. Spivey, V. Visa-Ondarçuhu, M. Serrano Espinosa und D. C. Young, denen meine Studien vieles verdanken.

In der Bebilderung habe ich etwa die Hälfte der Abbildungen ausgetauscht, da ich glaube, auch hier der veränderten Situation Rechnung tragen zu müssen.

Mein besonderer Dank gilt Frank Förster für sorgfältiges Mitlesen der Korrekturen.

Was das Vorwort zur Erstauflage anbetrifft, habe ich keine Abstriche zu machen.

Frechen, Ostern 2012

Vorwort zur ersten Auflage

Der moderne Sport erlebt zur Zeit eine schwere Krise, von der auch die Olympische Bewegung nicht ausgenommen ist. Im Gegenteil: Zum Zeitpunkt ihres einhundertjährigen Bestehens überschatten mißliche Dopingaffären, fragwürdige Vermarktung, maßloser Gigantismus sowie übertriebener Hochleistungssport im Kindesalter – um nur einige brisante Themen zu nennen – die Olympischen Spiele, die einen ehrwürdigen Namen im Titel tragen. Festtagsstimmung will nicht recht aufkommen, wenn nach Aufgabe von Autonomie und unverwechselbarer Identität die Frage nach dem Sinn des eigenen Tuns sich immer dringender stellt und kritische Distanz zu Fehlleistungen geboten ist, die an die Substanz gehen und das historische Kapital bedrohen. Nur zu schnell könnten die Spiele selbst in absehbarer Zeit am Ende sein, wenngleich die schöne internationale Idee des französischen Barons Pierre de Coubertin dies nicht verdiente.

Dem griechischen Sport des Altertums könnte eine solche Entwicklung nichts anhaben. Als Modellfall einer Sportkultur schlechthin stellt er eine überzeitliche Größe in der Sportgeschichte dar, die so lange von Wert sein dürfte, wie Menschen historisch denken – nicht nur solange sie Sport treiben. Bereits seit langem ein traditionelles Feld der griechischen Kulturgeschichte, ist die Erforschung des griechischen Sports in den letzten Jahren in einem Maße intensiviert worden, daß im Rahmen dieser kurzen Darstellung notgedrungen eine Stoffauswahl getroffen und Akzente gesetzt werden mußten. Dennoch hoffe ich, eine Zwischenbilanz vorlegen zu können, die sowohl dem Fachkollegen als auch dem am griechischen Altertum interessierten Laien und ebenso den Studenten der Sportgeschichte und der Altertumskunde nützlich ist.

Von meinen akademischen Lehrern hat Reinhold Merkelbach, Köln, vor vielen Jahren die Liebe zum Gegenstand angefacht und die fachlichen Voraussetzungen zu seiner Behandlung vermittelt; es wäre mir eine große Freude, wenn die vorgelegte Studie sein Interesse fände und als Zeichen des Dankes für empfangene Belehrung verstanden würde. Dankbar gedenke ich auch der Förderung durch Werner Körbs, der ich mich erfreuen durfte. Seine geistigen Anregungen sind an vielen Stellen in diese Untersuchung eingeflossen. Letztlich ist auch Carl Diem nicht unschuldig an ihrem Entstehen, da er es war, der vor langer Zeit mein Interesse überhaupt auf die Sportgeschichte gelenkt hat.

Ich hatte das Privileg, daß der Entwurf der Arbeit von zwei Kennern der Materie durchgesehen wurde. Joachim Ebert, Halle, und Ingomar Weiler, Graz, steuerten zahlreiche Verbesserungsvorschläge bei und bewahrten mich vor manchem Irrtum; Fehler, die der Untersuchung dennoch anhaften, gehen nicht zu ihren Lasten. Welche Dankbarkeit ich ihnen gegenüber für das Erlebnis der langjährigen gemeinsamen Verfolgung eines wissenschaftlichen Projektes auf dem Gebiet des Sports in der Alten Welt empfinde, mag die Widmung zum Ausdruck bringen.

Dankbar bin ich auch Gerda Lauschke und Michael Herb, die sich mit hohem Einsatz der Mühe unterzogen haben, mein Manuskript zu entziffern und es in die Form einer Druckvorlage zu bringen. Dem zuletzt Genannten verdanke ich darüber hinaus noch die Erstellung der Register.

Dem Herausgeber der Reihe bin ich für kritische Lektüre sehr zu Dank verpflichtet sowie dafür, daß er mir ein zweites Mal sein Vertrauen schenkte. Nach dem Betreten von wissenschaftlichem Neuland in Gestalt eines Buches über den Sport im pharaonischen Ägypten, das inzwischen auch dem englischen und dem japanischen Leserkreis zugänglich ist, schien dieser Versuch eher dem Einschlagen ausgetretener Pfade zu gleichen; er führte in Wirklichkeit jedoch stellenweise durch schwer zu durchdringendes Dickicht.

Für die angenehme Zusammenarbeit möchte ich an dieser Stelle Kai Brodersen, München, danken, der das Werk lektoriert hat. Joachim K. Rühl verdanke ich das Mitlesen der Korrekturen.

Fuchswald bei Hentern, Ostern 1994

I. Einleitung

Im kulturellen Bewußtsein des heutigen Menschen ist der Sport im antiken Griechenland eine feste Größe. Wenngleich auch er den Untergang der Antike nicht überlebte, spielt er in der europäischen Geistesgeschichte seit Humanismus und Renaissance wieder eine bedeutsame Rolle.

Über den griechischen Sport der Antike sind wir besser informiert als über irgendeine andere Sportkultur der Alten Welt. Seit einem halben Jahrtausend bereits richtet sich der Blick der Wissenschaft auf die Erforschung seiner literarischen Überlieferung, und spätestens mit dem Beginn der deutschen Ausgrabungen in Olympia im Jahre 1875 setzte eine gezielte Aufdeckung seiner archäologischen Quellen ein. Eine fast unübersehbare Flut an Sekundärliteratur ist inzwischen aus den vielfältigen Bemühungen der Altertumswissenschaften erwachsen, die von einem kontinuierlichen Interesse an einem zentralen Thema der griechischen Kulturgeschichte zeugt, welches in Rahmen des modernen Sports immer wieder seine ungebrochene Aktualität bewiesen hat. Äußerlich sichtbar in erster Linie in der Veranstaltung von Olympischen Spielen, wirkt die Tradition des griechischen Kulturphänomens aber auch sonst auf dem Felde des westlichen Sports in prägender Form. Dabei hat sich nicht erst der französische Baron Pierre de Coubertin, der vor mehr als einem Jahrhundert die Olympischen Spiele der Neuzeit begründete, mit dem Gedanken getragen, unter dem Namen des wichtigsten griechischen Sportfestes athletische Wettkämpfe neu einzurichten. Das taten vor ihm beispielsweise der Engländer Robert Dover im 17. Jahrhundert[1] und der griechische Patriot Evangelis Zappas im 19. Jahrhundert, ohne dessen Initiative für nationale Spiele in Griechenland, die viermal (1859, 1870, 1875, 1888/89) gefeiert wurden, die heutigen Spiele kaum denkbar wären.[2] Im übrigen war dem französischen Pädagogen und Sportfunktionär weniger an einem Rückgriff auf die Antike gelegen; vielmehr hat ein friedenspolitischer Ansatz von Anfang an seine Bemühungen geleitet, wie es schon für den berühmten Kongreß in der Sorbonne im Jahre 1894, der Geburtsstunde der modernen Olympischen Spiele, nachweisbar ist.[3]

Sport war unbestritten ein wesentlicher Bestandteil der antiken griechischen Kultur. Auf der Grundlage einer günstigen Quellenlage läßt sich nicht nur sein äußeres Erscheinungsbild gut nachzeichnen, auch seine Rolle in der Gesellschaft wird vor dem Hintergrund der antiken Überlieferung transparent. Ohne Übertreibung darf man sagen, daß der Sport in der Menschheitsgeschichte in wohl keiner Kultur eine vergleichbar hohe Stellung einnahm wie in Griechenland. Dieses Urteil hat auch dann Bestand, wenn man ihn nicht zum Motor der griechischen Kultur schlechthin stilisiert, wie es Jacob Burckhardt mit der Ansetzung eines ‚agonalen Prinzips' als griechische Lebensgrundlage getan hat.[4] Der Basler Kulturphilosoph war dem idealistischen Denken seiner Zeit verpflichtet, als das Griechentum zum Ideal menschlicher Gesittung erhoben wurde. Wir sehen das heute nüchterner, und auch die angebliche Sonderstellung, ja Einzigartigkeit des griechischen Sports im Vergleich mit demjenigen der anderen Völker des Altertums muß seit den

1 Vgl. Rühl, *Spiele Robert Dovers.*

2 Kivroglou, *Olympien,* 190–349. – Eine entscheidende Rolle dabei kommt letztlich einem Memorandum zu, das bereits 1835 von P. Soutsos unter der Verantwortung von I. Kolettis entworfen worden war: Diamantis, in: Athena 73/74 (1972/73) 307–323; Decker, *Praeludium Olympicum.*

3 Quanz, in: Gebauer (Hg.), *Aktualität der Sportphilosophie,* 191–216.

4 Weiler, *Agon im Mythos,* 1ff., 245 ff.

ideologiekritischen Arbeiten von I. Weiler zum antiken Sport stark relativiert werden.[5] ‚Sport im Altertum' ist kein Synonym für die griechische Agonistik (Wettkampfwesen) und Gymnastik (Training). Daß der hellenische Sport aber immer wieder in den Blickpunkt von Altertumskunde und Sportgeschichte gerückt ist, mag auch damit begründet werden, daß wir uns im griechischen Sport unschwer wiedererkennen. Antiker Wettkampfsport und moderner Spitzensport haben vieles gemeinsam, so daß sich manche Probleme, die uns heute im Sport berühren, aus der Distanz in einem Klima ohne direkte Betroffenheit abgeklärter sehen lassen. Die offene griechische und die moderne Gesellschaft stehen sich mittels der Begriffe Leistung (Arete) und Konkurrenz (Agon) über die Zeiten hinweg recht nahe, und so ist der griechische Sport doch nicht nur ein austauschbares Forschungsobjekt, dem wir lediglich ein wissenschaftliches Interesse entgegenbringen. Als Sportler, Zuschauer oder allgemein Sportinteressierte können wir die Mentalität antiker Athleten unmittelbar verstehen.

Das moderne Wort *Sport,* das in diesem Buch auch auf die griechische Kultur angewendet wird, ist nicht griechischen Ursprungs. Aus dem spätlateinischen *deportare* („sich vergnügen") abgeleitet, wanderte es über das mittelfranzösische *desporter* nach England *(to disport),*[6] von wo es im 19. Jahrhundert in seiner heutigen Form zusammen mit dem Gegenstand, den es bezeichnet, nämlich die Leibesübungen, die parallele Strukturen zum modernen Industriezeitalter aufweisen, in die ganze Welt exportiert wurde.[7] Heute wird das Wort als interkultureller Oberbegriff überall verstanden und darf auch für Kulturen benutzt werden, die seiner Entstehung vorausgehen, ohne daß man sich dem Vorwurf des Anachronismus aussetzte.[8] Sprechen wir nicht auch von der Religion der Babylonier, der Medizin der Ägypter oder der Literatur der Hethiter, wohlwissend, daß die jeweiligen Begriffe bestimmter Kulturelemente erst viel später geprägt wurden?

Die Griechen selbst kannten eine Vielzahl von Begriffen im Bedeutungsfeld ‚Sport' und kultivierten eine eigene Terminologie. Dieses Buch konzentriert sich im wesentlichen auf zwei zentrale Termini ihrer Sportsprache: Wenn sie vom Wettkampfsport sprachen, benutzten sie das Wort ἀγών *(Agon).* Ursprünglich meint das Wort eine Versammlung von Männern, insbesondere in homerischer Zeit. Aber bereits hier ist der Übergang zum sportlichen Wettkampf fließend. Die Etymologie von *Agon* enthüllt die griechische Sitte, daß wichtige Versammlungen mit sportlichen Veranstaltungen verbunden waren. Das anläßlich eines Kultes oder eines weltlichen Festes vorkommende Zusammentreffen der Bewohner einer Region, eines Stammes oder einer Kultgenossenschaft wurde – wie übrigens auch bei anderen Völkern – offenbar in der Erwartung angetreten, neben dem Hauptanlaß religiöser oder politischer Natur sich auch eines sportlichen Programmes zu erfreuen, an dem man als Aktiver oder in der Regel als Zuschauer teilnehmen konnte. Dieses Beiprogramm, in welchem für manche wohl die eigentliche Attraktion gelegen haben mag, entwickelte sich in vielen Fällen zum Hauptanziehungspunkt der Zusammenkunft. Die sprachliche Entwicklung des Wortes *Agon* legt den Gedanken nahe, daß seit einem bestimmten Punkt der griechischen Geschichte ein wie auch immer geartetes Zusammentreffen ohne eine sportliche Akzen-

---

5 WEILER, *Agon im Mythos,* 1–22; IDEM, in: Stadion 1 (1976) 199–227, wiederabgedruckt in: IDEM, *Gegenwart der Antike,* 225–248. – So wurde – wie bei WEILER, *Sport,* 53–73, bereits vor drei Jahrzehnten – in jüngeren Geschichten des Sports im Altertum auch die vorgriechische Zeit berücksichtigt, siehe z. B. KYLE, *Sport and Spectacle,* 23–53; CROWTHER, *Sport in Ancient Times,* 1–33, 160–167; hier wird auch den fernöstlichen und mittelamerikanischen Kulturen Aufmerksamkeit geschenkt.

6 KLUGE, *Etymologisches Wörterbuch,* 782.

7 Prägnante Zusammenfassung bei BOHUS, *Sportgeschichte,* 126–132.

8 Vgl. DECKER, in: GÜLDENPFENNIG/KRICKOW (Red.), *Deutsches Olympisches Institut. Jahrbuch 2000,* 83–92.

tuierung undenkbar war. Mit anderen Worten: Wo man sich versammelte, gehörte der Sport im allgemeinen dazu. Hier liegt ein Entstehungsanlaß der großen Agone, regelmäßig an zentralen Kultstätten angesetzten Sportfesten, die mit der Verehrung der gemeinsam anerkannten Gottheit Hand in Hand gingen. Gerechterweise muß man feststellen, daß dies nicht nur bei den Griechen der Fall war, sondern bei vielen Völkern der Erde in ähnlicher Weise in Erscheinung tritt. In Griechenland ist diese enge Verknüpfung von Sport, Kult und Öffentlichkeit jedoch besser als in anderen Gesellschaften gleicher Zeitstellung greifbar, da sie in zahlreichen Quellen dokumentiert ist, und sie ist genauer erforscht. Mit der zunehmenden Geltung der modernen Olympischen Spiele hat sich naturgemäß auch das Interesse an ihren historischen Wurzeln verstärkt.

Während das Wort Agon im übertragenen Sinne etwa mit dem Begriff ‚Wettkampf', meist auf der Ebene des Leistungssports, gleichgesetzt werden kann, umfaßt der Begriff *Gymnastik* das, was wir heute unter ‚Training' verstehen. Allerdings gibt es den feinen Unterschied, daß γυμαστική (τέχνη) in der Antike eigentlich die Kunst des *Gymnasten,* des auch in Teilgebieten der Medizin kompetenten Sportlehrers, bedeutete. Es ist also die Kenntnis der Wirkungsweise der Übungen, auf die der Begriff ursprünglich abzielte. Im übrigen ist der Begriff *Gymnastik* im Laufe der Geschichte ziemlich schillernd verwendet worden und hat wie kaum ein zweites Wort aus der antiken Sportfachsprache einen häufigen Bedeutungswandel erlebt.[9] Sein heutiger Gebrauch stellt jedenfalls eine erhebliche Bedeutungsverengung des ursprünglichen Wortfeldes dar. Wir benutzen *Gymnastik* in diesem Buch im Sinne von ‚Training'.

Es ist Zufall, daß die einzige vollständig aus der Antike erhaltene trainingswissenschaftliche Fachschrift, der sog *Gymnastikos* des Philostratos, von einem Autor der Zweiten Sophistik (3. Jh. n. Chr.) stammt. Die ursprüngliche Breite der Schriftgattung solcher Spezialabhandlungen läßt sich heute jedoch nur mehr erahnen; neben dem Traktat des Philostratos ist lediglich eine Reihe entsprechender Autorennamen und Titel überliefert.

Das vorliegende Buch will eine kurze Einführung in einen Ausschnitt des griechischen Lebens vermitteln, der in der antiken Wirklichkeit niemals eine bloße Nebenrolle gespielt hat. Aufgrund des relativ knapp bemessenen Raumes mußte eine Gewichtung eines umfangreichen Stoffes vorgenommen werden, was zwangsläufig mit einer gewissen Subjektivität einhergeht. Die berücksichtigten Quellen, die von der minoischen Epoche bis zur Spätantike reichen, decken einen Zeitraum von zwei Jahrtausenden ab. An dieser breiten Streuung des Materials liegt es auch, daß bei pauschalen Fragen zum griechischen Sport selten eine einfache Antwort gegeben werden kann. Fast immer ist der Faktor der zeitlichen Entwicklung und der geographischen Besonderheit zu berücksichtigen. Wie jede Polis eine eigene Zeitrechnung führte, eigene Maße verwandte und eigenen Gesetzen gehorchte, die sich von denen der Nachbarpolis unterschieden, waren auch Wettkampfregeln, Sportstätten und Laufdistanzen nicht genormt. Was im Sport im 6. Jh. v. Chr. einmal gegolten hat, kann in hellenistischer Zeit längst überholt sein; und was im archaischen Athen gang und gäbe war, mag im kleinasiatischen Ephesos der römischen Kaiserzeit völlig anders ausgesehen haben.

In dem dieser Einleitung folgenden Kapitel stellen wir den Sport im frühen Griechenland vor. Er war für das Werden des späteren Sports maßgeblich und läßt Einflüsse von außen erkennen, die einem regen Kulturkontakt in der ägäischen Bronzezeit entspringen, der auch sportliche Bräuche einschließt. Das Paradebeispiel ist der Meisterschuß des Odysseus, der vom Motiv des bogenschie-

9 Mehl, in: JAHN (Hg.), *Weltgeschichte der Leibesübungen* [II], 22–47.

ßenden ägyptischen Pharaos angeregt ist. Überraschend hat sich neulich das kretische Stierspiel, von minoischen Kunsthandwerken ausgeführt, in einem ägyptischen Palast der frühen 18. Dynastie nachweisen lassen – Sport als Exportartikel, möchte man sagen. Erwähnenswert als Glanzstück der jüngsten Forschung ist ein minoischer Ring mit der meisterhaften Darstellung eines Sprinters aus Syme. Wenngleich Homer und Mykene durch die ‚dunklen Jahrhunderte' voneinander getrennt sind, treten zwischen beiden Bezugspunkte in Erscheinung, die beispielsweise in der Fortführung der mykenischen Sitte des Wagenrennens und des Totenagons durch Homer bestehen. Auch auf dem Gebiet des Sports ist die Bedeutung Homers für die griechische Welt schwerlich zu überschätzen.

Das dritte Kapitel ist den Agonen gewidmet, also den Sportfesten, die ganz Griechenland wie ein Netz überzogen und nach einem Festkalender turnusmäßig abliefen. Sie lassen sich einteilen in solche von gesamtgriechischer Bedeutung, worunter in erster Linie die panhellenischen Agone in Olympia, Delphi, am Isthmos von Korinth und in Nemea fallen – in römischer Zeit ergänzt um die *Aktia* (Nikopolis), *Sebasta* (Neapolis) und *Kapitolia* (Rom) –, sowie in Sportfeste mehr lokaler Ausrichtung, von denen es Hunderte gegeben hat.

Auch die sportlichen Disziplinen bei den Agonen hätten leicht das Material für eine Monographie abgeben können. So ist Kapitel IV eine knappe Zusammenfassung unserer Kenntnisse der Wettläufe (Stadionlauf, Diaulos, Langlauf, Waffenlauf), der Kampfsportarten (Faustkampf, Ringkampf, Pankration), des Fünfkampfes sowie der breit gefächerten Konkurrenzen der hippischen Bewerbe, also der Pferde- und Wagenrennen. Hier ist das zur technischen Ausführung Wichtige sowie das Entscheidende über die Wettkampfregeln zusammengetragen. Auch sind die bemerkenswerten Vertreter der einzelnen Disziplinen mit ihren Siegen genannt.

Das fünfte Kapitel beschreibt die Maßnahmen, die zur Vorbereitung und Durchführung der Agone notwendig waren. Grundlage war ein von allen Beteiligten respektierter Festfriede, der das sportliche Geschehen in einen kultischen Mantel hüllte. Durch eine in Delphi aufgefundene Inschrift aus dem 3. Jh. v. Chr. sind wir über die umfangreichen Bemühungen vor Ort, die der Abhaltung eines Agons vorausgingen, gut unterrichtet; die unter dem Namen des Dion überlieferte Rechnungslegung teilt die im Heiligtum und an den Sportstätten durchgeführten Restaurierungs- und Verschönerungsmaßnahmen in zahlreichen Einzelposten mit. In eigenen Abschnitten wird der Blick auf zwei Personengruppen gerichtet, ohne die kein Agon ablaufen konnte: die Kampfrichter und die Zuschauer, die beide aus unterschiedlicher Perspektive den Wettkampf der Athleten erlebten.

Schließlich ist auch Letzteren ein eigenes Kapitel gewidmet. Die überquellende Stofffülle zwang zur rigorosen Beschränkung auf wenige Gestalten wie Milon von Kroton oder Theogenes von Thasos, legendäre Sportheroen im doppelten Sinne, oder auf die Familie des Diagoras, der im 5. Jh. v. Chr. durch drei Generationen hindurch eindrucksvolle Erfolge in den Kampfsportarten zufielen. Wir werfen einen Blick auf das Training der Athleten, dessen Existenz allein bereits die Qualität der griechischen Agonistik erahnen läßt. Das heiße Bemühen um den Sieg hat aber auch seine Schattenseiten, die für Olympia in einer *chronique scandaleuse* des Pausanias überliefert sind, in der entdeckter Lug und Trug das Thema ist. Die aus den Strafgeldern errichteten Zeusstatuen sind zwar heute nicht mehr erhalten, wohl aber ihre Sockel; sie wurden von den Athleten zur Warnung vor Betreten des olympischen Stadions passiert. Auch Traumdeutung und Magie wurden von den Athleten eingesetzt, um ihre Siegeschancen im Vorfeld bereits zu erfahren bzw. um diese zu erhöhen – ein Thema, das erst durch die Dissertation von J. Tremel in systematischer Weise eine sporthistorische Zuwendung erfahren hat.

Anschließend werden die Stätten vorgestellt, die einen geregelten Trainings- und Wettkampfbetrieb ermöglichten: Stadion, Gymnasion und Hippodrom. Diese Begriffe, mit denen von den Griechen erfundene Institutionen belegt wurden, spielen noch heute im zeitgenössischen Sport und Erziehungswesen eine große Rolle. Auch hier konnte nur ein Ausschnitt einer reichhaltigen Landschaft geboten werden, die auch heute noch mit steinernen Zeugen von der einstigen Größe des griechischen Sports kündet. Es gab eine Zeit, da hatte jede Polis ihr Gymnasion, so daß eine entsprechende Landkarte vom westlichen Mittelmeer bis nach Afghanistan, vom nördlichen Schwarzmeergebiet bis an die Grenze zwischen Ägypten und dem Sudan reichen würde. Über die bauliche Seite hinaus ist beim Gymnasion auch die sozialhistorische Bedeutung einer Institution dank der besonderen Quellenlage im griechisch-römischen Ägypten beleuchtet. Die Einrichtung erweist sich nicht nur als öffentliches und geistiges Kommunikationszentrum, dessen Bau und Betrieb die Freigiebigkeit von Mäzenen herausforderte; die Zugehörigkeit zum Gymnasion trennt die Griechen von den Nichtgriechen, so daß der Sport in diesem Sinne auch als Klassenschranke wirken kann.

In einem abschließenden Kapitel ist die fruchtbare Symbiose von Sport und Kunst kurz angerissen, deren Zusammentreffen in Griechenland weder an Intensität noch an Qualität in irgendeiner anderen Kultur übertroffen wird. Ob man hier auf die Siegerstatuen in Olympia verweist, die von den berühmtesten Künstlern geschaffen wurden, oder die sportlichen Motive der Vasenbilder hervorhebt, oder ob man auf dem Feld der Literatur die Siegeslieder Pindars oder die Kunstfertigkeit von Siegerepigrammen unbekannter Dichter anführt, um nur einige Beispiele zu nennen – hier ist der Sport mit einer Selbstverständlichkeit und Schöpferkraft künstlerisch verarbeitet, daß sich die große Nähe der Griechen zu diesem Kulturgut spüren läßt. Im Verlaufe der Menschheitsgeschichte hat es wohl kein Volk gegeben, dessen Kultur stärker vom Sport durchdrungen war als die griechische.

II. Ursprünge und Anfänge

Der Ursprung des Sports liegt nicht im frühen Griechenland. Die vorgriechische Welt des Alten Orient und des Alten Ägypten weist eine beträchtlich ältere Überlieferung sportlicher Phänomene auf, die bis an den Beginn des 3. Jahrtausends v. Chr. zurückreicht.[1] Und auch hier ist nicht der Ursprung des Sports im eigentlichen Sinne zu orten. Die Dinge liegen viel komplizierter; sie lassen sich nur in einem interdisziplinären Zugriff in den Blick rücken und sind in der derzeit geführten Diskussion in weiten Teilen mit spekulativen Annahmen verbunden, die sich bei dieser Frage auch in Zukunft nicht ausschließen lassen. Es kann dennoch als gesichert gelten, daß evolutionäre Vorgänge in der Frühgeschichte des Menschen, die zu einer genetischen Programmierung geführt haben, mit der Entstehung von Sport zu tun haben und daß in diesem Zusammenhang neben dem Aggressionstrieb und dem explorativen Spielverhalten die im Vergleich zur seßhaften Lebensweise überaus lange Epoche der Jäger und Sammler eine wesentliche Rolle gespielt hat.[2] Auch die mit Einsetzen der Seßhaftigkeit vor ca. 10 000 Jahren zunehmende Freizeit ist soziologisch in diesem Zusammenhang in Betracht zu ziehen.[3]

Es ist nicht unsere Absicht, diese Grundsatzdiskussion über den Ursprung des Sports an dieser Stelle fortzuführen. Wenn dieses Kapitel mit ‚Ursprünge und Anfänge' betitelt ist, beziehen wir uns auf die frühesten quellenmäßig belegten Verhältnisse des griechischen Sports, da hier derjenige Zeitraum der griechischen Sportgeschichte gemeint ist, der – grob gesagt – vor dem Beginn der Olympischen Spiele liegt. Auf diesem Gebiet wurden in letzter Zeit wesentliche neue Erkenntnisse gewonnen, die im folgenden angesprochen werden müssen.

1. Sport im minoischen Kreta

Die ältesten Zeugnisse zum Sport in der ägäischen Welt stammen von der Insel Kreta. Dort hatte sich am Kreuzungspunkt verschiedener kultureller Strömungen, an dem ägyptische, nordafrikanische, orientalische und andere mediterrane Einflüsse zusammentrafen, zu Beginn des 2. Jahrtausends v. Chr. eine Zivilisation gebildet, die nach dem sagenhaften König Minos als ‚minoische Kultur' bezeichnet wird. Im eigentlichen Sinne noch vorgriechisch, hat sie für die späteren Griechen die Rolle einer Kulturwiege gespielt, zumal auf dieser Insel verschiedene Schriftsysteme in Gebrauch waren, von denen Linear A bis heute noch nicht entziffert ist. Im Verlauf der ägäischen Bronzezeit ist Kreta als politische Größe selbst bei der damaligen Großmacht Ägypten anerkannt. Kreter sind in verschiedenen, aufwendig ausgeschmückten Gräbern von Vornehmen der 18. Dynastie abgebildet, wo sie sich als Gabenbringer mit den typischen Produkten ihrer Insel (darunter auch die Statuette eines laufenden Stieres aus Silber) in die Schar der nach ägyptischer Ideologie

1 Zu Ägypten siehe z. B. Decker, *Sport Ägypten;* Idem, *Pharao und Sport.* Einen Überblick über den Sport im Alten Orient bietet Rollinger, in: Nikephoros 7 (1994) 7–64 sowie Nikephoros 19 (2006) 9–44; vgl. auch Idem, *Sport und Spiel,* in: RLA XII, 2010, 235–252. Zum Sport bei den Hethitern siehe zuletzt Hutter-Braunsar, in: Mauritsch/Petermandl et al. (Hg.), *Festschrift Weiler,* 25–37.

2 Siehe dazu immer noch Wiemann, in: Ueberhorst (Hg.), *Geschichte der Leibesübungen,* I, 48–61. Samida, in: Nikephoros 13 (2000) 7–46.

3 Der Stand der gegenwärtigen Diskussion der Ursprungstheorien findet sich zusammengefaßt bei Decker, in: Krüger/Langenfeld (Hg.), *Handbuch Sportgeschichte,* 62–68.

tributpflichtigen Völker einreihen.[4] Ihre gesellschaftliche Struktur ist durch Paläste gekennzeichnet, die das Leben auf der Insel bestimmten und in überschaubare Einheiten gliederten. Knossos, Hagia Triada, Mallia, Gournia und Kato Zakro sind einige bekannte Namen von Orten mit ausgedehnten, palastartigen Baukomplexen, deren Ausstattung auf eine beträchtliche Kulturhöhe schließen läßt.

Trotz der mehrfach geäußerten Behauptung, es habe auf Kreta eine entwickelte Sportkultur gegeben,[5] konzentrieren sich die sporthistorisch zentralen Zeugnisse bei näherem Zusehen auf den Faustkampf und das Stierspiel. Bei dieser kritischen Einschätzung der Quellensituation muß man allerdings den genannten Disziplinen eine sehr gute Repräsentanz bescheinigen. Der Faustkampf,[6] der auch hiermit sein hohes Alter zu erkennen gibt, ist auf dem Relieffries einer trichterförmigen Kultvase (Rhyton) aus Hagia Triada dargestellt, die in der zweiten Hälfte des 16. Jh. v. Chr. gefertigt wurde. **(Abb. 1)** Die in vier Zonen umlaufenden Bilder agonistischen Charakters zeigen in wenigstens zweien davon Boxerpaare, die in unterschiedlichen Kampfesphasen begriffen sind. Darunter dominieren Szenen des Niederschlagens: Der überlegene Athlet hat seinen Gegner durchgängig mit einem linken Haken zu Boden geschlagen. Das Elend des Unterlegenen ist realistisch wiedergegeben: Er kauert oder krümmt sich kniend am Boden; einer ist nach erfolgtem Treffer zusammengebrochen; einen hat die Wucht des Schlages so stark getroffen, daß er sich rückwärts überkugelt. Die Athleten des oberen Bildstreifens sind wohl auch als Boxer anzusehen;[7] das links von der Säule agierende Paar ist in ausgeglichenem Nahkampf zu sehen, während es sich bei den rechts davon befindlichen Figuren um Faustkämpfer handeln könnte, die sich aufwärmen. Alle auf der Vase dargestellten Athleten sind mit einem Schurz bekleidet. Die Boxer des zweiten Registers (von unten) tragen als Besonderheit Helme mit Kinnbändern, die vermuten lassen, daß mit äußerst wirkungsvollen Faustwehren geschlagen wurde.[8] Man könnte erwägen, in den gelockten jugendlichen Kämpfern des unteren Frieses, die ohne diese Schutzvorrichtung antreten, eine jüngere Altersklasse vor sich zu haben, welche den harten Bedingungen der Männerklasse noch nicht ausgesetzt war. Der dritte Fries zeigt ein bewegtes Motiv des Stierspieles, auf das unten noch näher einzugehen ist.

Es sind auch andere Faustkampfszenen aus Kreta überliefert. Seit längerem bekannte Fragmente aus Knossos wurden sogar in der Weise gedeutet, daß das Thema in großen Stuckreliefs die Wand des dortigen Palastes geschmückt hätte.[9]

Am bekanntesten unter den Boxszenen aus der minoischen Ägäis ist eine Wandmalerei aus Santorini (antik: Thera) geworden, die im Athener Nationalmuseum ausgestellt ist.[10] **(Abb. 2)** Sie war

4 Siehe hierzu Wachsmann, *Aegeans,* passim; die Stierstatuette im Grab des Useramun dort auf Tf. XXVII B, LV 6.

5 Mouratidis, *Ιστορία φυσικής αγωγής,* 25–60. Vgl. jetzt auch Idem, *Ιστορία αθλητισμού του αρχαίου κόσμου,* 39–47. – Zum Sport in minoischer Zeit siehe zusammenfassend auch García Romero, *Juegos Olímpicos,* 9–20; Miller, *Greek Athletics,* 20–25; Kyle, *Sport and Spectacle,* 38–45; Crowther, *Sport,* 34–39.

6 Grundlegend dazu Coulomb, in: BCH 105 (1981) 27–40; vgl. auch Laser, *Sport und Spiel,* 43 f.

7 So auch Crowther, *Sport,* 36 f. – Mouratidis, *Ιστορία φυσικής αγωγής,* 36, sieht in ihnen Ringer; so auch Renfrew, in: Raschke (Hg.), *Archaeology of the Olympics,* 14. Ohne Festlegung Laser, *Sport und Spiel,* 52; Kyle, *Sport and Spectacle,* 40.

8 Poliakoff, *Kampfsport,* 97 (mit Abb. 68).

9 Coulomb, in: BCH 105 (1981), 35–40; Idem, in: BCH 103 (1979) 29–50.

10 Laser, *Sport und Spiel,* 44 mit der älteren Literatur, Abb. 10 c (S. 45). Vgl. auch Marinatos, *Kunst und Religion,* 104–107; Parke, in: JPR 1 (1987) 35–38. Auch besprochen bei Crowther, *Sport,* 38 f. mit Abb. 4.3; Kyle, *Sport and Spectacle,* 40. Farbabb. bei García Romero, *Juegos Olímpicos,* Farbtf. 6; Decker/Thuillier, *Sport dans l'Antiquité,* Tf. VIII (S. 114).

durch einen Vulkanausbruch auf dieser Insel um die Mitte des 2. Jahrtausends v. Chr. stark beschädigt, aber auch konserviert worden. Die großzügige Rekonstruktion sollte nicht darüber hinwegtäuschen, daß nur geringe Spuren erhalten sind. Diese sind jedoch von Sp. Marinatos in überzeugender Weise zu einer Szene zusammengefügt worden, die zwei Boxer mit teilweise langsträhniger Lockenfrisur im Kindesalter zeigt, denen das Haar an einigen Stellen kahlgeschoren ist. Sie sind lediglich mit Gürteln bekleidet[11] und jeweils nur mit einem einzigen Fausthandschuh bewaffnet, den sie auf die rechte Faust gezogen haben. Dennoch werden auch Schläge mit der unbewaffneten Hand ausgeteilt, wie man bei dem links abgebildeten Knaben sehen kann, der sich durch das Tragen verschiedener Schmuckstücke (Ohrringe, Halskette, Oberarmband, Fußkette) von seinem Gegenüber abhebt. Ziel der Schläge ist der Kopf des Gegners. N. Marinatos deutet die Szene, die im Kontext mit einem Rudel unruhiger Antilopen steht, als rituelle Zweikämpfe, die das Kräftespiel der Natur zum Ausdruck bringen sollen.[12]

Zweifellos ist die typisch minoische Sportart das Stierspiel.[13] Ob es als Motiv auf Goldringen oder Siegeln, als Wandfresko oder plastisch gestaltet auftritt,[14] seine Darstellung ist durchgehend von akrobatischer Eleganz erfüllt. Allein sein Vorkommen auf der Vase von Hagia Triada im Kontext mit Szenen des Faustkampfes würde genügen, seine Sportlichkeit zu beweisen.[15] Allen Darstellungen ist gemeinsam, daß sich ein Mann in akrobatischer Pose über einem Stier befindet. Nach vergleichenden Untersuchungen kann an einer Beteiligung von Frauen, wie es mehrfach behauptet wurde, an diesem gefährlichen Spiel nicht mehr festgehalten werden.[16] Die Deutung des Bewegungsablaufes der mit dem Stier vorgenommenen sportlichen Leistung war lange durch eine vom Ausgräber von Knossos, Sir Arthur Evans, gegebene Interpretation des großen Stierspielfreskos des dortigen Palastes[17] bestimmt (und vorbelastet). Er hat die eindrucksvolle Darstellung mit drei Figuren so aufgefaßt, als habe der Akrobat den Stier auf sich zurennen lassen, im geeigneten Moment die Hörner ergriffen und sich zu einem Überschlag über das Tier, das den Kopf wütend zurückwarf, hochkatapultieren lassen; schließlich sei er im Stand auf dem Rücken des Tieres gelandet und endlich abgesprungen. Auch eine kleine Bronzegruppe, die für eine Phase dieser komplizierten Bewegung in Beschlag genommen wurde,[18] schien für diese Theorie zu sprechen. Jedoch kann selbst die verdeutlichende Skizze, die der englische Archäologe seinen Ausführungen beigab, **(Abb. 3 a)** die Glaubwürdigkeit dieser Theorie nicht retten. Spanische Toreros halten die praktische Durchführbarkeit der Übung schlichtweg für unmöglich.

---

11 Marinatos, *o.c.,* 105, macht auf die Möglichkeit aufmerksam, daß ein ehemals sichtbarer Lendenschurz verblaßt sein könnte.

12 Marinatos, *o.c.,* 107.

13 Vgl. die kulturübergreifenden Studien von Morenz, in: Ä & L 10 (2000) 195–203, und Decker, in: Dittmann/Eder/Jacobs (Hg.), *Festschrift Nagel,* 31–79. Zusammenfassend zum minoischen Stierspiel Serrano Espinosa, *Tauromaquia* (mit der Rezension in Nikephoros 20 [2007] 277–283 durch García Romero). Siehe auch Panagiotopoulos, in: Mylonopoulos/Roeder (Hg.), *Archäologie und Ritual,* 125–138.

14 Einen vollständigen Katalog aller Szenen hat vorgelegt Younger, in: AJA 80 (1976) 125–37; Idem, in: Muse 17 (1983) 72–79; Idem, in: Younger, *Iconography,* 165–176; Idem, in: Laffineur/Niemeier (Hg.), *Politeia,* 507–545. Vgl. auch Mouratidis, in: Physical Education Review 113 (1990) 120–127.

15 So schon Renfrew, in: Raschke (Hg.), *Archaeology of the Olympics,* 14, der dort des weiteren das Ringen abgebildet sehen will.

16 Damiani Indelicato, in: Cretan Studies 1 (1988) 39–47; Marinatos, in: Ä & L 4 (1994) 89–93.

17 Zu diesem jetzt Marinatos/Palyvou, in: Bietak/Marinatos et al., *Taureador Scenes,* 115–126.

18 Evans, in: JHS 41 (1921) 247–259.

Vor einigen Jahren hat J. G. Younger ein modifiziertes Schema („diving leaper") des Stiersprunges vorgelegt, das ohne das problematische Fassen der Hörner und Ausnutzen des durch sie vermittelten Schwunges auskommt. Er läßt den Springer hoch über das anrennende Tier sozusagen fliegend einspringen,[19] mit Händen und Unterarmen auf seinem Rücken landen und von dort den Überschlag vollenden. **(Abb. 3 b)** Im Prinzip wäre dies ein Handstandüberschlag über das langgestellte Pferd, wie er heutzutage von zahlreichen Turnern beherrscht wird. Selbst die erhöhte Absprungstelle, die für die jüngere Theorie gefordert wurde, will man nachweisen können.[20] Der schwache Punkt auch dieser Theorie ist aber wieder die Unberechenbarkeit des Stieres. Sprung, Aufsetzen der Hände, Abdrücken und Überschlag lassen sich am unbewegten Objekt gut durchführen, nicht jedoch an einem wohl wütend anrennenden Tier.[21] Unserer Auffassung nach sollte man sich damit begnügen, die Darstellungen des risikoreichen Stierspiels aus ästhetischer Sicht zu betrachten und ihnen stilistische Elemente zugestehen, die ihre tatsächliche Praxis verschleiern. J. Chadwick, zusammen mit M. Ventris Entzifferer der Linear B Schrift, bringt die Sache auf den Punkt, wenn er schreibt: „Bei den Stierspielen muß es darum gegangen sein, den Stier zum Angreifen zu reizen, um im kritischen Moment hoch in die Luft zu springen, so daß der Stier, ohne den Springer zu verletzen, darunter durchlaufen konnte."[22]

Über den Ort der unstrittig historischen Stierspiele gehen die Meinungen der Interpreten auseinander. Trotz gewisser Reserven von J. G. Younger möchten wir mit J. G. Thompson,[23] dessen Beiträge zu dieser Frage in der archäologischen Literatur unbeachtet blieben, annehmen, daß es die großen Zentralhöfe der Paläste waren. Nahezu einhellig wird das Stierspiel, dessen Veranstaltung einen hohen Aufwand bedeutet haben muß, als eine religiös motivierte Zeremonie angesehen; es liegt nahe, daß sie mit dem Opfer des Stiers geendet haben dürfte.[24] Als Anlaß der für das minoische Kreta so typischen Stierspiele möchten wir einen Initiationsritus annehmen, der aus einer Mutprobe bestanden hat, bei der die Aspiranten für die Aufnahme in die Gruppe der Männer Furchtlosigkeit vor einem Stier zu beweisen hatten.[25] Daß dies keine reine Spekulation ist, lehrt eine Sitte, die bei dem rinderzüchtenden Stamm der Hamar (Äthiopien) noch heute anzutreffen ist, wenn die jungen Männer von 19 und 20 Jahren zur Aufnahme in die nächsthöhere Altersklasse einen vierfachen Lauf über die Rücken von 15 bis 30 nebeneinanderstehenden Rindern vollführen müssen.[26]

Für die nachmykenische Zeit läßt sich das Stierspiel – von speziellen lokalen Besonderheiten abgesehen, die nicht auf kretische Beeinflussung deuten[27] – in Griechenland nach den dunklen Jahrhunderten nicht mehr nachweisen. Das scheint auf eine gesonderte ägäische bzw. vorgriechische Sportform hinzudeuten, die den Griechen als fremd erschienen sein mag. Belege für das Stier-

19 Vgl. eine ähnliche Bewegungsphase auf einer Photographie von einem spanischen Stierkampf bei Serrano Espinosa, *Tauromaquia,* 175.

20 Vgl. Thompson, in: JSH 13 (1986) 5–13; Idem, in: JSH 16 (1989) 62–79; Idem, in: JSH 19 (1992) 163–168.

21 Wenigstens hingewiesen sei hier auf zwei noch abenteuerlicher anmutende Bewegungskonstruktionen von U. Popplow (‚Hechtsprung' und ‚Kehrsprung'), vgl. Decker, in: Dittmann/Eder/Jacobs (Hg.), *Festschrift Nagel,* 36 f. mit Abb. 6 und 7 (S. 71).

22 Chadwick, *Mykenische Welt,* 20.

23 Vgl. n. 20.

24 So Younger, in: Laffineur/Niemeier (Hg.), *Politeia,* 518–521.

25 Vgl. Younger, *l.c.,* 521. So auch Azara, in: Athanassopoulou/Azara et al. (Hg.), *Bull,* 37.

26 Arnott, in: Liverpool Classical Monthly 18 (1993) 114–116.

27 Vgl. z. B. Gallis, in: Raschke (Hg.), *Archaeology of the Olympics,* 217–235.

spiel gibt es auch für Syrien und Kleinasien[28] und seit kurzem sogar für die Hethiter.[29] Hier ist auf einer Kultvase vom Hüseyindede Tepesi (ca. 50 km westlich von Boghazköy) in einem bildlichen Kontext von Musikanten und Tänzerinnen ein von einem Mann geführter, offenbar ruhig stehender Stier gezeigt, der von einem Akrobaten, dessen Sprung in mehreren Phasen gegliedert ist, überquert zu werden scheint.[30]

Bei Betrachtung der geographischen Situation der Belege ist davon auszugehen, daß die insulare Sitte von außen beeinflußt war, wenngleich das Stierspiel auf Kreta eine zentrale Bedeutung erlangte, wie auch durch einen Neufund in Ägypten, der nicht nur in der Fachwelt großes Aufsehen erregt hat, gezeigt werden kann. Hier wurden im unterägyptischen Auaris in einem Palastbezirk der frühen 18. Dynastie Fresken entdeckt, als deren Motive sich Szenen des Stierspiels herausstellten, nachdem die kleinen und kleinsten Partikel der Wandmalerei wie in einem Puzzle nach einer bewunderungswürdigen Rekonstruktion zu ihrem ursprünglichen Thema zusammengefügt werden konnten.[31] **(Abb. 4)** Nicht nur stilistische, sondern auch arbeitstechnische Gründe sprechen dafür, daß diese Kunstwerke nur von minoischen Kunsthandwerkern auf die Palastwände aufgebracht worden sein können. Es ließ sich nämlich feststellen, daß der Malgrund von gemahlenen Murex-Muscheln durchsetzt war, wie es bislang nur von minoischen Malereien bekannt ist.[32] Auch sind in der ganzen Motivfolge weder Hieroglyphen noch ägyptische Embleme verwendet worden. Abgesehen davon, daß diese Szenen in ihrer Spannung und Meisterschaft ihrer Ausführung es durchaus mit den bekannten Zyklen des Stierspiels im kretischen Zentralpalast von Knossos aufnehmen können,[33] stellt sich die Frage, wie man sich die Anwesenheit der fremden Kunsthandwerker in Ägypten vorzustellen hat. Die Annahme einer Initiative einer privaten Arbeitsgruppe, die ihre Kunstfertigkeit auf dem Markt des internationalen Interesses an den modernen Themen ihres Repertoires angeboten haben könnte, dürfte von vorneherein auszuschließen sein. Die Erklärung konzentriert sich deshalb eher auf die Überlegung einer Mission von Spezialisten als Geschenk des Königs von Kreta an Pharao, der sich ihrer bediente, um bestimmte Räume eines Palastes mit exotischen Themen ausmalen zu lassen. Es wird spekuliert, daß dies im Rahmen einer dynastischen Heirat mit einer kretischen Prinzessin geschehen sein könnte, die auf diese Weise sich ihres heimischen Ambientes erfreuen sollte.[34] Es wäre jedoch auch möglich, daß dem ägyptischen König lediglich an einer exotischen Thematik in Gestalt der Dekoration eines repräsentativen Ortes gelegen haben könnte. Im übrigen trägt M. Bietak, dem die Entdeckung und Rekonstruktion der Stierspielszenen von Tell el-Dab^ca verdankt wird, einen wesentlichen Gedanken zu der Technik des Stiersprunges bei, wenn er eine Gruppe von Akrobaten annimmt, die eigens die Aufgabe hatte, den Stier durch Hängen an seinen Hörnern und Niederringen für die Springer relativ gefahrlos zu machen.[35]

---

28 Siehe Morenz, in: Ä & L 10 (2000)195–203.

29 Sipahi, in: Istanbuler Mitteilungen 50 (2002) 563–85; Idem, in: Anatolica 27 (2002) 107–125; Taracha, in: Archaeologia Warsawa 53 (2002) 7–20.

30 Vgl. Decker, in: Dittmann/Eder/Jacobs (Hg.), *Festschrift Nagel,* 49–53.

31 Vgl. jetzt Bietak/Marinatos/Palyvou, in: Bietak/Marinatos et al. (Hg.), *Taureador Scenes,* 45–66.

32 Brysbaert, in: Bietak/Marinatos, *Taureador Scenes,* 151–161.

33 Siehe jetzt Marinatos/Palyvou, in: Bietak/Marinatos et al., *Taureador Scenes,* 115–132.

34 Bietak, in: Bietak/Marinatos, *Taureador Scenes,* 87; Haider, in: Ä & L 6 (1996) 137–157. Für solche diplomatischen Heiraten bietet die 18. ägyptische Dynastie eine Reihe von Beispielen.

35 Bietak, in: *Pharaonen und Fremde,* 199 f. sowie Nr. 220, 221, 222; Idem, in: Bietak/Marinatos, *Taureador Scenes,* 63 f.

Durch einen erst kürzlich gemachten Fund eines goldenen Siegelringes in einem minoischen Heiligtum des kretischen Syme rückt eine weitere Disziplin in das Zentrum des Interesses des minoischen Sports. Auf dem Bildträger ist ein eleganter Läufer zu sehen, dessen raumgreifender Schritt und rudernde Arme seine Schnelligkeit ausdrücken, die auch ohne dargestellten Gegner leicht vorstellbar ist. **(Abb. 5)** Das Motiv ist für die minoische Epoche einzigartig, und unter dem Eindruck des im Endspurt befindlichen Sprinters haben die Entdecker das Objekt bezeichnenderweise „the runner's ring" genannt.[36] Eine Sternschnuppe am Himmel scheint den siegreichen Athleten als günstiges Zeichen zu begleiten. Er wird flankiert von einer Priesterin und einer männlichen Figur, in der die Ausgräber den Läufer in vorgerücktem Alter als Teilnehmer an einem Opfer verstehen. Ihrer Auffassung nach war der Ring eine „Weihgabe seines Besitzers nach Beendigung seiner Amtszeit..., die ihn für eine gewisse Zeit als Verantwortlichen des Athleten- und Sportwesens der minoischen Gesellschaft erscheinen läßt."[37]

2. Sport in mykenischer Zeit

Die Deutung der durch die Linear B Schrift wiedergegebenen Sprache als frühe, zur mykenischen Zeit gesprochene Form des Griechischen ist seit langem allgemein anerkannt, nachdem die Entzifferung der von ihnen beschriebenen gebrannten Tontafeln durch Michael Ventris im Jahre 1952 zunächst skeptisch betrachtet wurde. Da die bisher aus dieser Epoche bekanntgewordenen Texte – hauptsächlich aus Knossos, Pylos, Theben (wo noch zuletzt ein größerer Fund von ca. 250 mykenisch beschriebenen Tontafeln gemacht werden konnte) und dem Ort Mykene, der der Kultur seinen Namen gab – ausschließlich Inventarlisten von Wirtschaftsgütern sowie administrative Aufzeichnungen sind, lassen sich bisher aus ihnen keine neuen sporthistorischen Einsichten gewinnen. Dies wird mit diesen Quellen einer ersten kulturellen Blüte auf dem griechischen Festland, die vom 16. bis zum 12. Jh. v. Chr. dauerte, vermutlich auch in Zukunft so bleiben, da niemand ernsthaft die Auffindung größerer in Linear B überlieferter literarischer Texte erwartet. Einen gewissen Ersatz dafür stellen die Dichtungen Homers dar, deren Themen, obwohl erst seit dem 8./7. Jh. v. Chr. in der zu dieser Zeit eingeführten Alphabetschrift aufgezeichnet, teilweise bereits Jahrhunderte früher auf mündlichem Wege tradiert wurden; in ihnen wirken Zustände und Verhältnisse nach, die aus der mykenischen Welt stammen, wenngleich das Kolorit und die gesellschaftliche Prägung des berichteten Geschehens überwiegend der Lebenszeit des Dichters entspringen. Homers Ilias und Odyssee sind für das Thema unserer Abhandlung von immenser Bedeutung, so daß ihnen das folgende Kapitel gewidmet ist.

Durch verstärkte archäologische Bemühungen um die mykenische Kultur in den letzten Jahrzehnten ist bei Ausgrabungen manches Zeugnis zutage getreten, das Licht in den Sport dieser Zeit gebracht hat.[38] Dennoch lassen sich Sportdarstellungen in der mykenischen Kunst auf wenige Disziplinen beschränken, die aus Lauf, Faustkampf und Wagenrennen bestehen. Hinzu kommt das erzählende Geschehen eines Totenagons auf einer Larnax (Tonsarkophag) aus Tanagra, die inzwischen in der Sportgeschichte für Aufsehen gesorgt hat.

---

36 Lebessi/Muhly/Papasavvas, in: AM 119 (2004) 1–31.

37 Lebessi/Muhly/Papasavvas, *l.c.,* 31.

38 Überblicke bei Sakellarakis, *Sport in Crete and Mycenae;* Crowther, *Sport,* 40–44 (unter Einschluß Homers); Kyle, *Sport and Spectacle,* 48–51. Schon Laser, *Sport und Spiel,* hat das mykenische Material bei der Kommentierung des homerischen Sports vorbildlich vergleichend berücksichtigt.

Die Darstellung des Wettlaufes kann sich auf ein Minimum von zwei Teilnehmern beschränken, wie es auf einer kypro-mykenischen Vase des 13. Jh. v. Chr. zu sehen ist. Ihre Deutung als Wettläufer ist durch die korrespondierende Wiedergabe von Faustkämpferpaaren gesichert.[39] Es hat den Anschein, als sei der Wettlauf, der sich auf einer Reihe weiterer mykenischer Gefäße dargestellt findet, zu dieser Zeit mit der Nebenabsicht des militärischen Trainings gepflegt worden. Noch bei Homer spiegelt das ständige Beiwort *πόδας ὠκύς* 'fußschnell', das Achilleus, Prototyp eines Kriegers, trägt, diese Wertschätzung des Laufes.

In ähnlicher Weise war der Faustkampf als urtümliche Kampfsportart, die dem kriegerischen Ernstfall nahekommt, in mykenischer Zeit geschätzt. Vorbilder lassen sich bereits im minoischen Kreta belegen (s.o.). Mehrfach tragen kypro-mykenische Vasen, die ins 14. und 13. Jh. v. Chr. zu datieren sind, das Thema.[40] In einem Fall scheinen die Kämpfer in Hüfthöhe mit einem Riemen in kurzer Distanz verbunden zu sein.[41] Der Effekt war (ähnlich dem heutigen Ring im Boxsport) eine Begrenzung der Kampffläche und damit eine schnellere Entscheidung. Diese Verschärfung der Kampfbedingungen mag im Interesse der Zuschauer gelegen haben. Das Kämpferpaar wird wegen seiner geöffneten Hände gelegentlich als Ringer angesehen.[42] Es ist jedoch darauf hinzuweisen, daß alle frühen Ringkampfbilder die Athleten mit leicht nach vorne geneigtem Oberkörper und einander packend zeigen. Das Paar auf der besagten Vase aus Zypern steht jedoch völlig aufrecht und berührt einander nicht, so daß sich die Auffassung von Boxern empfiehlt.

Eine häufiger geäußerte Vermutung, es habe bereits im mykenischen Griechenland Wagenrennen gegeben, hat endlich ihre Bestätigung erfahren, nachdem noch die kritische Einschätzung aller dafür in Frage kommenden Quellen durch J. Wiesner keine Bestätigung dieser Annahme zu erbringen vermochte.[43] Zunächst sei darauf hingewiesen, daß ein Siegelring aus Gold, der in einem mykenischen Grab in Aidonia (unweit von Nemea) gefunden wurde und um 1500 v. Chr. datiert wird, einen Wagen mit zwei vorgespannten Pferden zeigt, die von einem Lenker geführt werden, dessen Darstellung jeglichen militärischen Kontextes entbehrt. Der kurze Stab (‚Kentron'), den er hält, weist ihn im Gegenteil als Führer eines rennfertigen Zweigespannes aus.[44] **(Abb. 6)** Damit ist aber zum ersten Mal überhaupt das Wagenrennen, diese im späteren Griechenland so folgeträchtige Sportart, angedeutet. K. Kilian hat eine fragmentierte Darstellung von Zweigespannen auf den Scherben einer spätmykenischen Amphora aus Tiryns überzeugend als Abbildung eines Wagenrennens gedeutet, das wegen der Anwesenheit einer Göttin mit Kylix (Weinbecher) vermutlich im Zusammenhang einer Totenehrung zu sehen ist.[45] **(Abb. 7)** Einige andere mykenische Scherbenbilder dieser für den Sport der Antike bedeutsamen Disziplin kommen hinzu,[46] um in den Griechen des 2. Jahrtausends v. Chr. nach unserem heutigen Erkenntnisstand die ersten zu sehen, die das Gefährt im Wettkampf nutzten.

---

39 Laser, *Sport und Spiel,* 35 mit n. 191–193; Rystedt, *Foot-Race,* 106, Abb. 10. Die Einschätzung von Sakellarakis, *l.c.,* 22, es handle sich hier um die älteste griechische Darstellung des Wettlaufes, ist nach dem Fund des minoischen ‚Läuferringes' (Lebessi/Muhly/Papasavvas, in: AM 119 [2004] 1–31) überholt. – Die Faustkämpfer bei Laser, *o.c.,* Tf. I c; bei Rystedt, *o.c.,* Abb. 9.

40 Laser, *Sport und Spiel,* 44 mit Belegen n. 234 f.

41 Laser, *o.c.,* n. 234, Abb. 10 f.

42 Siehe die entsprechende Literatur bei Laser, *o.c.,* n. 234.

43 Wiesner, *Fahren und Reiten,* 98 f.

44 Demakopoulou (Hg.), *Aidonia Treasure,* 70 Nr. 1.

45 Kilian, in: AM 95 (1980) 21–31; zustimmend Laser, *Sport und Spiel,* 30.

46 Crouwel, *Chariots,* Katalog V 13 (Tf. 52) und V 48 (Tf. 64).

Die hohe Bedeutung des von zwei Pferden gezogenen Speichenwagens in der mykenischen Gesellschaft läßt sich bereits an den Stelen aus Gräberrund A in Mykene ablesen, auf denen der Wagenkrieger in hohem Tempo dahinstürmt.[47] Da der Pferdewagen auch im Alten Orient und im Alten Ägypten ein Statusgefährt war und mehrfach von seiner alles bisher Bekannte in den Schatten stellenden Geschwindigkeit berichtet wird,[48] wäre es keine Überraschung, träten einmal ältere Quellen des Wagenrennens in diesem Bereich auf. Zu erinnern ist hier nachdrücklich an die ausgeklügelten Pferdetrainingstexte der Hethiter aus dem 15. Jh. v. Chr., die der systematischen Leistungsverbesserung von Wagenpferden gegolten haben, wenngleich die Wagenrennen dabei nicht im Mittelpunkt gestanden zu haben scheinen.[49]

Das wichtigste Dokument des mykenischen Sports wurde bereits vor vier Jahrzehnten entdeckt,[50] doch von der Sportgeschichte erst relativ spät rezipiert.[51] Es handelt sich um einen bemalten Tonsarg *(Larnax)* aus Tanagra aus der ersten Hälfte des 13. Jahrhunderts v. Chr., der heute im Archäologischen Museum von Theben aufbewahrt wird.[52] **(Abb. 8 a/b)** Er ist auf allen vier Seiten mit Szenen verziert, die sich als Stationen von Begräbnisfeierlichkeiten verstehen lassen. Während die Stirnseiten des Sarkophages Grablegung und Trauergesten enthalten, liefern seine Langseiten in ausführlicher Form die damit in Verbindung stehenden Rituale. Dabei scheint es, daß die auf Seite A und B angebrachten Motive gleichberechtigt sind. Beide Seiten tragen je zwei übereinander angebrachte Szenen. Die oberen Register sind der Totenklage und dem Totenopfer vorbehalten, während die unteren Register sportliche Aktivitäten zeigen. Die Totenklage (A) wird von 13 Frauen, die abwechselnd schwarze und rote Kleider tragen, in identischem Trauergestus ausgeführt. An entsprechender Stelle auf Seite B findet ein Tieropfer statt. Zwei Tiere einer Herde von Steinböcken sind in den Vordergrund gerückt und größer gezeigt als ihre Artgenossen; ein zwischen ihnen Stehender zielt mit einem Kurzschwert oder Messer auf den Hals eines dieser hervorgehobenen Steinböcke. Dieselbe Waffe ist in der Hand zweier kämpfender Männer unterhalb der Klagefrauen (A);[53] sie agieren ohne Schutzwaffen zwischen zwei Speichenwagen, die je von zwei Pferden gezogen werden.[54] Im Wagenkorb stehen jeweils drei Personen, die ihr Augenmerk auf den Kampf richten. Demzufolge wenden die vorgespannten Pferde – eines in Rot, das andere in Schwarz dargestellt – ihre Köpfe einander zu. Das vierspeichige, im Bereich von Felge und Nabe verstärkte Rad, der Wagenkorb sowie die Zügel sind als typische Merkmale eines mykenischen Wagens herausgearbeitet, wobei die Doppeldeichsel mit ihren Streben beim linken Wagen gut sichtbar ist. Obwohl es in der Profildarstellung so wirkt, als sei jeweils nur ein Tier angeschirrt, ist zweifellos beide Male ein Zweigespann gemeint, das gemeinsame Statussymbol der Oberschicht des 2. Jahrtausends v. Chr. im Raum des östlichen Mittelmeeres, Ägyptens und des Vorderen Ori-

47 Marinatos/Hirmer, *Kreta,* Abb. 168, 169; letztere auch bei Schofield, *Mykene,* 42 Abb. 17.

48 Decker, *Pharao und Sport,* 37.

49 Kammenhuber, *Hippologia Hethitica;* Starke, *Training von Streitwagenpferden.* Die originalen Vorlagen in Gestalt des Kikkuli-Textes stammen sogar aus dem 15. Jh. v. Chr.

50 Th. Spyropoulos, in: AAA 3 (1970) 184–187; Idem, *Tanagra,* 522 f.

51 Erste sporthistorische Würdigung: Decker, in: Stadion 8/9 (1982/1983) 1–24; vgl. auch Decker/Thuillier, *Sport dans l'Antiquité,* 77 f. mit Abb. 49. Erwähnt auch bei Crowther, *Sport,* 40.

52 Inv.-Nr. 36978, Maße: Höhe 0, 59 m, Länge 0,73 m, Breite 0,31 m. Sehr gute farbige Abbildungen bei Tzachou-Alexandri (Hg.), *Mind and Body,* 118 f. (Text von K. Demakopoulou); Kaltsas, *Agon,* 122 f. mit Bibliographie (Text von V. Aravantinos); Valavanis, *Games and Sanctuaries,* 16.

53 Die von Aravantinos, in: Kaltsas, *Agon,* 122, erwogene Alternative Boxen ist aufgrund der sehr gut sichtbaren Bewaffnung der Kontrahenten absolut auszuschließen.

54 Davon ist auszugehen, obwohl nur jeweils ein Tier in Malerei ausgeführt ist.

ents. Die Plazierung der Pferdewagen und ihre dreiköpfige Besatzung lassen eher an einen feierlichen Aufzug im Rahmen der Trauerfeier denken als an ein Wagenrennen.[55]

Auf Seite B findet sich an korrespondierender Stelle die Szene eines Stierspiels, an dem vier Männer beteiligt sind. Einer von ihnen steht zwischen zwei Stieren und hält die Tiere an ihren langen Hörnern fest, während je ein Akrobat eine Flanke über den Rücken der Stiere vollführt; derselbe Sprung geschieht über einen dritten, rechts abgewandten Stier, dessen Springer wie die übrigen einen Arm auf dem Rücken des Tieres aufstützt, während er mit der anderen ein Horn faßt.[56]

Die Gesamtkomposition, die lediglich von den beiden Farben Rot und Schwarz lebt, assoziiert bei dem Betrachter unmittelbar das Ritual der Totenfeier für Patroklos in Buch XXIII der Ilias: Nach den Trauergesten und dem Tieropfer folgen die Leichenspiele. Während ein Waffenkampf, dessen Blut zur Versöhnung des Toten fließen soll, ausdrücklich in ihrem Programm erscheint, wäre das Stierspiel für das homerische Geschehen allerdings ein Fremdkörper. Dennoch läßt der Bildschmuck des Sarkophages aus Tanagra keine andere Deutung zu: Bereits in mykenischer Zeit war es Sitte, einen Verstorbenen neben allgemeinen Totenritualen mit Leichenspielen zu ehren. Ursprünglich wohl als Zeichen besonderen Prunkes auf eine dünne Schicht von Führungspersönlichkeiten beschränkt, könnte die Darstellung von Leichenspielen im Laufe der Zeit kanonisch geworden sein.

3. Sport bei Homer

Die mykenische Epoche Griechenlands endet auf gewaltsame Weise um das Jahr 1200 v. Chr., als eine große Koalition unterschiedlicher Völkerschaften, die nach dem Vorbild einer ägyptischen Bezeichnung „Seevölker" genannt werden, in die Ägäis eindrang. Sie überschwemmten das griechische Festland, die Inseln und die kleinasiatischen Küstenlandschaften, und nur mit Mühe konnten sie am Eindringen in Ägypten gehindert werden. Die Griechen wurden abgedrängt und entzogen sich den Angreifern durch Massenflucht nach Kleinasien und auf Zypern.[57] Mit einem Schlage ist ihr kultureller Kosmos zerstört, und auf die Wirren folgte eine vier Jahrhunderte währende Epoche ihrer Geschichte, die man die ‚Dunklen Jahrhunderte' nennt, da sie erst nach und nach durch die archäologische Forschung aufgehellt werden. Im 8. Jh. beginnt ein neuer kultureller Aufbruch in der geometrischen Zeit, als verstärkte Kontakte mit dem Orient innerhalb einer kurzen Zeitspanne Anregungen ergeben, die auf fruchtbaren Boden fallen.[58] Das 8. Jahrhundert wird wegen der überragenden Bedeutung Homers für diese Frühzeit nach ihm benannt.

Nach antiker Überlieferung ist Homer der Dichter der beiden Großepen ‚Ilias' und ‚Odyssee', die – vereinfachend gesagt – den Anfang einer europäischen Literaturgeschichte bilden. Erst nach Erfindung der griechischen Alphabetschrift, die von der Übernahme des westsemitischen Schriftsystems profitierte, dem man Zeichen für die (im semitischen System unterdrückten) Vokale hinzufügte, konnte ein Stoff in bleibende Form gegossen werden, der vermutlich ein halbes Jahrtausend lang in mündlicher Tradition durch Generationen von Sängern gewandert ist. Mit diesem

55 Apodiktisch als Wagenrennen gedeutet in: TZACHOU-ALEXANDRI (Hg.), *Mind and Body,* 119.

56 Nach YOUNGER, in: AJA 80 (1976) 132–134, sind sie seinem Schema „floating leaper" verpflichtet.

57 Wenngleich in Einzelfragen inzwischen überholt, ist die Problemlage immer noch in übersichtlicher Form zusammengestellt von LEHMANN, *Mykenisch-frühgriechische Welt;* IDEM, in: YALÇIN/PULAK/SLOTTA (Hg.), *Schiff von Uluburun,* 283–289.

58 Zu diesen Kontakten siehe BURKERT, *Griechen und Orient;* WEST, *East Face of Helicon.* Zuletzt dazu ROLLINGER, in: RENGAKOS/ZIMMERMANN (Hg.), *Homer-Handbuch,* 213–227.

Akt der Verschriftlichung wird der Name Homer in Verbindung gebracht, der sich nicht an einer bestimmten historischen Person festmachen läßt; die antiken biographischen Vorstellungen der Dichterpersönlichkeit von ,Ilias' und ,Odyssee' weisen auf ein Milieu, das an der ionischen Küste Kleinasiens angesiedelt und nicht weit von Troia, dem Schauplatz der ,Ilias', entfernt ist.[59] Die Welt seiner Dichtung, die zum Vortrag am Hofe bestimmt war, sind die großen Themen des Adels der damaligen Zeit nach der Katastrophe, auf die die Dunklen Jahrhunderte (ca. 1200–600 v. Chr.) folgten: Krieg und Seefahrt, glänzende Hofhaltung und großzügige Gastfreundschaft, Jagd und Sport, aber auch gesellschaftliche Probleme wie der Kampf um die Macht.[60]

Zahlreiche Motive und Passagen der Dichtung Homers gehen auf die mykenische Zeit zurück, ohne daß sich die verschiedenen Entstehungsschichten des Epos immer trennen ließen. Es ist jedoch stark anzunehmen, daß bereits an den Königshöfen der mykenischen Epoche, die vom 16. bis 12. Jh. v. Chr. blühten, eine epische Dichtung existierte. Wie für viele andere Bereiche der griechischen Kultur- und Geistesgeschichte ist Homer auch für die Geschichte des griechischen Sports nicht zu überschätzen. Schlagartig setzt mit ihm und dem Beginn der griechischen Literatur das Thema Sport in einer unerhöhten Vielfalt und in höchster Vollendung der Darstellung ein. Gleichzeitig bewahren die homerischen Gesänge sportliche Traditionen aus dem 2. Jahrtausend v. Chr., die die damals führende Gesellschaftsschicht auch auf diesem Gebiet in regem Kontakt zu den Hochkulturen des östlichen Mittelmeerraumes erscheinen lassen. Dazu unten mehr. Auf die zentralen Stellen des Themas Sport in dieser frühgriechischen Heldendichtung soll im folgenden kurz eingegangen werden.[61]

Die Ilias

In der Ilias ist fast das gesamte 23. Buch den Leichenspielen zu Ehren des Patroklos gewidmet. Nachdem sich Achilleus, der beste Krieger der Griechen, während der Belagerung Troias aus verletzter Ehre grollend vom Kampfe zurückgezogen hatte, griff sein Freund Patroklos in der Rüstung des Achilleus in das Kampfgeschehen ein. Er fiel im Zweikampf gegen den Königssohn Hektor, den herausragenden Krieger der Trojaner. Der seinen Freund betrauernde Achilleus richtet ihm ein glanzvolles Begräbnis aus, das in der Abhaltung von Leichenspielen gipfelt. Ihre Schilderung erstreckt sich über mehr als 600 Verse (von den insgesamt 897 Versen des 23. Buches) und gliedert sich in folgende Disziplinen:

---

59 Der kürzlich von Schrott, *Heimat Homers,* gemachte Vorschlag, Troia in Karatepe in Kilikien zu lokalisieren – starke Gegenposition besonders bei Latacz, *Troia und Homer* –, hat eine breite kontroverse Diskussion in der Forschung ausgelöst, deren letzte einschlägige Publikation aus einem Kongreßbericht besteht, der die Frage zuspitzt: Ulf/Rollinger (Hg.), *Lag Troia in Kilikien?* Für die sporthistorische Betrachtung der homerischen Gedichte ist „der aktuelle Streit um Homers Ilias" – so der Untertitel der Schrift – ohne Belang, so daß wir im folgenden nicht näher auf das Thema eingehen müssen. – Eine kritische Betrachtung der jüngsten Diskussion zum Troia-Komplex stammt von Kolb, *Tatort >Troia<*.

60 Ein grundlegender Artikel zu Homer zuletzt von Latacz, in: DNP 5 (1998) 686–699.

61 Der beste sporthistorische Kommentar zu Homer ist immer noch Laser, *Sport und Spiel.*

Wagenrennen	Verse 262–652	=	391 Verse
Faustkampf	Verse 653–699	=	47 Verse
Ringkampf	Verse 700–739	=	40 Verse
Lauf	Verse 740–797	=	58 Verse
Hoplomachie	Verse 798–825	=	28 Verse
Soloswerfen	Verse 826–849	=	24 Verse
Bogenschießen	Verse 850–883	=	34 Verse
Speerwerfen	Verse 884–897	=	14 Verse

Unter den Teilnehmern sind die ersten Helden der Griechen, darunter Diomedes, der am Wagenrennen und der Hoplomachie (Waffenzweikampf) teilnimmt und beide Male siegt. Ebenfalls zwei Wettkämpfe bestreitet Odysseus; er siegt als Außenseiter im Lauf, im Ringen jedoch kommt es gegen Aias, den Sohn des Telamon, zu einem geteilten Sieg. Weitere klingende Namen von Wettkampfteilnehmern sind Menelaos, um dessen von Paris entführte Gattin Helena der trojanische Krieg geführt wird, Antilochos, der Sohn des Nestor, sowie Agamemnon, dessentwegen Achilleus den Kampf gemieden hatte und dem als *primus inter pares* der Sieg im abschließenden Speerwerfen kampflos zuerkannt wird.[62]

Die ‚Ergebnisliste' der Leichenspiele zu Ehren des Patroklos ist kein getreues Spiegelbild der Bedeutung der Helden im Kampfgeschehen. Einer der überragenden Kämpfer überhaupt, der ‚große' Aias, Sohn des Telamon, landet zweimal nur zweite Plätze. Umgekehrt behauptet der siegreiche Faustkämpfer Epeios von sich, schwächer als Krieger denn als Athlet zu sein (XXIII 670). Dennoch ist die soziale Funktion des Wettkampfes deutlich erkennbar: Sie bietet den Teilnehmern den willkommenen Anlaß, ihren Rang in der Gesellschaft zu festigen und ihr Ansehen zu erhöhen.

Was den Umfang der den einzelnen Disziplinen gewidmeten Verse angeht, fällt die Sonderstellung des Wagenrennens ins Auge.[63] Der Dichter verwendet auf die Königsdisziplin der Patroklosspiele allein mehr Verse als auf die der restlichen sieben Wettbewerbe zusammen. Das Argument, diese Disziplin stehe am Anfang der Schilderung und das sportbezogene Repertoire sei nach ihrer Darstellung weitgehend erschöpft, wäre nicht überzeugend. Dafür bieten die noch folgenden Sportarten zu unterschiedliche Ansätze, und die Phantasie des Poeten ist zu kreativ, als daß es ihm hier an Gestaltungskraft mangeln könnte. Andererseits wollte der Dichter sein Thema auch nicht überstrapazieren, und er hat bei der Komposition des Wagenrennens zweifellos bewiesen, daß er das Motiv des sportlichen Wettkampfes meisterhaft und variantenreich beherrscht. Bezeichnend ist, daß er dies am Sujet Wagenrennen mit dem Pferdezweigespann zeigen wollte, dem klassischen Gefährt der Führungselite der zweiten Hälfte des 2. Jahrtausends v. Chr. Es im Wettkampf zu erproben, entspricht allen Erwartungen und dem bereits in mykenischer Zeit nachweisbaren Gebrauch im sportlichen Kontext.[64]

Homers Schilderung dieser noch in seiner Zeit mit der Aura des Aristokratischen umgebenen Disziplin verdient eine nähere Betrachtung. In der Sportgeschichte der gesamten Alten Welt gibt

---

62 In diesem Akt scheinen sich ältere Vorstellungen erhalten zu haben, die auf die besondere Stellung des Königs Rücksicht nehmen. Man fühlt sich an das ägyptische Königsdogma erinnert, mit dessen Ideologie ein sportlicher Wettkampf mit Teilnahme Pharaos sich nicht vereinbaren ließ: Decker, *Pharao und Sport,* 6–11.

63 Laser, *Sport und Spiel,* 26–31.

64 Vgl. dazu oben S. 20 ff.

es nicht viele Quellen, die sich mit der atmosphärischen Dichte dieses Berichtes, der sich geradezu wie eine erste ‚Sportreportage' liest, messen können.

Schon bei der Vorstellung der Teilnehmer, die in hierarchischer Abfolge ihrer Siegeschancen vonstatten geht, erweist sich Homer als Kenner der Materie. Namen und Provenienz der Pferde als den Garanten des Sieges werden dem Hörer (bzw. Leser) mitgeteilt. Naturgemäß gehört auch die Fähigkeit des Lenkers dazu. Im Gegensatz zu späterer Praxis führen die Helden ihre Gespanne selbst. Auch dies ist – wie wir meinen – ein Indiz für die Frühdatierung der Patroklosspiele.[65]

Der greise Nestor instruiert seinen Sohn Antilochos über Technik und Taktik des perfekten Rennfahrers und legt den Grund für dessen gutes Abschneiden, das dieser allerdings einem unsauberen Trick verdankt. Er bremst Menelaos, der zum Überholen angesetzt hat, in einem Hohlweg mit einem waghalsigen Manöver aus, was ihm einen wütenden Protest seines Konkurrenten einbringt. Interessanterweise geht es hier nicht um den Sieg, sondern um den zweiten Platz. Die Homerstelle gebietet Vorsicht bei dem häufig zu lesenden Pauschalurteil, den Griechen sei es in ihren sportlichen Wettkämpfen nur um den Sieg gegangen.

Der Bericht des Wagenrennens enthält weitere Elemente einer Sportreportage, angefangen von der Aussetzung der Preise über das Startfieber der Pferde, den wechselnden Rennverlauf, die Reaktionen der Zuschauer **(Abb. 9)** einschließlich einer angebotenen Wette bis hin zur Vergabe eines Ehrenpreises an den greisen Nestor, der in seinen jungen Jahren ein hervorragender Athlet war (625–650).

Die Sonderstellung des Wagenrennens wird nicht nur durch Textumfang und einleitende Position im Sportbericht betont, sondern auch durch den Wert der Preise[66] und die Anzahl der Teilnehmer gespiegelt. Bei keiner anderen Konkurrenz kämpfen so viele Teilnehmer – fünf an der Zahl – um den Sieg, für den ein riesiger Dreifuß und eine in der Hauswirtschaft geschickte kriegsgefangene Frau als erster Preis ausgesetzt sind. Ihr Wert dürfte etwa ein Drittel des Dreifußes betragen; dies legt ein Vergleich mit dem Ringen nahe, bei dem ein Dreifuß im Werte von 12 Rindern als erster Preis, eine Frau im Werte von vier Rindern als zweiter Preis vergeben wird. Noch der vierte Preis des Wagenrennens ist mit zwei Pfund Gold beträchtlich höher als der dritte des Laufes (½ Pfund Gold).

Die Preise, die Achilleus vergibt, stellen zusammengenommen ein Vermögen dar; sie zeigen sowohl den Reichtum des Spielgebers an als auch seine Wertschätzung für den Verstorbenen.[67] Neben kriegsgefangenen Frauen sind Tiere (Pferdestute, Maultier, Ochse) darunter; kostbare Gefäße (Dreifüße, Kessel, Doppelschale, Becher und Mischkrug), Waffen (Lanze, Panzer, Schwert, Schild, Helm), Geräte (Äxte und Halbäxte), Rohmetall (Gold, Eisen) gesellen sich hinzu; schließlich ist ein Festmahl Bestandteil der Preise für den Waffenzweikampf.[68] Mit Ausnahme der sechsten Disziplin, dem Soloswerfen (s. u.), melden sich immer nur so viele Interessenten, wie Preise ausgesetzt sind, so daß – von diesem Sonderfall abgesehen – alle Teilnehmer einen Preis erhalten.

Werfen wir einen Blick auf das weitere Programm: Es folgen mit dem Faustkampf und dem Ringen zwei Kampfsportarten, die auch später wichtige Bestandteile der Sportfeste bleiben. Bei diesen

---

65 Weiler, *Sport,* 79 f. ist hingegen ein Anhänger der These eines späten Ansatzes des 23. Buches.

66 Laser, *Sport und Spiel,* 79–81.

67 Zu den Preisen siehe auch Papakonstantinou, in: Nikephoros 15 (2002) 51–67; Decker, in: Le Guen (Hg.), *Argent dans les concours,* 227–247, 236–244.

68 Laser, *Sport und Spiel,* 80. – Die archaische Belohnung in Gestalt eines Ehrenmahles für die Sieger eines Laufwettbewerbes ist interessanterweise für diese Zeit auch aus Ägypten bekannt, vgl. Decker, *Sport am Nil,* Dok. 16.

Kämpfen fließt Blut, und der unterlegene Boxer geht schwer k.o. Beim Lauf kommt es zum Ergötzen der Zuschauer zu einem Außenseitersieg, als der führende Aias, Sohn des Oileus, im Kot der Opferrinder ausgleitet und alle seine Chancen verspielt.

Altertümlich ist die *Hoplomachie* (Waffenzweikampf). In voller Rüstung kommt es darauf an, dem Gegner eine blutende Verletzung beizubringen. Aus Angst um das Leben des Aias lassen die Griechen den gefährlichen Gang abbrechen. Dieser Waffenzweikampf wirkt für unser Sportverständnis wie ein Fremdkörper, er entspringt aber der Wirklichkeit der damaligen Zeit. 1200 Jahre früher enden solche Zweikämpfe tödlich, wie die Geschichte des Sinuhe zeigt, der als geflüchteter Ägypter Leben und Besitz gegen den ‚Starken aus Retenu' verteidigen muß.[69] Es ist bezeichnend für die Zeit Homers, mit welcher Selbstverständlichkeit der Dichter diesen Waffengang noch dem Sport zurechnet.

Mit dem Solos-Werfen ist das Schleudern der Luppe, eines fladenförmigen Metallstückes gemeint, das bereits in der Bronzezeit als Produkt des Ausschmelzens von Rohkupfer im Handelsverkehr bekannt war.[70] **(Abb. 10)** Homer, der es aus Eisen sein läßt, unterläuft hier ein Anachronismus.[71] Es steht außer Zweifel, daß es sich um das Diskuswerfen handelt, das später wie die letzte Disziplin der Leichenspiele zu Ehren des Patroklos, das Speerwerfen, nur mehr im Rahmen des Fünfkampfes ausgetragen wurde.

Eine sehr alte Schicht des Sports repräsentiert das Zielschießen mit dem Bogen, das die ägyptischen Könige der 18. Dynastie zu einer wahren Meisterschaft entwickelt hatten.[72] **(Abb. 11)** Es kommt im griechischen Sport später nur mehr im Rahmen der Ephebenausbildung vor.

Dem Stoff der Ilias entsprechend stehen die Einzeldisziplinen sämtlich in einem engeren oder weiteren Bezug zum Militärischen. Die bei der Vorbereitung des Kriegers verwendeten Übungen waren in vielen Fällen dem Herausbilden einer sportlichen Form förderlich. Eine Wurzel des griechischen Sports, das läßt sich anschaulich bereits in der Ilias nachweisen, liegt im Krieg begründet.[73]

Es steht außer Zweifel, daß Totenagone reale Praxis des griechischen Totenkultes waren. Sie sind bereits in mykenischer Zeit belegt,[74] und das Epos führt sie an verschiedenen Stellen als altbekannte Sitte unverfänglich vor.[75] So verweist im Verlauf der Leichenspiele für Patroklos selbst der alte Nestor auf seine athletischen Erfolge, die er am Totenfest des Amarynkeus, König der Epeier, errungen hat:

Ja wirklich! Dies alles hast du, Kind, nach Gebühr gesprochen.
Nicht mehr sind beständig die Glieder, Freund!, die Füße, und nicht mehr
Schwingen sich leicht auf beiden Seiten die Arme an den Schultern.
Wäre ich doch so jung, und mir wäre die Kraft beständig,
Wie damals, als den gebietenden Amarynkeus bestatteten die Epeier
In Buprasion, und die Söhne setzten die Kampfpreise des Königs.
Da kam kein Mann mir gleich, nicht von den Epeiern

69 Decker, *Sport am Nil,* Dok. 2.

70 Decker, in: Stadion 2 (1976) 196–212.

71 So auch Laser, *Sport und Spiel,* 79 n. 379; allgemein dazu Mouratidis, in: Nikephoros 3 (1990) 11–22.

72 Decker, *Pharao und Sport,* 18–28, 42–45.

73 Siehe dazu Lavrencic, in: Nikephoros 4 (1991) 161–175.

74 Zu ihrer Herkunft siehe Decker, in: Stadion 8/9 (1982/83) 1–24.

75 Die Stellen bei Laser, *Sport und Spiel,* 21–25.

Noch von den Pyliern selbst, noch den hochgemuten Aitolern.
Mit der Faust besiegte ich Klytomedes, den Sohn des Enops,
Und den Ankaios im Ringen, den Pleuronier, der gegen mich aufstand.
Den Iphiklos aber überholte ich mit den Füßen, so tüchtig er war,
Und mit dem Speer warf ich hinaus über Phyleus und Polydoros.
Nur mit den Pferden überholten mich die Aktorionen,
Die sich, an Zahl überlegen, nach vorn warfen, mir den Sieg mißgönnend,
Weil die größten Preise daselbst noch zurückgeblieben waren.
Die waren Zwillinge: der eine lenkte beständig,
Lenkte beständig, der andere trieb mit der Geißel. –
So war ich einst! Jetzt aber sollen Jüngere solche Werke
Angehen; doch mir ist not, dem traurigen Alter
Zu gehorchen. Damals aber schien ich hervor unter den Helden! –
Doch geh und ehre mit den Wettkämpfen deinen Gefährten!
Dies aber nehme ich gern an, und es freut sich mir das Herz,
Daß du immer an mich denkst, den dir Freundlichen, und mich nicht mit der Ehre
Vergißt, mit der ich geehrt werde nach Gebühr unter den Achaiern.
Dir aber mögen die Götter dem Mute zusagende Gunst erweisen![76]

Einer der Kontrahenten im Faustkampf, Euryalos, tritt als Sohn eines bei der Leichenfeier des Oidipous siegreichen Boxers an.[77] Die spätgeometrischen Vasen tragen häufig Leichenspiele als Bildschmuck.[78] Berühmt war die ‚Kypseloslade' im Heratempel zu Olympia mit der Darstellung der Leichenspiele für Pelias, die jedoch nicht mehr erhalten ist.[79] Totenagone tauchen häufig im Mythos auf,[80] sie lassen sich jedoch auch historisch belegen.[81] Die Bevölkerung der thrakischen Chersones ehrt den Gründer der Kolonie, Miltiades, mit hippischen und gymnischen Agonen. Noch zur Zeit des Pausanias (2. Jh. n. Chr.) werden jedes Jahr zu Ehren der spartanischen Könige Leonidas und Pausanias Wettkämpfe durchgeführt, an denen nur Spartiaten teilnehmen durften. Eine lange Inschrift von der Insel Amorgos aus dem 2. Jh. v. Chr. regelt das Fest zu Ehren des Aleximachos, das sein Vater durch eine hohe Geldstiftung ins Leben ruft. Die dabei in zwei Alterklassen ausgetragenen Agone sollen das Pankration aussparen, vermutlich die Spezialdisziplin des Verstorbenen.[82] Mausolos, der Tyrann von Halikarnassos, wird durch einen Rhetorenagon geehrt, den seine Witwe Artemisia ansetzt. Prächtige Leichenspiele werden Alexander in Babylon ausgerichtet. Die Beispiele ließen sich beträchtlich vermehren. Es sind auch Objekte zutage getreten, die sich durch Inschriften als Preise von Totenagonen zu erkennen geben.[83]

76 Homer, Ilias XXIII 625–650 (Übersetzung W. Schadewaldt).
77 Homer, Ilias XXIII 677–681.
78 Andronikos, *Totenkult,* 121 ff.; Roller, in: AJA 85 (1981) 107–119.
79 Splitter, *Kypseloslade,* 24–29; der anschaulichste Bericht über sie stammt von Pausanias V 17,5–19,10.
80 Zusammenstellung der antiken Quellen bei Roller, in: Stadion 7 (1981) 13 n. 1; Weiler, *Agon,* passim.
81 Roller, in: Stadion 7 (1981) 1–18; dort finden sich die Belege für die im folgenden herangezogenen Beispiele.
82 Siehe dazu unten Kap. III 2.
83 Roller, in: Stadion 7 (1981) 2–5.

Auch ganze Gruppen können auf diese Weise geehrt werden. Am bekanntesten dürfte das staatliche Fest mit sportlichem Programm sein, das die Athener den im Kriege Gefallenen ausrichten.[84]

Ein solcher Leichenagon war zweifellos ein äußeres Anzeichen für das Ansehen des Verstorbenen in der Gesellschaft, und vermutlich wurde er von der Familie ganz bewußt mit reichen Preisen ausgestattet, um möglichst viele und illustre Teilnehmer anzulocken. Die Sitte des Totenagons ist im übrigen auch außerhalb Griechenlands bis in jüngere Zeiten anzutreffen. So kennt das mongolische Heldenepos ein Wettreiten und ein Ringkampfturnier aus Anlaß der Totenehrung des kirgisischen Khans Kökötöy.[85]

Dem Totenagon liegt neben seinem Zweck der Prachtentfaltung ein Sinn zugrunde, der in der Besänftigung der Seele des Toten besteht. Die Funktion der Leichenspiele als Versöhnungsopfer läßt sich in mehrere Aspekte gliedern, die zugleich als Entwicklungsstufen angesehen werden.[86] Eine erste Stufe sei das Opfern eines Kriegsgefangenen am Grabe des Verstorbenen, um einen am Tode Schuldigen zu präsentieren. Im 23. Buch der Ilias erscheint diese Sitte noch in voller Brutalität, wenn Achilleus zwölf kriegsgefangene Trojaner für Patroklos hinschlachtet.[87] Eine nächste Stufe stelle ein Zweikampf auf Leben und Tod am Grabe dar, dessen Opfer dem Verstorbenen Genugtuung leiste. Diese Phase spiegelt beispielsweise der erste Einsatz von Gladiatoren in Rom bei den Begräbnisfeierlichkeiten für Brutus Pera im Jahre 264 v. Chr.[88]

Die *Hoplomachie*, wie sie in der Ilias erscheint, wo die erste blutige Wunde den Kampf beendet hätte, stellt eine abgemilderte Form der zweiten Stufe dar. Auf einer weiteren Stufe der Entwicklung, so die hauptsächlich von K. Meuli vertretene Agontheorie, blieben die sportlichen Wettkämpfe übrig, von denen die blutigen Faust- und Ringkämpfe sich als die deutlichsten Relikte der Urform erweisen.

Die Odyssee

Auch in der Odyssee tritt das Thema Sport mehrfach in Erscheinung. An den drei Stellen, wo dies geschieht, sind die Anlässe jedesmal andere; sie unterscheiden sich deutlich von den Leichenspielen der Ilias.

Als Odysseus nach einem Schiffbruch als einziger überlebt, wird er an das Gestade der Insel Scheria gespült und von den Phaiaken gastlich aufgenommen. Nach einem Festmahl, das zu Ehren des Fremden gegeben wird, versammelt sich das Volk auf Wunsch des Königs Alkinoos auf dem Markt. Obwohl das improvisierte Sportfest auch die Leistungen der Inselbewohner demonstrieren soll, entspringt sein höheres Motiv der Absicht, Odysseus, der sich noch nicht zu erkennen gegeben hat, zu ehren. Unter Beteiligung der Königssöhne werden Lauf, Ringkampf, Sprung, Diskuswurf und Faustkampf absolviert. Dramatik kommt auf, als Laodamas, der Kronprinz, Odysseus als Athleten ansieht, der nur durch die im Meer erlittenen Strapazen zur Zeit nicht recht in Form sei. Dennoch läßt er sich anstacheln, von ihm eine Probe seines sportlichen Könnens zu fordern:

---

84 Kyle, *Athletics in Athens,* 41–45.

85 Hatto, *Memorial Feast.* Zum Ringkampf im mongolischen Heldenepos siehe Temme, in: Kratzmüller/Marschik et al. (Hg.), *Sport and Identities,* 243–258.

86 Malten, in: RM 38/39 (1923/24) 300–340; Meuli, *Agon.*

87 Homer, Ilias XXIII 19–23, 173–182.

88 Valerius Maximus II 4,7; Weiler *Sport,* 253; Ville, *Gladiature,* 40 n. 100.

Wie es scheint, verstehst du dich aber auf Wettkämpfe. Denn es gibt keinen größeren Ruhm für einen Mann, solange er lebt, als das, was er mit seinen Armen und Beinen vollbringt.[89]

Odysseus, dem der Sinn nach anderem steht, lehnt immer noch ab. Durch die beleidigenden Worte des Euryalos, er sei kein Athlet und gleiche einem auf schnöden Gewinn trachtenden Händler, einem „Neureichen“ also, wird er heftig provoziert. Als Exponent des landbesitzenden Adels hat er nur Verachtung für diese Klasse übrig. Ohne den Mantel abzulegen – heute würde man sagen: „im Trainingsanzug“ – schleudert er den Diskus weit über die Male derer, die diesen Wettkampf bereits beendet haben. Er ist in Rage gebracht und bietet weitere Proben seiner Sportlichkeit in Faustkampf, Ringen und Laufen an, obwohl er für die letzte Disziplin durch den langen Kampf mit der See nicht optimal disponiert sei. Auch im Bogenschießen und Speerwerfen will er es mit jedem aufnehmen außer mit dem Sohn seines Gastgebers – eine Geste der Achtung vor seinem Wohltäter. Niemand nimmt jedoch die Herausforderung an, und Alkinoos redet beschwichtigend auf Odysseus ein. Der sportliche Teil wird jetzt mit einem Reigentanz der Knaben fortgeführt, der formvollendet vorgetragen und durch den Sänger mit der Leier begleitet wird. Am Ende führen zwei Söhne des Phaiakenkönigs eine Solodarbietung vor, mit der sie durch die Einlage eines tänzerischen Ballspiels und durch komplizierte Tanzfiguren die Aufmerksamkeit der Zuschauer auf sich lenken.[90]

Auffälligerweise werden bei den Phaiakenspielen keine Preise ausgesetzt, was ihrem improvisierten Charakter entspricht. In ihrer Schilderung beweist der Dichter ein gutes Gespür für die physischen Grundbedingungen eines Athleten und kennt sich auch in dessen Psyche aus. Das Verständnis für Konstitution und Kondition ist vorhanden, was S. Laser dem Dichter als Kenner der „Wechselbeziehung zwischen sportlicher Leistung und körperlicher Verfassung“ gutschreibt.[91]

Mehr im Sinne einer karikaturhaften Episode tritt der Sport sodann nach der Rückkehr des Odysseus auf seine Heimatinsel Ithaka hervor. Dort hatten sich im Laufe seiner zwanzigjährigen Abwesenheit die Freier seiner Frau Penelope in seinem Hause breitgemacht und waren dabei, sein Hab und Gut zu verprassen. Als Außenstehender ihres Kreises hatte der Bettler Iros erreicht, daß er von ihnen geduldet wurde. Dem inkognito hinzukommenden, in Lumpen gehüllten Odysseus will dieser gleiches Recht versagen und droht ihm Prügel an. Die Freier sind begierig auf das sich anbahnende Spektakel und setzen eine Blutwurst sowie das dauerhafte Speiserecht für den Sieger aus. Iros ist sich anfangs seines Sieges sicher und kündigt an, seinem Gegner alle Zähne ausschlagen zu wollen. Als sie sich gürten und er der athletischen Figur des Odysseus gewahr wird, fängt er vor Furcht zu zittern an und tritt den Kampf nur unter dem Zwang der Freier an. Odysseus macht kurzen Prozeß und den mißgünstigen Rivalen bereits mit dem ersten Schlag kampfunfähig.

Mit diesem Sieg ist für Odysseus der erste Schritt getan, sein ererbtes Gut wieder in Besitz zu nehmen und in seine angestammten Rechte einzutreten.[92] Wie ihm dies endgültig gelingt, ist ebenfalls in die Form eines sportlichen Wettkampfes gekleidet. Penelope, die ihren verschollenen Gatten nicht mehr unter den Lebenden wähnt, kann sich dem Drängen der Freier nicht länger verschließen. Sie fürchtet um das Erbe ihres Sohnes Telemachos, das bei der Dauerbewirtung der Brautwerber immer mehr schrumpft. Widerstrebend setzt sie einen Wettkampf an, bei dem es darauf ankommt, mit dem Pfeil durch zwölf in eine Flucht gestellte Äxte zu schießen. Um diesen Mei-

89 Homer, Odyssee VIII 146–148 (Übersetzung S. Laser).
90 Laser, *Sport und Spiel*, 69–71.
91 Laser, *o.c.*, 21.
92 Homer, Odyssee XVIII 1–123.

sterschuß zu tun, muß der starke Bogen des Odysseus erst einmal bespannt werden; im Zustand der Lagerung war die Sehne natürlich nicht aufgezogen, damit die Spannung des Bogens erhalten blieb. Der Preis des Wettkampfes ist Penelope selbst.[93] Ihren Entschluß teilt sie dem als Bettler verkleideten Odysseus mit, der ihn unter übermenschlicher Beherrschung gutheißt; erst später am Fest des Bogengottes Apollon verkündet sie ihn den Freiern.

> *Denn jetzt will ich einen Wettkampf setzen: den mit den Äxten, die jener in seinen Hallen in einer Reihe aufzustellen pflegte, Schiffsrippen gleich, zwölf insgesamt: dann trat er weit zurück und schoß mit dem Pfeil hindurch. Doch jetzt will ich den Freiern diesen Wettkampf auferlegen, und wer am leichtesten mit den Händen den Bogen spannt und schießt mit dem Pfeil durch die zwölf Äxte alle, dem will ich folgen ... .*[94]

Wer ihre Hand gewinnen will, hat ein kompliziertes Kunststück zu vollbringen. Ein ganzes Arsenal an Gerätschaften wird aufgeboten, die von Homer unter dem Oberbegriff ἀέθλια (‚Wettkampfgeräte') zusammengefaßt werden: Wichtigstes Zubehör ist der Bogen, ein Gastgeschenk des Iphitos, das Odysseus immer in hohen Ehren gehalten hatte. Er war ihm zu kostbar, als daß er ihn der Gefahr kriegerischen Gebrauches ausgesetzt hätte, und wird in einem Futteral aufbewahrt. Die zugehörigen Pfeile stecken in einem Köcher. Die Ziele des Bogenschießens, zwölf Äxte, werden in einer eigenen Kiste verwahrt. Sie werden akkurat in einer Reihe aufgestellt und sollen in einer nicht näher bestimmten Weise *„durchschossen"* werden.

Die modernen Kommentatoren des Homertextes verstiegen sich bei der Erklärung dieses Sachverhaltes in absonderliche philologische und ballistische Erklärungen. Dabei ist die Sache relativ einfach, wenn man mit W. Burkert den Ursprung des Motives an der richtigen Stelle sucht.[95] Er hat auf die zahlreichen eindrucksvollen Berichte[96] und bildlichen Darstellungen[97] vornehmlich der 18. Dynastie hingewiesen, in denen ägyptische Könige als treffsichere Bogenschützen gerühmt werden. **(Abb. 11)** Ihre Ziele sind kupferne Metallplatten, wie sie in der Bronzezeit als gesuchte Handelsware überall im Mittelmeer vertrieben wurden. Die Unterwasserarchäologie hat in den letzten Jahrzehnten mehrfach gesunkene Schiffe bekanntgemacht, deren Ladung aus solchem Handelsgut bestand. Unter Zusatz von Zinn ließ sich das Rohkupfer in Bronze wandeln. Vor allem die Wracks von Kap Gelidonya[98] und Uluburun[99] sind in diesem Zusammenhang zu erwähnen.

Die Schießleistungen der ägyptischen Bogenschützen, die angeblich handbreite Kupferbarren durchschossen haben, darf man mit Fug und Recht bezweifeln. Die Kupferbarren selbst aber sind reale Objekte der Bronzezeit, und die Vorstellung des überragenden Schützen ist dem ägyptischen Königsdogma verpflichtet. Vergleicht man die Griffzungenbarren mit den Doppeläxten der Odyssee, fällt eine nahe Verwandtschaft ihrer Form auf. Ein Grieche, der die Bilder vom bogenschießenden König in Ägypten gesehen hat, konnte auf die Idee kommen, die Schießscheiben mit jenen Äxten zu verwechseln, die in mykenischer Zeit unter dem Namen πέλεκυς in Griechenland in Gebrauch waren. Amenophis II., der ‚Athlet auf dem Königsthron', hat laut seiner

93 Homer, Odyssee XIX 571–579; XXI 68–79

94 Homer, Odyssee XIX 572–579 (Übersetzung W. Schadewaldt).

95 Burkert, in: Grazer Beiträge 1 (1973) 69–78; Decker, in: KBSW 6 (1977) 149–153.

96 Die wichtigsten jetzt bei Decker, *Sport am Nil,* Dok. 2–11.

97 Decker/Herb, *Bildatlas,* Dok. E 1–9.

98 Bass, *Cape Gelidonya.*

99 Yalçin/Pulak/Slotta (Hg.), *Schiff von Uluburun.*

Sphinx-Stele vier solcher Kupferplatten mit seinen Pfeilen durchbohrt, so daß diese zu Boden fielen. Auch die Aufgabe der Bogenprobe in der Odyssee besteht im Durchschießen mehrerer metallener Äxte. Vor dem Schießen prüft Pharao die Qualität von 300 Bögen, indem er sie bespannt.[100] Auch beim Bogenwettkampf auf Ithaka muß erst einmal die Sehne auf den starken Bogen[101] des Herrschers gezogen werden. Bereits an dieser Kraftleistung scheitern die Freier, die es im Hinblick auf die begehrte Penelope versuchen. Auch Telemachos, der Sohn des Odysseus, der in der Krise zum Manne reift, verfehlt das angestrebte Ziel um ein Geringes.[102] Nur Odysseus, der den verblendeten Freiern immer noch als (jetzt frevelnder) Bettler erscheint, vermag es, den Bogen zu bespannen. Ihm gelingt es auch, die Äxte zu durchschießen.[103] Mit dieser Leistung hat er sich wieder in seine alten Rechte eingesetzt. Nun kann die unbarmherzige Rache an den Freiern beginnen. Voraussetzung der Katharsis ist die sportliche Meisterschaft des Odysseus, mit dem Bogen umzugehen. Der Bogen ist zum Herrschaftssymbol, ja fast zur Regalie geworden; es erinnert an das Thronen des Herrschers, wenn der Meisterschuß im Sitzen abgegeben wird.[104]

Die dramatische Entwicklung des Brautagons der Odyssee geht also auf fremden Einfluß zurück. Vorbild für den Meisterschuß des Odysseus ist das ägyptische Motiv des als Bogenschütze überragenden Pharaos. Das Modell hat auf dem Weg durch die Jahrhunderte mündlicher Tradition Veränderungen erfahren und ist bei Homer nur mehr als mißverstandener Abglanz des Originals greifbar. Andererseits deutet das Beispiel der Übernahme des Motivs die Intensität der Kulturkontakte im 2. Jahrtausend v. Chr. an, die auch das Feld der Literatur betrifft. In diesem Zusammenhang sei darauf verwiesen, daß im Ägypten des 14. Jh. v. Chr. genaue Kenntnis von der Geographie des mykenischen Griechenland herrschte, wie die Sockelinschrift einer Königsstatue aus dem Totentempel Amenophis' III. (1388–1351/50 v. Chr.) in Theben-West belegt.[105]

Die Bedeutung Homers für die Sportgeschichte Griechenlands läßt sich nur mit Rückblicken in das 2. Jahrtausend v. Chr. und Einblicken in die Nachbarkulturen erschließen. Die Dichtung Homers bewahrt viele Züge des Sports der ägäischen Bronzezeit und ist ein Sammelbecken uralter sportlicher Traditionen aus unterschiedlichen Kulturen. Neben der Fortführung des mykenischen Motivs des Totenagons in der Ilias ist die verwässerte Überlieferung des königlichen Meisterschusses auf kupferne Scheiben, wie ihn die ägyptischen Quellen der 18. Dynastien eindrucksvoll darstellen, in Gestalt des von Odysseus vollbrachten Bogenschusses durch die Äxte das spektakulärste Beispiel mündlich überlieferter epischer Sportthematik. In seine Wettkampfschilderungen fließt aber auch ein ganzer Kosmos zeitgenössischer Sportpraxis ein. Dabei entfernt sich der Sport langsam von einer funktionalen Rolle in einer stark hierarchisch gegliederten Gesellschaft und gewinnt eine Eigendynamik, die sich auch in der Herausbildung einer neuen Fachterminologie, wie sie insbesondere in der Odyssee aufkeimt, bei Homer bereits abzeichnet.

---

100 DECKER, *Sport am Nil,* Dok. 7, 61–63.

101 Wie kunstvoll die zusammengesetzten Bogen bereits in der Bronzezeit konstruiert waren, lehren die Exemplare aus dem Grab des Tutanchamun: MCLEOD, *Composite Bows.*

102 Homer, Odyssee XXI 101–139.

103 Homer, Odyssee XXI 393–423.

104 KEEL, in: ZDPV 93 (1977) 141–177.

105 EDEL/GÖRG, *Ortsnamenlisten,* 161–213.

III. Die Agone

In der griechischen Sprache bedeutet *Agon* (ἀγών) ursprünglich ‚Versammlung', eine Zusammenkunft von Leuten, die Wichtiges zu behandeln haben.[1] Wegen der schwierigen Reiseumstände kamen selbst nahe beieinander wohnende Mitglieder eines Stammesverbandes nur relativ selten zusammen, um unter dem Schutz der gemeinsam verehrten Gottheit, der aus diesem Anlaß ein Opfer zu bringen war, die angefallenen Probleme zu besprechen, einen Markt abzuhalten und eine politische Richtung für die nähere Zukunft abzustimmen. Offensichtlich bildete sich bei solchen regelmäßigen Zusammenkünften – teils zwanglos zur Zerstreuung, teils aber auch zur Präsentation eigener Stärke – die Sitte heraus, sportliche Wettkämpfe durchzuführen. Bei Homer ist der Gebrauch des Wortes *Agon* noch fließend: es kann sowohl die Versammlung (des Heeres) bedeuten als auch einen im Rahmen dieser Versammlung improvisierten Wettkampf.[2] Offenbar zielte man bereits in früher Zeit darauf ab, die Zusammenkunft der Männer durch die Ansetzung sportlichen Wettbewerbes attraktiv zu gestalten. In nachhomerischer Zeit wird mit dem Wort nur mehr der sportliche Wettkampf bzw. das Sportfest bezeichnet.

1. Panhellenische Sportfeste[3]

Unter den zahlreichen griechischen Festen mit sportlichem Programm sondert sich eine Gruppe mit überregionaler Ausstrahlung von den übrigen ab, deren Bedeutung auf einen lokalen Bezugsrahmen beschränkt blieb. Obgleich die Grenzen hier fließend waren und die regionalen Sportfeste unterschiedlichen Zuspruch erfuhren, der durchaus ein weiteres Einzugsgebiet umfassen konnte, bildet diese Einheit von vier Agonen deutlich eine eigene Kategorie. Es sind dies die panhellenischen (‚gesamtgriechischen') Spiele in Olympia, Delphi, am Isthmos von Korinth und in Nemea, die an Ansehen und Bedeutung alle anderen Agone überragen. Das kommt in den Siegerinschriften regelmäßig dadurch zum Ausdruck, daß die Aufzeichnung sportlicher Erfolge immer mit der Gruppe der panhellenischen Feste (und dann in der oben genannten Reihenfolge) beginnt, falls solche zu verzeichnen waren. Ihre Besonderheit wird noch dadurch betont, daß ein Athlet, der an allen vier großen Spielen Sieger war, der demnach ihren Umlauf (Periode) erfolgreich begleitete, mit dem Ehrentitel eines *Periodoniken*[4] ausgezeichnet wurde. Im modernen Tennissport kennt man Vergleichbares: Hier ist demjenigen, der die vier wichtigsten Turniere in einer Saison (Wimbledon, Paris, New York, Melbourne) als Sieger beendet, der *grand slam* gelungen.

In der römischen Kaiserzeit wurde die Gruppe der erstrangigen Spiele der Periodos durch mehrere Neugründungen auf sieben erweitert: So fügte Augustus 27 v. Chr. nach seinem entscheidenden Seesieg des Jahres 31 v. Chr. über Antonius vor Aktion die *Aktia* von Nikopolis, der aus Anlaß dieses Sieges neugegründeten ‚Siegesstadt', hinzu;[5] in Neapel, dieser in der gesamten Antike von griechischer Kultur und Lebensart geprägten Stadt, gründete er 2 n. Chr. die *Sebasta* (abgeleitet

1 Vgl. zum Wortfeld Scanlon, in: Arete 1 (1983) 147–162; grundsätzlich siehe Binder, in: DNP 12/2 (2002) 882–884 s.v. Agon.

2 Laser, *Sport und Spiel,* 11–13.

3 Allgemein vgl. Decker, in: DNP 11 (2001) 847–852 s.v. Sportfeste; Marek, *Geschichte Kleinasiens,* 614–622.

4 Knab, *Periodoniken;* zuletzt zum Thema Uzunaslan/Wallner, in: Strobel (Hg.), *Geschichte der Antike,* 121–128.

5 Caldelli, *Agon Capitolinus,* 24–28; Klose, in: JNG 47 (1997) 29–45.

von griech. σεβαστός = lat. *augustus*, daher sein Beiname ‚der Erhabene');[6] Domitian schließlich gliederte ihr im Jahre 86 n. Chr. die *Kapitolia* von Rom an.[7]

Diese Erweiterung, durch welche die griechische Agonistik sehr bewußt in den Dienst des römischen Kaiserkultes gestellt wurde,[8] hatte eine Inflationierung des ehemals ausgesuchten Titels eines Periodoniken zur Folge. Vier Siege aus sieben Agonen zu erlangen, war erheblich leichter als das klassische Quartett lückenlos siegreich zu absolvieren. Konsequenterweise rühmte sich der Ringer T. Ailios Aurelios Maron aus Seleukeia am Kalykadnos um die Mitte des 2. Jh. n. Chr., als erster überhaupt die erweiterte Periodos siegreich bestritten zu haben und damit der erste *‚vollständige Periodonike'* gewesen zu sein.[9]

Im übrigen scheint es bei den musischen Siegern schon früher so gewesen zu sein, daß diese hilfsweise einen Sieg bei den Heraia in Argos an Stelle eines Sieges in Olympia, das keine musischen Agone kannte, zählten, um überhaupt den Titel eines Periodoniken erlangen zu können.

Die panhellenischen Spiele wurden nicht jährlich wie die lokalen Agone, sondern alle zwei Jahre (Isthmien, Nemeen) bzw. alle vier Jahre (Olympien, Pythien) ausgetragen, was rein rechnerisch bereits einen Erfolg erschwerte, da die Gelegenheit des Sieges seltener geboten war als im Falle der im Jahresrhythmus veranstalteten Wettkämpfe. Man achtete bei der Aufstellung des Zeitplanes darauf, daß man genügend Reisetage vorsah, damit die Athleten die Tournee der bedeutenden Agone möglichst lückenlos absolvieren konnten.[10] Lediglich die Isthmien begleiteten im Wechsel das Jahr der Olympien und Pythien, wie folgendes Beispiel zeigt:

480 v. Chr.	Frühjahr: Isthmien	Sommer: Olympien
479 v. Chr.	Sommer: Nemeen	
478 v. Chr.	Frühjahr: Isthmien	Sommer: Pythien
477 v. Chr.	Sommer: Nemeen	
476 v. Chr.	Frühjahr: Isthmien	Sommer: Olympien
475 v. Chr.	Sommer: Nemeen	
474 v. Chr.	Frühjahr: Isthmien	Sommer: Pythien

Die gegenseitige Rücksichtnahme erstreckte sich auch darauf, den Agonen gleicher Kategorie keine terminliche Konkurrenz zu machen; hierbei waren auch die wichtigsten regionalen Veranstaltungen inbegriffen.[11]

Bei den panhellenischen Spielen gab es lediglich einen Siegeskranz zu gewinnen. **(Abb. 12)** In Olympia war er vom heiligen Ölbaum des Herakles, in Delphi vom Lorbeer Apollons geschnitten; am Isthmos von Korinth vergab man bei den Isthmien Kränze von der Fichte des Poseidon, wäh-

6 Crowther, in: ZPE 79 (1989) 100–102; Caldelli, *Agon Capitolinus*, 28–37.

7 Caldelli, *Agon Capitolinus*.

8 Vgl. dazu immer noch H. Langenfeld, in: Lefèvre (Hg.), *Monumentum Chiloniense*, 228–259; zuletzt besonders Newby, *Greek Athletics*.

9 Frisch, in: EA 18 (1991) 71–73; editio princeps Şahin, in: EA 17 (1991) 139–166, 144–149.

10 In der römischen Kaiserzeit war der Kaiser die oberste Instanz in solchen Fragen. So hat sich Hadrian (in seinem zweiten Brief an die Künstler-Vereinigung) in die Neuordnung des Wettkampfzyklus der führenden Agone sehr bestimmend eingemischt: Petzl/Schwertheim, *Hadrian und die dionysischen Künstler*, besonders 69–92. Unter den bereits jetzt zahlreichen Kommentaren zu dieser wichtigen Inschrift hebe ich hervor: Slater, in: JRA 21 (2008) 610 ff., 613 f.; Schmidt, in: ZPE 170 (2009) 109 ff.; Strasser, in: REG 123 (2010) 585, 609–620; Le Guen, in: Nikephoros 23 (2010) i. Dr.

11 Vgl. die Aufstellung bei Weiler, *Sport*, 138.

rend der Siegeskranz in Nemea aus Eppich (Sellerie) bestand. Die Siegespreise setzen diese Kranzspiele, die immer im höchsten Ansehen standen, von den übrigen Agonen ab, bei denen Wertpreise zu erringen waren.[12] In Delphi scheint es vor der Reorganisation der Pythien zu Beginn des 6. Jh. v. Chr. reale Wettkampfpreise gegeben zu haben.[13]

Es gab Städte, deren Gesetze es vorsahen, die Sieger der panhellenischen Agone mit besonderen Zahlungen aus der Stadtkasse zu belohnen. So stand einem aus Athen stammenden Olympiasieger im 6. Jh. v. Chr. unter Solon eine einmalige Zuwendung in Höhe von 500 Drachmen zu,[14] was dem Gegenwert einer Schafherde von 500 Stück entsprach. Im Athen des 5. Jh. v. Chr. wurde den Siegern der panhellenischen Spiele lebenslange Speisung im *Prytaneion* (Rathaus) gewährt.[15] Trotz der Konkurrenz der im Laufe der Zeit immer zahlreicheren mit Geldpreisen ausgestatteten Sportfeste blieben die vier großen Agone auch in der römischen Kaiserzeit, als über 300 Wertagone[16] – andere Schätzungen gehen sogar von wenigstens 500 aus[17] – um die Gunst der besten Athleten buhlten, die Hauptanziehungspunkte der Spitzensportler. Die Karriere eines Athleten der *crème de la crème* ohne möglichst zahlreiche Siege an den panhellenischen Agonen war auch in dieser Epoche undenkbar.

Die Attraktivität der Agone der Periodos als die ehrwürdigsten, an Alter und Ansehen hervorragenden sportlichen Ereignisse der griechischen Agonistik war für spätere Jahrhunderte eine Tatsache, die nicht in Frage gestellt wurde. Wie gelangten diese Agone, deren hohes Alter sie später adelte, aber zu ihrem Rang zur Zeit ihrer Entstehung? Das läßt sich nicht mehr leicht ermitteln.[18] Gemeinsam ist diesen Spielen ihre ursprüngliche Bindung an einen Kult und an ein entsprechendes Kultfest (griech. *Panegyris,* wörtlich ‚Vollversammlung'). Der jeweilige Kultort war teilweise weit außerhalb einer Polis gelegen. Olympia, die wichtigste Verehrungsstätte des obersten Gottes Zeus, wurde erst von der alten Stadt Pisa am Alpheios, später von Elis aus verwaltet. Delphi, Ort des berühmten Orakels des Apollon, war der kultische Mittelpunkt einer weiträumigen Amphiktyonie. Das Poseidonheiligtum am Isthmos lag im Einflußbereich der Handelsmetropole Korinth, während das abgelegene Nemea, ein weiterer Kultort des Zeus, nach anfänglicher Bindung an Kleonai lange Zeit von der uralten Stadt Argos aus verwaltet wurde, das die Spiele in Zeiten instabiler Verhältnisse in seine Mauern holte.

Die Olympien

Die berühmtesten Agone des Altertums wurden in Olympia, dem Hauptkultort des Gottes Zeus, ausgetragen. Ihr Ruhm hat die Zeiten in einem Maße überdauert, daß am Ende des 19. Jahrhunderts Pierre de Coubertin mit ihrer Wiederbelebung eine große Erfolgsgeschichte begründen konnte.[19] Wenngleich sein Interesse kein vordringlich antiquarisches war – ihm schwebten vielmehr sportpädagogische Ziele und die Realisierung einer internationalen Friedenspolitik mittels

12 Die Dinge liegen, wenn man sie in ihrer historischen Entwicklung betrachtet, viel komplizierter; in der römischen Kaiserzeit konnte ein Wertagon mit der Vergabe eines Kranzes verbunden sein und umgekehrt, vgl. dazu zuletzt Le Guen, in: Nikephoros 23 (2010) i.Dr.

13 Pausanias X 7,2–5; zum Problem vgl. zuletzt Perrot, in: Nikephoros 22 (2009) 7–13.

14 Weiler, in: Händel/Meid (Hg.), *Festschrift Muth,* 573–582.

15 Kyle, *Athletics in Athens,* 145–147.

16 Pleket, in: Nikephoros 14 (2001) 189 f.

17 Leschhorn, in: Stadion 24 (1998) 31.

18 Vgl. zu dieser Frage generell Kyrieleis, *Anfänge und Frühzeit,* 81.

19 Vgl. Young, *Modern Olympics,* 68 ff.; Decker, *Wiederbelebung,* 105 ff.

der Olympischen Spiele vor[20] – fand die Idee auch deshalb weltweite Verbreitung, weil er sich eines positiv belegten Begriffes bediente, der als kulturelle Größe seit der Renaissance wieder allbekannt war.[21] Zudem hatten die erst kurz zuvor unter der Leitung von Ernst Curtius durchgeführten Grabungen in Olympia, deren Ergebnisse zur Zeit der Bemühungen von Coubertin um eine Restitution der Olympischen Spiele auf vorzügliche Weise gedruckt vorgelegt wurden, den Ort und sein Fest einem aktuellen öffentlichen Interesse ausgesetzt.[22] Der Name ‚Olympische Spiele' als Modell eines Sportfestes überhaupt war bereits mehrfach bei neuzeitlichen Versuchen der Gründung von sportlichen Veranstaltungen ins Spiel gebracht worden; ihnen war jedoch vor den Aktivitäten von Pierre de Coubertin, der auf eine internationale Institution abzielte, keine Dauer beschieden.[23]

Die geographische Randlage von Olympia[24] in der Landschaft Elis im Nordwesten der Peloponnes, an der Mündung des Kladeos in den Alpheios unterhalb des Kronoshügels gelegen, ließ die spätere panhellenische Bedeutung der Kultstätte, die noch im 9. Jh. v. Chr. nur regionale Ausstrahlung hatte, nicht erwarten. Ein mit Muttergottheiten verbundener Kult bestand bereits im 3. Jt. v. Chr. Nach den neuesten Forschungen von H. Kyrieleis läßt sich keine Kultkontinuität von der mykenischen zur frühgeometrischen Epoche nachweisen. Der Beginn des Zeuskultes setzte mit dem späten 11. Jh. v. Chr. ein,[25] als dorische Stämme in die Peloponnes einwanderten.[26] Das Konstrukt einer engen Verbindung des Heros Pelops mit der Frühgeschichte Olympias geht auf eine Neuordnung der Stätte am Anfang des 6. Jh. v. Chr. zurück, bei der das Grab des Pelops als Heroon (Pelopion) eine kultpolitische Initiative der Eleer spiegelt, durch den bei vielen Stämmen der Peloponnes anerkannten Pelops eine panhellenische Ausstrahlung des Heiligtums und seiner Spiele zu begründen bzw. zu verstärken.[27]

Pelops wird seither mit dem Mythos der Gründung der Olympien verknüpft.[28] Ihren augenfälligen Ausdruck findet diese Vorstellung im Ostgiebel des Zeustempels mit der vor Spannung knisternden Szene unmittelbar vor dem Start der Wettfahrt zu Wagen.[29] Mit List nur gelang es Pelops, die Hand der Königstochter Hippodameia zu gewinnen. Er bestach den Wagenlenker Myrtilos des

20 Quanz, in: Olympika 2 (1993) 1–29.

21 Lennartz, *Kenntnisse und Vorstellungen,* 22 ff.; Zawadzki, *„Olympia"*, 19–34; Decker, *Wiederbelebung,* 37–39.

22 Curtius/Adler (Hg.), *Olympia;* Kyrieleis (Hg.), *Olympia 1875–2000;* Idem, *Olympia,* 11–22.

23 Die älteste Benennung eines Festes mit dem Namen *olympisch* in der Neuzeit geht auf die Cotswold Games zurück, die Robert Dover 1612 begründete und die von Zeitgenossen als ‚Olimpick Games' bezeichnet wurden: Rühl, *Spiele Robert Dovers.*

24 Die Literatur zu Olympia ist inzwischen fast unübersehbar geworden. Die jüngste Zusammenfassung stammt von Kyrieleis, *Olympia.* An Standardwerken seien des weiteren genannt: Drees, *Olympia;* Herrmann, *Olympia;* Mallwitz, *Olympia;* Bengtson, *Die Olympischen* Spiele; Ebert (Hg.), *Olympia;* García Romero, *Juegos Olimpicos;* Sinn, *Olympia;* Young, *Olympic Games.* – Ohne Anmerkungen sind die anregenden Arbeiten von Finley/Pleket, *Die Olympischen Spiele;* Yalouris (Hg.), *Die Olympischen* Spiele; Siebler, *Olympia* verfaßt. – Vgl. des weiteren Swaddling, *Ancient Olympic Games,* deutsche Fassung: *Die Olympischen Spiele* (mit gelegentlichen Versehen); Spivey, *The Ancient Olympics;* Wegner, *Olympische Götterspiele;* Günther, *Olympia.* – Erwähnenswert erscheinen uns auch folgende Buchabschnitte und Artikel: Weiler, *Sport,* 105–128; Miller, *Greek Athletics,* 87–95, 113–128; Valavanis, *Games and Sanctuaries,* 20–161; Crowther, *Sport,* 45–56; Kyle, *Sport and Spectacle,* 110–135; Meier, in: Nikephoros 6 (1993) 93–104; Barringer, in: Hesperia 74 (2005) 211–241.

25 Kyrieleis, *Olympia,* 18; 21 f.

26 Dieses Ereignis spiegelt u. a. der Mythos, daß der Aitoler Oxylos mit der Gründung der Olympischen Spielen im Zusammenhang steht: Pausanias V 4, 5; 7, 5.

27 Kyrieleis, *Anfänge und Frühzeit,* 79–83.

28 Einen Überblick über die Forschung der vieldiskutierten Ursprungsfrage bis zum Jahre 1980 geben Ulf/Weiler, in: Stadion 6 (1980) 1–38.

29 Vgl. dazu Herrmann (Hg.), *Olympia-Skulpturen,* 57–148; Kyrieleis, *Olympia,* 40 Abb. 24a (mit gegenüber der aktuellen Aufstellung im Museum von Olympia korrigierter Position der Mittelfiguren).

Königs Oinomaos von Pisa, das Gefährt für das alles entscheidende Wagenrennen auf eine Art zu präparieren, daß der Herrscher zu tödlichem Sturz kam und der Herausforderer seinen Platz einnahm. Der Pelopsmythos hat Anlaß zu der Vermutung gegeben, daß die ‚Urspiele' in Olympia aus einem Wagenrennen bestanden hätten, zumal auch aus der Masse an Votivfiguren vom Beginn des 1. Jts v. Chr. zahlreiche Wagen, Pferde und Wagenlenker herausragen, die dieser Theorie förderlich sind. Diese These hat erst jüngst wieder einen prominenten, wenngleich vorsichtigen Propagator gefunden.[30]

Eine überregionale Bedeutung gewinnt Olympia im Zuge der griechischen Kolonisation, innerhalb welcher ein am Ort befindliches Orakel besonders bei den Westgriechen in Kriegsfragen hohes Ansehen erlangt.[31] Daraus lassen sich nicht nur viele der zahlreichen nach Olympia gelangten Waffenweihungen erklären, sondern auch die ehrenvolle Behandlung, die die Sehergeschlechter der Iamiden und Klytiaden noch in später Zeit erfahren, als das Orakel längst bedeutungslos geworden war. Der Ruf als Orakel war es, der Olympia vor der Etablierung der Wettkämpfe als bleibende Hauptattraktion in Griechenland berühmt machte. Als die Bedeutung des Orakels nach Ende der nach Westen gerichteten dorischen Kolonisation zurückging, traten jedenfalls die Wettkämpfe im Rahmen des Kultfestes immer stärker in Erscheinung. Wann diese Wettkämpfe erstmals historisch belegt werden können, ist jedoch nicht mit Sicherheit auszumachen. Das bereits in der Antike fixierte Datum 776 v. Chr. als Jahr der ersten schriftlichen Aufzeichnung des ersten Siegers der Olympien (im Stadionlauf) erscheint in den Augen der modernen Forschung aus mehreren Gründen verdächtig.[32] Nicht nur befand sich zu diesem Zeitpunkt die neue Alphabetschrift eben erst in einem Erprobungsstadium. Die von Hippias von Elis stammende Rekonstruktion des angeblich ältesten Datums der griechischen Geschichte entbehrt historischen Quellenmaterials und wird lediglich von einer fiktiven Liste von spartanischen Königen gestützt, die der Sophist am Ende des 5. Jh. v. Chr. aus der mündlichen Überlieferung geschöpft und mittels einer subjektiven Generationenzählung kreiert hatte. Dem Ergebnis war ein gehöriger Schuß Lokalpatriotismus beigemischt, der der Absicht verpflichtet war, die nicht unstrittigen Ansprüche der Eleer auf die Organisation der Olympischen Spiele in ein möglichst hohes Alter heraufzurücken und dem olympischen Fest einen Vorrang vor den anderen panhellenischen Agonen zu konstruieren. Auffällig ist auch die Tatsache, daß nach der Liste des Hippias anfangs nur Laufwettbewerbe stattgefunden hätten – als ersten Sieger überhaupt verzeichnet er den Eleer Koroibos[33] als Sieger im Stadionlauf – und Wagenrennen, die in Wirklichkeit wohl die Frühgeschichte der Spiele geprägt haben könnten,[34] erst 680 v. Chr. in das Programm aufgenommen worden seien.[35]

Abgesehen von den Votivfiguren, die auf frühe Wagenrennen in Olympia deuten könnten, gibt es noch andere datierbare archäologische Quellen, die konkret auf die Anwesenheit von in Olympia versammelten Besuchern hinweisen. Es handelt sich um Brunnenanlagen, die der Versorgung der Festgäste dienten und nach Versiegen wieder zugeschüttet wurden. Die ersten dieser Brunnen, deren spätere vielfach mit kultischen ‚Abraum' verfüllt waren, lassen sich um die Wende vom 8.

30 Kyrieleis, *Olympia,* 57 f. (Kap. ‚Frühe Wagenrennen in Olympia?').

31 Vgl. Sinn, in: Nikephoros 4 (1991) 31–54; Kyrieleis, *Olympia,* 121.

32 Siehe dazu besonders Christesen, *Olympic Victor Lists;* Idem, in: Papakonstantinou (Hg.), *Sport in the Ancient World,* 13–34.

33 Moretti, *Olympionikai,* Nr. 1.

34 Vgl. das oben Gesagte und Kyrieleis, *Olympia,* 57 f.

35 Im Gegensatz zu den Votiven der Frühzeit, die zweifellos auf Zweigespanne gemünzt sind, sollte dieser angeblich erste hippische Bewerb auch noch das Viergespannrennen sein.

zum 7. Jh. v. Chr. datieren und geben einen Zeitpunkt an, mit dem die Kette regelmäßiger Festversammlungen begonnen haben dürfte.[36] **(Abb. 13)**

Obwohl die Liste des Hippias nach heutigen wissenschaftlichen Kriterien für den Beginn der Spiele als fiktiv anzusehen ist, wurde sie, die fortwährend ergänzt und auch in Form von Chroniken vorgelegt wurde, für die antike Zeitrechnung bedeutsam. Im Hinblick auf lokal stark divergierende Ansätze der Jahreszählung nach Ephoren (Sparta), Archonten (Athen) oder den argivischen Herapriesterinnen – um nur einige Beispiele zu nennen – lag es nahe, bei einer synchronistischen Koordinierung die Datierung nach einem Modell vorzunehmen, das sich nach einem periodisch wiederkehrenden panhellenischen Kultfest richtete. Nachdem bereits Thukydides (II 8, 1; V 49, 1) im späten 5. Jh. v. Chr. sich gelegentlich der Olympiadenzählung bedient hatte, wurde sie von Timaios von Tauromenion im 4. Jh. v. Chr. systematisch eingeführt (Diodor V 1) und entwickelte sich zum Grundmuster der griechischen Chronologie.[37]

Nach einem Bericht Herodots (II 160, verkürzt wiederholt von Diodor I 95) hatten die Eleer, Herren des olympischen Heiligtums, zu Anfang des 6. Jh. v. Chr. den Versuch gemacht, Olympia eine Sonderstellung im Vergleich zu den anderen panhellenischen Kultfesten zu sichern, indem sie den weisen Ägyptern die Wettkampfregeln zur Autorisierung vorlegten. Die Ägypter fanden es jedoch ungerecht, daß auch Wettkämpfer aus Elis unter dem Kampfgericht ihrer Mitbürger teilnehmen durften und rieten der Gesandtschaft dazu, eine entsprechende Regeländerung zu erwirken, die die Teilnahme ihrer Mitbürger ausschloß.[38] Sei die Gesandtschaft nun historisch oder fiktiv, der Bericht würde zeitlich sehr gut zu einer entsprechenden elischen Initiative passen, als mit Gründung der anderen panhellenischen Spiele zu Beginn des 6. Jh. v. Chr. Olympia eine starke Konkurrenz erwuchs.[39]

Trotz der oben ausgesprochenen Reserven gegenüber dem frühen Programm der Olympischen Spiele geben wir im folgenden einen Überblick über seine (anfangs angebliche) Entwicklung, wie sie seit 520 v. Chr. als historische Tatsache gewertet werden darf.

---

36 Mallwitz, in: Raschke (Hg.), *Archaeology of the Olympics,* 79–118, Abb. 6.11, S. 100; Kyrieleis, *Olympia,* 132 f.

37 Zur griechischen Zeitrechnung siehe grundsätzlich Samuel, *Chronology,* zur Olympiadenrechnung 188–194.

38 Interessanterweise läßt sich eine abgewandelte Regeländerung für das 4. Jh. v. Chr. historisch nachweisen, als es den *Hellanodiken* (Kampfrichtern) verboten wurde, sich gleichzeitig an den hippischen Agonen zu beteiligen: Ebert, *Epigramme,* Nr. 33.

39 Vgl. Decker, in: CdE 49 (1974) 31–42; Dorati, in: Nikephoros 11 (1998) 9–20. Siehe zuletzt Decker, *Sport am Nil,* Dok. 18.

Entwicklung des Wettkampfprogramms der Olympien
(anfangs nach Hippias von Elis, sichere Quelle ab 520 v. Chr., alle Anfangsdaten der Disziplinen v. Chr.)

800 700 600 500 400 300 200 100 | 100 200 300 393

Beginn	Disziplin
776	Stadionlauf
724	Doppellauf *(Diaulos)*
720	Langlauf *(Dolichos)*
708	Fünfkampf *(Pentathlon)*
708	Ringkampf
688	Faustkampf
680	Viergespann
648	Pferderennen
648	*Pankration* (Allkampf)
632	Stadionlauf **J**
632	Ringkampf **J**
628	Fünfkampf **J**
616	Faustkampf **J**
520	Waffenlauf *(Hoplites)*
500	Zweigespann Maultiere *(Apene)*
496	Stutenrennen
408	Zweigespann
396	Trompeter/Herolde
384	Viergespann **Fohlen**
268	Zweigespann **Fohlen**
256	**Fohlen**rennen
200	*Pankration* **J**

J = Jugendliche

Wie man sehen kann, ist auf jeden Fall mit dem Waffenlauf, der als Reflex auf die durch die Einführung der Hoplitenphalanx geänderte Kriegstechnik im Jahre 520 v. Chr. dem Programm zugefügt wurde, eine gewisse Ausgewogenheit der Disziplinen erreicht. Das Programm war unterteilt in einen athletischen und einen hippischen Bereich; als Besonderheit kam seit Anfang des 4. Jh. v. Chr. der Wettbewerb der Herolde und Trompeter hinzu. Hierbei handelt es sich nicht etwa um musische Wettbewerbe, wie sie z. B. in Delphi und an vielen anderen Orten der griechischen Welt Bestandteile von Agonen waren; es ging einfach darum, für die Ankündigung der Programmpunkte und die Verkündung der Sieger die lauteste (und gleichzeitig wohlklingende) Stimme zu küren sowie den besten Trompeter zu finden, der dem Ansager die nötige Aufmerksamkeit des Publikums sichern konnte.

Eine Einteilung in Altersklassen wurde in Olympia jeweils in zwei Kategorien vorgenommen: Es starteten Männer und Jugendliche getrennt in den gymnischen Agonen, wobei die Altersgrenze bei etwa 18 Jahren gelegen haben dürfte.[40] Analog dazu waren die hippischen Agone[41] für Fohlen und ausgewachsene Pferde ausgeschrieben; dabei blieben Stutenrennen *(Kalpe)* und das Rennen mit dem Zweigespann von Maultieren *(Apene)* nur Episode, da beide nach kurzer Zeit gemeinsam nach den 84. Olympien (= 444 v. Chr.) abgesetzt wurden, ohne daß sich ein stichhaltiger Grund dafür angeben ließe. Es fällt auf, daß das nicht unbeträchtliche Anwachsen des Programms nach 520 v. Chr. fast ausschließlich auf das Konto der hippischen Agone ging.

Anfangs auf nur einen Tag beschränkt, dann bis 472 v. Chr. vermutlich auf zwei Tage ausgedehnt, dauerte das Olympische Fest seit 468 v. Chr. fünf Tage, um im 1. Jh. n. Chr. vielleicht auf ganze sechs Tage anzuwachsen.[42] Die folgende Aufstellung folgt der Rekonstruktion des Programmverlaufes durch H. M. Lee und ist etwa ab 200 v. Chr. gültig:

Programmverlauf der Olympien seit 200 v. Chr. (nach Lee[43])

1. Tag Eid der Wettkämpfer und Trainer vor der Statue des Zeus Horkios (‚Schützer der Eide')
Prüfung der Wettkämpfer und Pferde (Dokimasia) und Einteilung in Altersklassen
Agon der Herolde und Trompeter

2. Tag Hippische Wettbewerbe
Pentathlon

3. Tag Riten für Pelops
Prozession
Großes Opfer für Zeus
Wettbewerbe der Jugendlichen

4. Tag Laufwettbewerbe
Kampfsportarten
Waffenlauf

5. Tag Festmahl der Sieger im Prytaneion

Die eventuell im 1. Jh. n. Chr. erfolgte Variante war, für die hippischen Bewerbe und das Pentathlon, beide zuvor an einem Tag ausgetragen, jeweils einen ganzen Tag vorzusehen, so daß das Fest nun sechs Tage gedauert hätte.[44] Die Forschungen von H. M. Lee haben als wesentliches Ergebnis auch die Einsicht erbracht, daß die Siegerehrung nicht, wie lange angenommen, am Morgen des Schlußtages en bloc vorgenommen wurde, sondern sogleich nach jedem einzelnen Wettbewerb stattfand.[45]

40 Zu den Altersklassen siehe Golden, *Sport and Society,* 104–116.
41 Zu diesen siehe zuletzt Canali De Rossi, *Hippiká* I.
42 Vgl. Lee, *Program and Schedule,* bes. 101–103.
43 Lee, *Program and Schedule,* 102.
44 Lee, *Program and Schedule,* 103.
45 Lee, *Program and Schedule,* 74. – Zum Sportsieger in der griechischen Antike allgemein Kephalidou, *Νικητής*.

Der Höhepunkt des Zeusfestes, die Hekatombe, stand bewußt im Mittelpunkt des Zeitplanes, um den sich das sportliche Programm rankte. Das Kultfest wurde während des zweiten Vollmondes nach der Sommersonnenwende, d.h. Ende Juli/Anfang August alle vier Jahre gefeiert.[46] Dieser Zeitraum von einer Veranstaltung zur nächsten wurde von den Griechen ‚Olympiade' genannt, während das Fest selbst mit ‚Olympien' bezeichnet wurde.[47]

Nur bei Pindar (Olympien 1, 94) und Herodot (VI 103; VII 206) wird ‚Olympiade' gelegentlich auch für das Fest selbst gebraucht.

Manche sehen in der Verlagerung des Stadions, dessen erste Spuren sich um 700 v. Chr. fassen lassen und dessen erste Bauphase (Stadion I) in die Mitte des 6. Jh. v. Chr. datierbar ist, um ca. 75 m nach Osten, durch die eine deutliche Separierung der Sportstätte vom Zeusaltar, dem kultischen Zentrum Olympias, stattgefunden hat, eine Auflösung der traditionell engen Verbindung von Kult und Sport.[48] Die Maßnahme wurde auf Profanisierungstendenzen in nachklassischer Zeit zurückgeführt. Dieses Argument ist jedoch nicht mehr stichhaltig, seitdem feststeht, daß diese bauliche Verlegung von Stadion III bereits zwischen 465 und 455 v. Chr., also im Zuge der Errichtung des Zeustempels in klassischer Zeit, durchgeführt wurde.[49] Die Bewältigung der anschwellenden Besucherzahlen der Olympischen Feste wird letztlich für diese Baumaßnahme verantwortlich zu machen sein. **(Abb. 14)**

Die Teilnahme an den athletischen Wettbewerben war auf freie männliche Griechen beschränkt. Das galt im Prinzip auch für die hippischen Agone. Da hier allerdings die Besitzer der Pferde als Sieger gekürt wurden, konnten auch Frauen Olympiasiegerinnen werden.[50] In Ansehung bestimmter Personen verfuhr man bei dieser Teilnahmebeschränkung gelegentlich recht großzügig. Als der Makedonenkönig Alexander I. Philhellen (ca. 495–450 v. Chr.) als ‚Barbar' nicht zu den Wettkämpfen zugelassen werden sollte, verwies dieser auf seine angeblich griechische Herkunft – er stamme als Argeade aus Argos, dieser uralten griechischen Stadt in der Peloponnes – und durfte starten.[51] Nachdem die Römer die Herren Griechenlands geworden waren, ließ sich eine enge Auslegung der ursprünglichen Teilnahmeregelung ohnehin nicht mehr politisch durchsetzen. Wer hätte schon Nero seinen von einer Mischung aus Philhellenismus und Größenwahn motivierten, mißglückten Auftritt mit dem Zehngespann der Fohlen in Olympia im Jahre 67 n. Chr., zwei Jahre außerhalb des zeitlichen Turnus der Wettkämpfe, verbieten können?[52]

Ein Sieg in Olympia war der höchste sportliche Erfolg, den man in der Antike überhaupt erringen konnte. Er war mit zahlreichen Ehrungen und Privilegien verbunden, die vom Wettkampfpreis in Gestalt des Ölzweiges vom Baum des Herakles über den feierlichen Einzug in die Heimatstadt mit symbolischer Niederlegung eines Teiles der Stadtmauer *(eiselasis)*, Errichtung einer Siegerstatue, Erhalt einer Siegesode, lebenslanger Speisung *(sitesis)* bis zur Zahlung einer Siegesprämie aus der Kasse der Heimatstadt reichen konnte.[53]

---

46 Miller, in: AM 90 (1975) 215–231.

47 Die moderne Bezeichnung ‚Olympische Spiele' geht auf die lateinische Wiedergabe ‚ludi Olympici' der griechischen Festbezeichnung zurück. Nach griechischer Auffassung waren die Wettkämpfe am Alpheios alles andere als Spiele, vgl. auch Kyrieleis, *Olympia,* 120.

48 So beispielsweise Bengtson, *Die Olympischen Spiele,* 36.

49 Schilbach, in: Coulson/Kyrieleis (Hg.), *Olympic Games,* 33–37.

50 Vgl. dazu S. 89 f. [hippische Bewerbe].

51 Herodot V 22; Ebert (Hg.), *Olympia,* 107.

52 Sueton, Nero 24.2; Ebert (Hg.), *Olympia,* 110; Kennell, in: AJPh 109 (1988) 239–251.

53 Buhmann, *Sieg in Olympia,* passim.

Pindar hat diese Sonderstellung eines Sieges in Olympia in der Einleitung seiner ersten Olympischen Ode auf Hieron von Syrakus unnachahmlich charakterisiert:

> *Das Beste ist das Wasser, Gold wiederum prangt wie nächtens leuchtendes Feuer / über allem stolzen Reichtum. / Wenn Du aber von Kampfpreisen künden / willst, mein Herz, / [5] dann suche neben der Sonne / auf dem einsam weiten Himmel kein Gestirn, das sein Licht am Tage wärmer verströmte:/ von einem herrlicheren Kampfspiel als zu Olympia können wir nicht singen!*[54]

Die Pythien in Delphi

In einer wilden Bergwelt unterhalb der Phaidriaden-Felsen, jedoch mit Blickverbindung zum Meer in der Landschaft Phokis nördlich des korinthischen Golfes gelegen, beherbergte Delphi, die berühmteste Orakelstätte der Antike, mit den Pythien[55] die nach Olympia bedeutendsten panhellenischen Agone. **(Abb. 15)** Ihren Namen haben sie erhalten nach Pytho, wie der Ort, an dem Apollon den Pythondrachen getötet hatte, auch genannt wurde. Die Pythia, die auf einem Dreifuß weissagende Orakelpriesterin, führt ihren Titel auf dieselbe Wurzel zurück. Delphi war schon berühmt wegen seines Orakels, als die Wettkämpfe als Bestandteil des Apollonfestes nachfolgten (Pausanias X 7,2–8). Sie haben als musische Agone bereits bestanden, als zu Beginn des 6. Jh. v. Chr. die Amphiktyonen, ein Bund von zwölf Stämmen mit ursprünglichem Kultzentrum an den Thermopylen, Delphi im Heiligen Krieg gegen Kirrha unterstützten und seitdem seine politischen Geschicke leiteten. **(Abb. 16, 17)** Das Siegesfest, mit dem 586 v. Chr. eine Neuorganisation der Pythien einhergeht und dem gymnische und hippische Agone hinzugefügt wurden, wurde mit Preisen aus der Beute begangen. Doch bereits vier Jahre später bei der folgenden Feier des Festes führte man die Regel ein, den Siegern nur einen Lorbeerkranz zu verleihen.[56] Es paßt zu Apollon, dem Musenführer, ihn mit Wettkämpfen in Gesang, Flötenspiel, Kitharaspiel sowie in der Sangesbegleitung zu diesen Instrumenten zu ehren. **(Abb. 18)** Der düstere Flötengesang wurde jedoch bald wieder abgeschafft. Es ist bezeichnend, daß die einzige Siegesode Pindars, die einem musischen Sieger gilt – dem Flötenspieler Midas von Akragas – auf einen pythischen Sieger gedichtet ist.[57] Besonders berühmt war der Pythikos Nomos, ein Sologesang zur Kithara. Wohl im 4. Jh. v. Chr. kamen Wettbewerbe für tragische und komische Schauspieler hinzu.[58]

Das athletische und hippische Programm hat sich im großen und ganzen nach dem olympischen gerichtet; zusätzlich gab es noch den Doppellauf und Langlauf in der Jugendklasse.[59] Erster Sieger mit dem Viergespann war Kleisthenes, Tyrann von Sikyon, der auch in Olympia einen Sieg in

54 Pindar, Olympien I 1–7 (Übersetzung E. Dönt).

55 Die einzige Monographie zu den Pythien ist wie die Zusammenstellung der pythischen Sieger auf ungarisch verfaßt: Maróti, *Delphoi;* Idem, *A delphoi pythia.* – Unter den Aufsätzen stelle ich heraus: Amandry, in: Praktika tes Akademias Athenon 65 (1990) 279–317. Siehe des weiteren Weiler, *Sport,* 128–131; Fontenrose, in: Raschke (Hg.), *Archaeology of the Olympics,* 121–140; Picard, in: Tzachou-Alexandri (Hg.), *Mind and Body,* 69–81; Maass, *Delphi,* 76–86; Miller, *Athletics,* 95–101; Valavanis, *Games and Sanctuaries,* 162–267, bes. 188–197. – Als Ortsführer wichtig: Bommelaer/Laroche, *Guide de Delphes. Le site* [Picard], *Guide de Delphes. Le musée.*

56 Miller, in: CSCA 11 (1979) 127–158; Brodersen, in: ZPE 82 (1990) 25–31; Perrot, in: Nikephoros 22 (2009) 7–13.

57 Pindar, Pythien 12.

58 Picard, in: Tzachou-Alexandri (Hg.), *Mind and Body,* 72 f.

59 Pausanias X 7,5; Ebert, in: Philologus 109 (1965) 152–156.

dieser Disziplin errang.[60] Mit Beginn des 6. Jh. v. Chr. befinden wir uns auf sicherem historischen Boden; deshalb dürfen wir die drei Siege des Flötenspielers Sakadas aus Argos an den drei ersten Pythien hervorheben, noch mehr aber die unmittelbar daran anschließenden sechs des Pythokritos aus Sikyon, der nach Pausanias auch in Olympia die Fünfkämpfer im Weitsprung mit seinem Flötenspiel begleitete.[61] Eine Liste der Sieger an der Pythien *(Pythioniken)* haben übrigens Aristoteles und sein Neffe Kallisthenes erstellt, wofür ihnen eine Ehreninschrift im Heiligtum gesetzt wurde.[62]

In der zerklüfteten Bergwelt von Delphi war es nicht leicht, geeignete Flächen für das Stadion und das Gymnasion zu finden, ganz abgesehen vom Hippodrom, der für immer in der Ebene beim zerstörten Kirrha gelegen haben muß. Zu Beginn des 3. Jh. v. Chr. brachte man das Kunststück fertig, ein Stadion in den Felshang am äußersten Punkt des Heiligtums hoch über dem Apollon-Tempel zu schneiden, das heute das besterhaltene ganz Griechenlands ist.[63] In die südliche Stützmauer ist eine ältere Inschrift aus der Mitte des 5. Jh. eingelassen, die es bei Strafe verbietet, Wein in das Stadion zu bringen.[64] Zuschauerkrawallen, wie sie in modernen Fußballstadien an der Tagesordnung sind, wollte man bereits tunlichst vor 2500 Jahren vorbeugen. Solange das Theater noch nicht bestand, wurden die musischen Agone auf einer hölzernen Bühne im Stadion ausgetragen. Weit entfernt am anderen Ende des Kultbezirkes in der Nähe des Tempels der Athena Pronaia eignet sich ein Platz für ein relativ schmales Gymnasion, das eine gedeckte *(Xystos)* und eine parallele offene Laufbahn *(Paradromis)* aufweist. Die gedeckte Laufbahn verläuft entlang einer Stützmauer, die eine Anzahl interessanter Ephebeninschriften trägt.[65] Das Gymnasion besitzt zudem eine Reihe von Waschbecken, die ihr Wasser durch Wasserspeier empfingen. Außerdem gehört ein kreisrundes Tauchbecken zu der Anlage, das aus der kastalischen Quelle gespeist wurde.[66] Aus einer Rechnungslegung des Dion aus der Mitte des 3. Jh. v. Chr. erhalten wir einen anschaulichen Eindruck von den aufwendigen Maßnahmen, die man zur Herrichtung der Stätten und Gebäude vor einem Fest durchführte. Die Inschrift, die in Kap. V 2 näher besprochen ist, erlaubt die Übertragung der Vorstellung von zahlreichen vorbereitenden Arbeiten auch auf andere Spielorte, von denen entsprechende Berichte nicht vorliegen. Das gilt auch für Olympia.

Vom einstigen Charakter der Kultstätte kann man sich ein Bild machen, wenn man bedenkt, daß Kaiser Nero bei einem großangelegten Kunstraub 500 Statuen aus Delphi nach Rom gebracht hat (Pausanias X 7,1.). Obgleich die Aufstellung von Siegerstatuen für Olympia ungleich größere Bedeutung hatte, war diese Sitte auch in Delphi bekannt. Zeuge dafür ist nicht nur die überlebensgroße Figur des berühmten Wagenlenkers vom Weihgeschenk des Polyzalos, das dieser aus Anlaß seines Sieges im Rennen der Viergespanne am Anfang des 5. Jh. v. Chr. gestiftet hat.[67] Vielmehr macht Pausanias ausdrücklich darauf aufmerksam, der die Stätte ausführlich beschrieben hat, und

---

60 Herodot VI 126; Moretti, *Olympionikai,* Nr. 96.

61 Pausanias X 7,4; VI 14,9–10.

62 FD III 1, 400; Bousquet, in: Idem, *Contes de Delphes,* 97–101.

63 Aupert, *Stade;* Stephosi/Kavvadias, *Στάδια,* 43–53.

64 Diesen Sinn gewinnen der Inschrift ab Miller, *Arete,* Nr. 73; Miller, *Greek Athletics,* 101, und besonders Thomamüller, *Steininschrift,* der sich zuletzt mit dem Text ausführlich auseinandergesetzt hat; vgl. unten Kap. V 4. Entgegen meiner in der Erstauflage S. 49 vertretenen Meinung schließe ich mich heute dieser Auffassung an. Für ein Verbot, Kultwein aus dem Stadion zu tragen, sprechen sich z. B. aus Harris, *Athletes and Athletics,* 142 f.; Aupert, *Stade,* 36 f.; Brodersen/Günther/Schmitt, *Inschriften,* I 46.

65 Siehe dazu Queyrel, in: BCH 125 (2001) 333–387.

66 Jannoray, *Gymnase,* 60–62 sowie Tf. XXV 3.

67 Chamoux, *L'aurige;* Rolley, in: BCH 114 (1990) 285–297.

zwar nach ihrer Dezimierung durch den römischen Kaiser. Allerdings trennen seiner Einschätzung nach Welten die Sieger in Olympia von denen in Delphi:

> *Welche Sehenswürdigkeiten mir am meisten der Rede wert zu sein scheinen, die will ich erwähnen. Athleten nämlich und Teilnehmer an den musikalischen Wettbewerben, die von den meisten Menschen nicht beachtet wurden, scheinen mir kein besonderes Interesse zu verdienen; die Athleten aber, die ein ruhmreiches Andenken hinterließen, habe ich in dem Buch über Elis erwähnt.*[68]

Als einziger Athlet, der nicht gleichzeitig Olympiasieger geworden ist, wird von ihm die Statue des Phayllos aus Kroton der Nennung für würdig erachtet (Pausanias X 9,2). Derselbe hat bei den Pythien zwei Siege im Fünfkampf und einen im Stadionlauf errungen – ein fürwahr eindrucksvoller Erfolg. Vermutlich hätte Pausanias auch ihn übergangen, hätte sich dieser nicht mit einem Schiff, das er selbst ausgerüstet hatte, an der Seeschlacht von Salamis beteiligt.[69]

Vom Ablauf des pythischen Festes, das im Sommermonat Bukatios stattfand, läßt sich ein grober Verlauf des Programms rekonstruieren:

Programmverlauf der Pythien

7. Bukatios:	Abend: Opfer für Apollon, bestehend aus drei verschiedenen Tierarten möglicherweise Pythischer Nomos (Apollons Kampf mit Python) Prozession
8. Bukatios:	Abend: Gemeinschaftsmahl
9. Bukatios:	Fortsetzung des Gemeinschaftsmahles musische Agone
10. Bukatios:	Gymnische Agone
11. Bukatios:	Hippische Agone[70]

Durchführung und Besuch der Pythien standen unter dem Schutz eines besonderen Festfriedens *(Hieromenie),* der ein ganzes Jahr gültig war.[71] Das Ansehen der Pythien führte dazu, daß in hellenistischer Zeit auch anderenorts Spiele nach dem in Delphi gepflogenen Reglement durchgeführt wurden; sie erhielten dann den Beinamen *isopythisch* (‚den Pythien gleich'). Schwerpunkte dieser dergestalt aufgewerteten Agone liegen in Kleinasien.[72]

68 Pausanias X 9, 1 f. (Übersetzung E. Meyer/F. Eckstein/P.C. Bol).

69 Vgl. auch Herodot VIII 47. Ein bei Kroton gefundener beschrifteter Steinanker könnte von diesem Schiff stammen, vgl. Stampolidis/Tassoulas (Hg.), *Magna Graecia,* Nr. 199.

70 Fontenrose, in: Raschke (Hg.), *Archaeology of the Olympics,* 127.

71 Rougemont, in: BCH 97 (1973) 75–106.

72 Fontenrose, in: Raschke (Hg.), *Archaeology of the Olympics,* 137 f.; Picard, in: Tzachou-Alexandri (Hg.), *Mind and Body,* 79.

Außer den Pythien sah Delphi nach der Vertreibung der Galater im Jahre 279/278 v. Chr. ein anderes glänzendes Fest, das unter der Aitolischen Liga seit 246/245 v. Chr. als vierjährige *Soteria* gefeiert wurde. Sein Name ‚Rettungsfest' bezieht es aus dem Dank für die Errettung vor der Gefahr durch Zeus. Sein Programm entsprach im wesentlichen dem der Pythien.[73]

Die Isthmien

An einem ungewöhnlich verkehrsgünstigen Ort, der Landenge von Korinth, gelegen, die das Festland mit der Peloponnes verband, bevor (nach gescheiterten Versuchen in der Antike, u. a. durch Nero) der im 19. Jh. n. Chr. (1881–1893) gebaute Kanal eine künstliche Trennung schuf, war der heilige Bezirk des Poseidon Austragungsort der nach diesem Isthmos benannten Spiele.[74] Sie standen wie das Heiligtum selbst unter der Obhut der reichen Handelsmetropole Korinth, die dieses Vorrecht nach ihrer Zerstörung durch die Römer im Jahre 146 v. Chr. bis zu ihrem Wiederaufbau für ein Jahrhundert an Sikyon abtreten mußte. Wegen seiner herausgehobenen Lage, die gekoppelt war mit einem wichtigen Umschlagplatz, dem *Diolkos* (‚Schleifbahn'), auf dem Waren und kleinere Schiffe über die gut sechs Kilometer breite Barriere vom Saronischen zum Korinthischen Golf (und umgekehrt) gezogen werden konnten, wurde die Stätte des Poseidontempels, in diesem Fall konkret das Stadion, häufig zu politischen Kundgebungen genutzt und nicht etwa das abseits gelegene Olympia. Hier wurde 338/337 v. Chr. Philipp II. auf einer panhellenischen Konferenz als Leiter des ‚Rachefeldzuges' gegen die Perser bestimmt, hier fand die Verkündung der Freiheit aller Griechen durch T. Quinctius Flamininus im Jahre 196 v. Chr. statt, und selbst Nero, der auf seine olympischen Siege so stolz war, ließ es sich nicht nehmen, von hier aus im Jahre 67 n. Chr. den Griechen erneut die Freiheit zu verkünden.

Über die Gründung der Isthmien liefen im wesentlichen zwei Versionen um: Die erste, von den Korinthern verbreitet, läßt Ino, Tochter des Kadmos, auf der Flucht vor ihrem rasenden Ehemann Athamas mit ihrem Sohn Melikertes ins Meer springen. Der mythische Gründer und König von Korinth, Sisyphos, findet den von einem Delphin an den Strand getragenen leblosen Körper des Melikertes (mit Beinamen Palaimon), errichtet dort einen Altar und setzt die Isthmien als Leichenspiele für den Ertrunkenen ein. So wird die Geschichte von Pausanias berichtet (Pausanias II 1,3). Der athenisch gefärbte Mythos läßt Theseus in Nachahmung des Herakles, der die Olympien gegründet haben soll, als Gründer der Agone für Poseidon auftreten; sie werden in einer Nebenüberlieferung auch als Sühnefeier für Skiron und Sinis betrachtet, zwei Wegelagerer, denen Theseus den Garaus gemacht hatte (Plutarch, Theseus 25,4). Die athenische Fassung spiegelt möglicherweise frühe politische Differenzen zwischen Korinth und Athen, wie sie auch nach dem Brand des Poseidontempels um 470 v. Chr. einige Zeit schwelten. Dennoch genießt Athen bei den Isthmien die *Prohedrie* (Anrecht auf einen Ehrenplatz, in diesem Fall im Stadion).[75]

Obgleich das Heiligtum archäologische Funde bereits aus dem 9. Jh. v. Chr. aufweist, läßt nichts darauf schließen, daß vor Beginn des 6. Jh. v. Chr. Agone an diesem Ort stattgefunden hät-

73 Nachtergael, *Sôtéria.*

74 Auch über die Isthmien fehlt bislang eine monographische Abhandlung. Die wichtigste Literatur: Schneider, in: RE IX 2 (1916) 2248–2255; Kent, *Inscriptions,* bes. 28–31; Weiler, *Sport,* 131–133; Gebhard, in: Tzachou-Alexandri (Hg), *Mind and Body,* 82–88; Eadem, in: Coulson/Kyrieleis (Hg.), *Olympic Games,* 73–79; Eadem, in: Gregory (Hg.), *Corinthia,* 78–94. (In den Arbeiten von Frau Gebhard findet sich auch eine Bibliographie der wichtigen Ausgrabungsberichte von O. Broneer.) Kajava, in: CP 97 (2002) 168–176; Valavanis, *Games and Sanctuaries,* 268–303, bes. 281–293; Miller, *Greek Athletics,* 101–105; Kyle, *Sport and Spectacle,* 140–143.

75 Gebhard, in: Coulson/Kyrieleis (Hg.), *Olympic Games,* 74, 78 n. 10.

ten. Der Beginn des Turnus eines regelmäßigen Kultfestes mit Agonen ist umstritten; dafür werden die Jahre 582, 581 und 572/571 v. Chr. in Beschlag genommen.[76] Das älteste Objekt, das sich mit einem isthmischen Sieg in Verbindung bringen läßt, ist ein beschriftetes Sprunggewicht aus der Mitte des 6. Jh. v. Chr., dessen Text unterschiedlich gelesen wird. W. Peek erkennt darin eine Votivgabe des Fünfkämpfers Kratippos, der insgesamt dreimal in dieser Disziplin gesiegt und dieses Gerät beim letzten Erfolg benutzt habe.[77] Ähnlich alt sind die Reste eines Wagenrades aus dem archaischen Tempel, das die Weihung eines hippischen Siegers sein könnte.[78]

Das Programm der Isthmien, die alle zwei Jahre im Frühjahr gefeiert wurden (und wechselweise den Olympien und Pythien im Jahr vorangingen), kennt neben den gymnischen und hippischen Konkurrenzen auch musische Disziplinen (sowie gelegentlich solche in Vortrag und Malerei). Friedrich Schiller nimmt in seiner Ballade ‚Die Kraniche des Ibykus' darauf Bezug:

Zum Kampf der Wagen und Gesänge,
Der auf Korinthus' Landesenge
Der Griechen Stämme froh vereint,
Zog Ibykus, der Götterfreund.
Ihm schenkte des Gesanges Gabe,
der Lieder süßen Mund Apoll,
So wandert' er an leichtem Stabe,
Aus Rhegium, des Gottes voll.

Vielleicht zu Ehren des am Isthmos hochverehrten Gottes Poseidon, der auch Schutzgott der Pferde war, enthielten die Laufwettbewerbe den anderswo nur selten belegten *Hippios* (‚Pferde'-Lauf) über vier Stadien.[79] Die Sieger der Agone gewannen einen Pinienzweig, später (getrocknetes) Sellerielaub – beides in Anspielung an den traurigen Anlaß der Leichenspiele.[80] Auffälligerweise erhielten die Römer viel früher als in Olympia, wo ein erster römischer Sieg erst 4 v. Chr. zu verzeichnen war,[81] bei den Isthmien Startrecht. Es wurde ihnen aus Dankbarkeit für die Säuberung des Adriatischen Meeres von der Piratenplage bereits im Jahre 229 v. Chr. verliehen.[82]

Auch das Kultfest am Isthmos unterlag einem Festfrieden, wie eine von Thukydides aus dem Peloponnesischen Krieg berichtete Episode bezeugt. Im Jahre 412 v. Chr. weigern sich die Korinther, zur Zeit seiner Dauer an militärischen Operationen teilzunehmen (Thukydides VIII 9). Und natürlich werden aus den teilnehmenden Städten auch offizielle Festboten *(Theoren)* zu ihnen entsandt. Aus der neueren archäologischen Erforschung des isthmischen Heiligtums wissen wir jetzt auch, daß die *Hellanodiken* ihr Votum zwecks Einteilung der Wettkämpfer in Altersklassen auf einem Stimmplättchen aus Blei abgegeben haben.[83] Selbst dieser wichtige Fund wird in seiner Bedeutung noch übertroffen durch die Startanlage des alten Stadions aus dem 5. Jh. v. Chr., die

76 Gebhard, in: Tzachou-Alexandri (Hg.), *Mind and Body,* 83. Zuletzt hat Valavanis, *Games and Sanctuaries,* 281, wieder 582 v. Chr. favorisiert.
77 Peek, in: ZPE 23 (1976) 77–78.
78 Gebhard, in: Coulson/Kyrieleis (Hg.), *Olympic Games,* 76.
79 Weiler, *Sport,* 131, mit Nachweisen.
80 Broneer, in: AJA 66 (1962) 259–263.
81 Durch Tiberius, den Nachfolger des Augustus, vgl. Moretti, *Olympionikai,* Nr. 738.
82 Polybios II 12.
83 Jordan/Spawforth, in: Hesperia 51 (1982) 65–68. Vgl. unsere **Abb. 50.**

den gezielten Einsatz von technischen Mitteln der Zeit im sportlichen Kontext in überzeugender Weise nachweist. Die Funktion des Startmechanismus, der in Kapitel VII 1 noch näher beschrieben werden soll, ermöglichte eine Blockierung der Startplätze vor dem Signal des Ablaufes und verhinderte damit einen Frühstart. Mit anderen Worten: Er belegt Maßnahmen, den Athleten objektive Wettkampfbedingungen zu verschaffen und absolute Chancengleichheit herzustellen.

In 4. Jh. v. Chr. wurde im Zuge eines Tempelneubaus das alte Stadion aufgegeben und in relativer Nähe eine um 90° versetzte Laufbahn mit der damals aufkommenden *Sphendone* errichtet.[84] Inschriften mit interessanten agonistischen Themen wurden selbstverständlich auch am Ort der Isthmien gefunden.[85] **(Abb. 19)**

Unter den in der Geschichte der Wettkämpfe am Isthmos erbrachten sportlichen Leistungen, von denen wir Kenntnis besitzen, ragt diejenige des thebanischen Kampfsportlers Kleitomachos heraus. Dieser hatte sich um 220 v. Chr. für alle Kampfsportdisziplinen eingeschrieben und trug an einem Tage, da Faustkampf, Pankration und Ringen (offenbar in dieser Reihenfolge) als Kampfsportarten *en bloc* im Programm standen, einen im Rahmen von panhellenischen Agonen nie wieder erreichten Dreifachsieg davon.[86]

Im Hinblick auf die Gesamtzahl der an den Isthmien errungenen Siege sind Milon von Kroton mit seinen zehn Siegen im Ringen (6. Jh. v. Chr.)[87] sowie Theogenes von Thasos (5. Jh. v. Chr.), der für diese Siegeszahl allerdings zwei Disziplinen – Faustkampf und Pankration – benötigte,[88] unübertroffen.

Die Nemeen

Unter den vier großen panhellenischen Kultorten mit sportlichem Festprogramm wird Nemea traditionell, wie man den Siegeskatalogen antiker Athleten entnehmen kann, an letzter Stelle geführt.[89] Das dürfte formal damit zusammenhängen, daß es der Ort des jüngsten panhellenischen Agons ist, obwohl sein Gründungsdatum 573 v. Chr. nur wenige Jahre jünger ist als die Wettkämpfe von Delphi und am Isthmos. Im Laufe seiner Geschichte wurde Nemea wie ein Spielball zwischen Kleonai, unter dessen Einfluß es anfangs stand, und Argos, das die Spiele später okkupierte, hin- und hergeworfen. Auch Sikyon war zeitweise an dem Kräftespiel um den Kultort in dem Tal, in dem Herakles dem Mythos zufolge den Löwen mit der Keule erschlagen hatte, beteiligt. Im Jahre 235 v. Chr. verhinderte Aratos von Sikyon die Abhaltung der Agone, die damals in Argos ausgerichtet wurden, und ließ Athleten, die sich ihm nicht fügten, gefangennehmen und in die Sklaverei verkaufen[90] – ein eklatanter Bruch des Festfriedens, der jeden panhellenischen Agon

84 Vgl. den Lageplan bei Valavanis, *Games and Sanctuaries,* 303, sowie die Abb. 417 (S. 292).

85 Beispiele bei Meritt, *Inscriptions,* Nr. 14–17; Kent, *Inscriptions,* Nr. 208–230; Geagan, in: Hesperia 58 (1989) 349–360.

86 Ebert, *Siegerepigramme,* Nr. 67; vgl. auch unten S. 67.

87 Moretti, *Olympionikai,* Nr. 122; Ebert, *Siegerepigramme,* Nr. 61

88 Moretti, *Olympionikai,* Nr. 201; Ebert, *Siegerepigramme,* Nr. 37. – Eine in Druck befindliche Liste aller Isthmioniken stammt von Farrington, *Isthmionikai.*

89 Auch über die Nemeen liegt bislang keine Monographie vor; die älteren Quellen bei Hanell, in: RE XVI 2 (1935) 2322–2327. Seit 1973 wird der Ort mit großem Erfolg von St.G. Miller ausgegraben, der auch eine Reihe sporthistorisch wichtiger Publikationen zur Geschichte der Agone verfaßt hat, die hier in Auswahl genannt seien: Miller, in: Raschke (Hg.), *Archaeology of the Olympics,* 141–151; Idem, in: Tzachou-Alexandri (Hg.), *Mind and Body,* 89–96; Idem, in: Coulson/Kyrieleis (Hg.), *Olympic Games,* 81–86; Idem (Hg.), *Nemea* (1990); Idem, *Stadion;* Idem, in: Kyrieleis (Hg.), *Olympia 1875–2000,* 239–250; Idem, (Hg.), *Nemea* (2004); Idem, *Greek Athletics,* 105–112.

90 Plutarch, Aratos 28, 3–4. Zur Geschichte Nemeas und der Nemeen vgl. auch Kyle, *Sport and Spectacle,* 143–148.

begleitete. Im Verlauf seiner mehr als tausendjährigen Geschichte fanden die Nemeen nicht einmal ein Viertel ihrer Dauer an dem Ort statt, der ihnen ihren Namen gab. Schuld an diesem Schicksal trägt wohl auch die Lage Nemeas im Niemandsland der nordöstlichen Peloponnes.

Wie die anderen panhellenischen Spiele werden auch die Agone zu Nemea in ihrem Ursprung mit Leichenspielen in Verbindung gebracht. Als der Zug der Sieben gegen Theben Nemea passierte, wurde das Königskind Opheltes von einer Schlange getötet, nachdem seine Wärterin Hypsipyle, die den Helden eine Quelle zeigen wollte, es für kurze Zeit auf ein Lager von Eppich (eine Sellerieart) gelegt hatte. Die prächtigen Leichenspiele zu Ehren des toten Kindes, dem auch der Name Archemoros (‚Beginn des Unheils')[91] verliehen wurde, wurden als die ersten Nemeischen Spiele angesehen. Ein Kranz aus Eppich, der den Nemeoniken als Siegespreis aufgesetzt wurde, erinnert noch in historischer Zeit an die traurige Begebenheit des Mythos. Die Auffassung, daß die athletischen Wettkämpfe auf Herakles zurückgehen, ist erst im 1. Jh. n. Chr. aufgekommen.[92] Der Zeitpunkt der Austragung der Nemeen war Vollmond am Ende des Sommers.[93]

In der Grabungsgeschichte von Nemea verdient die Freilegung des Stadions, das wie die meisten übrigen Bauten der Kultstätte aus frühhellenistischer Zeit stammt, besondere Erwähnung.[94] **(Abb. 20)** Es liegt ca. 400 m östlich vom Zeustempel eingebettet in einen halbkreisförmigen Hügel mit natürlich auslaufenden Zuschauerrängen und war – ähnlich wie das Stadion in Olympia – von einer meterhohen Sandschicht bedeckt. Um es in seiner Gänze freilegen zu können, wurde sogar eine Landstraße verlegt, die es durchschnitten hatte. Neben der steinernen Basis für eine hölzerne Kampfrichtertribüne weist das Stadion eine umlaufende offene Wasserrinne auf, die sich in regelmäßigen Abständen in Wasserbecken erweitert. Ihr zugeordnet sind niedrige steinerne Pfeiler, die alle 100 Fuß aufgestellt sind. Sie bieten den Athleten eine Orientierung für die noch zurückzulegende Laufstrecke bis zum Ziel und den Zuschauern eine optische Hilfe für die Einschätzung der Abstände der einzelnen Läufer zueinander. Die Läufer hatten im *Dolichos* (‚Langlauf') um einen deutlich aus der Achse herausgenommenen Wendepfahl *(Kampter)* herumzulaufen, dessen Basis sich erhalten hat und der neues Licht auf die antike Wendetechnik im Lauf wirft.[95] Der dem Heiligtum zugewandte Zuschauerwall wird von einem langen Tunnel durchstoßen, der dem effektvollen Einzug der Athleten und Kampfrichter in das Stadion diente. **(Abb. 21)** Seinem äußeren Eingang ist ein quadratischer Säulenhof vorgeschaltet, der als Auskleideraum *(Apodyterion)* gedeutet wird. Obwohl es in der Architektur antiker Stadien dazu keine direkte Parallele gibt, bietet sich diese Funktion wegen der Lage der Baulichkeit an. Auf den Wänden des Tunnels hat sich eine Reihe von Graffiti erhalten, die sich am ehesten als autographische Zeugnisse von auf ihren Auftritt wartenden Athleten verstehen lassen. So ist dem Namen Telestas die optimistische Aussage νικῶ (‚Ich siege') beigeschrieben, was dazu paßt, hier die eigenhändige Verewigung des in der Knabenklasse in Olympia um die Zeit der Erbauung des Tunnels siegreichen Faustkämpfers gleichen Namens anzunehmen.[96] Ließe sich diese Annahme beweisen, hätten wir es hier mit dem ältesten Autogramm

---

91 Simon, in: AA (1979) 31–45.

92 Miller, *Nemea (1990),* 25. Zu den Gründungsmythen vgl. Doffey, in: Piérart (Hg.), *Polydipsion Argos,* 185–193.

93 Perlman, in: Athenaeum 77 [= N.S. 67] (1989) 57–90; Lambert, in: ZPE 139 (2002) 72–74.

94 Die darüber vorgelegte Publikation ist die beste, die über ein griechisches Stadion verfaßt wurde: Miller, *Stadion;* vgl. auch Valavanis, *Games and Sanctuaries,* 326–333; vgl. auch die Kurzbeschreibung von Miller, *Ancient Stadium.* Zum älteren Stadion siehe Miller, in: Kyrieleis (Hg.), *Olympia 1875–2000,* 239–250.

95 Miller, in: AJA 84 (1980) 159–166.

96 Moretti, *Olympionikai,* Nr. 453; Idem, in: MGR 12 (1987), Nr. 453; Miller, *Stadion,* 315.

der Sportgeschichte zu tun.[97] Nicht weniger faszinierend wäre der Namenszug 'Ακρότατος καλός (‚Akrotatos ist schön'), wenn er sich auf einen historischen Träger dieses sehr seltenen Namens und noch genauer auf den König von Sparta der Jahre 265–252 v. Chr. beziehen ließe.[98]

Von großer Bedeutung für die Sportgeschichte erwiesen sich die im Süden des Stadions gelegenen Ablaufrillen. Sie ließen sich dank der kongenialen Rekonstruktion durch P. Valavanis als Elemente einer Art Startmaschine *(Hysplex)* verstehen, die den Frühstart bei den Laufdisziplinen mittels einer relativ einfachen Vorrichtung verhinderte.[99]

Kultischer Mittelpunkt von Nemea war der Tempel des Zeus, des Herrn der Agone wie in Olympia. Ein ihm bereits im 6. Jh. v. Chr. errichtetes, gegen Ende des 5. Jh. zerstörtes Bauwerk wurde in frühhellenistischer Zeit durch den noch heute durch drei originale Säulen gekennzeichneten dorischen Tempel ersetzt.[100] In seiner Nähe hat sich vermutlich das archaische Stadion befunden, von dem ein Block der Startrillen gefunden wurde;[101] eine relative Nähe zum Tempel muß aus topographischen Gründen auch für den Hippodrom angenommen werden, ohne daß sich jedoch seine Lage bisher sicher bestimmen ließe.[102] Südlich des Zeustempels erstreckt sich eine Flucht von kleineren baulichen Einheiten *(Oikoi)* aus dem frühen 5. Jh. v. Chr., deren Funktion mit den Schatzhäusern von Olympia übereinzustimmen scheint. Ein als *Xenon* bezeichnetes größeres Gebäude, das auf die Reihe der *Oikoi* bezogen ist, könnte als Wohnstatt der Athleten gedient haben.[103] Nicht nur der Fund eines Sprunggewichtes und einer Strigilis in diesem Bereich spricht für diese Annahme; auch die westlich auf gleicher Höhe anschließende Badeanlage, die allerdings nicht mit einem Gymnasion in Verbindung steht,[104] legt diese Deutung nahe. Wie in anderen panhellenischen Orten (Delphi, Olympia) könnte sich auch in Nemea ein Orakel befunden haben. Als Ort eines solchen kommt die Krypta im Zeustempel in Frage.[105]

Der geschlossene Fund eines Ensembles aus Diskus, Halter, Speerspitzen sowie Trinkgefäßen und Bratspießchen, der unweit des Zeustempels gemacht wurde, läßt sich als Votivgabe eines erfolgreichen Pentathleten deuten, der seine Sportgeräte zusammen mit den bei der Siegesfeier verwendeten Utensilien der Gottheit geweiht hat.[106]

Erhalten hat sich auch ein Steinblock mit der Inschrift von einem der frühesten und erfolgreichsten Sieger der Nemeen, des Pankratiasten Aristis. Der in altertümlicher Form mit zeilenweise wechselnder Schriftrichtung *(boustrophedon)* abgefaßte Text ist kurz vor Mitte des 6. Jh. v. Chr. zu datieren:

---

97 Die papyrologisch überlieferten eigenhändigen Unterschriften unter eine Urkunde des Herminos (zuletzt dazu Decker, *Sport am Nil*, Dok. 41) von Funktionären des Athletendachverbandes, alle ehemalige Spitzensportler, der römischen Kaiserzeit sind ein halbes Jahrtausend jünger.

98 Miller, *Stadion*, 330–332.

99 Valavanis, *Hysplex;* Miller, in: Valavanis, Hysplex, 145–173; vgl. auch Rieger, *Hysplex*, 352–373. Vgl. auch unten S. 59, 135 f..

100 Hill, *Temple of Zeus.* – Im Zuge einer von St.G. Miller initiierten Anastylosis wurden bis heute weitere sechs Säulen hinzugefügt.

101 Romano, in: Hesperia 46 (1977) 27–31.

102 Miller vermutet ihn im Westen des Heroons und bringt ein dort befindliches Wasserreservoir mit ihm in Verbindung, siehe Miller, *Nemea (2004)*, 131–135.

103 Kraynak, in: Miller, *Nemea (1990)*, 96 ff., bes. 98.

104 Miller, *o.c.*, 116–124.

105 Bacchielli, in: Atti dell'Accademia nazionale dei Lincei, Rendiconti, ser. 8, 37 (1982) 219–237.

106 Miller, *Nemea (1990)*, 38 f.; Valavanis, *Games and Sanctuaries*, 313 Abb. 450.

> *Aristis hat mich dem Herrscher Zeus Kronion geweiht, vierfacher Sieger beim Pankration in Nemea, Pheidons, des Kleonaiers, Sohn.*[107]

Da ein Sieg bei den Nemeen unter die höchsten sportlichen Erfolge in der Antike gerechnet wurde, sah der Kultort bzw. Argos, wo die Agone die meiste Zeit stattfanden, den Auftritt der berühmtesten Athleten.[108] Die Wettkämpfer waren in drei Altersklassen eingeteilt: Knaben (12–16 Jahre), Jugendliche (16–20 Jahre) und Männer (über 20 Jahre).

Neben gymnischen und hippischen Agonen war dem Fest seit hellenistischer Zeit auch ein musisches Programm beigegeben.[109] Eine Besonderheit waren die Winternemeen, die von Hadrian zur Wiederbelebung der Nemeen eingesetzt wurden.[110]

2. Lokale Sportfeste

Eine Stiftung auf Amorgos

Mit welchem Aufwand, organisatorischer Transparenz und juristischer Absicherung Agone selbst in den kleinsten Polisgemeinschaften veranstaltet wurden, zeigt ein Stiftungsdekret aus dem 2. Jh. v. Chr. von der ziemlich unbedeutenden Insel Amorgos, dessen Niederschrift auf Stein fast 140 Zeilen umfaßt.[111] Ein Bürger von Aigiale, Hauptort der Insel, namens Kritolaos stiftet ein Kapital von 2000 Drachmen, dessen Zinsen für die Abhaltung eines jährlichen Festes zur Erinnerung an seinen verstorbenen Sohn Aleximachos bestimmt sind. Die zweitägige Veranstaltung, zu der alle Bürger, die umwohnende Landbevölkerung, die Fremden, zufällig anwesende Römer und auch die Frauen geladen sind, besteht aus einer Volksbewirtung und einem Agon. Für den äußeren Ablauf sind zwei gewählte *Epimeleten* verantwortlich, die nicht jünger als 30 Jahre sein dürfen. Am Festzug haben alle *Epheben* teilzunehmen. Das gemeinschaftliche Mahl findet im Gymnasion statt; es besteht aus Rind- und Schweinefleisch, Brot, Öl und Nachtisch. Die Menge des Weines – ca. 300 Liter – läßt auf die Menge der erwachsenen Teilnehmer schließen. Selbst an Blumenschmuck ist gedacht. Der sportliche Teil des Festes kommt am zweiten Tage zur Austragung, nachdem bereits zu Beginn des ersten Tages der Statue des heroisierten Verstorbenen ein Opfer, das kultischer Bestandteil des Agons ist, vorgesetzt wurde. Dabei sind die *Epimeleten* auf die Mithilfe des *Gymnasiarchen* angewiesen. Die betreffende Bestimmung lautet folgendermaßen:

> *Am zweiten Tag sollen sie den Agon durchführen zusammen mit dem Gymnasiarchen und zu den Kampfpreisen das Böckchen ganz und von dem Gericht die Hälfte aufwenden, die andere Hälfte soll den Prytanen und Epimeleten gehören. Sie sollen alle Wettkämpfe ansetzen und sie sowohl für die Altersklasse der Knaben als auch für die der Männer ausschreiben gemäß dem Gymnasiarchengesetz. Das Pankration sollen sie aber nicht ausschreiben; darin soll Aleximachos, Sohn des Kritolaos, als Sieger ausgerufen werden. Daß auch ein Fackelstaffellauf der*

107 Ebert, *Epigramme,* Nr. 2; Miller, *Nemea (2004),* 44 f. mit Abb. 24; Valavanis, *Games and Sanctuaries,* 312 Abb. 449.

108 Eine vollständige Liste aller in Nemea siegreichen Athleten *(Nemeoniken)* hat neulich vorgelegt Kostouros, *Νεμέων ἄθλων διήγησις,* II: «*Νεμεάται*».

109 Miller, *Nemea (1990),* 6 f.; Valavanis, *Games and Sanctuaries,* 310.

110 Vgl. RE XVI 2 (1935) 2326 f.; Miller, *Stadium,* 119–122; Petzl/Schwertheim, *Hadrian und die dionysischen Künstler,* 77 n. 223.

111 IG XII^{7} Nr. 515; Laum, *Stiftungen,* Nr. 50.

> *Knaben und Männer stattfinde, dafür soll der Gymnasiarch nach eigenem Gutdünken Sorge tragen; er kann alle, die jünger sind als die festgelegte Altersgrenze, zur Teilnahme am Lauf zwingen. .... Der Herold soll sogleich mit dem Agon verkünden, daß die Erwachsenen, Epheben und Jungen alle den Aleximachos, Sohn des Kritolaos, bekränzen wegen seiner Vortrefflichkeit und Disziplin, die er bewiesen hat.*[112]

Das sportliche Programm steht in enger Verbindung mit dem Gymnasion, wie es ganz natürlich ist. Die Auslassung des Pankrations und die postume Siegerklärung des Aleximachos in dieser Disziplin lassen vermuten, daß jener zu Lebzeiten ein ausgezeichneter Pankratiast gewesen ist. Das ihm zu Ehren ausgerichtete Fest hat ganz den Charakter eines Totenagons, der in das Gemeinschaftsleben der Inselbevölkerung eingebunden war. Über die Todesumstände des Geehrten ist nichts ausgesagt, und man kann nur annehmen, daß Krieg oder Krankheit eher dafür verantwortlich zu machen sind als etwa ein Sportunfall. Daß der Geehrte aus einer angesehenen Familie stammt, beweist nicht nur das hohe Stiftungsvermögen, das sein Vater zur Verfügung stellt, sondern auch die gesetzliche Verankerung des Agons mit strengen Bestimmungen hinsichtlich der Sicherung seines würdigen Begehens. So haben die *Epimeleten* über die ordnungsgemäße Verwendung der zu seiner Ausstattung notwendigen Gelder feierlich Rechenschaft abzulegen; sie sind auch verpflichtet, für die Wahl ihrer Nachfolger nur finanzkräftige Kandidaten vorzuschlagen, die zu entsprechendem Amtsaufwand in der Lage sind. Beide Pflichten sind durch einen Eid zu bekräftigen. Darüber hinaus riskieren sie eine ruinös hohe Geldstrafe, wenn sie nach Erhalt der zweckgebundenen Mittel ihrer Aufgabe nicht nachkommen. Selbst für den Fall des Todes der *Epimeleten* ist in einem Paragraphen vorgesorgt; und das Stiftungsvermögen ist zur Durchführung des Festes *auf alle Zeit* durch geeignete Klauseln gesichert. Der einzige Schwachpunkt in dem kunstvollen juristischen Gebilde ist das Versäumnis, für den Fall des Todes des Stifters einen Ersatz für ihn in dem Gremium vorzusehen, das die Zinsen des Kapitals ausleiht. Damit ist insofern der Lebenswirklichkeit Rechnung getragen, als solchen Festen, die auf private Initiative eingerichtet wurden, nach Ableben der daran primär Interessierten normalerweise keine lange Dauer mehr beschieden war.

Die Demostheneia in Oinoanda

Ein griechischer Agon war kein oberflächliches, äußerliches Sportereignis. Noch in der römischen Kaiserzeit war er durchtränkt von gesellschaftlichen und kultischen Bindungen. Das Fest war ein wesentlicher Bestandteil städtischen Lebens, und das Festprogramm war tief verwurzelt im Lebensrhythmus der Stadt. Dies gilt auch für Gebiete, die sich in einer gewissen Randlage befanden wie die Landschaft Lykien im südlichen Kleinasien. In der Stiftungsinschrift der Demostheneia, die alle vier Jahre in Oinoanda gefeiert wurden, wird ein anschauliches Bild eines solchen Festes mit agonistischem Einschlag aus hadrianischer Zeit vermittelt.[113] C. Iulius Demosthenes, ein geachtetes Mitglied der lokalen Aristokratie, hat es mit eigenem Stiftungskapital ausgestattet und für seine Durchführung vom Kaiser genehmigte, von der Volksversammlung beschlossene Garantien gesetzlich verankert. Obgleich das agonistische Programm sehr stark auf die musischen Disziplinen zugeschnitten ist – bei den Griechen bestand hinsichtlich des Begriffes Wettkampf prinzipi-

112 Laum, *Stiftungen,* Nr. 50, Z. 79–87; 100–103.

113 Wörrle, *Stadt und Fest;* Text der Inschrift mit deutscher Übersetzung S. 4–17.

ell kein Unterschied zwischen Sport und Musik[114] – läßt sich der Rahmen unverändert auf solche Feste übertragen, bei denen sportliche Elemente überwogen. Bei den Demostheneia stehen gymnische Agone nur am letzten Tag auf dem Programm; sie sind auf die Teilnahme der Bürger von Oinoanda beschränkt.

Treibende Kraft der Organisation sollte ein *Agonothet* sein, der dem Kreise des Rates entstammen mußte. Er stand dem gesamten Festpersonal[115] vor; die Übernahme des Amtes enthob ihn für die Dauer von fünf Jahren der Verpflichtung zu anderen öffentlichen Funktionen.

Repräsentation und Zeremonien, die den Kaiserkult einschließen, heben das neue Fest in das öffentliche Bewußtsein. Es weist die erstaunliche Länge von 22 Tagen auf, von denen 12 agonistisch geprägt sind. Volks- und Ratsversammlungen, Markt und Opfer sind weitere zentrale Stationen des Festkalenders. Geschickt wird dem Programm der musischen Wettkämpfe durch permanente Steigerung der Siegespreise eine Spannung verliehen, deren Höhepunkt die Konkurrenz der Kitharöden bildet; der Sieger dieser Disziplin, die am 16. und 17. Festtag ausgetragen wird, erhält 300 Denare, während der einleitende Wettbewerb der Herolde und Trompeter am ersten Tag lediglich mit 50 Denaren dotiert ist. Die folgenden Wettbewerbe steigen in ihren Siegespreisen kontinuierlich an. Das Ganze muß als „Selbstdarstellung der Oberschicht einer aristokratisch strukturierten Gesellschaft"[116] verstanden werden, die auf hellenistische Traditionen zurückgeht. Aus den für die Opfer zu stellenden Rindern, deren Lieferanten minutiös vorgeschrieben sind, lassen sich 8 000 Fleischportionen errechnen, was auf eine sehr große Festversammlung deutet. Übertragen auf das Fest in Aigiale auf Amorgos würde das in der an betreffender Stelle erwähnte eine Rind lediglich Fleisch für ca. 300 Teilnehmer liefern, wobei hier allerdings noch weitere Portionen von einer nicht näher bezeichneten Anzahl von Schweinen hinzukommt. Seit alters her war das gemeinsame Mahl wesentliches Merkmal griechischer Feste, bei dem die einzelnen Mitglieder einer Polis oder Stammesgemeinschaft ein Zusammengehörigkeitsgefühl erleben und entwickeln konnten. (Das ist im übrigen im ländlichen Griechenland *mutatis mutandis* bis auf unsere Tage so geblieben.) Die kultische Klammer umfaßte Mahl und Wettkampf.[117]

Die Panathenäen

Das Hauptkultfest der Stadt Athen in historischer Zeit waren zweifellos die Panathenäen,[118] mit denen die Stadtgöttin Athene festlich geehrt wurde. Es scheint im Jahre 566 v. Chr. durch den späteren Tyrannen Peisistratos reorganisiert und von diesem Datum an regelmäßig begangen worden zu sein. Während eine jährliche Feier mit einer nächtlichen Veranstaltung *(Pannychis),* innerhalb derer auch ein Fackellauf stattfand, einem großen Opfer und einer Prozession auf die Akropolis begangen wurde, erhielt das Programm alle vier Jahre bei den großen Panathenäen weitere Glanz-

114 Dies wurde immer wieder von L. Robert betont, vgl. z. B. Robert, *Choix d'écrits,* 267–278, bes. 278; vgl. auch Roueché, *Performers and Partisans,* 1 ff. Zu den musischen Agonisten siehe bes. Le Guen, *Associations de Technites dionysiaques;* Aneziri, *Vereine der dionysischen Techniten.* Eine Prosopographie der dionysischen Techniten hat vorgelegt Stephanis, *Διονυσιαχοι τεχνίται.*

115 Zu diesem Wörrle, *Stadt und Fest,* 183–226.

116 Wörrle, *a.a.O.,* 221.

117 Wörrle, *a.a.O.,* 255: „Das Opfer war eben das Agon und Mahl verbindende Zentrum des Festes ...".

118 Grundsätzlich dazu Kyle, *Athletics in Athens,* 33–39; Neils, *Goddess and Polis;* Bentz, *Preisamphoren;* Miller, *Greek Athletics,* 132–145; Palagia/Choremi-Spetsieri (Hg.), *Panathenaic Games.* Eine schöne Kurzbeschreibung stammt aus der Feder von Neils/Tracy, *Games at Athens.* Der musische Teil ist in der Monographie von Kotsidu, *Die musischen Agone der Panathenäen,* behandelt.

punkte aufgeprägt. Diese bestanden aus einer Anzahl gymnischer, hippischer und musischer Agone sowie einer besonders aufwendigen Prozession auf die Akropolis, bei der der neue Peplos, das Gewand für die Statue der Göttin, mitgeführt wurde.

Das Programm umfaßte nach der Rekonstruktion durch J. Neils acht Tage und verteilte sich folgendermaßen:

Tag 1: Musische und rhapsodische Wettkämpfe
Tag 2: Athletische Wettkämpfe für Knaben und Jugendliche
Tag 3: Athletische Wettkämpfe für Männer
Tag 4: Hippische Wettkämpfe
Tag 5: Phylenagone
Tag 6: Fackelstaffellauf und *Pannychis,* Prozession und Opfer
Tag 7: *Apobates,* Bootsrennen
Tag 8: Preisvergabe, Festmahl und Feier[119]

Teilnehmer der Prozession waren auch die Sieger des sportlichen Programms, einschließlich Reiter und Wagenfahrer; das macht es sicher, daß die Agone vor dem Festzug stattgefunden haben.[120] Eine eindrucksvolle bildnerische Gestaltung des Zuges von 160 m Länge, unter der Oberaufsicht des Phidias geschaffen, umgab die äußere Cellamauer des Parthenon in Höhe der Kassettendecke. Neulich edierte Inschriften aus dem 2. Jh. v. Chr.,[121] als die Agone mit Hilfe der Attaliden und insbesondere der Römer nach längerer Behinderung durch die makedonische Besatzung der Stadt Athen neu belebt wurden, erlauben mit bereits früher bekanntgewordenem Material[122] die Rekonstruktion des in drei Altersklassen ausgetragenen athletischen Programms:

Sechs Disziplinen für die Knaben *(Stadion, Diaulos, Dolichos,* Ringen, Faustkampf, *Pankration);* fünf für die Jugendlichen (als Laufdisziplin lediglich das *Stadion,* die drei Kampfsportarten und das *Pentathlon);* neun bei den Männern (fünf Laufdisziplinen, darunter vermutlich der selten gelaufene *Hippios* [vier Bahnlängen] sowie der Waffenlauf, die drei Kampfsportarten und das *Pentathlon).* Dieses Programm fand seit dem späten 4. Jahrhundert v. Chr. nach seiner Renovierung durch Lykurg im Panathenäischen Stadion statt, das im 2. Jh. n. Chr. durch eine Restaurierung auf Kosten von Herodes Atticus erneut in vollem Glanz erstrahlte. Es ist dasselbe Stadion, in dem die ersten modernen Olympischen Spiele 1896 stattgefunden haben.[123] **(Abb. 22)**

Geradezu ausufernd war das hippische Programm; es konnte bis zu 18 Einzeldisziplinen umfassen, die teils im Hippodrom, teils in einem Eleusinion genannten Bezirk ausgetragen wurden, der an der Prozessionsstraße südwestlich der Agora lag. Neben Bewerben mit dem Zweigespann wurden Rennen mit Auf- und Abspringen des Lenkers oder eines Bewaffneten *(Apobates)* sowie das Vorführen von Paradewagen ausgetragen.[124] Eigentliche Rennpferde starteten bei den dem Hippodrom vorbehaltenen Konkurrenzen, Reiten sowie die Rennen mit dem Zweigespann und Vier-

119 Neils, *Goddess and Polis,* 15–17.
120 Vgl. auch Valavanis, in: AM 106 (1991) 487–498.
121 Tracy, in: Nikephoros 4 (1991) 133–153; Tracy/Habicht, in: Hesperia 60 (1991) 187–236.
122 IG II² 2311, 2313, 2314, 2315, 2317. Siehe insbesondere die neue Bearbeitung von Shear, in: ZPE 142 (2003) 87–108.
123 Mehr zum Panathenäischen Stadion siehe S. 133.
124 Man vergleiche die athenischen Theseia, wo die gleichen Disziplinen vorkamen: IG II² 96, 82–86; 957, 65–77; 958, 85–94. Siehe auch Need, in: JSH 17 (1990) 306–317; Crowther, in: JHS 111 (1991) 174–176; Müller, in: Nikephoros 4 (1991) 41–69.

gespann, die in zwei Altersklassen (für ausgewachsene Pferde und Fohlen) ausgeschrieben waren. Hier kamen die Sieger häufig von auswärts, und es finden sich illustre Namen darunter wie beispielsweise König Eumenes II. von Pergamon oder die Königin Kleopatra II. von Ägypten.[125] Auch bei den athletischen Wettkämpfen kamen die Teilnehmer aus allen Teilen der damals von Griechen bewohnten Welt *(Oikoumene)*; allein die neuen Inschriften nennen Sieger aus Ligurien, Baghdad, Kleinasien, Palästina, Syrien, Ägypten – ganz zu schweigen von solchen aus den engeren Gebieten Griechenlands selbst.

Als Preise erlangten die Sieger erhebliche Mengen attischen Olivenöls, das in den berühmten panathenäischen Preisamphoren abgefüllt war.[126]

Preise in Anzahl von Amphoren mit Olivenöl bei den Panathenäen für die Sieger und Zweitplazierten (nach IG II² 2311)

Gymnische Agone	Knaben	Jugendliche	Männer
Stadion	[50], 10	60, 12	[80, 16]
Diaulos			[50, 10 o. 60, 12?]
Hippios			[50, 10 o. 60, 12?]?
Dolichos	[20, 4 o. 30, 6?]?		[50, 10 o. 60, 12?]
Waffenlauf			[30, 6 o. 40, 8?]
Pentathlon	30, 6	40, 8	[60, 12]
Ringen	30, 6	40, [8]	[60, 12]
Faustkampf	30, 6	[40, 8]	[60, 12]
Pankration	40, 8	[50, 10]	[70, 14]
Hippische Agone	ohne Altersklasse	Fohlen	ausgewachsene Pferde
Apobates	[20, 4 oder 30, 6]		
Pferderennen	[40, 8?]		
Viergespann		40, 8	
Viergespann			140, 40
Militärische hippische Agone			
Pferderennen	16, 4		
Zweigespann	30, 6		
Wagenparade	4, 1		
Schildstechen vom Pferd aus	5, 1		

Angegeben ist jeweils der Preis für den Sieger und den Zweiten, wobei sich ein Verhältnis 5:1 als Konstante erweist (Ausnahme: Wagenparade). Die Zahlen in den Klammern sind ergänzt, bei Fragezeichen unsicher.[127]

125 Vgl. die Aufstellung von Tracy, in: Nikephoros 4 (1991) 144 f.

126 Zu diesen siehe umfassend Bentz, *Preisamphoren.*

127 Eine ähnliche Tabelle findet sich bei Bentz, *Preisamphoren,* 14. Dort ist beim *Apobates* dem Zweitplazierten in der ersten Ergänzung irrtümlich die Zahl von 5 Amphoren zugeteilt worden. – Vgl. auch die Übersetzung der Inschrift bei Neils, *Goddess and Polis,* 16.

Bei den musischen Wettbewerben, in denen Gold, Silber oder Geldpreise zu gewinnen waren, konnte noch der Fünftplazierte im Kithara-Singen einen Preis entgegennehmen, dessen Wert ein Fünftel dessen ausmachte, der dem Sieger galt. Entsprechend den finanziellen Möglichkeiten der Stadt Athen stellten die Siegespreise einen erheblichen Wert dar. D. Young hat die Siegeskataloge des 4. Jh. v. Chr. im Jahre 1979 einer Umrechnung in Dollarwerte unterzogen, wobei er starke methodische Vorsicht walten läßt und seine Ergebnisse Minimalwerte darstellen. Dennoch kommt er auf Summen, die aufhorchen lassen: So erhält der Sieger im Stadionlauf der Männerklasse, der mit 80 (zu ergänzenden) Amphoren Öl ausgezeichnet wird,[128] annähernd den dreifachen Jahreslohn eines ausgebildeten Handwerkers. Selbst die geringer ausgestatteten Wettbewerbe (*Pentathlon,* Faustkampf, Ringkampf) brachten dem Sieger der Männerklasse jeweils den Gegenwert von 720 Drachmen ein, für die ein qualifizierter Handwerker 1½ Jahre arbeiten mußte. Die 140 Amphoren Öl, die dem Sieger im Rennen mit dem Viergespann winkten, entsprechen einem vierfachen Jahresgehalt unserer Berechnungsgrundlage.[129] Rechnet man die Menge dieses Öls in Liter um und geht von einem Maßwert von einem Metretes (ca. 39 l) aus, dem die Amphoren oft angenähert sind,[130] ergeben sich 5460 Liter – eine Größenordnung, die außergewöhnlich ist. Es ist schwer vorstellbar, daß solche Mengen von auswärtigen Siegern in die Heimat mitgenommen wurden; sie wurden wahrscheinlich vor Ort verkauft, so daß der Ölpreis alle vier Jahre nach den großen Panathenäen in Athen auf einem Tiefpunkt angelangt sein dürfte.

Das Öl selbst wurde in die berühmten panathenäischen Preisamphoren abgefüllt, die zusammen mit ihm Bestandteil des Siegespreises waren und für das jeweilige Fest in Serie hergestellt wurden. Die Amphoren trugen auf der Vorderseite das entsprechende Sportmotiv der Disziplin, in der gesiegt wurde, und auf der Rückseite die Göttin Athena mit Ägis, Schild und Speer, oft von Säulen flankiert. Häufig war inschriftlich der Name des Jahresbeamten *(Archon)* sowie die Provenienz des Preises vermerkt: ΤΟΝ ΑΘΕΝΕΘΕΝ ΑΘΛΟΝ „(einer) von den Preisen aus Athen".[131] M. Bentz hat errechnet, daß von den insgesamt für den Zeitraum 566 (Beginn der Panathenäen) bis 300 v. Chr. anzunehmenden ca. 100 000 Amphoren sich immerhin an die 1 000 erhalten haben.[132]

Es sei noch angefügt, daß die zehn attischen Phylen je einen *Athlotheten* stellten; diese waren für die Dauer von vier Jahren im Amt und hatten die Spiele vorzubereiten und zu überwachen. Bestimmte Wettkämpfe waren nur für athenische Bürger ausgeschrieben, darunter ein Fackelstaffellauf *(Lampadedromia),*[133] ein Mannschaftswettbewerb in männlicher Schönheit *(Euandria)*[134] sowie ein Bootsrennen. Hierbei stellten die einzelnen Phylen gesonderte Teams.[135]

---

128 Young, *Olympic Myth,* 119, rechnet mit 100, 20 Amphoren.

129 Young, *Olympic Myth,* 115ff. Im Gegensatz zu unserer Tabelle nimmt er auch die ergänzten Zahlen als sicher an. Auf S. 121 sind bei der unteren Disziplin „chariot race (foals)" die Zahlen in die falschen Spalten gerutscht.

130 Zu den im Laufe der Zeit wechselnden Amphorenmaßen siehe Bentz, *Preisamphoren,* 31–40.

131 Vgl. Bentz, *Preisamphoren,* 57. Vgl. unsere **Abb. 91–94.**

132 Bentz, *Preisamphoren,* 17; er setzt dabei maximal 1567 Amphoren pro Fest an; dagegen rechnet Shear, in: ZPE 142 (2003) 102, mit bis zu 2100 Amphoren.

133 Bentz, in: Palagia/Choremi-Spetsieri (Hg.), *Panathenaic Games,* 73–80. Grundsätzlich zum antiken Fackellauf siehe Ebert, in: Stadion 5 (1979) 6–12.

134 Vgl. Crowther, in: AC 54 (1985) 285–291, wiederabgedruckt in Crowther, *Athletika,* 333–339.

135 Zu den Phylenagonen siehe Rausch, in: Nikephoros 11 (1998) 83–105.

Weitere lokale Sportfeste

Die Zahl der lokalen Agone geht in die Hunderte. Hier konnten aus Platzgründen nur einige wenige Beispiele etwas ausführlicher dargestellt werden. Zu den bekannteren und besser erforschten Agonen zählen darüber hinaus auf dem griechischen Festland (von Norden nach Süden fortschreitend) solche in Makedonien und Thrakien,[136] die Naia an der ehrwürdigen Orakelstätte Dodona in Epiros,[137] die *Olympien* von Dion,[138] Agone in Larisa,[139] die *Aktia* in Nikopolis,[140] die *Basileia* in Lebadeia,[141] verschiedene Agone in Thermos,[142] die *Herakleia* in Theben[143] und die *Theseia* in Athen.[144] Auf der Peloponnes rechnen dazu die *Asklepieia* in Epidauros,[145] die *Hekatombaia* und *Heraia* in Argos,[146] die *Heraia* in Olympia[147] und mehrere Feste in Sparta.[148] Von den Inseln könnte man hier nennen Delos mit den *Delia,*[149] Samos mit seinen *Heraia*[150] sowie Rhodos, wo die *Halieia* und *Erithimia* ausgetragen wurden.[151]

Außerhalb des Mutterlandes verdienen Erwähnung in Kleinasien u. a. die *Nikephoria* in Pergamon,[152] die *Leukophryena* in Magnesia am Mäander,[153] Agone in Hierapolis[154] und Termessos,[155] die *Meleagria* in Balboura,[156] die *Romaia* in Xanthos,[157] die *Olympien* von Antiochia[158] und die *Olympien* von Bostra.[159] In Ägypten gilt dies etwa für die *Ptolemaia* in Alexandria[160] oder die *Antonieia* in Antinoupolis;[161] für Italien mögen die *Sebasta* in Neapel[162] und die *Kapitolia* in Rom[163] stehen.

---

136 Leschhorn, in: Peter (Hg.), *Stephanos noumismatikos,* 399–415.
137 Cabanes, in: Nikephoros 1 (1988) 49–84.
138 Mari, in: RFil 126 (1998) 137–169; Albanidis, in: ESSH 2, 1 (2009) 5–22.
139 Mavridis/Filippou et al., in: SHR 35 (2004) 135–150.
140 Migeotte, in: AncW 32 (2001) 164–170.
141 Turner, in: Fossey (Hg.), *Boeotia Antiqua VI,* 105–126.
142 Mitsos, in: Hesperia 16 (1947) 256–261.
143 Robert, in: BCH 59 (1935) 193–199; Rösch, in: ZPE 17 (1975) 1–7.
144 Bugh, in: ZPE 83 (1990) 20–37.
145 Sève, in: REG 106 (1993) 303–328.
146 Moretti, in: MGR 16 (1991) 179–189.
147 Zuletzt dazu Scanlon, in: Nikephoros 21 (2008) 159–196.
148 Bölte, in: Rheinisches Museum 78 (1929) 124–143; Patrucco, in: Archeologica, 395–412; Petterson, *Cults of Apollo.*
149 Ringwood-Arnold, in: AJA 37 (1933) 452–458.
150 Dunst, in: ZPE 1 (1967) 225–239.
151 Angeli Bernardini, in: Stadion 2 (1977) 1–3; Kontorini, in: BCH 99 (1975) 97–117.
152 Sègre, in: Hellenica 5 (1948) 101–128; Klaffenbach, in: MDAI 3 (1950) 99–106; Musti, in: RFil 126 (1998) 5–40; Idem, in: RFil 127 (1999) 325–333.
153 Ebert, in: Philologus 126 (1982) 198–216 (wiederabgedruckt in Idem, *Agonismata,* 258–279).
154 Von Papen, in: ZfN 26 (1908) 161–182; Roueché, *Performers and Partisans,* passim.
155 Heberdey, in: Anatolian Studies Ramsay, 195–206.
156 Milner, in: Anatolian Studies 41 (1991) 23–62.
157 Robert, in: RA 1978, 277–290.
158 Millon/Schouler, in: Pallas 34 (1988) 61–76.
159 Wallner, in: ZPE 129 (2000) 97–107.
160 Hazzard/Fitzgerald, in: Journal of the Royal Astronomical Society of Canada 85 (1991) 6–23; Koenen, *Königsfeste.*
161 Decker, in: KBSW 2 (1974) 38–56.
162 Vgl zuletzt dazu di Nanni Durante, in: Ludica 13–14 (2007–2008) 7–22; Miranda de Martino, in: Oebalus 2 (2007) 203–215; Hübner, in: Petzl/Schwertheim, *Hadrian und die dionysischen Künstler,* 101–103.
163 Caldelli, *Agon Capitolinus;* Rieger, in: Nikephoros 12 (1999) 171–203.

Neben älteren Überblicken zu Agonen[164] kann man auf jüngere Übersichten verweisen, die den Sportfesten des Ostens[165] und auch des Westens[166] des *Imperium* Romanum gelten.[167] Es ist trotz großer Fortschritte der letzten Jahre ein dringendes Desiderat der Forschung, eine Zusammenstellung und Geschichte der griechischen Agone zu leisten.[168] Große Verdienste um die Erforschung dieses wesentlichen Elementes der griechischen Kulturgeschichte hat sich L. Robert erworben. Welch großen Anteil die Erforschung der Agone in seinem wissenschaftlichen *opus* einnimmt, wird zuletzt noch in der Ausgabe seiner ausgewählten Schriften gespiegelt, wo der Titel „Athlètes et concours" einen von fünf Themenschwerpunkten darstellt.[169] Im übrigen liefert die S. 115 f. dargebotene Inschrift des kaiserzeitlichen Athleten M. Aurelios Asklepiades ein anschauliches Beispiel für die Vielzahl an lokalen Agonen, die zu seiner Zeit blühten. Daß diese untereinander und vor allem im Hinblick auf die panhellenischen Agone einer zeitlichen Koordination bedurften, damit die Athleten (und gegebenenfalls die Zuschauer) ihre Reiserouten möglichst frei von Überschneidungen von Veranstaltungen disponieren konnten, ist eine Grundvoraussetzung eines gut funktionierenden Wettkampfwesens.[170]

164 Weiler, *Sport,* 135–139; Scanlon, *Athletics,* 70–73; Crowther, in: CW 78 (1984) 532–558; Idem, in: AC 59 (1985) 250 f.

165 Ziegler, *Prestige und Politik;* Herz, in: Cancik/Rüpke (Hg.), *Reichsreligion,* 239–264; van Nijf, in: Proceedings of the Cambridge Philological Society 45 (2000) 176–200; Idem, in: Goldhill (Hg.), *Being Greek under Rome,* 306–334.

166 Caldelli, in: MemLincei 9 (1997) 391–481; Strasser, in: Nikephoros 14 (2001) 109–155.

167 Seit 1989 wird in der ‚Jahresbibliographie zum Sport im Altertum', die regelmäßig in der Zeitschrift *Nikephoros* erscheint, unter der Rubrik III 3 ‚Agone, Athleten' einschlägiges Schrifttum nachgewiesen. Indirekt über die Athleten, Teilnehmer der Agone, die im Mittelpunkt der Dissertation von P. Gouw stehen, werden auch sehr zahlreiche Sportfeste erfaßt: Gouw, *Griekse atleten.*

168 Leider konnte ein vor einem Jahrzehnt begonnenes Projekt *Index agonum* von Olaf Peim nicht zu Ende geführt werden, obwohl es sich in einem fortgeschrittenen Stadium befand.

169 Robert, *Choix d'écrits,* 173–278.

170 Vor allem Hadrian hat sich in dieser Hinsicht sehr massiv eingeschaltet, vgl. zu einer kürzlich entdeckten diesbezüglichen Inschrift Petzl/Schwertheim, *Hadrian und die dionysischen Künstler;* vgl. auch die oben n. 10 genannte Literatur.

IV. Die Disziplinen

In diesem Kapitel sollen die Disziplinen vorgestellt werden, die im sportlichen Programm der Agone anzutreffen sind. Damit ist im wesentlichen das Feld angesprochen, das heute mit dem Wort Leistungssport bezeichnet wird. Unbehandelt bleiben hingegen diejenigen Sportarten, die aus diesem Rahmen fallen und meist auch keinen Wettkampfcharakter tragen. So wird man in diesem Buch beispielsweise nichts über Schwimmen oder Spiele finden, obwohl die antike Quellenlage hier teilweise recht dicht ist.[1]

Die im Folgenden vorgestellten sportlichen Disziplinen wurden von den Griechen selbst in zwei Gruppen eingeteilt: Lauf, Kampfsportarten und Fünfkampf sind die gymnischen Bewerbe; Pferde- und Wagenrennen wurden gemeinsam unter dem Adjektiv hippisch zusammengefaßt. Der erstgenannte Terminus ist von γυμνός (‚nackt') abgeleitet, da die griechischen Athleten ihre Übungen unbekleidet praktizierten; beim zweiten Terminus steht das griechische Wort ἵππος (‚Pferd') Pate, weil alle Disziplinen des Reitens und Fahrens in Verbindung mit diesem Tier ausgeübt wurden. Eine dritte Sparte, die musischen Agone, findet hingegen im Rahmen dieser Untersuchung keine Beachtung, obwohl den Griechen die Dreigliederung ihrer Agone sehr bewußt war. Der moderne Begriff ‚Sport' im Titel des Buches schließt die musischen Konkurrenzen, zu denen in der Antike auch Wettkämpfe des Theaters gehörten, vollständig aus.

1. Wettläufe

Der Lauf ist eine uralte sportliche Disziplin. Seine Herkunft aus der Evolutionsstufe des Menschen als Hetzjäger läßt sich an einer der ältesten sporthistorischen Quellen ablesen, die wir kennen: Er ist im Jubiläumsfest der ägyptischen Könige zum zentralen Ritus verdichtet und weist auf eine Haupteigenschaft des Anführers einer frühzeitlichen Stammesgruppe hin, deren wichtigste Nahrungsquelle die Jagd war. Dieser Königslauf ist bereits vor ca. fünf Jahrtausenden dargestellt worden. An der Stufenpyramide des Djoser (ca. 2690–2670 v. Chr.) hat sich sogar die Laufbahn erhalten, die dem toten König als Bühne für die ewige Wiederholung dieses Ritus im Jenseits diente.[2] Die griechische Überlieferung läßt auf eine ähnliche frühe Wertschätzung des Laufens schließen. So spielt der Wettlauf mehrfach in der mythischen Überlieferung eine bedeutsame Rolle.[3] Endymion, Sohn eines der mythischen Gründer der Olympien mit dem bezeichnenden Namen Aëthlios (‚der Preisgewinner'), vergibt die elische Königswürde an denjenigen seiner Söhne, der im Wettlauf die anderen besiegt.[4] Die Hand der Jägerin Atalante kann nur gewinnen, wer sie im Lauf besiegt, was lediglich durch List gelingt.[5] Naturgemäß ist der ‚schnelle Läufer' auch im kriegerischen Kontext ein bekanntes Phänomen. So trägt der griechische Held Achilleus bei Homer

---

1 Zum Schwimmen siehe immer noch Mehl, *Schwimmkunst*; nicht ersetzt durch Maniscalco, *Nuoto*. Zum Ballspiel Patrucco, *Sport*, 333–350; Weiler, *Sport*, 209–214; Hurschmann, *Ballspiele*, in: DNP 2 (1997) 426 f. (siehe auch die intelligente Fiktion der antiken Geschichte des Fußballspiels von Meier, *Apopudobalia*, in: DNP 1 [1996] 895).

2 Vgl. Decker, *Pharao und Sport*, 12–17.

3 Weiler, *Sport*, 146 f.

4 Pausanias. V 8,1; vgl. Weiler, *Agon*, 198 f.

5 Ley, in: Nikephoros 3 (1990) 31–72, 46–49.

das ständige Beiwort πόδας ὠκύς („schnellfüßig').[6] Nach antiker Tradition, die in letzter Zeit allerdings immer stärker in Zweifel gezogen wird,[7] hätte am Beginn der Olympien ein einfacher Lauf über die Strecke eines Stadions gestanden, dem als zweiter Programmpunkt während der 14. Olympien der Doppellauf *(Diaulos)* hinzugefügt worden sei; bei der folgenden Veranstaltung soll zusätzlich der Langlauf *(Dolichos)* in das Programm aufgenommen worden sein.[8] Nach dieser Überlieferung wären bis 708 v. Chr. überhaupt nur Laufdisziplinen in Olympia ausgetragen worden, was aus mehreren Gründen nur schwer vorstellbar ist. Die Annahme des hohen Alters der Laufdisziplinen wird von der Auffassung flankiert, der Wettlauf der Mädchen an den Heräen in Olympia gehe auf die Zeit von Hippodameias Hochzeit mit Pelops zurück.[9] Gerade mit dem Namen dieses mythischen Lokalheros verbindet sich aber die Gründungssage der Olympischen Spiele, deren sportliches Programm zu Anfang jedoch eher vom Wagenrennen bestimmt gewesen sein dürfte.[10]

Wenn in der antiken Geschichtsschreibung Olympiaden (konkret der Zeitraum von vier Jahren zwischen der Feier zweier Olympien) zu Datierungszwecken angeführt werden, ist der Sieger im Stadionlauf der eponyme Athlet.[11] Daraus zu schließen, der Stadionlauf sei der „wichtigste und vornehmste"[12] Wettkampf gewesen, ist nicht überzeugend. Dieses Prädikat kommt zweifellos in weit stärkerem Maß den Wagenrennen zu, und unter den gymnischen Disziplinen waren auch die Kampfsportarten höher angesehen. Der Grund für die Nennung des Stadionsiegers als Namengeber einer Olympiade dürfte einfach darin gelegen haben, daß dieser in den Siegerverzeichnissen traditionell an erster Stelle geführt wurde entsprechend der Fiktion, der Stadionlauf sei anfangs die einzige Disziplin der Olympien gewesen. In den Exzerpten solcher Listen haben sich alle 249 Stadionsieger erhalten, die es bis zur Niederschrift des Olympionikenverzeichnisses durch Sextus Iulius Africanus (221 n. Chr.) gegeben hat.[13]

Für alle Läufe ist festzuhalten, daß die uns gewohnten Rundbahnen im Stadion, die zumeist um ein zentrales Spielfeld führen, in der Antike unbekannt waren. So ist das Laufen kein Umkreisen eines Areals, sondern – außer bei der kürzesten Distanz, dem Stadionlauf, bei dem nur eine Bahnlänge zurückgelegt wurde – ein Hin- und Herlaufen.[14] Diese kürzeste Laufstrecke *Stadion* führte über die Länge der gleichnamigen Sportstätte, die mit 600 Fuß ein genormtes Maß aufweist, welches wegen lokaler Differenzen der Fußlänge in Metern gemessen jedoch recht unterschiedlich ausfallen kann.[15] Beim Start[16] konnten die Läufer, nachdem sie ihren Startplatz erlost hatten,[17] ihre

6 Belege bei Laser, *Sport und Spiel*, 32.

7 Vgl. dazu oben S. 35 f.

8 So schildert Pausanias (V 8,5 f.) die frühe Programmgestaltung der Olympien.

9 Pausanias. V 16,4.

10 So zuletzt Kyrieleis, *Olympia*, 57 f.

11 Ausnahmsweise konnte auch der Sieger einer anderen Disziplin diese chronographische Funktion erfüllen wie z. B. bei Thukydides III 8 und V 49 der Sieger im *Pankration*. – Die Zeitrechnung nach Olympiaden setzt erst in frühhellenistischer Zeit mit Timaios von Tauromenion und Eratosthenes von Kyrene ein.

12 Bengtson, *Die Olympischen Spiele*, 36.

13 Rutgers, *Sextus Julius Africanus*.

14 Zum Laufen grundsätzlich die Quellensammlung von Aigner/Mauritsch-Bein/Petermandl, *Laufen*; nützlich immer noch die Bearbeitungen von Jüthner/Brein, *Leibesübungen* II 1, 15–156, und Patrucco, *Sport*, 93–131; zuletzt Miller, *Greek Athletics*, 31–46.

15 Siehe unten S. 135 die Aufstellung ausgewählter Stadionlängen.

16 Zu diesem Vorgang siehe besonders Rieger, *Hysplex*, passim.

17 In der Startvorrichtung des Dromos auf der Agora von Korinth waren die einzelnen Startplätze durch Buchstaben gekennzeichnet: Romano, *Athletics and Mathematics*, 46 sowie Abb. 29, 30; dasselbe gilt auch für das ältere Stadion in Nemea,

Zehen in den Rillen von steinernen Startschwellen *(Balbides,* Plural von *Balbis)* verankern. Bei einer verbreiteten Starttechnik werden beide Hände auf Schulterhöhe nach vorne gestreckt und gleichzeitig der Oberkörper leicht geneigt. Eine andere Starthaltung ist durch eine Schrittstellung charakterisiert, wobei das Gewicht auf dem vorderen Bein ruht; dabei ist der Oberkörper gebeugt, während beide Arme leicht angewinkelt sind.[18] Ähnlich starten heute Mittel- und Langstreckenläufer. Der moderne Tiefstart, wie er unter anderen Startpositionen in der Moderne bereits bei den ersten Olympischen Spielen in Athen 1896 angewandt wurde,[19] ist in der Antike unbekannt. Frühstart wurde mit Rutenhieben bestraft[20] oder durch die *Hysplex,* einen ausgeklügelten Startmechanismus, der am Beispiel seiner im Stadion von Nemea erhaltenen Reste rekonstruiert werden konnte, möglichst verhindert.[21]

Die genauen Vorgänge des Startkommandos sind nicht recht klar.[22] Die Läufer sammelten sich auf einen Heroldsruf hin, nahmen ihre zuvor ausgelosten Startplätze ein und wurden durch einen Ausruf oder ein anderes akustisches Signal auf die Bahn geschickt. Auf der Stadionstrecke entwikkelten die Läufer die höchste Geschwindigkeit; in Vasendarstellungen werden die Kurzstreckenläufer durch ausgreifende Schritte und heftig rudernde Arme deutlich von den Langläufern unterschieden. **(Abb. 23)** Am Ziel beobachteten Kampfrichter den Einlauf. Die Athleten konnten den Lauf mit einem Endspurt beenden, ohne befürchten zu müssen, ihre Geschwindigkeit hinter dem Ziel abrupt abbrechen zu müssen.[23] Für Olympia, in dessen Stadion das Ziel für alle Läufe im Westen lag, beträgt der Raum zum Auslaufen geringfügig weniger als 11 Meter. Obwohl in Olympia 20 Laufbahnen eingerichtet waren, ist es fraglich, ob sie in der Praxis des Stadionlaufes jemals alle gleichzeitig besetzt wurden, da die Feststellung des Siegers mit zunehmender Starterzahl deutlich erschwert wird. So waren hier die Vorläufe in Vierergruppen unterteilt, um einen sicheren Siegentscheid zu gewährleisten; die Sieger qualifizierten sich für den Endlauf.[24]

Über Teilnehmerzahlen des Stadionlaufes sind wir nicht sicher informiert. In einem Epigramm des Philippos aus der Anthologia Palatina (VI 259) besiegte der Läufer Hermogenes neun Knaben, wobei die Zahl der Gegner aus zwei Wettkämpfen gerechnet ist. In der athletischen Glanzzeit Krotons kamen angeblich sieben Krotoniaten vor allen anderen Griechen im Stadionlauf in Olympia ins Ziel,[25] was insbesondere dann eine relativ hohe Anzahl von Startenden voraussetzt, wenn die oben genannte Qualifikationsregel bereits für die Zeit der Wende vom 6. zum 5. Jh. v. Chr. Gültigkeit besaß. Es hat sich auch eine Startliste von Läufern aus dem 3. Jh. n. Chr. auf Papyrus erhalten.[26] Darauf sind die Namen von Athleten verzeichnet, die sich zu den Laufdisziplinen Langlauf

---

vgl. Rieger, *Hysplex*, 320 und Abb. 86.

18 So sind die beiden nahezu identischen Statuen aus der Villa dei papiri in Herculaneum gezeigt, die heute im Nationalmuseum Neapel (Inv. 5626 und 5627) aufbewahrt werden. Romano, *Athletics and Mathematics*, 91 f. mit Abb. 49 a und b (S. 93), faßt sie als Läufer auf. In der ersten Auflage (132 f. mit Abb. 57) hatte ich sie als Ringer angesehen. Ein startender Läufer sollte seinen rechten Arm hinter dem Körper halten, sofern er den linken Fuß vorgesetzt hat.

19 Vgl. Photographie des Startes zum 2. Vorlauf des 100-Meter-Laufes bei Miller, *Greek Athletics*, 37 Abb. 44 (wo die Bildunterschrift irrtümlich einen 200-Meter-Lauf angibt).

20 Belege bei Jüthner/Brein, *Leibesübungen* II 1, 90 n. 176.

21 Valavanis, *Hysplex*; vgl. auch Rieger, *Hysplex*, bes. 352–373.

22 Trotz der das Gegenteil vermittelnden Ansicht von Miller, *Greek Athletics*, 36 f.

23 Zum Ende des Laufes siehe Crowther, in: Nikephoros 12 (1999) 131–142.

24 Pausanias VI 13,4.

25 Strabon 6,1,12; vgl. Mann, *Athlet und Polis*, 165 mit n. 510.

26 Decker, in: Knuf/Leitz/von Recklinghausen (Hg.), *Festschrift Thissen*, 153–157; Decker, *Sport am Nil*, Dok. 48. Unter dem Eindruck des Papyrus möchte man sich im Falle der Siegerinschrift des Demetrios von Salamis (IAG 86, S. 173) bei den erwähnten 87 Wettkampfteilnehmern für Läufer entscheiden.

(Dolichos), Doppellauf *(Diaulos)* und Kurzstreckenlauf *(Stadion)* gemeldet haben. Während fünf Langläufer und acht Doppelläufer für den in einer mittelägyptischen Stadt vorbereiteten Agon eingeschrieben sind, hat sich die Anzahl der Stadionläufer nicht erhalten; nach dem 16. Namen der Meldungen für diese Spezies bricht der Papyrus ab. Immerhin läßt sich feststellen, daß dem Kurzstreckenlauf die weitaus meisten Eintragungen galten; es wird vermutet, daß dies damit zusammenhängt, daß diese Disziplin am wenigsten Training benötigt.

Wie sich die Strecke eines Stadions als Laufdisziplin geradezu von selbst anbot, ist auch die Verdopplung dieser Strecke in der sportlichen Praxis leicht verständlich. Eine Rennstrecke im Pendellauf hin und zurück zu durcheilen – dazu bedurfte es keines besonderen Erfindungsgeistes. Auch der Doppellauf *(Diaulos,* ‚Doppelflöte'[27]) gehört zum Kernprogramm griechischer Sportfeste. Ein Stadionläufer hatte naturgemäß ebenfalls gute Chancen auf der doppelten Strecke, weshalb es oft zu Siegen in beiden Disziplinen durch denselben Athleten kam.[28] Die Angabe von 15 Siegen durch den „Stadionläufer" Dandis aus Argos (5. Jh. v. Chr.) bei den Nemeen läßt sich nur verstehen, wenn man annimmt, daß dieser Athlet auch im *Diaulos* siegreich war und außerdem seine Erfolge in der Jugendklasse inbegriffen sind.[29] (Im modernen Fachjargon könnte man von einem ‚Sprinter' sprechen, obwohl die Strecke des Doppellaufes, die sich in Olympia auf annähernd 400 Meter belief, nach heutigem Verständnis bereits den Mittelstrecken zuzurechnen wäre.) Ansonsten hätte seine Siegeskarriere 28 Jahre gedauert, was für einen Läufer undenkbar ist.

Wenngleich nach antiker Auffassung die konditionellen Voraussetzungen für Stadion- und Doppelläufer weitgehend identisch waren, kommt für letztere ein technisches Problem hinzu, das sich bei der Kurzstrecke nicht stellte: Ein Athlet, der im *Diaulos* startete, mußte über eine gute Wendetechnik verfügen, da antike Stadien keine Rundbahnen hatten, wie bereits vermerkt. Lange wurde die Idee favorisiert, alle Läufer hätten sich um einen zentralen Wendepfeiler bewegen müssen, um die zweite Stadionlänge anzugehen. In ihrer verlockenden Einfachheit würde diese Lösung jedoch den Nachteil aufweisen, daß der Läuferpulk, der auf dieser relativ kurzen Strecke an der Wende noch eng beieinander liegen mußte, an diesem kritischen Punkt starker Behinderung ausgesetzt worden wäre und jeder jeden verdrängt haben würde, zumal die Wende vermutlich mit relativ hoher Geschwindigkeit angegangen wurde und es so unweigerlich zu Rempeleien, Zusammenstößen und wohl auch Stürzen hätte kommen müssen. Wäre dies durch entsprechende Wendetechniken noch weitgehend vermeidbar gewesen, hätte man eine offensichtliche Ungerechtigkeit nicht so einfach abstellen können:[30] Die außen Startenden hätten ein längere Strecke zurücklegen müssen als diejenigen, die das Los bestimmte, von einer inneren Position abzulaufen. Somit ergibt sich die Notwendigkeit, für die Wende beim *Diaulos* nach einer Lösung zu suchen, die ein konfliktfreies Wendemanöver ermöglicht, zumal es weder bildliche noch archäologische Befunde gibt, die einen zentralen Wendepfosten zwingend verlangen. R. Patrucco hat den Vorschlag gemacht, der die meiste Wahrscheinlichkeit für sich hat: Er nimmt an, daß jeder Läufer um seinen eigenen Holzpfahl

27 Die Bezeichnung geht von der Ähnlichkeit des Instrumentes mit den zwei parallelen Rohren aus. Der agonistischen Terminologie unkundige Übersetzer lassen die Sieger im Doppellauf gelegentlich Sieger im Wettkampf der Doppelflöte sein. So wurde der berühmte Läufer Astylos von Kroton auch zum angeblichen Sieger im Flötenspiel, obwohl es keine musischen Agone bei den Olympien gab: Stampolidis/Tassoulas, *Magna Graecia,* 71; vgl. Nikephoros 17 (2004) 305.

28 Beispiele etwa IAG 45, 50, 54; Ebert, *Siegerepigramme,* Nr. 15, und unten S. 63 f.

29 Ebert, *Siegerepigramme,* Nr. 15 mit Kommentar.

30 Es handelt sich im Prinzip um das gleiche Problem, das sich beim Start der römischen Wagenrennen stellte. Hier allerdings fand man eine gerechte Lösung, die in einer Anordnung der Startplätze in Form eines Kreissegmentes bestand; vgl. dazu Romano, *Athletics and Mathematics,* 95–100.

zu wenden hatte.[31] **(Abb. 24)** Diese Vorstellung paßt genau mit einer Stelle bei Pausanias überein, der den Verlauf einer altertümlichen Inschrift auf der Kypseloslade,[32] die *boustrophedon* (‚wie der Ochse pflügt') angeordnet war, mit dem *Diaulos* vergleicht: ... *am Ende der Zeile kehrt die zweite um wie beim Doppellauf.* **(Abb. 25)**

Damit dieses Schema im Wettkampf auch praktisch funktioniert, war es erforderlich, daß die jeweilige Nachbarbahn freiblieb; anderenfalls waren Frontalzusammenstöße im unmittelbaren Bereich des Pfostens nicht vermeidbar. Die Pfostenlöcher, die zur Fixierung der Wendemale notwendig waren, sind nicht nur in regelmäßigen Abständen in die Schwellen des Stadions zu Olympia eingelassen,[33] sie sind auch in anderen Laufbahnen nachweisbar.[34]

Der Langlauf (*Dolichos,* abgeleitet vom griechischen Adjektiv δόλιχος ‚lang', ‚weit')[35] setzt einen anderen Athletentyp voraus, als ihn die beiden kurzen Laufstrecken erforderten. Das verhaltene Tempo, welches den Langstreckenlauf von *Stadion* und *Diaulos* unterscheidet, kommt in den Darstellungen des *Dolichos* gut zum Ausdruck. Die einzige aus dem Altertum erhaltene Siegerstatue eines Läufers, die aus dem Meer vor der ionischen Küste geborgen wurde, zeigt den Athleten unzweideutig in der Haltung des Langläufers.[36] **(Abb. 26)**

Die Nachrichten über die Länge der Distanz, die für diese Disziplin vorliegen, reichen von bloßen sieben bis zu 24 Stadien.[37] Für die in Olympia gelaufene Strecke kommt die abwägende Beurteilung durch J. Jüthner auf 20 Stadien, was annähernd 4 km entspricht. Die überlieferten Varianten könnten auf lokale Besonderheiten, Wechsel der Streckenlänge im Laufe der Zeit und unterschiedliche Regeln für die verschiedenen Altersklassen zurückzuführen sein. Ein besonderes Interesse an der sportlichen Form des Langlaufes dürften die Botenläufer und *Hemerodromoi* (Tagesläufer) gehabt haben,[38] da ihre Tätigkeit ein ständiges Training für den *Dolichos* darstellte. Zu ihnen sollte der Läufer Ageus gehört haben, der seinen Langlaufsieg bei den Olympien (328 v. Chr.) noch am selben Tag in seiner Heimatstadt Argos verkündet hat, die in Luftlinie ca. 100 km von Olympia entfernt liegt.[39] Beim *Dolichos* ist im Gegensatz zum *Diaulos* die Wende um einen einzelnen zentralen Mittelpfosten anzunehmen, der sich am anderen Ende des Stadions wiederholte. Ein solcher ist archäologisch im Stadion von Nemea belegt, wo er leicht aus der Mitte der Bahn versetzt ist, damit die Läufer nach dem Schwung der Wende möglichst auf der Mittelspur wieder einscherten.[40] Der Nachteil, der die außen startenden Doppelläufer bei dieser Wende getroffen hätte, war in Relation zur Länge der Strecke des *Dolichos* eine *quantité negligeable.* Außerdem führte das gegenüber den Kurzstrecken gemäßigte Tempo auf der Langstrecke dazu, daß sich eine Läuferreihe bildete, so daß die Wendeprozedur vermutlich ohne größere Posi-

---

31 Patrucco, *Sport,* 106–110; ähnlich auch Aupert, in: BCH 104 (1980) 309–315; Romano, *Athletics and Mathematics,* 62; Miller, *Greek Athletics,* 44 f.; vgl. auch García Romero, *Juegos Olímpicos,* 245–248.

32 Zu dieser siehe zuletzt ausführlich Splitter, *„Kypseloslade".*

33 Mallwitz, *Olympia,* 184 f. (Abb. 148); Rieger, *Hysplex,* Abb. 41.

34 Jüthner/Brein, *Leibesübungen* II 1, 57 ff.; Aupert, *Stade de Delphes,* 57–59, 154 f., 166, 169; Miller, *Stadium,* Abb. 73 (S. 46) und 79 (S. 49) (Nemea).

35 Jüthner/Brein, *Leibesübungen* II 1, 106 ff.

36 Uçankuş, in: Nikephoros 2 (1979) 135–155 (mit Abb. 19–29); auch abgebildet bei Akurgal, *Kunst in der Türkei,* Abb. 227. Bei den beiden identischen Statuen aus der Villa dei papiri (siehe oben n. 18) ist es unsicher, ob es sich um Läufer oder Ringer handelt; ich tendiere zur Annahme der zweiten Alternative.

37 Vgl. Jüthner/Brein, *Leibesübungen* II 1, 108 f.

38 Siehe zu diesen zuletzt Kempen, *Krieger, Boten und Athleten,* 52 ff.

39 Moretti, *Olympionikai,* Nr. 464.

40 Miller, *Stadium,* Abb. 68–70 (S. 44); Idem, in: AJA 84 (1980) 159–166.

tionskämpfe vonstatten ging. Dennoch hat eine gute Wendetechnik auch dem Langläufer Vorteile verschafft.

Als letzte Disziplin der Läufe wurde in Olympia der Waffenlauf *(Hoplites)*[41] im Jahre 520 v. Chr. eingeführt; 20 Jahre später stand er auch in Delphi auf dem Programm, und er war auch sonst bei vielen Agonen ausgeschrieben. Es hat den Anschein, daß seine Aufnahme unter die sportlichen Disziplinen ein verzögerter Reflex auf die Einführung der Hoplitenphalanx im 7. Jh. v. Chr. war. Anfangs wurde der Waffenlauf, der in Olympia über zwei Stadien führte, in voller Rüstung (ohne Panzer) ausgetragen. Später verzichtete man auf Beinschienen und Helm und ließ die Athleten nur mehr einen Schild tragen. Aus Gründen der Chancengleichheit waren die Schilde genormt; 25 von ihnen wurden in Olympia im Tempel des Zeus für die Wettkämpfe deponiert.[42] Der Waffenlauf war im Gegensatz zu den anderen Laufdisziplinen der Männerklasse vorbehalten. Seine enge Verbindung zum Krieg ließ an allen vier panhellenischen Wettkampforten den Glauben entstehen, daß die Disziplin jeweils nach einem lokalen kriegerischen Ereignis eingeführt worden sei. Daran übt jedoch Philostratos Kritik. Für ihn steht der Waffenlauf, letzter Punkt des olympischen Wettkampfprogramms, zum Zeichen des nahenden Endes des Festfriedens, was auch durch das gleichzeitige Wegtragen des Öls, Symbol der Athletik, angezeigt werde.[43] Wenngleich man sich der Deutung des kaiserzeitlichen Autors im Grundsatz anschließen kann, muß man wissen, daß der Zenit des Festfriedens mit dem Waffenlauf überschritten ist; er endet allerdings erst nach einer anschließenden Zeitspanne, die derart bemessen ist, allen Teilnehmern am Zeusfest eine unbehelligte Rückkehr in die Heimat zu ermöglichen.

Trotz des Glanzes der großen panhellenischen Agone stand ein Sieg im Waffenlauf, der bei den *Eleutheria* zu Plataiai errungen wurde, in höherem Ansehen. Bei den dort alle vier Jahre in Erinnerung an die siegreiche Perserschlacht (479 v. Chr.) ausgetragenen Wettkämpfen mit dem bezeichnenden Namen ‚Freiheitsspiele' wurde offenbar in voller Rüstung und über eine längere Strecke als anderswo gelaufen.[44] Der Sieger erhielt den Titel ἄριστος Ἑλλήνων (‚Bester der Griechen').[45] Nach Philostratos durfte ein in Plataiai siegreicher Waffenläufer ein zweites Mal nur dann starten, wenn er Leibbürgen stellte, da im Falle einer Niederlage sein Leben verwirkt war. Sinn dieser Regelung war vermutlich, bei diesem für die Griechen so bedeutsamen Erinnerungsfest das schlechte Omen der Wendung eines Sieges in sein Gegenteil zu vermeiden.[46]

Bei den Nemeen sowie an einigen anderen Orten wurde ein Lauf ausgetragen, der *Hippios* (‚Pferdelauf') genannt wurde. Seine Länge betrug (nach Pausanias VI 16, 4) vier Stadien. Den Namen erhielt er vermutlich von der Rennstrecke der ausgewachsenen Rennpferde, die den Hippodrom anscheinend zweimal zu umrunden hatten[47] – genau wie die Läufer beim *Hippios* einen *Diaulos* (Doppellauf) zweimal zurücklegen mußten. Vielleicht erfolgte die Namengebung der Disziplin aber über den Vergleich der Anstrengung, wie sie Pferde beim Rennen erbrachten.[48]

---

41 Die ausführlichste Behandlung immer noch bei Jüthner/Brein, *Leibesübungen* II 1, 112–134.

42 Pausanias V 12,8. (Jüthner/Brein, *Leibesübungen* II 1, 123, geben den Tempel der Hera als Aufbewahrungsort an.) In Delphi wurden 10 Schilde für die Disziplin vorgehalten: Syll.³ 419.

43 Philostratos, Gymnastikos 7.

44 Philostratos, Gymnastikos 8.

45 Robert, in: REA 31 (1929) 13–20, 225 f.; Idem, in: *Épigramme grecque*, 188–190 (mit n. 4, S. 188).

46 Jüthner/Brein, *Leibesübungen* II 1, 114.

47 Ebert, in: Nikephoros 2 (1979) 100 f.; Ebert rechnet allerdings mit drei Stadien für die Längsseite des olympischen Hippodroms.

48 Vgl. Aigner/Mauritsch-Bein/Petermandl, *Laufen*, 410.

An dieser Stelle muß betont werden, daß der Marathonlauf keine antike sportliche Disziplin war.[49] Er wurde zum ersten Mal auf Vorschlag des Altphilologen M. Bréal, der für den Sieger einen Pokal stiftete, in das Programm der ersten Olympischen Spiele der Moderne 1896 in Athen ins Programm genommen.[50] Seine Gründungslegende ist allerdings mit der historischen Schlacht bei Marathon verbunden, wo die Griechen im Jahre 490 v. Chr. einen großen Sieg über die Perser errungen haben. Laut Herodot (VI 105–106) war der Botenläufer Pheidippides nach Sparta um Hilfe gesandt worden, der eine Strecke von 250 km zurückzulegen hatte.[51] Das direkte Vorbild war allerdings der angebliche Lauf des Boten Pheidippides unmittelbar nach der Schlacht von Marathon nach Athen, wo er nach Verkündung des Sieges tot zusammengebrochen sei. Der Triumph des griechischen Läufers Spyridon Louis beim ersten Marathonlauf der Sportgeschichte versetzte das ganze Land in Hochstimmung.

In der Geschichte der antiken Olympien, über die wir ungleich besser Bescheid wissen als über Agone an anderen Orten, fällt auf, daß die unteritalische Stadt Kroton in ihrer Blütezeit zwischen 588 und 488 v. Chr. zwölf Olympiasieger im Stadionlauf stellte.[52] Noch erfolgreicher waren die Läufer aus Alexandria, die insgesamt 26 Siege im Stadionlauf davontrugen, davon allein 18 in der Zeit zwischen 93 und 221 n. Chr.[53] Allerdings war die Einwohnerzahl der ägyptischen Metropole weit größer als die von Kroton, und erst 200 n. Chr. werden andere Städte überhaupt als Heimatorte von ägyptischen Siegern genannt.[54]

Im Laufe der Geschichte Olympias wissen wir von 30 Fällen, daß der Stadionsieger seinen Sieg wiederholte; das schafften im *Diaulos* nur acht, im *Dolichos* gar nur vier Athleten,[55] gar nur zweimal einer im *Hoplites*.[56] Auch Mehrfachsiege an einem Fest sind anzutreffen; die übliche Konstellation war *Stadion* und *Diaulos,* die insgesamt zwanzigmal gelang. Zweimal schafften es Philinos von Kos[57] und Hermogenes (genannt ‚das Pferd') aus Xanthos.[58] Dreimal erreichten Chionis von Sparta[59] und Astylos von Kroton (bzw. Syrakus)[60] diese Leistung. Bei seinem letzten Start in Olympia (480 v. Chr.) gelang dem nach Syrakus gewechselten Athleten sogar ein zusätzlicher Sieg im Waffenlauf. Damit zählt er unter die Besten seines Faches, die sich mit dem Ehrentitel τριαστῆς

49 Vgl. auch Miller, *Greek Athletics*, 46; Decker, *Wiederbelebung*, 140–144.

50 Abbildung des Pokals z. B. bei Tarassouleas, *Jeux Olympiques*, 69.

51 Der Name des Läufers wird auch als Philippides überliefert. Der Lauf wird als *Spartathlon* seit 1983 jedes Jahr wiederholt; die besten Zeiten liegen bei 24 Stunden.

52 Vgl. zuletzt dazu Mann, *Athlet und Polis*, 164–167 (mit Tabelle S. 164).

53 Decker, in: Verhoeven/Graefe (Hg.), *Festschrift Derchain*, 104.

54 Siehe Remijsen, in: Papakonstantinou (Hg.), *Sport in the Ancient World*, 101.

55 Im *Dolichos* sind es Dromeus aus Stymphalos (Moretti, *Olympionikai*, Nr. 188, 199) und Ergoteles aus Himera (Moretti, *Olympionikai*, Nr. 224, 251), wobei letzterer nach einer Pause von einer Olympiade seinen zweiten Sieg errungen habe, vgl. auch Ebert, *Siegerepigramme*, Nr. 20. Die Siege der beiden fallen in die erste Hälfte des 5. Jh. v. Chr. – Die beiden anderen Langläufer sind anonym überliefert: Moretti, *Olympionikai*, Nr. 835, 837 (vgl. jedoch Idem, in: MGR 12 [1987] 76 f); Nr. 910, 914, 918 [nur sein Beinamen Graos ist erhalten]).

56 Moretti, *Olympionikai*, Nr. 767, 768, 771, 776; der Name ist nicht erhalten. – Zweimal in dieser Disziplin siegte Phrikias aus Pelinna, Nr. 150, 156.

57 Moretti, *Olympionikai*, Nr. 550–551, 553–554.

58 Moretti, *Olympionikai*, Nr. 805–807, 812–813, 817–819. Hermogenes ist dreimal Doppelsieger; eine Disziplin ist vielleicht durchgäng der Waffenlauf; beim zweiten Doppelsieg tritt der *Diaulos* an die Stelle des Stadionlaufes. Zum Beinamen des Hermogenes siehe Decker, in: Mauritsch/Petermandl et al. (Hg.), *Festschrift Weiler*, 163 f.

59 Moretti, *Olympionikai*, Nr. 42–43, 44–45, 46–47.

60 Moretti, *Olympionikai*, Nr. 178–179, 186–187, 196–197. Astylos wechselte nach seinem ersten Sieg nach Syrakus; zu ihm siehe Mann, *Athlet und Polis*, 188 ff., 246 ff., 300–302.

(‚Dreifachsieger') schmücken können. Dazu gehört neben Phanas von Pellene,[61] dem dieses Kunststück als erstem gelang (67. Olympien = 512 v. Chr.), sowie Hekatomnos von Milet[62] (177. Olympien = 72 v. Chr.) auch Polites aus Keramos in Karien, dessen dritter Sieg neben den beiden Kurzstrecken im *Dolichos* erlaufen war; so erreichte er drei Siege an einem einzigen Tage.[63] Sie alle übertraf Leonidas aus Rhodos,[64] der viermal hintereinander Dreifachsieger war (154.–157. Olympien = 164–152 v. Chr.), es insgesamt also auf zwölf Siege in Olympia brachte.[65] Mit dieser Leistung ist Leonidas nicht nur der größte Läufer, sondern auch einer der erfolgreichsten Athleten der Antike überhaupt. Ein ausgesprochener Spezialist war ein namenloser Läufer aus Argos, der den *Diaulos* viermal in Folge gewann (143.–146. Olympien = 208–196 v. Chr.).[66] Selten genug kam es vor, daß ein siegreicher Läufer noch eine andere Disziplin, bei der es nicht nur auf seine speziellen Fähigkeiten ankam, in Olympia erfolgreich bestritt. So gewann Ailios Granianos aus Sikyon neben dem *Diaulos* und Waffenlauf bei demselben olympischen Fest auch den Fünfkampf.[67] Demetrios von Salamis auf der Insel Zypern siegte im 3. Jh. n. Chr. an drei Olympien im Stadionlauf; zweimal war er gleichzeitig auch im *Pentathlon* erfolgreich.[68] Läufer waren nie Olympiasieger in den Kampfsportarten. Umso erstaunlicher mutet umgekehrt der Sieg des großen Faustkämpfers und Pankratiasten Theogenes aus Thasos im Langlauf bei den *Hekatomboia* in Argos an.[69]

2. Kampfsportarten (Ringen, Faustkampf, *Pankration*)

Das Herzstück der Agone bildeten die Kampfsportarten. Wettkämpfe Mann gegen Mann, das waren die Attraktionen der Zuschauer, dafür kamen sie von weit her angereist. Stiegen in Gestalt der muskelbepackten, riesigen Kontrahenten nicht die Heroen der mythischen Zeit selbst in die Arena? Verkörperte ein Modelathlet wie Milon, Theogenes oder Poulydamas (*‚der größte aller Menschen außer den Heroen'*, Pausanias VI 5,1) nicht den Halbgott Herakles, dessen zwölf kanonische Heldentaten am Zeustempel in Olympia dargestellt waren und der noch in der römischen Kaiserzeit Patron der Athletengilde war, die sich nach ihm benannte?[70] Nicht von ungefähr woben sich Legenden um die Ringer, Faustkämpfer und Pankratiasten; nicht ohne Grund genossen einige ihrer berühmtesten Vertreter kultische Ehren.[71]

Milons tägliche Eßleistung habe je 18 Pfund Fleisch und Brot betragen; dazu habe er neun Liter Wein getrunken.[72] Ihm wird nachgesagt, daß er seine olympische Siegerstatue eigenhändig in die Altis getragen habe.[73] Eine ähnliche Geschichte wird von dem Thasier Theogenes erzählt, der im Alter von neun Jahren eine bronzene Götterstatue vom Markt mit nach Hause genommen haben

61 Moretti, *Olympionikai*, Nr. 142–144.
62 Moretti, *Olympionikai*, Nr. 681–683.
63 Moretti, *Olympionikai*, Nr. 796–798; Pausanias VI 13,3.
64 Moretti, *Olympionikai*, Nr. 618–620, 622–624, 626–628, 633–635.
65 Siehe auch Brunet, in: Goff/Simpson (Hg.), *Thinking the Olympics*, 97.
66 Moretti, *Olympionikai*, Nr. 592, 595, 599, 605.
67 Moretti, *Olympionikai*, 850–852, vgl. auch 848, 856.
68 Moretti, *Olympionikai*, Nr. 922–923, 925–926, 928; vgl. Idem, in: MGR 12 (1987) 79 f.; Ebert, *Pentathlon*, 10.
69 Ebert, *Siegerepigramme*, Nr. 37.
70 Caldelli, in: ZPE 93 (1992) 75–86; Petzl/Schwertheim, *Hadrian und die dionysischen Künstler*, 27ff.
71 Boehringer, in: REA 81 (1979) 5–18.
72 Athenaeus X 412 d–413 c.
73 Pausanias VI 14,5.

soll.[74] Poulydamas aus Skotoussa soll in Nacheiferung und Überhöhung der Tat des Herakles ohne Waffen einen Löwen in den Bergen des Olymp bezwungen haben. Er konnte angeblich einen fahrenden Wagen anhalten und einen Stier an den Hufen packen und ihn auf diese Weise am Weglaufen hindern.[75] Der Faustkämpfer Glaukos aus dem euboiischen Karystos kam – so wird behauptet – überhaupt zu seiner Sportart, weil er eine verbogene Pflugschar mit der Kraft seiner Hände geraderichtete.[76] Ein Zeitgenosse des Theogenes, Euthymos von Lokroi, im Faustkampf der 75. Olympien diesem unterlegen, dennoch dreimal Olympiasieger in dieser Disziplin, vertrieb in Temesa einen Daimon, der jedes Jahr das schönste Mädchen der Stadt als Sühneopfer gefordert hatte.[77]

Die legendäre Ausschmückung von Leben und Taten berühmter Wettkampfsieger zeigt die Bewunderung übermenschlicher Körperkräfte, die in einem Athleten einen Heroen sah und ihn zum Vorbild stilisierte.[78]

Die Beteiligung an den Kampfsportarten war keinesfalls, wie eine dem Geist des 19. Jahrhunderts verpflichtete Sportgeschichte es bis in jüngere Zeiten gerne propagiert und gesehen hätte, Sache der unteren Gesellschaftsklasse. Ganz im Gegenteil: Bei Homer schon sind es die Spitzen der Gesellschaft, die sich als Akteure gegenüberstehen. Odysseus und Aias (Telamonios), zwei Mitglieder des höchsten Adels, ringen bei den Patroklosspielen miteinander;[79] der heimgekehrte Odysseus schlägt sich (inkognito) mit Iros um den Fleischtopf seines Königsgutes.[80]

Aber auch die historischen Dokumente sprechen eine deutliche Sprache: Bei den von Pindar besungenen Wettkampfsiegern ist nicht der geringste Zweifel an ihrer Klassenzugehörigkeit erlaubt. Von seinen 44 Siegesliedern gelten 17 adligen Kampfsportlern.[81] Milon von Kroton, der berühmteste aller Schwerathleten, war Heerführer und Schwiegervater eines bekannten Arztes.[82] Theogenes von der Insel Thasos stammte von einem Priestergeschlecht ab.[83] Diagoras, seine Söhne und Enkel, alle Olympiasieger, teilweise sogar Periodoniken, entstammten der rhodischen Aristokratie.[84] Hagias und sein Bruder Telemachos aus vornehmer thessalischer Familie, die Heerführer und führende Politiker stellte, waren Kampfsportler.[85] Kallias von Athen, politischer Gegenspieler des Perikles und durch Ostrakismos aus seiner Heimatstadt vertrieben, war Periodonike im *Pankration.*[86]

Anders als Dorieus von Rhodos, ein Sohn des Diagoras und dreifacher Periodonike im *Pankration,* den die Athener aus Achtung vor seinem Ruhm trotz seiner gegen ihre Interessen gerichteten Politik im Peloponnesischen Krieg als Gefangenen freiließen,[87] schützten seine beiden Olympiasiege im *Pankration* den Timasitheos aus Delphi nicht vor der Verhängung der Todesstrafe; er hatte an dem gescheiterten Putschversuch des Isagoras in Athen teilgenommen.[88]

---

74 Pausanias VI 11,2 f.
75 Pausanias VI 5,4–6.
76 Pausanias VI 10,1 f.; Philostratos, Gymnastikos 20.
77 Pausanias VI 6,5–10; Ebert, *Siegerepigramme*, Nr. 16; Arias, in: AnnPisa 17 (1987) 1–8.
78 Zur Legendenbildung von Athleten siehe auch Ebert, *Siegerepigramme*, 84 ff., 120 f., 183 f., 199 mit Literatur.
79 Homer, Ilias XXIII 700–739; vgl. oben S. 26.
80 Homer, Odyssee XVIII 1–123; vgl. oben. Hier muß allerdings die parodistische Absicht des Dichters berücksichtigt werden.
81 Vgl. S. 155–157.
82 Siehe zuletzt zu Milons sozialer Stellung Mann, *Athlet und Polis*, 175–177.
83 Pausanias VI 11,2; Ebert, *Siegerepigramme*, Nr. 37.
84 Poliakoff, *Kampfsport*, 165–169; vgl. auch unten S. 112 f.
85 Ebert, *Siegerepigramme*, Nr. 43, 44; vgl. auch unten S. 150.
86 Moretti, *Olympionikai*, Nr. 228; IAG, Nr. 15; Pleket, in: Nikephoros 14 (2001) 179 f.
87 Moretti, *Olympionikai*, Nr. 322, 326, 330; Pausanias VI 7,4 f.
88 Pausanias VI 8,6; Herodot V 72.

Die Beteiligung der oberen Gesellschaftsklasse am Kampfsport, die hier durch Beispiele aus archaischer und klassischer Zeit illustriert ist, hört im Hellenismus keineswegs auf; sie setzt sich vielmehr entgegen landläufiger Meinung bis in die römische Kaiserzeit fort.[89] Da ist auch nicht mit Niedergangstheorien[90] zu operieren; auch in der Spätzeit des griechischen Sports blieben die Kampfsportarten gesellschaftsfähig. So rühmt sich beispielsweise Tiberios Klaudios Roufos, der bis in den Endkampf des *Pankration* in Olympia gelangte und trotz eines unentschiedenen Ausganges das Recht zur Aufstellung einer Siegerinschrift erhielt, ein Bekannter von Kaisern zu sein,[91] und ein Phlavillianos aus dem lykischen Oinoanda, Pankratiast und Sieger an den heiligen Agonen, hatte unter seinen Vorfahren Konsuln und Senatoren.[92] Was spricht mehr für das gesellschaftliche und intellektuelle Ansehen, das der Periodonike im *Pankration* Markos Aurelios Asklepiades genoß, als seine Mitgliedschaft im berühmten Mouseion zu Alexandria?[93] Diese Beispiele sollen nicht den Eindruck erwecken, als seien die Kampfsportarten eine ausschließliche Domäne des Adels gewesen, obwohl in früher Zeit die Teilnahme anderer Gesellschaftsschichten an den Agonen schon der Kosten wegen gering gewesen sein mußte. Dabei scheint nicht einmal der Mangel an Trainingszeit, der m.E. in übertriebener Weise dafür verantwortlich gemacht wird, der wirkliche Hinderungsgrund gewesen zu sein. Abgesehen davon, daß vor dem Zeitalter der Technik zahlreiche berufliche Tätigkeiten sportlicher Eignung zuarbeiteten, darf man den Umfang eines Leistungstrainings bei weitem nicht mit heutigen Verhältnissen vergleichen, die inzwischen im Hochleistungsbereich bis zu drei Trainingseinheiten pro Tag umfassen. Das war selbst vor wenigen Jahrzehnten noch ganz anders!

Wir besitzen auch ein schönes Gegenbeispiel (das die Regel bestätigt): Obgleich der Alphabetismus in der römischen Kaiserzeit nicht in dem Maße verbreitet war wie in einem modernen Industriestaat, wurde die Kenntnis des Schreibens und Lesens in der Oberklasse als normale Fertigkeiten im Leben vorausgesetzt. Auf einem heute in London aufbewahrten Papyrus aus dem Jahre 194 n. Chr. sind die Unterschriften von zahlreichen Funktionären des damaligen Weltverbandes der Athleten erhalten. Ein solches Amt konnte nur erlangen, wer eine erfolgreiche Wettkampfkarriere aufzuweisen hatte. Nun erlauben aber einige ungelenke Unterschriften auf dem Dokument, das die Mitgliedschaft in besagtem Verband bestätigt, Zweifel an der hohen Kunst des Schreibens durch diejenigen, die unterzeichnet haben.[94] Außerdem hat der Boxer Herminos, dem das Schriftstück gehörte, sich auf einer anderen Urkunde bei der Unterschrift durch einen Schriftkundigen vertreten lassen, da er selbst des Schreibens unkundig war.[95] So kann leicht der Verdacht aufkeimen, daß die hier versammelten Kampfsportler keinesfalls alle einer höheren Schicht entstammten. Diese Annahme wird verstärkt, wenn der aliterate Athlet den Spitznamen *Moros* (‚Dummkopf') trägt.[96]

Die Kampfsportarten Ringen, Faustkampf und *Pankration* eigneten sich vorzüglich zum mili-

89 Pleket, in: Nikephoros 14 (2001) 177 n. 77, 184 n. 107, 205 n. 190.

90 Kritisch dazu Weiler, in: Wissenschaftsbereich Orient- und Altertumswissenschaften (Hg.), *Krise – Krisenbewußtsein – Krisenbewältigung*, 112–119.

91 IvO 54, 55; Moretti, *Olympionikai*, Nr. 808; Poliakoff, *Kampfsport*, 175 sowie n. 23 (S. 245).

92 IGUR III 500.

93 Moretti, *Olympionikai*, Nr. 884; IAG, Nr. 79; IGUR I 154; zum Athleten siehe auch Strasser, in: BCH 128/129 (2004/2005) 421–469, bes. 442 f.; Decker, *Sport am Nil*, Dok. 42, bes. S. 153.

94 PLond. 1178, 71 f.; Frisch, *Agonistische Papyri*, 124.

95 Frisch, *Agonistische Papyri*, 110.

96 Frisch, *Agonistische Papyri*, 111; Decker, in: Mauritsch/Petermandl et al. (Hg.), *Festschrift Weiler*, 166 f.; dort ist 167 n. 50 auf eine Parallele in der Bezeichnung eines modernen iranischen Sportlers hingewiesen.

tärischen Training; das erhöhte ihre Attraktivität nicht nur in den Augen der Spartaner. Es entsprach aber nicht dem Geiste lakonischer Auffassungen, daß man Kämpfe aufgeben konnte, wie es die Regeln im Faustkampf und *Pankration* erlaubten. Aus diesem Grunde zogen sich die Spartaner von der Teilnahme an diesen Disziplinen in Olympia, wo sie anfangs sehr erfolgreich waren, bald zurück.[97]

Ob und inwieweit eine besondere agonale Veranlagung bzw. ein speziell bei den Griechen herrschendes Konkurrenzprinzip eine Blüte der Kampfsportarten bewirkte, die in anderen Kulturen nicht in diesem Maße sichtbar ist, läßt sich schwer entscheiden. Nach der Entmythisierung des ‚agonalen' Griechen, wie sie vornehmlich I. Weiler verdankt wird, der die angebliche Sonderstellung des Wettkampfgedankens in der hellenischen Kultur mit Hilfe von Beispielen aus anderen Kulturen stark relativieren konnte,[98] wurden Stimmen laut, die die Substanz des Ansatzes von Jacob Burckhardt, der den ‚agonalen Griechen' erfunden hatte, retten wollten.[99] Es läßt sich nicht übersehen, daß Griechenland in seiner Sozialstruktur bereits in archaischer Zeit zu seinen orientalischen und ägyptischen Nachbarn beträchtliche Unterschiede aufwies. Bereits die frühgriechische Adelsgesellschaft, wie sie von Homer geschildert wird, differiert *in puncto* Geist des Wettbewerbes teilweise erheblich von der geschlossenen Gesellschaftsform einer monarchisch oder theokratisch geprägten Herrschaft. Das gilt erst recht für die Demokratie, eine von den Griechen erfundene offene Form menschlichen Zusammenlebens, in der die individuellen Formen sich entfalten konnten und das freie Spiel der miteinander wetteifernden Ideen und Kräfte herrschte.[100]

Die enge Verwandtschaft der drei Kampfsportarten, bei denen es auf Kraft, Durchhaltevermögen, Mut, Schmerzverachtung, Geschicklichkeit und Brutalität ankam, bringt es mit sich, daß Athleten nicht nur auf eine der drei Disziplinen spezialisiert waren, sondern in zwei oder gar in allen drei Kampfsportarten erfolgreich antraten. Das in dieser Hinsicht eindrucksvollste Zeugnis ist das Siegerepigramm auf Kleitomachos aus Theben:

> *Wie Du, Fremdling, hier die erzene Entschlossenheit des Kleitomachos im Bilde erblickst, so sah Hellas seine Kraft; denn gerade hatte er sich des Faustkampfes blutige Wehr von den Händen gelöst, da stritt er (schon wieder) im kraftvollen Pankration; (und) im dritten (Kampfe) ließ er die Schultern nicht den Staub (des Bodens) berühren, sondern bestand den Ringkampf, ohne zu fallen, und trug so die drei mühevollen Siege vom Isthmos davon. Als einziger der Hellenen hat er diesen Ehrenpreis erworben. Mit den Kränzen schmückte sich das siebentorige Theben und sein Vater Hermokrates.*[101]

Dieser Kleitomachos kann diese Akkumulierung von drei Siegen an einem Tag in drei verschiedenen Disziplinen zwar nicht für die *Olympien* oder *Pythien* behaupten, die noch angesehener waren als die *Isthmien*. Seine Leistung auf diesem hohen Niveau hat dennoch kein anderer in der langen Geschichte antiker Agone wiederholt.

---

97 Philostratos, Gymnastikos 9; PATRUCCO, in: CAFFARELLO (Hg.), *Archeologica*, 399 f.; zum Sport in Sparta siehe allgemein KENNELL, *Gymnasium of Virtue*.

98 WEILER, *Agon*, 1 ff.; IDEM, *Sport*, Register (S. 290) s.v. Burckhardt.

99 HERRMANN, in: Nikephoros 1 (1988) 137; LASER, *Sport und Spiel*, 6–11; POLIAKOFF, *Kampfsport*, 144–155; 237 f. n. 49.

100 LASER, *Sport und Spiel*, 7 f. mit Hinweis auf Hesiod, Opera et dies 11–26.

101 EBERT, *Siegerepigramme*, Nr. 67 (Übersetzung J. Ebert). – Drei Laufsiege an einem Tage errang auch der Athlet der Inschrift IAG, Nr. 45 bei den *Lykaia* sowie derjenige von Nr. 54 (beide anonym überliefert) bei den *Basileia* (von Lebadeia?). – Den Dreifachsieg an einem einzigen Tag hält STRASSER, in: BCH 127 (2003) 280 n. 75, für nicht gesichert.

Wie hoch bereits ein Doppelsieg im *Pankration* und Ringkampf an einem Tage in Olympia angesehen wurde, beweist der Vergleich der betreffenden sieben Athleten, denen dies in der tausendjährigen Geschichte der *Olympien* gelungen ist, mit Herakles, dem mythischen Vorbild aller Kampfsportler.[102] Dieser Prototyp der antiken Athletik war dem Mythos nach in zahlreiche Kämpfe und sportliche Abenteuer verwickelt,[103] und im Glanze dieses Ruhmes konnten sich die sieben Auserwählten sonnen.

Von erfolgreichen Kampfsportlern, die in allen drei schwerathletischen Disziplinen hervorgetreten sind, sei auch Kallistratos von Sikyon[104] (Ende 3. Jh. v. Chr.) erwähnt, der an allen wichtigen Agonen seiner Zeit außer in Olympia und Delphi Siege erstritt.

In der römischen Kaiserzeit kämpfte der Periodonike und dreifache Olympiasieger im Faustkampf Demokrates aus Magnesia am Mäander[105] auch im Ringen und *Pankration* sehr erfolgreich. Diese Vielseitigkeit war ebenfalls dem Titos Phlavios Archibios aus Alexandria[106] (2. Jh. n. Chr.) eigen, der neben seinen zwei Olympiasiegen im *Pankration* zahlreiche wertvolle Erfolge im Ringkampf und Faustkampf errang.[107]

Ein Unikum stellt der Sieg im Faustkampf an den *Ptolemaia* in Alexandria, die Ptolemaios II. zu Ehren seines Vaters Ptolemaios' I. 278/277 v. Chr. als großen Agon eingerichtet hatte,[108] durch einen dionysischen Techniten dar, dessen Namen nicht mehr erhalten ist. Im Siegeskatalog des Schauspielers, der von tragischen Rollen der klassischen attischen Tragödie dominiert wird, sind sonst nur Siege verzeichnet, die an musischen Agonen errungen wurden.[109]

Die Karrieren von Kampfsportlern sind gewöhnlich länger als die ihrer Kollegen aus anderen Disziplinen, die an gymnischen Agonen konkurrierten. Unübertroffen dabei ist der legendäre Milon von Kroton, der sechsmal (davon fünfmal in Folge) nicht nur in Olympia siegte, sondern an allen anderen panhellenischen Festen mindestens genausooft und als sechsfacher Periodonike einen einsamen Ruf genoß.[110] Kaum weniger eindrucksvoll ist der Rekord des Theogenes von der Insel Thasos, der nach einer in Delphi aufgestellten Inschrift während 22 Jahren im Faustkampf ohne Niederlage blieb.[111]

Die fünf in Folge erzielten Siege in Olympia im Ringen durch den Spartaner Hipposthenes (39.–43. Olympien = 624–608 v. Chr. sowie sein Sieg in der Knabenklasse des Jahres 632 v. Chr. erreichen fast milonisches Format.[112] Sein Sohn Hetoimokles setzt diese Tradition fort (fünf Siege im Ringen: 44.–48. Olympien = 604–588 v. Chr.).[113] Vier Siege gelangen dem Ringer Chairon aus Pellene, der das Kunststück in den Jahren zwischen 356 und 344 v. Chr. (106.–109. Olympien)

---

102 Pausanias V 21,9–11. Vgl. auch Forbes, in: AJPh 60 (1939) 473 f.

103 Weiler, *Agon*, Reg. S. 327 s.v. Herakles.

104 IAG, Nr. 40; vgl. auch Cabanes, in: Nikephoros 1 (1988) 64–67, wo die Herabdatierung gegenüber dem zeitlichen Ansatz von Moretti begründet wird.

105 Moretti, *Olympionikai*, Nr. 753, 756, 759; IAG, Nr. 62.

106 Moretti, *Olympionikai*, Nr. 830, 832; IAG Nr. 68.

107 Vgl. zu ihm zuletzt Decker, *Sport am Nil*, Nr. 33.

108 Vgl. Le Guen, in: ZPE 160 (2007) 99 n. 17.

109 Vgl. zuletzt dazu Decker, *Sport am Nil*, Nr. 26.

110 Moretti, *Olympionikai*, Nr 115, 122, 126, 129, 133, 139; Poliakoff, *Kampfsport*, 162–165; Mann, *Athlet und Polis*, bes. 175 ff., vgl. auch Reg. S. 341. – Philostratos, Gymnastikos 43, spricht gar – sicher übertreibend – von Athletenkarrieren, die acht oder gar neun Olympiaden gedauert hätten.

111 Ebert, *Siegerepigramme*, Nr. 37; der Inschriftenstein ist abgebildet bei Kaltsas (Hg.), *Agon*, Nr. 201.

112 Moretti, *Olympionikai*, Nr. 61, 66, 68, 70, 73, 75.

113 Moretti, *Olympionikai*, Nr. 82–86.

vollbrachte.[114] Von denjenigen, die es auf drei Siege in der Schwerathletik brachten, ist Arrhichion aus Phigaleia der bemerkenswerteste. Er siegte dreimal in Folge im *Pankration* (52.–54. Olympien = 572–564 v. Chr.). Sein letzter Sieg kostete ihn allerdings das Leben; sein Gegner, der ihn bereits tödlich umklammert hatte, gab in dem Moment auf, als Arrhichion ihm unter letzter Willensanstrengung einen Zeh brach; deshalb wurde der Tote zum Sieger erklärt.[115]

Gleichzeitig mit den drei Siegen des Arrhichion erreichte der sizilische Naxier Tisandros drei Erfolge im Faustkampf,[116] dem er sogar noch einen vierten Sieg anfügte (55. Olympien = 560 v. Chr.).[117] Noch Jahrhunderte später erinnerte man sich seiner Trainingsmethode, die in ausdauerndem Schwimmen bestanden habe – nicht schlecht ausgedacht, wenn das Brustschwimmen gemeint wäre. Philostratos, der uns davon berichtet, verwechselt allerdings den Heimatort des Athleten mit der Ägäisinsel Naxos, um deren Vorgebirge er herumgeschwommen sei, und erhöht dadurch keinesfalls die Glaubwürdigkeit der Überlieferung.[118] Der rhodische Pankratiast und Politiker Dorieus, jüngster Sohn des Diagoras, wird dreimal Periodonike im *Pankration* (87.–89. Olympien = 432–424 v. Chr.).[119] Der Milesier Astyanax macht es ihm in derselben Disziplin an den Olympien 114 bis 116 (= 324–316 v. Chr.) nach.[120]

Auch in der römischen Kaiserzeit errangen zwei Athleten noch dreifache Erfolge in Olympia: Demokrates aus Magnesia am Mäander im Faustkampf (201–203. Olympien = 25–33 n. Chr.)[121] sowie Tiberios Klaudios Patrobios im Ringen (207.–209. Olympien = 49–57 n. Chr.).[122] Daß dies später keinem mehr gelang, dürfte am ehesten auf gewachsener Konkurrenz beruhen, die die Dominanz solcher Athleten verhinderte. Man hat jedoch auch zu berücksichtigen, daß mit Mitte des 3. Jh. n. Chr. die Liste der Olympiasieger abbricht.[123]

Für Kampfsportler war es unter allen Athleten am schwersten, einen gymnischen Wettkampfsieg zu erlangen. Sie mußten in der Regel mehrmals antreten, da das Ausscheidungsverfahren nach dem K.o.-System vorgenommen wurde. Der Sieger kam eine Runde weiter, der Verlierer schied aus. Bei nur acht Meldungen beispielsweise mußte der Sieger bereits drei erfolgreiche Kämpfe bestreiten.

Ringen

Der Ringkampf[124] ist eine uralte Disziplin,[125] die sich jedoch im griechischen Kulturkreis vor der geometrischen Epoche nicht sicher belegen läßt.[126] Zeitgleich mit seiner Schilderung in den Epen Homers[127] tritt er jetzt als Motiv in der Vasenmalerei auf. Eine besonders gelungene Darstellung

114 Moretti, *Olympionikai*, Nr. 432, 437, 443, 447.

115 Pausanias VIII 40,1.

116 Moretti, *Olympionikai*, Nr. 94, 98, 101.

117 Moretti, *Olympionikai*, Nr. 105.

118 Philostratos, Gymnastikos 43; Pausanias VI 13,8.

119 Moretti, *Olympionikai*, Nr. 222, 226, 230.

120 Moretti, *Olympionikai*, Nr. 470, 474, 479; er war ebenfalls Periodonike.

121 Moretti, *Olympionikai*, Nr. 753, 756, 759; auch er war Periodonike.

122 Moretti, *Olympionikai*, Nr. 774, 779, 784; vgl. Idem, in: MGR 12 (1987) 75. Auch dieser Athlet war Periodonike.

123 Zu einer Liste von Athletennamen über diesen Zeitpunkt hinaus, die kürzlich in Olympia entdeckt wurde, siehe Ebert, in: Nikephoros 10 (1997) 217–233.

124 Grundsätzlich dazu Doblhofer/Petermandl/Schachinger, *Ringen*; Poliakoff, *Kampfsport*, 39–79; Rudolph, *Kampfsport*, 29–62; Patrucco, *Sport*, 269–308; Weiler, *Sport*, 169–176; Miller, *Greek Athletics*, 46–50.

125 Sie ist in der frühen Sportgeschichte vor allem in Ägypten sehr gut belegt, vgl. Decker/Herb, *Bildatlas* L 1–43; eine jüngst entdeckte Darstellung aus der 5. Dyn. bei El Awady, *Sahure*, Tf. 12.

126 Laser, *Sport und Spiel*, 51 f.

127 Stellen bei Laser, *Sport und Spiel*, 49–51.

dieser Ära trägt ein Pithos aus Argos, auf dem beide Ringer in heißem Bemühen um einen Griffansatz nach Art eines Piktogramms abgebildet sind.[128]

Seit dem späten 8. Jh. v. Chr. läßt sich das Ringen aus der griechischen Sportgeschichte nicht mehr fortdenken. Bei Homer ist es Bestandteil der Patroklosspiele und des von den Phaiaken für Odysseus veranstalteten Festagons sowie der Leichenspiele für Amarynkeus.[129] Ein untrügliches Indiz für seine zentrale Position ist die Bezeichnung des Herzstückes eines Gymnasions mit dem Wort *Palaistra*, das sich von πάλη (‚Ringkampf') ableitet und eigentlich ‚Ringplatz' bedeutet. Man findet wohl keinen Agon, bei dem das Ringen fehlte, wobei zumeist alle Altersklassen ausgeschrieben waren. Da es nie eine Einteilung in Gewichtsklassen gab, was auch für den Faustkampf und das *Pankration* gilt, wurde der griechische Ringkampf von einem schwergewichtigen Athletentyp beherrscht, der sich die notwendigen Pfunde oft durch übermäßiges Essen (ἀναγκοφαγία – ‚Zwangsernährung') verschaffte.[130] Bei der Darstellung des Ringens wurden solche Gestalten nicht ausgespart.[131] Dabei konnte die Eleganz der Sportart, wenn nicht gerade zwei extrem füllige, unbewegliche Ringer aneinandergerieten, auch bei schwergewichtigen Akteuren durchaus gewahrt bleiben. Solche Konstitutionstypen verfügen oft über sehr gute Reflexe, so daß sich trotz ihrer Masse sehr lebhafte Kämpfe entwickeln können.[132] **(Abb. 27)** Aus ethnologisch vergleichbarer Ringkampfpraxis bieten sich die Turniere der Nuba im Sudan an, die zu ihrer Glanzzeit von Leni Riefenstahl photographisch dokumentiert wurden. Sie stellten einen Höhepunkt im gesellschaftlichen Leben des afrikanischen Bergvolkes dar, und die besten Ringer standen bei ihnen in höchstem Ansehen.[133]

Die griechischen Wettkampfregeln waren so geartet, daß sie den schwergewichtigen Ringertyp bevorzugten. Sieger war nämlich derjenige, der seinen Gegner zuerst dreimal zu Boden zwang.[134]

Diese Wettkampfbestimmung schwebte auch Lukillios vor, als er die wohlbekannte Satire auf einen fiktiven, aber bewußt so genannten Ringer Milon verfaßte:

> *Einst kam der Ringer Milon als einziger zu einem heiligen Agon. Sogleich rief der Spielgeber ihn aus zum Bekränzen. Beim Voranschreiten glitt er aus (und fiel) auf die Hüfte. Die (Zuschauer) aber schrieen, ihn nicht zu bekränzen, wenn er schon allein (ohne Gegner) zu Fall käme. Er stand auf (ging) in die Mitte und rief mit lauter Stimme: Das ist noch nicht dreimal! Soll doch jemand (kommen und) mich die (beiden) anderen Male werfen!*[135]

Es waren Griffe am ganzen Körper erlaubt, so daß das heutige Freistilringen dem antiken Ringen viel näher steht als der (fälschlicherweise so bezeichnete) griechisch-römische Ringkampf, bei dem Griffansatz nur oberhalb der Gürtellinie erlaubt ist. **(Abb. 28)** Bodenkampf war ausgeschlossen,[136] obwohl bei einigen antiken Autoren das Gegenteil gesagt wird; sie verwechseln wohl das Ringen

---

128 Archäologisches Museum Argos, Inv. P 209; Laser, *Sport und Spiel*, Abb. 15 und n. 260; unsere **Abb. 90.**

129 Stellen und Kommentar bei Laser, *Sport und Spiel*, 49–51.

130 Rudolph, *Kampfsport*, 44 f.; Weiler, *Sport*, 172.

131 Beispiele bei Rudolph, *Kampfsport*, Abb. 6, 7, 9.

132 Vgl. beispielsweise alle Dokumente zum Kapitel ‚Wrestling' bei Tzachou-Alexandri (Hg.), *Mind and Body*, Nr. 162–166, 233–235.

133 Riefenstahl, *Nuba*. – *Mutatis mutandis* ließe sich hier auch auf die japanischen Sumo-Ringer verweisen.

134 Strittig ist, ob das Berühren des Bodens mit dem Knie bereits als Wurf gewertet wurde, vgl. Doblhofer/Petermandl/Schachinger, *Ringen*, 399 mit Literatur.

135 AP XI 316; Robert, in: *Épigramme grecque*, 246–254.

136 So besonders Rudolph, *Kampfsport*, 31, 78; dagegen Poliakoff, *Kampfsport*, 70 ff.

mit dem *Pankration,* das nach Fall der Kontrahenten auch am Boden fortgeführt wurde.[137] Darstellungen von am Boden Ringenden beziehen sich also unserer Auffassung nach immer auf Pankratiasten.

Trotz der Tatsache, daß Kraft und Körpergewicht wesentliche Faktoren des Ringens waren, sollte der Einsatz technischer Fertigkeiten nicht zu gering veranschlagt werden. Im Falle des Ringkämpfers Aristodamos aus Elis, dessen Karriere Anfang des 4. Jh. v. Chr. zu datieren ist, wird sein von Technik gekennzeichneter Kampfstil in der Siegerinschrift hervorgehoben:

> *Zweimal bei den Pythien, zweimal in Nemea und (einmal) in Olympia erhielt ich den Kranz; nicht durch die Masse des Körpers, sondern durch meine Technik habe ich gesiegt, ich, Aristodamos, des Thrasys Sohn, aus Elis.*[138]

Dieses Merkmal seiner Kampfesführung wird auch durch einen Zusatz in der Olympiasiegerliste des Africanus hervorgehoben: *niemand faßte seine Mitte.*[139] Genau diese Gewandtheit geht in Form eines Adjektivs in die Sportfachsprache ein: ἀμεσολάβητος *'nicht um die Mitte gefaßt'.*[140] Andererseits gab es auch Regionen, die gerade das kunstvolle Ringen verachteten und sich wie die Spartaner ihrer rauhen Kampfesweise rühmten.[141]

Nach der Regel, daß dreifacher Niederwurf des Gegners (oder Aufgabe) den Kampf entschied, waren Siege des Ausgangs 3:0, 3:1 und 3:2 möglich. Die Form überlegener Kampfführung nimmt auch Eingang in die Siegerinschriften, wo ein entsprechendes Ergebnis mit ἀπτῶς bzw. ἄπτωτος *'ohne zu fallen, ungefallen'* benannt werden kann.[142] Ein extremer Fall solcher Kampfergebnisse ist in der Inschrift erhalten, die den arkadischen Ringkämpfer Xenokles rühmt:

> *Ich, Xenokles, des Euthyphron Sohn, aus Mainalos, habe, ohne zu fallen, im Einzelringkampf gesiegt und dabei vier Gegner bezwungen.*[143]

Der Ringer, der um 400 v. Chr. Olympiasieger wurde, hat einschließlich des Endkampfes vier Kämpfe absolvieren müssen, die er alle in überlegener Manier gewann, ohne selbst einen einzigen Niederwurf erlitten zu haben. Vergleichbares ist heute beispielsweise im Tennissport möglich, wenn ein Spieler ein Turnier ‚ohne Satzverlust' gewinnt.

Obgleich die Kampfregeln das Verdrehen der Gelenke, Würgegriffe und ähnliche Maßnahmen verboten, war das Ringen zweifellos eine harte Auseinandersetzung mit blutigen Begleiterscheinungen. Schon der erste griechische Bericht eines Ringkampfes – der zwischen Odysseus und Aias, Sohn des Telamon, im 23. Buch der Ilias – nennt ihn ‚schmerzlich' und kennt blutige Striemen an den Flanken und Schultern der Kämpfer.[144]

---

137 Die fraglichen Stellen zusammengestellt bei DOBLHOFER/PETERMANDL/SCHACHINGER, *Ringen,* 394 f.

138 EBERT, *Siegerepigramme,* Nr. 34 (Übersetzung J. Ebert, der ‚Technik' durch ‚Kunst' wiedergibt).

139 Sextus Iulius Africanus (ed. Rutgers), 58.

140 POLIAKOFF, *Terminology,* 40–53.

141 AP XVI 1; EBERT, *Siegerepigramme,* 114.

142 Siehe POLIAKOFF, *Terminology,* 15 n. 26, 17 n. 36, 35, 42.

143 EBERT, *Siegerepigramme,* Nr. 32, danach die Übersetzung; MORETTI, *Olympionikai,* Nr. 408.

144 Homer, Ilias XXIII 700–739.

Der Ringkampf der Männerklasse soll zusammen mit dem Fünfkampf an den 18. Olympien (708 v. Chr.) in das Programm aufgenommen worden sein, während die Disziplin für die Jugendklasse angeblich erst seit 632 v. Chr. ausgetragen wurde.[145]

Faustkampf

Im ägäischen Kulturkreis ist der Faustkampf[146] früher bildlich belegt als der Ringkampf; die ergiebigsten alten Quellen sind das Fresko aus Akrotiri (Thera, modern Santorini)[147] und das Trichterrhyton aus Hagia Triada,[148] wo jeweils die für diese Sportart typische Faustwehr bereits dargestellt ist. **(Abb. 29)** Die in der Bildkunst und Literatur späterer Zeit immer wieder ausgedrückte Härte und Brutalität der Disziplin sind durch die wild schlagenden Boxer sowie die zu Boden gegangenen Gegner schon auf der kretischen Vase eingefangen.

Die Faustwehr[149] bestand in homerischer Zeit aus etwa 3 m langen Lederriemen (ἱμάς, Plural ἱμάντες), die um Hand (mit Ausnahme der Finger) und Handgelenke zum Zwecke der Stützung gewickelt wurden. Erst im 4. Jh. v. Chr. wurde diese einfache Vorrichtung dergestalt verändert, daß sie den Namen ‚scharfe Riemen' zu Recht führte. Das Riemengeflecht, das jetzt nicht mehr für jeden Kampf neu gewickelt werden mußte, erhielt die feste Form eines Handschuhs, der in ein scharfkantiges, hartes Lederstück mündete und die Finger freiließ. **(Abb. 30)** Die Schlagwirkung wurde dadurch erhöht, daß die Lederverdickung auf die Knöchel plaziert wurde;[150] die Fausthandschuhe liefen in der Mitte der Unterarme in Schaffellbesatz aus, der der Abwehr von Schlägen diente.[151] Die Faustwehr erhielt nicht nur wegen ihrer Form den Namen μύρμηξ (‚Ameise', Plural μύρμηκες), sondern mit Sicherheit auch in Anspielung auf die schmerzhaften Wunden, die sie verursachte; diese mit den Bissen des unangenehmen Insektes zu vergleichen lag nahe.[152]

Wegen der hohen Verletzungsgefahr wurden im Training gepolsterte Boxhandschuhe (σφαῖραι '*Kugeln*')[153] und gelegentlich auch ein Kopfschutz (ἀμφωτίδες '*Ohrenschützer*')[154] getragen, der das Ausprägen von Blumenkohlohren,[155] das Erkennungszeichen der Schwerathleten, so weit wie möglich in Grenzen halten sollte. **(Abb. 31)** Aus demselben Grund wurden daneben das Schattenboxen (σκιαμαχεῖν)[156] und das Üben am Sandsack (κώρυκος)[157] eifrig betrieben.

145 Die Reserven ergeben sich aus der Unsicherheit der frühen Siegerliste von Olympia, vgl. oben S. 35 f.

146 Grundsätzlich die Quellensammlung von Doblhofer/Mauritsch/Schachinger, *Boxen*; siehe auch Rudolph, *Kampfsport*, 29–62; Poliakoff, *Kampfsport*, 39–79; Weiler, *Sport*, 176–183; zuletzt dazu Bohne, *Bilder vom Sport*, 120–133.

147 Farbige Abb. bei Immerwahr, *Aegean Painting*, VIII (mit Kontext), X; siehe unsere **Abb. 2.**

148 Siehe unsere **Abb. 1.**

149 Grundsätzlich Poliakoff, *Terminology*, 54–63, 88–108; Scanlon, in: Stadion 8/9 (1982/1983) 31–45; Doblhofer/Mauritsch/Schachinger, *Boxen*, 270–279; Lee, in: Nikephoros 10 (1997) 161–178.

150 Sehr gut sichtbar am sog. Thermenboxer: Himmelmann, *Herrscher und Athlet*, 165, 166–202. Andere gute Beispiele: Neapel, Inv. 7417: Patrucco, *Sport*, Abb. 111; Athen, Nationalmuseum, Inv. X 15111, abgebildet bei Tzachou-Alexandri (Hg.), *Mind and Body*, Nr. 175. Vgl. unsere **Abb. 50.**

151 Gut ausgeprägt an einer hellenistischen Statue aus Sorrent, Neapel, Nationalmuseum, Inv. 119917, vgl. Miller, *Greek Athletics*, Fig. 85. Vgl. unsere **Abb. 58.** – Nach Philostratos, Heroikos 15, 4–7, zog der Boxer Ploutarchos aus dem Aufsaugen des Regenwassers, das sich in den Vliesen sammelte, neue Kraft und siegte in Olympia, vgl. unten S. 127.

152 Robert, in: *Épigramme grecque*, 211 f.

153 Platon, Nomoi 830 B.

154 Eckstein, in: AJA 89 (1985) 613–617.

155 Poliakoff, *Kampfsport*, 27 f.; Benedum, in: Gesnerus 25 (1968) 11–28; Merkelbach, in: ZPE 76 (1989) 17 f.

156 Patrucco, *Sport*, 263.

157 Szene auf der Ficoronischen Ciste (Rom, Villa Giulia, Inv. 24787): Patrucco, *Sport*, Abb. 119; Himmelmann, *Herrscher und Athlet*, Kat. Nr. 3; 156, 172; Dohrn, in: Helbig [4]III (1969), Nr. 2976.

Ein Faustkampf dauerte ohne zeitliche Begrenzung bis zur Entscheidung. Im Normalfall endete er mit der Kampfunfähigkeit des Gegners; oft genug hat einer der Kontrahenten das Gefecht auch aufgegeben. Zum diesem Zweck genügte das Ausstrecken eines Fingers. Ging dem (zugelosten) Gegner der Ruf besonderer Überlegenheit voraus, trat man aus Furcht vor Verletzung oder Blamage oftmals erst gar nicht an und überließ dem Favoriten den Sieg kampflos. Obwohl es keine räumliche Begrenzung gab, die dem heutigen Ring entspricht, lassen sich einige Darstellungen mit der Absicht in Verbindung bringen, den Aktionsradius der Kämpfer einzuschränken. So errichtete man ihnen Barrieren,[158] hielt sie mit vorgehaltenen Stangen zusammen[159] oder band sie – sicher von allen die raffinierteste Methode – auf Halbdistanz aneinander.[160] **(Abb. 32)**

Ein antiker Faustkampf war immer eine blutige Angelegenheit, bei der die Gegner sich gegenseitig arg zusetzten. Die Siegerinschrift des Dorokleidas von der Insel Thera, der noch der Altersklasse der Knaben angehörte, bringt es auf den Punkt:

Blutig ist der Sieg für die Faustkämpfer.[161]

Kampfunfähigkeit bedeutete oft schwere Verletzung, wie der Verlierer beim Faustkampf der Leichenspiele für Patroklos, Euryalos, nach einem K.o.-Schlag dickes Blut spie und den Kopf zur Seite fallen ließ und mit nachschleppenden Füßen vom Kampfplatz geführt werden mußte.[162] In der Odyssee endete der Faustkampf zwischen Iros und Odysseus mit ähnlichem Ergebnis:

Er aber schlug ihn an den Hals unter dem Ohre und zerbrach ihm die Knochen darinnen, und sogleich kam ihm das dicke Blut aus dem Munde, und er fiel plärrend in den Staub und schlug die Zähne aufeinander und stieß die Erde mit den Füßen.[163]

Wie übel sich Boxer gegenseitig zurichten konnten, läßt sich deutlich an solchen Vasendarstellungen erkennen, auf denen das aus Nase und Mund fließende Blut sichtbar ist.[164] Auch an der Großbronze des sog. Thermenboxers, einer Statue im Thermenmuseum Rom, lassen sich durch die subtile Art und Weise ihrer Präsentation die im Kampf erlittenen Verletzungen sehr gut nachweisen.[165] **(Abb. 33)** Sie sind in Gestalt von blutigen Rissen an Stirn, Nase und Wangen, Mund und Ohren, aus denen das Blut auf Oberschenkel und Fausthandschuhe des Athleten tropft, fast ausschließlich am Kopf, der bevorzugten Trefffläche, entstanden. Die einzige sonst sichtbare Trefferwirkung weist die rechte Schulter auf.

Erstaunlicherweise sind Todesfälle im griechischen Faustkampf relativ selten überliefert.[166] Der Heros Polydeukes bringt seinen Widersacher Amykos, König der Bebryker, der jeden fremden

158 Poliakoff, *Kampfsport*, Abb. 81 (Tongefäß aus Sala Consilina, 6. Jh. v. Chr., Padula, Arch. Museum); Patrucco, *Sport*, Abb. 114.

159 Poliakoff, *Kampfsport*, Abb. 82 (Tarent, Nationalmuseum, Inv. 115472, 6. Jh. v. Chr.).

160 Späthelladische Vase aus Zypern, Boston, Museum of Fine Arts, Inv. 01. 8044; Laser, *Sport und Spiel*, Abb. 10 f.

161 IAG, Nr. 55, 3.

162 Homer, Ilias XXIII 689–699.

163 Homer, Odyssee 18,96–99 (Übersetzung W. Schadewaldt).

164 Beispiele: Olivová, *Sport im Altertum*, Abb. S. 115 unten (6. Jh. v. Chr.); Poliakoff, *Kampfsport*, Abb. 91 (Rom, Vatikanische Museen, Inv. 416).

165 Himmelmann, *Herrscher und Athlet*, Abb. 170 f., hintere Umschlagseite, S. 20, 22; Miller, *Greek Athletics*, Abb. 86, 87.

166 Beispiele genannt IAG, 73 f.

Ankömmling zum Faustkampf zwang und besiegte, in dieser Disziplin zu Tode, wie Theokrit dichtet.[167] Historisch belegt ist der Todesfall des Boxers Agathos Daimon (mit dem Beinamen ‚Kamel'), der im Alter von 35 Jahren in Olympia zu Tode kam, als er seine Karriere nach einem vorangegangenen Sieg bei den Nemeen mit einem Olympiasieg krönen wollte. Der ihm gesetzte einfache Grabstein hat sich erhalten; ihn ziert eine Inschrift, die den Geist unbedingten Siegeswillens trägt:

> *Agathos Daimon mit Beinamen ‚das Kamel', aus Alexandria, Faustkämpfer der Männerklasse, Nemeonike. Hier im Stadion bin ich beim Faustkampf gestorben, als ich zu Zeus um Kranz oder Tod betete. (Alter:) 35 Jahre.*[168]

Das Zufügen und Erhalten von Verletzungen wird auch von dem Satiriker Lukillios als das Spezifikum des Faustkampfes empfunden. Einen harmlosen, wenig erfolgreichen Boxer parodiert er mit den Worten:

> *Die Mitkämpfer haben den Faustkämpfer Apis hier (als Statue) aufgestellt; niemals hat er irgendjemanden verletzt.*[169]

Härte und Brutalität des Faustkampfes werden kontrastierend als seine üblichen Begleiterscheinungen hervorgehoben, wenn einem Boxer das Prädikat ἀτραυμάτιστος *(‚unverletzt', ‚ohne Verletzungen empfangen zu haben')* als Beweis seiner Klasse zuerkannt wird wie Kleoxenos aus Alexandria, der an den 135. Olympien (240 n. Chr.) siegte und auch *Periodonike* war.[170] Diesen Ehrentitel kann nur ein vorzüglicher Techniker erlangen, der dank seiner guten Reflexe die Schläge des Gegners durch Ausweichen zu vermeiden versteht. Ein Meister dieser Technik war auch der Faustkämpfer Melankomas, der seine Gegner schier zur Verzweiflung trieb:

> *... er trainierte so eifrig und mit einer solchen Hintansetzung der Mühen, daß er fähig war, und das sogar zwei Tage hintereinander, die Arme hochzuhalten, und niemand sah ihn dabei, daß er aufhörte oder eine Pause machte, wie es normalerweise die Regel ist. Davor zwang er seine Gegner aufzugeben, nicht nur bevor er selbst einen Schlag erhalten hatte, sondern sogar ohne jenen einen Schlag versetzt zu haben. Schlagen und Verletzungen zu empfangen war seiner Meinung nach kein Mut, sondern (nur) die Tatsache, die Gegner unfähig zu machen, Mühen zu bestehen, so daß sie aufgeben wollten. Die Zeit (des Kampfes) auszuhalten und weder dem Gewicht der Hände zu unterliegen noch außer Atem zu geraten noch von der Hitze bezwungen zu werden: das hieß für ihn herausragend zu sein.*[171]

---

167 Theokrit, Eidyllia XXII 23–134; Hagopian, *Pollux' Faustkampf.*

168 Te Riele, in: BCH 88 (1964) 186 f.; zuletzt dazu Decker, *Sport am Nil*, Dok. 47.

169 AP XI 80; Robert, *Lucillius*, 233–236. Das Wort ‚Mitkämpfer' (im Original συναγωνισταί) bedeutet bereits das Gegenteil von Gegner. Apis ist der krasse Fall des gutmütigen Boxers, den es in der Wirklichkeit der Stadien jedoch nicht gab.

170 Moretti, *Olympionikai*, Nr. 569; Knab, *Periodoniken*, Nr. 24.

171 Dion Chrysostomos 28, 7–8; vgl. zuletzt zu ihm Visa-Ondarçuhu, in: Nikephoros 16 (2003) 97–114.

Dieser Ausnahmeboxer, dem Dion Chrysostomos (29,11) in seiner Grabrede bescheinigt, niemals besiegt worden zu sein,[172] ist durch einen Neufund auch als Sieger an den *Sebasta* in Neapel inschriftlich belegt.[173]

Zu den Technikern unter den Faustkämpfern gehört zweifellos auch der Eleer Hippomachos, Sieger in der Jugendklasse an den 120. Olympien (300 v. Chr.), der laut Pausanias *‚drei Gegner bezwungen hat, ohne einen Schlag oder eine Verwundung am Körper erhalten zu haben'*.[174]

Ein anderes Ideal des Faustkämpfers kommt in dem Siegesepigramm des Jugendlichen Philippos aus Arkadien zum Ausdruck, das von J. Ebert um 300 v. Chr. datiert wird:

> *In dieser Haltung zeigte der pelasgische Faustkämpfer einst am Alpheios mit den Fäusten die Weise des Polydeukes, damals, als ihn der Herold ausrief als Sieger. Doch Du, Vater Zeus, schenke Arkadien aufs neue wieder schönen Ruhm und verschaffe Ehre dem Philippos, der hier die vier Knaben von den Inseln beugte im geraden Kampf.*[175]

Der Text, der auf die Haltung der Siegerstatue hinweist, charakterisiert offensichtlich die direkte, schnörkellose Kampfesweise des jugendlichen Boxers, der kompromißlos seine Gegner anging und damit erfolgreich war. Er setzte zweifellos mehr auf Kraft als auf Technik. Daß seine vier Gegner im Turnier alle Inselbewohner waren, ist reiner Zufall und wird im Epigramm wohl als Kuriosum erwähnt.

Pankration[176]

Zu Beginn seines fiktiven Dialoges *Anacharsis* läßt Lukian den wißbegierigen Skythen schildern, was er in einem griechischen Gymnasion sieht, bevor er sich mit Solon über den Sinn der Leibesübungen unterhält:

> *Weswegen, bester Solon, tun dies bei euch die jungen Männer? Die einen umschlingen einander und stellen sich ein Bein, andere wieder packen sich an der Kehle, versuchen sich gegenseitig zu Boden zu werfen und wälzen sich wie Schweine im Kot. Anfangs aber – ich sah es selbst – nachdem sie sich der Kleider entledigt hatten, salbten sie sich mit Öl und einer rieb den anderen friedlich abwechselnd ein; darauf jedoch – ich weiß nicht, was sie anwandelte – rennen sie mit geducktem Kopf aufeinander zu und schmettern ihre Stirnen aneinander wie die Widder. Und sieh, wie der dort den Burschen an den Beinen aufgehoben und zu Boden geworfen hat, sich auf ihn stürzt und nicht mehr emporkommen läßt, ja ihn noch tiefer in den Lehm stürzt; er schlingt endlich beide Beine um dessen Bauch, preßt den Ellenbogen auf seine Kehle und würgt den Armen. ... Andere hingegen stehen, mit Sand bedeckt, aufrecht, fallen ebenso über*

172 Er vergißt dabei den Boxer Theogenes von Thasos, der bereits in klassischer Zeit diesen Rekord (über einen Zeitraum von 22 Jahren) von sich behauptet: Ebert, *Siegerepigramme*, Nr. 37, siehe unten S. 109–111.

173 Miranda de Martino, in: Oebalus 2 (2007) 215.

174 Pausanias VI 12,6; Moretti, *Olympionikai*, Nr. 506.

175 Ebert, *Siegerepigramme*, Nr. 55 (Übersetzung J. Ebert). – Polydeukes war ein berühmter Meister der Boxkunst in der griechischen Mythologie, vgl. zu ihm oben S. 73 f.

176 Grundsätzlich dazu Doblhofer/Mauritsch, *Pankration*; siehe auch Rudolph, *Kampfsport*, 63–77; Patrucco, *Sport*, 309–331; Weiler *Sport*, 183–189; Poliakoff, *Kampfsport*, 80–91; García Romero, *Juegos Olímpicos*, 337–344; Miller, *Greek Athletics*, 57–60.

einander her, stoßen und treten sich mit den Füßen. Dieser Unglückliche da wird, so scheint es, auch bald seine Zähne ausspucken, so voll ist sein Mund bereits von Blut und Sand, da er, wie du siehst, mit der Faust einen Schlag in den Kinnbacken bekommen hat.[177]

Es sind dies alles Elemente des *Pankration,* einer harten Kampfsportdisziplin, die eine Mischung aus Faustkampf und Ringkampf genannt werden kann[178] und eine griechische Spezialität war.[179] Erstaunlicherweise galt das *Pankration* als weniger verletzungsträchtig als der Faustkampf. Anderenfalls hätte ein Antrag des Kleitomachos aus Theben, dem es als einzigem gelang, an einem einzigen Tage in allen drei Kampfsportarten bei einem panhellenischen Agon – in diesem Fall bei den Isthmien[180] – den Sieg davonzutragen, keinen Sinn gehabt. Mit einem Doppelsieg im *Pankration* und Faustkampf auch außergewöhnlich erfolgreich in Olympia,[181] bewog er die *Hellanodiken,* die übliche Programmfolge an den 142. Olympien (212 v. Chr.) zu ändern und das *Pankration* vorzuziehen,

ehe er im Faustkampf Verwundungen empfangen habe. Das schien ihnen vernünftig, und als so das Pankration aufgerufen wurde, wurde er von Kapros überwunden, konnte aber doch am Faustkampf mit ungebrochenem Mut und unversehrtem Körper teilnehmen.[182]

In einem denkwürdigen Kampf wurde er gegen Aristonikos, den Schützling von Ptolemaios IV., Olympiasieger in dieser Disziplin. Im übrigen erlitt er die Niederlage im *Pankration* gegen einen Gegner, der bei den besagten Olympien Siege sogar im Ringkampf und *Pankration* errang.[183]

Obwohl es im *Pankration* darauf ankam, den Gegner außer Gefecht zu setzen, wurde die „Idee des totalen Kampfes"[184] wenigstens durch den Ansatz sportlicher Regeln etwas entschärft. Die Bezeichnung *Pammachia* (‚Allkampf') deutet darauf hin, daß mit allen Mitteln gekämpft werden durfte. Lediglich Beißen und (in die Gesichtsöffnungen) Bohren waren verboten. Man kämpfte ohne Faustriemen;[185] Schläge, Würfe, Schwünge, das Verdrehen der Gelenke, das Abdrehen der Luft, Tritte: all dies war erlaubt, um den Gegner vollkommen zu beherrschen – so die etymologische Grundbedeutung des Wortes *Pankration.* Anders als beim Ringkampf, wo es keinen Bodenkampf gab, ging beim *Pankration* der Kampf am Boden weiter; vermutlich wurden gerade in dieser Position die meisten Kämpfe entschieden. Vasendarstellungen mit Kampfsportlern in Bodenlage[186] beziehen sich in der Regel demnach auf Szenen des *Pankrations.* Die bekannte lebensgroße Marmorplastik der beiden im Bodenkampf begriffenen Kampfsportler in den Uffizien von Florenz[187] ist zweifellos als Pankratiastengruppe aufzufassen. **(Abb. 34)** Durch den Bodenkampf hatte diese archaische Disziplin, gegenüber deren natürlicher Brutalität Ringkampf und Faustkampf geradezu zivilisiert erscheinen, diesen ein Element voraus, das in der Gunst der Zuschauer hoch

177 Lukian, Anacharsis, 1–3 (Übersetzung E. Steindl).

178 Philostratos, Gymnastikos, 35.

179 Nirgendwo in der Alten Welt scheint es sonst bekannt gewesen zu sein.

180 Pausanias VI 15,3; Ebert, *Siegerepigramme,* Nr. 67; vgl. oben S. 67.

181 Moretti, *Olympionikai,* Nr. 584, 589.

182 Pausanias VI 15,5 (Übersetzung E. Meyer/F. Eckstein).

183 Pausanias VI 21,10; Moretti, *Olympionikai,* Nr. 587, 588.

184 Poliakoff, *Kampfsport,* 80.

185 Zu einigen Ausnahmen siehe Poliakoff, *Kampfsport,* 82 f. – Zu den Kampfregeln siehe auch Campagner, in: Nikephoros 3 (1990) 141–144.

186 Patrucco, *Sport,* Abb. 150, 166–160; Poliakoff, *Kampfsport,* Abb. 53–56, 58–59; Miller, *Greek Athletics,* Abb. 98.

187 Abgebildet bei Patrucco, *Sport,* Abb. 160.

angesehen war, weil es den Kampf abwechslungsvoll gestaltete. Im Gegensatz zum bisweilen statischen Ringkampf und stetigen Austausch von Kopftreffern beim Faustkampf sprühten die Treffen der Pankratiasten vor Leben. Hier war nicht nur das Gewicht der Kämpfer entscheidend (wie meistens beim Ringen) oder die Reichweite (wie oft im Boxen), vielmehr mußte der ideale Athlet im *Pankration* stark, reaktionsschnell und schmerzverachtend sein und eine Menge Techniken beherrschen. Eine für seine Gegner höchst unangenehme wandte Sostratos von Sikyon (Mitte des 4. Jh. v. Chr.) an, der dreimal Olympiasieger im *Pankration* war und den Beinamen *Akrochersites* (,Fingerspitzler') trug:

> *Er ergriff nämlich seinen Gegner an den Händen, preßte sie und ließ nicht früher los, als bis er merkte, daß er den Kampf aufgab.*[188]

Diese Kampfesweise, mit der er seine Gegner überraschte, machte ihn zum zweifachen *Periodoniken*, und es verwundert nicht, daß er – wie die erhaltene delphische Siegerinschrift[189] berichtet – seine Siege meistens durch Aufgabe oder kampflos gewonnen hat. Als Ringkämpfer hätte er seinen Spezialtrick in Olympia nicht anwenden dürfen, wie eine Inschrift vom Ende des 6. Jh. v. Chr. erkennen läßt. Laut dieser Inschrift war Fingerbrechen im Ringen ausdrücklich mit einem Verbot belegt.[190]

Wie ein Pankratiast üblicherweise aussehen mochte, läßt sich der Beschreibung des Poulydamas durch Pausanias entnehmen, welcher ihn als einen Riesen schildert.[191]

Obwohl altertümlicher als Ringkampf und Faustkampf, soll das *Pankration* der Männerklasse erst 648 v. Chr. dem olympischen Wettkampfprogramm hinzugefügt worden sein. Als letzte Programmerweiterung überhaupt wurde es dort 200 v. Chr. auch für die Jugendklasse ausgeschrieben. Eine indirekte Bestätigung für sein spätes Erscheinen in den griechischen Stadien läßt sich den Epen Homers entnehmen, wo es nirgends erwähnt ist, obgleich der Sport dort eine wohlbekannte Größe ist.

3. Fünfkampf *(Pentathlon)*

Die Griechen sind die Erfinder des ersten Mehrkampfes der Sportgeschichte. Die älteste Nachricht über die Durchführung des Fünfkampfes (*Pentathlon*) stammt aus der Geschichte der Olympischen Spiele, wo er nach antiker Tradition das erste Mal bei der 18. Feier des Festes (708 v. Chr.) auf dem Programm gestanden haben soll.[192] In der römischen Kaiserzeit verlegt gelehrte Erklärung seinen Ursprung in mythische Zeiten. Philostratos berichtet, daß die Helden der Argonautensage die ersten waren, die ihn als sportlichen Wettkampf ausübten. Jason habe dem Peleus zuliebe, der ein ausgezeichneter Ringer, in den anderen Disziplinen aber nur jeweils Zweitbester war, den

188 Pausanias VI 4, 2 (Übersetzung E. Meyer/F. Eckstein); Moretti, *Olympionikai*, Nr. 420, 425, 433; Idem, in: MGR 12 (1987) 70. – Vielleicht hat man auch Leontiskos aus Messana, der nach Pausanias VI 4,3 als Ringkämpfer in ähnlicher Weise vorgegangen sei, als Pankratiasten anzusehen, wie es Ebert, *Siegerepigramme*, 130 n. 2 (noch ohne Kenntnis der neuen olympischen Inschrift) vorschlägt.

189 Ebert, *Siegerepigramme*, Nr. 39.

190 Ebert/Siewert, in: XI. Olympiabericht, 391–412, 393, Z. 1 = Ebert, *Agonismata*, 200–236, 205 f, Z. 1.

191 Pausanias VI 5,1; vgl. auch unten S. 113 f.

192 Zur Vorsicht im Zusammenhang mit Daten zu Olympia, die vor dem 6. Jh. v. Chr. liegen, siehe zuletzt Christesen, in: Papakonstantinou (Hg.), *Sport in the Ancient World*, 13–34; Kyrieleis, *Olympia*, 132 f.

Fünfkampf erfunden.[193] Es liegt auf der Hand, daß seine tatsächliche Herkunft aus dem militärischen Training kommt, wenn man sich seine einzelnen Bestandteile, die übrigens immer dieselben blieben, näher betrachtet: Diskuswerfen, Weitsprung, Speerwerfen **(Abb. 35)**, Lauf, Ringkampf.

Viele Fragen des *Pentathlons* waren in der Forschung lange Zeit umstritten, und einige zentrale Probleme sind es auch heute noch.[194] Grundlage aller weiteren Forschung ist die intensive Auseinandersetzung mit den Quellen, die vor einem halben Jahrhundert von J. Ebert geleistet wurde.[195] Eine ähnliche Detailgenauigkeit läßt sich erst jetzt wieder für eine Einzelfrage, die Behandlung des Halterensprunges, eine der fünf Übungen, durch J. Mouratidis feststellen.[196] Darüber hinaus hat sich Ebert auch mit der Reihenfolge der Übungen und der Art der Siegermittlung intensiv auseinandergesetzt und Maßstäbe für jede zukünftige Behandlung dieser Themen gesetzt.

Bei näherer Betrachtung der einzelnen Sportarten des Fünfkampfes fällt auf, daß Lauf und Ringkampf auch als Einzeldisziplinen im Kanon der Olympien auftraten, Diskuswerfen, Weitsprung und Speerwerfen hingegen nicht. In homerischer Zeit war das noch anders: Diskuswerfen und Speerwerfen waren sowohl im Programm der Patroklosspiele vertreten als auch beim Festagon der Phaiaken,[197] wo auch der Weitsprung, der in der Ilias fehlt, als Einzeldisziplin ausgetragen wurde.[198] Auf Grund der kanonischen Wirkung der Olympischen Spiele traten diese Übungen auch anderenorts fast nur noch in das *Pentathlon* integriert auf; spätere separate Austragung scheint lediglich für das Diskuswerfen und den Weitsprung bezeugt zu sein.[199] Warum die Eigenständigkeit dieser Übungen, die sich nach Ausweis der Vasenbilder einer großen Beliebtheit erfreuten, aufgegeben wurde, ist nicht ersichtlich.

Bei der folgenden Besprechung der Übungen des *Pentathlons* muß den fünfkampfeigenen Disziplinen Diskuswerfen, Weitsprung und Speerwerfen, die als typisch griechische Sportarten angesehen werden, mehr Raum gewidmet werden als dem Lauf und Ringkampf, welche auch als Einzeldisziplinen in Erscheinung treten und hier in den entsprechenden Abschnitten behandelt sind.

Diskuswerfen

Das Diskuswerfen[200] ist in der vorgriechischen Welt nirgendwo bezeugt, was dazu verleitet, in ihm eine hellenische Erfindung zu sehen und die Disziplin geradezu als ‚urgriechisch' anzusehen.[201] Wie man bereits bei der Behandlung des Sports in der Ilias sehen konnte, trifft diese Auffassung nur zu, wenn der Ursprung des Gerätes nicht einbezogen wird.[202] Der von Homer genannte *Solos* ist nämlich nichts anderes als ein erstarrter runder Barren, wie er sich beim Ausfließen von geschmolzenem Metall aus einem einfachen Verhüttungsofen von selbst ergibt, wenn sich das von den Schlacken getrennte Material als Rohluppe im Sand ausbreitet. Dieser runde Fladen war neben

193 Philostratos, Gymnastikos 3; siehe dazu Jackson, in: JHS 111 (1991) 178–181. Körbs, in: Fellmann/Scheyhing (Red.), *100 Jahre Olympia*, 79, betrachtet ihn als „die geniale Erfindung der griechischen Gymnastik".

194 Ein guter Überblick über die ältere Forschungsgeschichte bei Weiler, *Sport*, 179–186.

195 Ebert, *Pentathlon*. Die Arbeit ist in der Folgezeit in der Literatur außerhalb des deutschen Sprachkreises nicht immer gebührend berücksichtigt worden.

196 Mouratidis, *Jump of the Pentathlon*.

197 Dort wird der Speerwurf allerdings nur als potentielle Disziplin genannt: Homer, Odyssee VIII 229.

198 Homer, Ilias XXIII 826–849, 884–897, Odyssee VIII 129, 186–194.

199 Die Stellen bei Patrucco, *Sport*, 138 f. (Diskuswerfen), 66 f. (Weitsprung).

200 Grundsätzlich Lavrencic/Doblhofer/Mauritsch, *Diskos*; Jüthner/Brein, *Leibesübungen* II 1, 225–303; Patrucco, *Sport*, 133–170, 154–168; Weiler, *Sport*, 161–166; Miller, *Greek Athletics*, 60–63.

201 Jüthner/brein, *Leibesübungen* II 1, 225: „spezifisch hellenische" Übung.

202 Siehe S. 26. – Decker, in: Stadion 2 (1976) 196–212.

den Griffzungenbarren eine handelsübliche Form des gesuchten Kupfers, wie es in der Bronzezeit in den Häfen des Mittelmeeres allenthalben angeboten wurde. Der ursprüngliche Zweck des Diskus ist beim *Solos* Homers, der allerdings aus Eisen ist, noch erhalten, wenn das zum Sportgerät verwendete Handelsgut gleichzeitig den wertvollen Wettkampfpreis abgibt, aus dem der adlige Großgrundbesitzer fünf Jahre lang seinen Metallbedarf decken kann.[203] Der Erstbesitzer des *Solos*, der Kilikerfürst Eëtion, den Achilleus erschlug, hat das Gerät im übrigen auch schon sportlich genutzt.[204] Solche *Soloi* sind aus Unterwasserfunden im Original erhalten; die allermeisten Exemplare aus dem Schiffswrack von Uluburun wiegen 6,2 kg.[205] Es verwundert nicht, daß ihre perfekte, griffige Form, ihr für sportliche Zwecke ideales Gewicht sowie ihre allseitige Verfügbarkeit und damit allgemeine Bekanntheit die sportliche Nutzung erheblich förderten.

Die in nachhomerischer Zeit verwendeten Disken, von denen sich einige Originale erhalten haben, sind sorgfältig bearbeitete Scheiben aus Bronze, aber auch aus Blei und Eisen, gelegentlich aus Stein, die teilweise sehr fein verziert und beschriftet sein können.[206] **(Abb. 36)** Auf einem Diskus des Olympiasiegers des Jahres 241 n. Chr., der bei einem Durchmesser von 34 cm ein Gewicht von 5,707 kg aufweist, findet sich folgende Siegerinschrift:

> *Poplios Asklepiades aus Korinth, Fünfkämpfer, dem Olympischen Zeus zum Dank, 255. Olympiade.*[207]

Auch das Gewicht anderer Disken pendelt um 5 kg und kommt damit nahe an das der Kupferbarren heran, während ihr Durchmesser zwischen 17 und 32 cm beträgt. Die beim Wettkampf benutzten Wurfscheiben waren natürlich für alle Athleten gleich; in Olympia bewahrte man drei Stück von ihnen, mit denen die Pentathleten warfen, im Schatzhaus von Sikyon auf.[208]

Beim Werfen des Diskus kam es auf die Weite an; mehrfach schildern Vasenbilder, wie die erreichte Leistung durch einen in den Boden gesteckten Pflock markiert wird.[209] Absolute Wurfweiten sind nur zufällig überliefert, da es auf die *hic et nunc* erzielte Leistung ankam. Die Distanz eines Diskuswurfes, die bei Homer (Ilias XXIII 431 f.) metaphorisch gebraucht ist, erhält durch die für Phayllos von Kroton überlieferten 95 delphische Fuß (ca. 28 m)[210] eine Anschauung, die mit der Realität übereinstimmen könnte.

Viel geschrieben wurde über die technische Ausführung des Wurfes. Anlaß dazu bot meist die berühmte, in mehreren römischen Kopien überlieferte Statue des Diskobols des attischen Erzgießers Myron.[211] **(Abb. 37)** Die Debatte der Technik entzündet sich gewöhnlich am Problem der Drehung, für die manche einen Drehschwung (ganze Drehung) fordern, während andere die Hal-

---

203 Homer, Ilias XXIII 831–835.

204 Homer, Ilias XXIII 827–829; vgl. Laser, *Sport und Spiel*, 58.

205 Bass, *Cape Gelidonya*, bes. 78–81; Pulak, in: Yalçin/Pulak/Slotta (Hg.), *Schiff von Uluburun*, 55–102, 59 f.

206 Jüthner, *Turngeräthe*, 18–36; Patrucco, *Sport*, Abb. 49 a/b, 50 a/b.

207 IvO, Nr. 240/241; Fellmann/Scheyhing (Red.), *100 Jahre Olympia*, 93 Nr. 90. Auf der Rückseite hat der amtierende *Alytarch* (Leiter der Polizeibehörde Olympias) Flavios Skribonianos seinen Namen verewigt.

208 Pausanias VI 19,4.

209 Jüthner/Brein, *Leibesübungen* II 1, Tf. XXXII b; Patrucco, *Sport*, 166–169 mit Abb. 74–78; Laser, *Sport und Spiel*, Abb. 21 d–e.

210 Ebert, *Pentathlon*, 35.

211 Jüthner/Brein, *Leibesübungen* II 1, 267 ff.; Schröder, *Diskobol;* Anguissola, in: JRA 18 (2005) 317–335. Myrons Motiv schmückt gar eine 2-Euro-Münze Griechenlands aus dem Jahr der Athener Olympien 2004.

tung als Ausholung zum Wurf verstehen.[212] Eine dritte, ältere Meinung rechnet gar mit dem senkrechten Abwerfen der Scheibe. Aus organisatorischer Sicht stellt sich die Frage, wie man angemessen für den Schutz der Zuschauer im Stadion gesorgt hat. Mehrfach enden Diskuswürfe im Mythos tödlich;[213] man darf dies nicht einfach dichterischem Erfindungsgeist zuschreiben. **(Abb. 38, 39)**

Weitsprung

Die zweite Disziplin des Fünfkampfes war der Weitsprung.[214] Auch hier ist die Forschung stark divergierend. Als sichere Elemente dürfen angesehen werden die Benutzung von Sprunggewichten *(Halteren)* **(Abb. 40)** in beiden Händen des Athleten, die Begleitung des Sprunges durch Flötenmusik[215] sowie die für den Sprung vorbereitete aufgelockerte Fläche *(Skamma,* wörtlich ‚das Aufgegrabene'), die von einer Art Sprungbalken *(Bater)* begrenzt war.[216] Die Sprunggewichte weisen nicht nur sehr unterschiedliche Formen auf,[217] sie differieren auch in Material (Stein, Blei, Bronze) und Gewicht erheblich. Wenngleich man mit zeitlichen und lokalen Unterschieden zu rechnen hat, ist anzunehmen, daß beim Wettkampf jeder Teilnehmer mit denselben *Halteren* antreten mußte.[218] Ihre Herkunft leitet sich vielleicht von Schild und Lanze des Hopliten ab, deren Rudimente sie darstellen könnten. Die zum Zweck des festen Standes eines Schwerbewaffneten ersonnene abstrakte Trainingsweise wäre endlich in eine sportliche Form gemündet.[219] Daß ein Springer mit *Halteren* weiter springt als ohne, scheint in diesem Zusammenhang weniger bedeutsam.[220] Ihre Nutzung dürfte allerdings eine saubere Landung, die nach den Regeln vorgeschrieben war,[221] begünstigt haben. Die Flötenmusik hatte nach antiker Erklärung den Sinn, den Springern Bewegungsimpulse zu verleihen; darüber hinaus mag die Dauer der Melodie eine zeitliche Begrenzung für die Ausführung des Sprunges angezeigt haben. Während J. Ebert nach intensivem Studium der antiken bildlichen und literarischen Überlieferung zu dem Ergebnis kommt, der Sprung im *Pentathlon* sei ein fünffacher „nichtkontinuierlicher Standsprung"[222] (ohne Anlauf) gewesen, favorisiert J. Mouratidis in einer im Druck befindlichen dichten Studie des Sprunges die Auffassung, er sei ein Dreisprung aus dem Stand gewesen, wie er noch in byzantinischer Zeit erwähnt und in laographischen Quellen der Neuzeit für Griechenland belegt ist.[223] Weniger Wahrscheinlichkeit kann die Rekonstruktion des Sprunges durch St. Miller beanspruchen, der einen Weitsprung mit Anlauf ähnlich der heutigen Disziplin fordert; der Athlet habe die *Halteren* vor der Landung fal-

---

212 Guter Überblick über die Forschungsgeschichte bei Weiler, *Sport*, 162–164; jüngere Arbeiten dazu: Anschütz/Huster, in: Hephaistos 5/6 (1983/1984) 71–89; Langdon, in: Nikephoros 3 (1990) 177–182.

213 Die Stellen bei Weiler, *Agon*, 159, 227 f.; Scanlon, in: Nikephoros 18 (2005) 219–233.

214 Grundsätzlich dazu Doblhofer/Mauritsch/Lavrencic, *Weitsprung*; Jüthner/Brein, *Leibesübungen* II 1, 159–221; Ebert, *Pentathlon*, 35–62, 64; Mouratidis, *Jump of the Pentathlon*.

215 Siehe dazu Raschke, in: Arete 2 (1985) 177–200.; gelegentlich konnten auch Diskus- und Speerwerfen so begleitet werden.

216 Mouratidis, *Pentathlon*, 95–97, bezweifelt die Länge von 50 Fuß für das *Skamma*. Er nimmt ihren Platz nicht in der Laufbahn, sondern im Auslauf in der *Sphendone* an.

217 Einen Überblick über den Formenreichtum der *Halteren* bietet Miller, *Greek Athletics*, Abb. 115–120.

218 Interessanterweise ist die älteste Athletendarstellung Olympias nach jüngster Deutung eine Statuette eines Pentathleten mit *Halteren* aus dem 7. Jh. v. Chr.: Kyrieleis, *Olympia*, 128 mit Abb. 130.

219 Diese Herkunftstheorie beruht auf mündlichen Mitteilungen von W. Körbs.

220 Vgl. die von Ebert, *Pentathlon*, 49 f., angestellten Überlegungen und Tf. VII mit Text (S. 66).

221 Philostratos, Gymnastikos 55: *Sie (die Kampfrichter) gestatten nämlich nicht, den Sprung auszumessen, wenn die Spur nicht vollkommen ist.*

222 Ebert, *Pentathlon*, 64, vgl. auch 57–60.

223 Mouratidis, *Jump of the Pentathlon*, bes. 101–103.

len gelassen.[224] Seine Kritik an der Sprungleistung des Phayllos von Kroton, der angeblich 55 Fuß (ca. 16,50 m) weit gesprungen sei, läßt sich hingegen teilen, zumal die Nachricht darüber mehr als ein halbes Jahrtausend später als das angebliche Ereignis ist.[225] Das gilt erst recht für den angeblichen Sprung (von 52 Fuß) des Chionis aus Sparta, dessen Quelle sogar ca. 900 Jahre nach dessen Lebenszeit datiert.[226] Auch H.M. Lee nimmt einen einfachen Weitsprung mit Anlaufphase an, wobei jedoch der Anlauf (in Olympia) nur gut 10 m betragen habe, da er – ähnlich wie Miller – diesen in die Strecke zwischen dem westlichen Wallfuß und dem benachbarten *Bater,* dem Absprung, plaziert.[227]

In einer jüngeren Dissertation werden 204 Vasenbilder des Sprunges nachgewiesen, von denen nur verschwindend wenige keine *Halteren* enthalten.[228] Überraschenderweise werden diese Darstellungen alle als Trainingsszenen angesehen;[229] das mag für manche Darstellungen gewiß zutreffen, aber nicht für die zahlreichen Fälle, in denen andere Disziplinen des Fünfkampfes zugleich erscheinen, und erst recht nicht für die Bekränzung des Siegers durch die Siegesgöttin Nike.[230]

Speerwurf

Beim Speerwurf[231] läßt sich von allen Disziplinen am deutlichsten seine militärische Verwendung zeigen. Das Wurfgerät dürfte nach Ausweis bildlicher Dokumente etwa Körperlänge gehabt haben. Auch über die Wurftechnik, bei der es im Rahmen des *Pentathlons* ausschließlich auf Weite ankam, geben uns bildliche Darstellung klare Informationen: Der Werfer bedient sich der Energie, die durch die Nutzung einer Schlaufe *(Ankyle)* zusätzlich entwickelt wurde; diese entstand dadurch, daß der Speer in einen Lederriemen ‚hineingedreht' wurde. **(Abb. 41)** Der Athlet hatte darauf zu achten, daß Zeige- oder Mittelfinger (oder beide Finger) in diese Schlaufe griffen, während er den Speer abwarf. Die dabei entstehende Schleuderwirkung verlieh dem Gerät eine größere Weite.[232] Noch mehr als beim Diskuswerfen hatte man beim Speerwerfen geeignete Maßnahmen zu ergreifen, um die Zuschauer vor einem abdriftenden Speer zu schützen, der potentiell einem Sklaven auf einem Sportplatz zum Verhängnis hätte werden können. Dies war ein Paradebeispiel für die Frage der Haftung in der antiken Juristenausbildung:

> *Wird beim Spiel von Speerwerfern ein Sklave getötet, ist Raum für die (Klage aus der lex) Aquilia. Während jedoch, während andere sich auf dem Sportplatz im Speerwerfen übten, der Sklave über den Platz gelaufen ist, fällt die Aquilia weg, weil er über den Speerwurfplatz nicht zur Unzeit seinen Weg nehmen durfte. Wer freilich mutwillig nach ihm geworfen hat, wird allerdings aus der Aquilia haften.*[233]

224 Miller, *Greek Athletics*, 66–68 (mit Abb. 129).

225 Auch Mouratidis, *Jump of the Pentathlon*, 35–42, zweifelt an der Sprungweite des Phayllos, der im übrigen an der Schlacht von Salamis 480 v. Chr. auf Seiten der Griechen teilnahm mit einem von ihm ausgerüsteten Schiff (Herodot VIII 47), dessen Anker sich vielleicht erhalten hat: Stampolidis/Tassoulas (Hg.), *Magna Graecia*, Nr. 199.

226 Mouratidis, *Jump of the Pentahlon*, 29–35.

227 Lee, in: Schaus/Wenn (Hg.), *Olympics*, 153–165.

228 Schmid, *Technik des Weitsprungs*, Bd. 2: *Katalog der Vasenbilder*.

229 Schmid, *Technik des Weitsprungs*, 162.

230 Schmid, *Technik des Weitsprungs*, Bd. 2, 88, 138, 162. – Zur Bekränzung des Siegers siehe allgemein Kephalidou, *Νικητής*.

231 Grundsätzlich: Doblhofer/Mauritsch/Lavrencic, *Speerwurf;* Jüthner/Brein, *Leibesübungen* II 1, 307–350; Patrucco, *Sport,* 171–189; Miller, *Greek Athletics*, 68–73.

232 Zur Wirkung der *Ankyle* siehe jetzt Murray/Sands/O'Roark, in: Nikephoros 25 (2012) i. Dr.

233 Dig. 9,2,94 Ulpianus libro 18 ad edictum; Wacke, in: Stadion 3 (1977) 8; übernommen von Doblhofer/Mauritsch/

Im Stadion wird man bei der Durchführung des Speerwerfens wohl alle Sektoren geräumt haben, die für die Zuschauer mit Gefahr verbunden waren. Daß dabei in Olympia eine auffällige Steinzeile im Osten des Stadions eine Rolle gespielt haben könnte, legen jüngste Überlegungen nahe.[234]

Lauf

In der von J. Ebert angenommenen Reihenfolge der Übungen des Fünfkampfes erscheint als vierte Disziplin der Lauf. Hier handelt es sich aller Wahrscheinlichkeit nach um einen Stadionlauf.[235] Dafür spricht z. B. auch die Tatsache, daß zwei siegreiche Pentathleten in Olympia auch Stadionsieger waren.[236] Niemals ist dies jedoch einem Kampfsportler gelungen, was viel über den Typ des Athleten aussagt, mit dem man für den Fünfkampf zu rechnen hat.[237]

Ringen

Die abschließende Disziplin des Fünfkampfes war das Ringen. Ganz im Gegensatz zu den schwergewichtigen Gestalten des Einzelringkampfes trafen hier solche Athleten aufeinander, die bereits in den ersten vier Disziplinen erfolgreich teilgenommen hatten. Mithin glich der ideale Pentathlet dem modernen Zehnkämpfer. Trotzdem mußte auch diese alles entscheidende Disziplin wegen der Gewandtheit der Kämpfer für die Zuschauer, die sicher für die Paarungen des Einzelringkampfes ein Faible hatten, attraktiv gewesen sein. Hier war durch die Atmosphäre eines Endkampfes ohnehin Spannung bis zum äußersten vorgegeben.

Siegentscheidung

Bei der Betrachtung der einzelnen Übungen des Fünfkampfes haben wir die Reihenfolge gewählt, nach der sie den Forschungen von J. Ebert zufolge ausgetragen wurden.[238] Die Abfolge der Einzeldisziplinen hat erhebliche Konsequenzen auf die Frage der Entscheidung über den Gesamtsieg, die in der Literatur stark diskutiert wurde.[239] Eberts Lösung setzt voraus, daß die fünfkampfeigenen Übungen – also Diskuswerfen, Weitsprung und Speerwurf – zu Beginn des Mehrkampfes abgewickelt wurden, wobei ihre innere Reihung unwesentlich ist. Nie bestritten wurde, daß der Ringkampf ganz am Ende steht. Für das System der Siegermittlung wurden die unterschiedlichsten Modelle vorgeschlagen; am gründlichsten jedoch hat sich J. Ebert mit dieser Problematik auseinandergesetzt. Seine vor einem halben Jahrhundert publizierten Überlegungen basieren auf dem „Prinzip des dreifachen relativen Sieges", das in anderer Form schon einmal 1925 von L. Pihkala und E. N. Gardiner zur Diskussion gestellt worden war.[240] Es ist insbesondere deshalb kritisiert worden, weil

---

Lavrencic, *Speerwerfen*, [192].

234 Tremel, *Steinzeile*, 51 ff.

235 Ebert, *Pentathlon*, 10–13, hatte sich für einen Fünfstadienlauf ausgesprochen, da die Zahl fünf im *Pentathlon* eine wichtige Rolle spielte. Er ist später mündlich von dieser Auffassung zurückgetreten und hat sich für den Stadionlauf ausgesprochen.

236 Es handelt sich um Ailios Granianos aus Sikyon (Moretti, *Olympionikai*, Nr. 850–852, 856) und Demetrios aus Salamis (Moretti, *Olympionikai*, Nr. 922–923, 925–926 sowie Idem, in: MGR 16 [1987 79 f.]; vgl. auch Ebert, *Pentathlon*, 10–12.

237 Vgl. dazu auch die Beschreibung des entsprechenden Athletentypus bei Philostratos, Gymnastikos 3.

238 Ebert, *Pentathlon*, 18–20.

239 Eine Übersicht über die Forschungsgeschichte bis zum Zeitpunkt des Erscheinens seiner Studie bei Ebert, *Pentathlon*, 2–34.

240 Pihkala/Gardiner, in: JHS 45 (1925) 132–134.

es dem griechischen Siegesgedanken völlig widerspräche.[241] Diese angebliche ideologische Größe enthält eine Verabsolutierung des Sieges, die jegliche Plazierung bei sportlichen Ereignissen (und auch sonst in der griechischen Kultur) ausschließt.[242] Eberts System des Siegentscheides, das alle einschlägigen Quellen berücksichtigt und sich jeglicher Spekulation enthält, läßt sich auf folgende Grundsätze verdichten:

1. Hatte ein Athlet die ersten drei Übungen, die Spezialdisziplinen des Fünfkampfes, siegreich beendet, gehörte ihm der Gesamtsieg. Solche Siege (ἐν τῇ πρώτῃ τριάδι 'in der ersten [pentathlontypischen] Dreiheit') sind überliefert.[243]
2. Jeder Athlet, der in den ersten drei Disziplinen jeweils schlechter plaziert war als ein und derselbe Mitbewerber, mußte ausscheiden.
3. Alle Athleten, die keine dreifache Niederlage erfahren haben, erreichen die vierte Disziplin, den Lauf. Nach seinem Ende wird das unter 2 genannte Verfahren erneut angewendet.
4. Die wenigen Athleten, die jetzt noch teilnahmeberechtigt waren, kämpfen (in der Form eines Turniers nach dem K.o.-System) im Ringen um den Gesamtsieg.[244]

Bei Anwendung dieses Systems ließ sich der Fünfkampf auch bei hoher Teilnehmerzahl an einem Nachmittag abwickeln, was aller Wahrscheinlichkeit nach sein zeitlicher Rahmen war. Da nach der dritten Übung einige, nach der vierten weitere Athleten ausschieden, erreichte nur ein geringer Prozentsatz der Gestarteten den entscheidenden Ringkampf.[245]

Die Tabelle eines dem Zufall überlassenen Beispiels I mit angenommenen zehn Bewerbern mag das Schema verdeutlichen. Es bietet nach der ersten Entscheidungsphase, d. h. nach den ersten drei Disziplinen, die noch vier Athleten überstehen, zwei mögliche Fortsetzungen. Die denkbaren Laufergebnisse sind jedoch weitaus größer, so daß die Anzahl der bis zum Ringen vordringenden Athleten umfangreicher sein kann als in Beispiel II. Theoretisch läßt sich natürlich auch an einen Verlauf denken, bei dem alle Teilnehmer die letzte Disziplin erreichen.

---

241 Kyle, in: JSH 17 (1990) 299: „ideologically inconsistent with the Greek emphasis on sole, individual victory"; ähnlich Harris, *Sport*, 34.

242 Es mag nur daran erinnert werden, daß bei den Agonen der *Panathenäen* regelmäßig auch der Zweite mit einem Preis bedacht wurde (siehe oben S. 53), beim Wettkampf der Kithara-Singer sogar die ersten fünf, vgl. Kyle, *Sport and Spectacle*, 159.

243 Ebert, *Pentathlon*, 20.

244 Vgl. auch die Zusammenfassung bei Ebert, *Pentathlon*, 63 f.

245 Hier sei angemerkt, daß das DNP 9 (2000) Sp. 525 abgedruckte Beispiel dahingehend zu korrigieren ist, daß der Gegner von B im abschließenden Ringen A, nicht jedoch E ist.

Beispiel I:

Plazierung	Diskus	Sprung	Speer	Lauf	Ringen
1.	A	B	C	C	entfällt,
2.	B	K	E	A	da C Sieger
3.	C	E	H	B	nach Lauf
4.	D	G	I	E	
5.	E	C	A		
6.	F	A	D		
7.	G	H	F		
8.	H	D	G		
9.	I	I	B		
10.	K	F	K		

Beispiel II:

Plazierung	Diskus	Sprung	Speer	Lauf	Ringen
1.	A	B	C	E	E:B
2.	B	K	E	B	Sieger
3.	C	E	H	A	gleichzeitig
4.	D	G	I	C	Gesamtsieger
5.	E	C	A		
6.	F	A	D		
7.	G	H	F		
8.	H	D	G		
9.	I		B		
10.	K	F	K		

Bei dem hier angenommenen Verlauf des Wettkampfes bleiben nach dem Speerwerfen, der dritten Disziplin, noch die Athleten A, B, C und E im Rennen, da sie gegen die Ausgeschiedenen dreimal ‚relativ gesiegt' haben.

Beispiel I sieht nach dem zweiten Ausscheidungsverfahren (nach der vierten Disziplin, dem Lauf) C als Gesamtsieger, da die Mitbewerber A (dreimal schlechter als C), B (dreimal schlechter als A) und E (dreimal schlechter als C) jetzt eliminiert waren.

In Beispiel II mußten in dieser Phase, also nach dem Lauf, A (dreimal schlechter als E) und C (dreimal schlechter als B) ausscheiden; E und B würden in der fünften Disziplin, dem Ringkampf, um die Entscheidung kämpfen. Gemessen an den antiken Verhältnissen, die nach Auffassung mancher Interpreten relativ unbürokratisch waren, sei dieses System zu kompliziert gewesen, um in der Realität agonistischer Praxis Anwendung zu finden.[246] Von dieser Überlegung ausgehend, hat D. G.

246 Dagegen könnte man einwenden, daß die Bürokratie des römischen Rennbetriebes im Circus von äußerster Akribie war, wenn alle Siege eines Wagenlenkers und der einzelnen Rennpferde archiviert wurden. Anders läßt sich nicht verstehen, wie solch differenzierte Inschriften wie z. B. die des C. Appuleius Diocles (CIL VI 10 078, vgl. HORSMANN, *Wagenlenker*, 194–198) komponiert werden konnten.

Kyle ein viel einfacheres System der Siegermittlung favorisiert.[247] Im Rückgriff auf eine alte Theorie von H. A. Harris,[248] die er leicht modifiziert, schlägt er folgende Lösung vor: Nur derjenige qualifizierte sich für die Entscheidung, der in einer der drei ersten, fünfkampfeigenen Disziplinen einen Sieg davongetragen hat. Ein Athlet mit drei Siegen nach dieser Phase war (wie auch nach J. Eberts System) Gesamtsieger. Anderenfalls – was der Normalfall gewesen sein dürfte – wurde der Lauf ausgetragen. Nach diesem waren nur wenige Möglichkeiten offen:[249]

1. Ein Athlet hatte drei Einzelsiege und war damit Gesamtsieger.
2. Je zwei Athleten hatten je zwei Siege; der Gesamtsieg wurde im anschließenden Ringkampf ausgefochten.
3. Ein Athlet hatte zwei Siege, zwei andere je einen. In diesem Fall war der Doppelsieger für den entscheidenden Ringkampf qualifiziert, während die beiden Einfachsieger den Endkampfgegner in einem speziellen (zweiten!) Laufentscheid bestimmt hätten.

Der Gewinner dieser Ergänzungsdisziplin (frz. *repêchage)* hätte auf diese Weise vor dem Endkampf ebenfalls zwei Siege verbucht. Genau an dieser Stelle liegt allerdings die Schwäche dieser Theorie. Nirgendwo in den antiken Quellen ist von einer doppelten Durchführung des Laufes berichtet.[250] Eine solche Praxis hätte auch den Lauf gegenüber den anderen Disziplinen in einem Maße bevorzugt, das dem sportlichen Gleichheitsprinzip eindeutig widersprochen hätte. Diese Ungerechtigkeit läßt sich auch nicht mit dem Hinweis entschärfen, daß die doppelte Kraftanstrengung des Siegers im Wiederholungslauf als Kompensation für die ‚normale' Qualifikation des bereits feststehenden Endkampfgegners anzusehen wäre. Der Gesamtsieger hätte indes nach diesem System drei Siege aufgewiesen, was bei dem von J. Ebert propagierten Schema nicht unbedingt der Fall gewesen sein mußte.

Die Frage der Siegentscheidung im *Pentathlon* ist in der Tat ein kniffliges Problem, das von N. B. Crowther als „one of the mysteries of Greek athletics"[251] eingeschätzt wird. Wenngleich J. Eberts System auf einer breiten Quellenbasis beruht, so daß man ihm idealtypische Richtigkeit bescheinigen muß, ist mit lokalen Varianten und Veränderungen im Laufe der Zeit zu rechnen.[252]

---

247 Kyle, in: JSH 17 (1990) 291–305 (in Kurzform wiederholt von Idem, *Sport and Spectacle*, 121–123); S. 291 gute Bibliographie zum Pentathlon. Nachzutragen: Brein, in: *Festschrift Neutsch*, 89–93; Langdon, in: ZPE 78 (1989) 117 f. Später erschienene einschlägige Literatur: Matthews, in: ZPE 100 (1994) 129–138; Lee, in: JSH 20 (1993) 277–279; Maróti/Maróti, in: Nikephoros 6 (1993) 53–59; Young, *Olympic Games*, 32–37, 161–164; Miller, *Greek Athletics*, 60–74; Crowther, *Sport in Ancient Times*, 62–68. – Der von F. Brein gemachte, von D.G. Kyle nicht diskutierte Vorschlag verlegt den Lauf an die erste Stelle und rechnet mit einem Ausscheiden in dem Qualifikationsrennen, das das Feld auf 7 bis 10 Athleten zusammenschrumpfen ließe. Er fordert die Ansetzung des Laufes auf jeden Fall vor Austragung der Sprungkonkurrenz, da das *Skamma* die Läufer ansonsten behindere. Dem ist entgegenzuhalten, daß es keiner großen Umstände bedurfte, einen lediglich aufgelockerten Boden zu glätten. – Auch Maróti (in: Acta antiqua, Suppl. VIII, 1992, 3–24, ung., dt. Zusammenfassung S. 24) setzt den Lauf an erste Stelle; er begründet dies mit den angeblich auffälligen Erfolgen von Pentathleten in den Einzeldisziplinen des Laufes (die er m.E. überschätzt).

248 Harris, *Sport*, 33–35.

249 Kyle, in: JSH 17 (1990) 302 f.

250 Eine solche nimmt auch an Sweet, in: ZPE 50 (1983) 287–290; er verweist in diesem Zusammenhang auf die modernen Hoffnungsläufe im Rudern.

251 Crowther, *Sport*, 62.

252 Skeptisch auch Young, *Olympic Games*, 33. – Keinen Niederschlag in der Literatur hat bislang der Vorschlag von Maróti/Maróti, in: Nikephoros 6 (1993) 53–59, gefunden, die auch die Auffassung vertreten, daß derjenige Gesamtsieger war, der zuerst drei Einzelsiege auf sich vereinen konnte. Sobald jedoch in der ersten Trias zwei Athleten einen Einzelsieg errungen hätten, wären alle anderen Teilnehmer ausgeschieden. Diese beiden hätten solange (in den einzelnen Disziplinen) weitergekämpft, bis einem von ihnen der dritte Einzelsieg gelungen wäre. Dieses System erscheint frappierend einfach, ist jedoch rein spekulativ, da es nicht von antiken Quellen gestützt wird.

Beide Elemente lassen sich beim gegenwärtigen Stand der Forschung allerdings (noch) nicht fassen.

Bei einem Blick in die olympische Siegerliste stellt man fest, daß es nur wenigen Athleten geglückt ist, einen Sieg im *Pentathlon* zu wiederholen. Dies kann nur für Philombrotos aus Sparta (26./27. Olympien = 676/672 v. Chr.), Theopompos aus Heraia (74./75. Olympien = 484/480 v. Chr.), Ailios Granianos aus Sikyon (229./230. Olympien = 137/141 n. Chr.) sowie Demetrios aus Salamis auf Zypern (252./253. Olympien = 229/233 n. Chr.) behauptet werden.[253] Für Phayllos aus Kroton ist ein entsprechender Doppelsieg bei den Pythien bezeugt,[254] wo auch Eupolemos aus Elis, der übrigens an den 96. Olympien (396 v. Chr.) Sieger im Stadionlauf war, diesen Erfolg errang.[255] Laut Pausanias (VI 16,9) überragte sie alle Gorgos aus Elis, der das Kunststück fertigbrachte, den Fünfkampf in Olympia viermal für sich zu entscheiden; ungewiß ist die Zeitstellung dieser Erfolge.[256]

Der Fünfkampf war (angeblich 628 v. Chr.) ein einziges Mal auch für die Altersklasse der Jugendlichen ausgeschrieben. Pausanias sah in Olympia die Statue des spartanischen Siegers Eutelidas, deren Inschrift zu seiner Zeit nicht mehr lesbar war, was 800 Jahre nach ihrer Anbringung nicht verwundert.[257] Es ist nicht ersichtlich, warum die Disziplin für die junge Altersgruppe gleich wieder aus dem Programm genommen wurde.

4. Pferde- und Wagenrennen

In der Überlieferung der griechischen Sportgeschichte ergibt sich das aus heutiger Sicht eigenartige Bild, daß der wettkampfmäßige Einsatz des Pferdes als Reittier dem des Zugtieres folgt. Soweit die antiken Quellen darüber Aufschluß geben, geht das Fahren mit dem zweirädrigen, von zwei Pferden gezogenen Wagen dem Reiten des domestizierten Tieres generell voraus.[258] Die Gründe dafür dürften einmal in der Schwierigkeit zu suchen sein, das Pferd an den ihm fremden direkten Körperkontakt mit dem Reiter zu gewöhnen. Zum anderen spielt auch der technische Entwicklungsstand eine gewisse Rolle, da erst in spätrömischer Zeit der feste Sattel und Steigbügel bekannt wurden, ohne deren Hilfe das sichere Führen des gerittenen Tieres problematisch war.[259]

Die Griechen übernahmen die Kenntnis des leichten einachsigen Pferdewagens, einer epochalen Erfindung der Welt des 2. Jahrtausends v. Chr. (mit Vorläufern in den tiefeurasischen Steppengebieten bereits um die Mitte des 3. Jahrtausends v. Chr.[260]) aus dem Vorderen Orient, wo das Gespann seit dem 19. Jh. als technische Neuerung erscheint, die von zahlreichen Kulturen rezipiert wurde. Es ist geradezu zum Leitmotiv bronzezeitlicher Gesellschaften geworden.

253 Moretti, *Olympionikai*, Nr. 35, 37; 189, 200; 852, 856; 923, 926, zu letzterem auch Idem, in: MGR 12 (1987) 79 f.

254 Pausanias X 9,2; Herodot VIII 47; Ebert, *Pentathlon*, 35–39.

255 Moretti, *Olympionikai*, Nr. 367.

256 Moretti, *Olympionikai*, Nr. 961–966.

257 Pausanias V 9,1 und VI 18,7.

258 Darin besteht die Generalthese von Wiesner, *Fahren und Reiten*. Vgl. aber Anthony, *Horse and Language*, bes. 221 f., der Reiten in der Steppe bereits für das 4 Jt. v. Chr. belegt.

259 Harris, *Sport*, 152; Junkelmann, *Reiter Roms* II, 13 f. – Um nicht mißverstanden zu werden: Ohne Zweifel war die Erfindung von Rad und Wagen eine weit höher einzustufende Leistung als die von Sattel und Steigbügel.

260 Eder/Nagel, in: AOF 33 (2006) 42–93.

In Mesopotamien, in Ägypten und bei den Hethitern existieren zahlreiche Quellen, die es erlauben, eine Kulturgeschichte des Pferdewagens dieser Zeit zu schreiben.[261] In allen Fällen ist die enge Verbindung des Wagens mit dem Königtum und der gesellschaftlich führenden Schicht unübersehbar. Trotz einer guten Überlieferungslage, die etwa in Ägypten neben der privaten und militärischen Nutzung des Gefährtes seine Verwendung durch König und gesellschaftliche Elite des Neuen Reiches auf der Jagd und sogar seine sportliche Verwendung im Rahmen des königlichen Bogenschießens einschließt,[262] ist nirgendwo in vorgriechischer Zeit *expressis verbis* das Wagenrennen belegt.

Im Rahmen antiker Hochkulturen würde man sein Vorkommen am ehesten bei den Hethitern erwarten,[263] bei denen ein ausgeklügeltes Trainingssystem für die Ausbildung von Wagenpferden existierte, das im 15. Jh. v. Chr. von einem Pferdetrainer namens Kikkuli konzipiert wurde und in einer Abschrift des 13 Jh. v. Chr. die Zeiten überdauert hat.[264] **(Abb. 42)** Auch den Griechen der mykenischen Zeit galt der Wagen als Statussymbol und Transportmittel des Adels; er ist bereits auf mehreren Grabstelen des 17. Jh. v. Chr. aus Gräberrund A in Mykene abgebildet.[265] Die Vorstellung eines Wagenrennens liefert das Motiv eines Goldringes aus einem frühmykenischen Grab (um 1500 v. Chr.) in Aidonia, das ein Pferdezweigespann mit einem unbewaffneten Fahrer mit Peitsche (oder Stachel) zeigt; lediglich der geringen Dimension des Bildträgers ist es zuzuschreiben, daß kein zweiter Wagen Platz findet, um mit der Konkurrenzsituation das Renngeschehen außer Zweifel zu stellen.[266] Eine dieser Forderung entsprechende Szene findet sich auf einer spätmykenischen Amphora aus Tiryns, die in das 13. Jh. v. Chr. datiert wird. **(Abb. 7 a/b)** Ihr fragmentierter Zustand erlaubt es dennoch, eine Rennszene zu rekonstruieren.[267] Diesen frühen Bildzeugnissen folgt sodann die unübertreffliche poetische Schilderung eines Wagenrennens im Rahmen der Leichenspiele zu Ehren von Patroklos im 23. Buch der Ilias. Es überragt an Ansehen die übrigen geschilderten sieben Disziplinen bei weitem. Ihm wird der weitaus breiteste Raum der Darstellung gegeben; sein Teilnehmerfeld ist das größte; dem Sieger im Wagenrennen sind die wertvollsten Preise ausgesetzt.[268] Bei Homer lenken die Besitzer der Gespanne selbst, was in späteren Zeiten die Ausnahme ist. Die Spartaner Damonon und sein Sohn Enymakratidas rühmen sich noch im 5. Jh. v. Chr. dieses Umstandes in einer längeren Siegerinschrift, die allerdings nur Erfolge in kleineren lokalen Agonen in der Nähe ihrer Heimat erwähnt.[269] Ein adliger Wagenlenker taucht auch noch bei Pindar (Pythien 5,23 ff.) auf, wo Karrhotos das in Delphi siegreiche Gespann seines Schwagers Arkesilaos von Kyrene lenkt.[270]

---

261 Littauer/Crouwel, *Wheeled Vehicles*; siehe jetzt auch den zusammenfassenden Artikel von Decker, in: Wacker (Hg.), *Horse Games – Horse Sports*, i. Dr. Neben den Hethitern spielen auch andere Indogermanen in der Frühgeschichte von Pferd und Wagen eine bedeutende Rolle: Raulwing, *Horses, Chariots and Indo-Europeans*.

262 Decker/Herb, *Bildatlas*, Dok. E 4–7; Decker, *Pharao und Sport*, 18–28; zuletzt dazu Decker, *Sport am Nil*, Dok. 7 und 9.

263 Zu hethitischen Texten zum Pferdesport, die jedoch keine Entscheidung für Pferde- oder Wagenrennen zulassen, siehe Hutter-Braunsar, in: Mauritsch/Petermandl et al. (Hg.), *Festschrift Weiler*, 28 f.

264 Text und deutsche Übersetzung bei Kammenhuber, *Hippologia hethitica*; hippologischer und philologischer Kommentar bei Starke, *Ausbildung und Training*; Kritik daran bei Raulwing/Meyer, in: Burmeister/Endlich/Kloos (Red.), *Rad und Wagen*, 491–506.

265 Marinatos/Hirmer, *Kreta, Thera*, Abb. 168, 169.

266 Demakopoulou (Hg.), *Aidonia Treasure*, 70.

267 Kilian, in: AM 95 (1980) 21–31; vgl. auch oben S. 20.

268 Vgl. Kap II 3.

269 IAG, Nr. 16; Moretti, in: Landes (Hg.), *Cirque et courses de chars*, 21–31, 23 f., abgebildet S. 29 Abb. 4; Canali de Rossi, *Hippikà* I, 49–51.

270 Canali de Rossi, *Hippikà* I, 47.

Erstaunlicherweise nahm das Ansehen des Wagenrennens in dem Maße zu, in dem die Bedeutung des Wagens im öffentlichen und gesellschaftlichen Leben schwand. Als die homerischen Epen entstanden, war der militärische Einsatz des Wagens bereits durch den berittenen Krieger abgelöst worden, der im Vergleich zum Hopliten aber auch nur eine untergeordnete Rolle spielte. Das Wagenfahren als ehrbares Relikt aus grauer Vorzeit hat eine kleine Gruppe von Aristokraten dazu ermuntert, das ehemalige adlige Standesprivileg auf dem Umweg des sportlichen Wettkampfes aufrechtzuerhalten. Diese Elite setzte nach der eigentlichen Blütezeit des Wagens nun ihren Ehrgeiz darin, durch Siege im Wagenrennen vor großem Publikum Ruhm und Ansehen zu gewinnen. Gelegenheit dazu bot sich bis in die Spätzeit griechischer Agone reichlich. Erst die römische Vorliebe für Circusrennen, die nicht mehr von Privatleuten bestückt wurden, sondern von *factiones,*[271] einer Art Renngesellschaften, führte zu einem Rückgang der griechischen Art der Wagenrennen. Dies geschah in der römischen Kaiserzeit, als aufwendige Circusanlagen nach dem Vorbild des *Circus Maximus* in Rom in vielen Städten des *Imperium Romanum* angelegt wurden, die teilweise bis heute ihre respektablen architektonischen Dimensionen bewahrt haben.[272] Die Folge war ein Aufblühen römischen Circuswesens mit seinem Pomp auf Kosten der eher schlichten Szene griechischer Wagenrennen, wie es sich beispielsweise im Niltal recht gut nachvollziehen läßt.[273]

In der Tat waren diese trotz ihres ungeteilten öffentlichen Interesses seit alters her immer in einer – gemessen an römischen Verhältnissen – improvisierten Form verblieben. Bei dem von Homer in aller Ausführlichkeit beschriebenen Wagenrennen war die Rennbahn eine vom Spielgeber Achilleus bezeichnete Ebene beim Lager der Griechen vor Troia, und die meisten historischen Hippodrome im antiken Griechenland unterscheiden sich kaum von dieser einfachen Strecke, sieht man einmal von Olympia ab, das im Hinblick auf die Startanlage einen Sonderfall darstellt.[274]

Bevor wir auf die hippischen Sieger zu sprechen kommen, sei in gebotener Kürze auf die Voraussetzungen der hippischen Disziplinen aufmerksam gemacht. Es bedarf keiner großen Phantasie, sich den Aufwand vorzustellen, den die Vorbereitung eines Tieres für das Pferderennen oder gar eines Ensembles für das Wagenrennen erforderte. Wenngleich die antiken Quellen darüber konkret nur weniges berichten und die Frage in der Literatur gewöhnlich nur gestreift wird, lohnt es sich, ihr kurz nachzugehen.

Die hippischen Agone waren nicht zufällig stets eine Domäne der Aristokratie. Allein die Pferdezucht setzte einen aufwendigen Apparat voraus: weite Wiesen zum Grasen und Auslauf der Tiere, Stallungen zu ihrer geschützten Unterbringung, Personal zu ihrer Fütterung und Pflege. Ein perfekt organisierter Rennstall benötigte spezielle Pferdetrainer, Wagenlenker und Tierärzte.

Herstellung und Wartung der Wagen setzten weitere finanzielle und organisatorische Aufwendungen voraus, die nur die führende Gesellschaftsschicht aufbringen konnte. Waren demnach bereits die laufenden Kosten beträchtlich, wurde die Beschickung von Wettkämpfen zu einer Bewährungsprobe sowohl in logistischer als auch in finanzieller Hinsicht. Die sizilischen Tyrannen oder die kaum weniger ehrgeizigen Pferdezüchter aus dem nordafrikanischen Kyrene etwa hatten kleinere Expeditionskontingente auszurüsten, wenn sie sich an den panhellenischen Wettkämpfen beteiligen wollten. Es genügte ja nicht, für Rennen mit dem Viergespann einfach vier Pferde

271 Siehe dazu das klassische Werk von Cameron, *Circus Factions*.

272 Humphrey, *Circuses*; die Verteilung dieser Anlagen läßt sich gut an den Landkarten mit entsprechenden Eintragungen nachvollziehen: S. 297, 338, 389, 433, 562, 580, vgl. auch Index S. 695–697.

273 Vgl. Decker, in: Nelis-Clément/Roddaz (Hg.), *Cirque romain*, 347–358.

274 Vgl. dazu unten Kap. VII 3.

auf die Reise zu schicken. Da mußten Ersatzpferde mitgegeben, Futtervorräte dem Schiff anvertraut, ein kleiner Wagenpark nebst Ersatzteillager mitgeführt werden. Dem eigentlichen Pferdepersonal mußten geeignete Wagenbauer und Lederarbeiter zur Seite stehen. Erreichte dieser vielköpfige Troß nach den Gefahren der Seereise den dem Wettkampfort möglichst nahegelegenen Hafen, stand noch der Transport der Expedition auf dem Landweg zum Wettkampfort an, den man tunlichst mit eigenen Lastwagen durchführte. Die Mannschaft sollte dem Status des Besitzers entsprechend repräsentativ untergebracht sein, was die Mitnahme von Zelten, Bettgestellen und Decken erforderte. Zur Beköstigung der Truppe empfahl sich die Begleitung von Köchen und deren Arbeitsbedarf. Somit ging dem sportlichen Wettkampf im Hippodrom ein Messen des äußeren Aufwandes zwischen den adligen Gespannbesitzern voraus, das in der Entfaltung eines prunkvollen Auftretens des in ihren Diensten stehenden Personals seinen Niederschlag fand und ein Schauspiel von ganz besonderem Gepräge abgegeben haben dürfte.

Die Pferde- und Wagenrennen selbst waren geeignet, die Zuschauer, die oft von weit her zu den Festen angereist kamen, in ihren Bann zu schlagen. Dem Eindruck der Prunkentfaltung konnte man sich kaum entziehen. Das Startfieber und die hohen Geschwindigkeiten, die die edlen Tiere entwickelten, waghalsige Überholmanöver, kritische Situationen in den Kurven schufen ein nervöses Klima, das sich bei Unfällen zur Sensation steigerte und eine starke innere Anteilnahme der Augenzeugen hervorrufen mußte. Wagen- und Pferderennen waren die Attraktionen der Agone. Durch die Bestimmung, daß der Besitzer der Pferde, nicht aber der Reiter oder Wagenlenker den Sieg davontrug, war das Prinzip des Wettbewerbes abstrahiert und in gewisser Weise entsportlicht. Diese Besonderheit ermöglichte es auch Frauen, für die z. B. in Olympia weder athletische Wettkämpfe ausgeschrieben noch der Zutritt als Zuschauer (falls sie verheiratet waren) erlaubt war, Olympiasiegerinnen zu werden.[275] Die spartanische Königstochter Kyniska vertraut voller Stolz ihrem Siegesepigramm (Anfang des 4. Jh. v. Chr.) an, daß sie von allen Frauen Griechenlands als einzige einen hippischen Sieg in Olympia errungen hat; die dunkle Kalksteinbasis, die ursprünglich auch das Weihgeschenk trug, befindet sich heute im *Museum der Geschichte der Olympischen Spiele des Altertums* in Olympia:[276]

Spartas Könige sind mir Väter und Brüder.
Mit dem Viergespann der schnellfüßigen Pferde siegend hat Kyniska
dieses Bildwerk aufgestellt. Als einzige, sage ich, der Frauen
aus ganz Hellas habe ich den Kranz empfangen.[277]

Mit dieser Inschrift gab sich die Spartanerin eine Blöße, die ein Jahrhundert später von der Königin Berenike I, Gemahlin von Ptolemaios I., genutzt wurde, nachdem sie ebenfalls einen Sieg mit dem Viergespann in Olympia erreicht hatte:[278]

275 Grundsätzlich zum Frauensport in Griechenland immer noch ARRIGONI, in: EADEM (Hg.), *Donne e sport*, 55–201.

276 Vgl. die Erwähnung im neuen Reiseführer von ARAPOJANNI, *Olympia,* 212 f., mit Abdruck der griechischen Inschrift (vgl. Nikephoros 22 [2009] 241).

277 IvO 160; EBERT, *Siegerepigramme*, Nr. 33; AP XIII 16; Pausanias V 12,5; CANALI DE ROSSI, *Hippikà* I, 62–64; KYLE, in: JSH 30 (2003) 183–203.

278 Kyniska errang noch einen zweiten hippischen Sieg in Olympia: Pausanias VI 1,6. Später waren noch andere Frauen Olympiasieger in den hippischen Disziplinen: EBERT, *Siegerepigramme*, 112; ARRIGONI, in: EADEM (Hg.), *Donne e sport*, 100 f.

Als wir noch weibliche Pfer[de] waren von Berenike,
oh Pisaten, der Makedonin, da trugen wir den olympischen Kranz davon, der den [all] bekannten Ruf hat, mit dem wir Kyniskas
alten Ruhm in Sparta ausgelöscht haben.[279]

Hätte Kyniska erklärt, als erste Frau Griechenlands in Olympia siegreich gewesen zu sein, hätte es die Rivalin schwerer gehabt, sich mit ihr auf eine Stufe zu stellen und ihr den Ruhm streitig zu machen, als Frau etwas Exzeptionelles vollbracht zu haben.

Das bei den Olympien besonders ausgeprägte hippische Programm hat im Laufe der Zeit folgende Gestalt erhalten:[280]

Das hippische Programm der Olympien

Einführung der Konkurrenz	*Disziplin*	*Distanz*
680 v. Chr.	Viergespann von Pferden	72 Stadien (= 13 824 m)
648 v. Chr.	Rennpferd	12 Stadien (= 2 304 m)
500 v. Chr. (444 v. Chr. eingestellt)	Zweigespann von Maultieren *(Apene)*	
496 v. Chr. (444 v. Chr. eingestellt)	Stutenrennen *(Kalpe)*	
408 v. Chr.	Zweigespann von Pferden	48 Stadien (= 9 216 m)
384 v. Chr.	Viergespann von Fohlen	48 Stadien (= 9 216 m)
264 v. Chr.	Zweigespann von Fohlen	18 Stadien (= 3 456 m)
256 v. Chr.	Fohlenrennen	6 Stadien (= 1 152 m)

279 Der griechische Text bei Austin/Bastianini, *Posidippi quae supersunt*, Nr. 87; Canali de Rossi, *Hippikà* I, 74; Kommentar und Sekundärliteratur bei Decker, *Sport am Nil*, 84.

280 Die ersten beiden Daten sind historisch nicht nachprüfbar; die Renndistanzen sind nach den Berechnungen von Ebert, in: Nikephoros 2 (1989) 104 gegeben (ohne die Strecke der Startauffahrt).

Sieht man einmal von den nur wenige Jahre durchgeführten Maultier- und Pferdestutenrennen ab – die einmalige Abhaltung des Vier- und sogar Zehngespannes der Fohlen unter Nero im Jahre der gegen den Turnus terminierten Olympien 67 n. Chr. kann hier ganz außer Betracht bleiben – bestehen die hippischen Bewerbe erwartungsgemäß aus Reiten und Wagenrennen. Diese Disziplinen blieben bis in das 4. Jahrhundert v. Chr. ohne Einteilung in Altersklassen, als ihnen Wagenrennen mit Fohlen (zuerst Vier-, dann Zweigespanne) und 256. v. Chr. schließlich auch Fohlenreiten an die Seite gestellt wurden. Damit waren die hippischen Agone komplett. Die Einbeziehung der jüngeren Altersklasse der Tiere erscheint unter dem Eindruck einer vorausgegangenen bzw. noch in der Entwicklung begriffenen Ausweitung der athletischen Disziplinen auf die Klasse der Jugendlichen nur folgerichtig. Sie beweist nicht nur das Interesse einer kleinen Schicht von Pferdezüchtern an der Vermehrung ihrer Siegeschancen, sondern spiegelt auch die Zustimmung des Publikums, das der Erweiterung des hippischen Programms offenbar aufgeschlossen gegenüberstand.

Daß die Wagendisziplinen das hippische Geschehen dominierten, läßt sich einmal mit ihrer Attraktion für die Zuschauer erklären, aber auch mit dem Konservatismus der Aristokratie, die ihr ursprüngliches Standesprivileg der Nutzung des Wagens nach dessen Abgleiten in die Bedeutungslosigkeit nun im sportlichem Bereich nährten.

Ob allerdings das Rennen mit dem Viergespann tatsächlich die zuerst ausgetragene Pferdesportdisziplin war, ist nicht nur wegen der Unsicherheit der historischen Überlieferung des frühen 7. Jh. v. Chr. in Zweifel zu ziehen. Wenn überhaupt sportliche Disziplinen mit der Frühgeschichte Olympias in Verbindung gebracht werden können, dann in erster Linie das Rennen mit dem Zweigespann, dem adligen Gefährt der mykenischen Zeit, das auch im Lokalmythos der Pelopssage seinen Niederschlag gefunden hat. Bekanntlich soll der fremde Eindringling im Brautagon gegen den Brautvater Oinomaos die Hand der Königstochter Hippodameia und damit die Herrschaft über Olympia in einem Rennen der Zweigespanne errungen haben.[281] Ein Indiz für das frühe Auftreten hippischer Agone in Olympia dürfte auch die große Anzahl von bronzenen und tönernen Wagenvotiven aus geometrischer Zeit darstellen, die in anderen Heiligtümern gleicher Zeitstellung fehlen.[282]

Nicht nur für die Athleten galt ein Sieg in Olympia als das Höchste, auch ein hippischer Erfolg an diesem Ort war die Krönung für jeden Pferdezüchter. Die Liste antiker Pferde- und Wagensieger der Olympien ist eine einzige Reihung klangvoller Namen.[283] Der erste aus der Adelsfamilie der Orthagoriden erwähnte hippische Sieger war Myron von Sikyon, der um die Mitte des 7. Jh. gesiegt haben soll.[284] Er war Großvater des Kleisthenes von Sikyon (dessen gleichnamiger Enkel wiederum der Reformer Athens am Ende des 6. Jh. war), der denselben Erfolg 572 v. Chr. davontrug.[285] Nach Herodot (VI 103) haben Euagoras von Sparta[286] und unmittelbar nach ihm Kimon von Athen[287] je drei aufeinanderfolgende Siege im Viergespann zu verzeichnen. Wäre dies schon eine unerhörte Leistung,[288]

281 Weiler, *Agon*, 209–217; Herrmann, *Olympia*, bes. 38 ff., 136 ff.; vgl. jetzt auch Davidson, in: Phillips/Pritchard (Hg.), *Sport and Festival*, 101–122.

282 Kyrieleis, *Olympia*, 57 f.

283 Die Viergespannsieger jetzt bei Canali de Rossi, *Hippikà* I, Index S. 94–99.

284 Moretti, *Olympionikai*, Nr. 52; Canali de Rossi, *Hippikà* I, 28.

285 Moretti, *Olympionikai*, Nr. 96; Canali de Rossi, *Hippikà* I, 28 f.

286 Moretti, *Olympionikai*, Nr. 110, 113, 117; 31, Canali de Rossi, *Hippikà* I, 78 f.

287 Moretti, *Olympionikai*, Nr. 120, 124, 127; Canali de Rossi, *Hippikà* I, 30–32, 79; seine Pferde wurden in der Nähe seines Grabes beigesetzt.

288 Dritter im Bunde dieser olympischen Dreifachsieger ist Kallias II von Athen: Moretti, *Olympionikai*, Nr. 164, 169, 174; Canali de Rossi, *Hippikà* I, 31, 33 f., 79.

so erstaunt es noch mehr, daß ihre jeweiligen Siege mit den jeweils gleichen Pferden erlaufen worden seien. Noch vor Ende des 6. Jh. v. Chr. hat Kleosthenes von Epidamnos als erster hippischer Sieger (Viergespann) ein Siegesanathem in Olympia aufstellen lassen, dessen Inschrift sich erhalten hat.[289]

Als Pheidolas aus Korinth 512 v. Chr. mit dem Reitpferd siegte, warf seine Stute bereits zu Beginn des Rennens ihren Reiter ab,

> *lief aber nichtsdestoweniger in richtiger Ordnung weiter und bog um die Wendesäule herum und beschleunigte, als sie die Trompete hörte, ihren Lauf noch mehr, gelangte zuerst zu den Kampfrichtern, erkannte, daß sie gesiegt hatte, und hörte mit dem Rennen auf.*[290]

Auch die Söhne des Pheidolas hatten im Reiten mit dem Pferd Lykos Erfolge vorzuweisen (**Abb. 43**), und auch hier hat sich das Siegerepigramm erhalten.[291] Solche kollektiven Siege sind auch sonst gelegentlich verzeichnet: So siegten die Eleer von Dyspontion angeblich schon 672 v. Chr. (= 27. Olympien) mit dem Viergespann;[292] die Argiver stellten 480 v. Chr. ein siegreiches Rennpferd und 472 v. Chr. das siegreiche Viergespann in Olympia;[293] auch zwei Thebaner, Daitondas und Arsilochos, hatten ein Viergespann aus ihrem gemeinsamen Besitz im Jahre 480 v. Chr. erfolgreich in Olympia starten lassen.[294]

Selbstverständlich auch Monarchen sind in der Liste der hippischen Olympiasieger verzeichnet wie der spartanische König Damaratos, der sich 504 v. Chr. unter die Gespannsieger einreiht,[295] und Tyrannen aus Sizilien und Unteritalien, die dem 5. Jh. angehören. Zu nennen sind hier in zeitlicher Folge Gelon von Gela,[296] Anaxilas von Rhegion (*Apene*, also Zweigespann von Maultieren),[297] Theron von Akragas[298] und Hieron von Syrakus, der nach zwei Reitsiegen endlich 468 v. Chr. auch den ersehnten Sieg mit dem Viergespann erringen kann.[299] Für Therons Erfolg schrieb Pindar die zweite und dritte olympische Ode, ebenso für Hierons hippische Siege in Delphi,[300] wo der berühmte Wagenlenker von Polyzalos, seinem jüngeren Bruder, aufgestellt wurde. (**Abb. 44**) Die glanzvolle Welt der siegreichen Pferdebesitzer öffnet sich bisweilen allen Besuchern von Olympia, wenn sie zum Festbankett geladen werden, wie es beispielsweise nach dem Sieg des Anaxilas geschah.[301] Mit den Tyrannen von Großgriechenland setzt auch die Sitte ein, Münzen auf ihre Siege prägen zu lassen, die teilweise von bestechender Schönheit sind.[302] (**Abb. 45**) Noch Philipp II., Vater Alexan-

289 Pausanias VI 10,6; Moretti, *Olympionikai*, Nr. 141; Ebert, *Siegerepigramme*, Nr. 4; Canali de Rossi, *Hippikà* I, 32.

290 Pausanias VI 13,9 (Übersetzung F. Eckstein); Moretti, *Olympionikai*, Nr. 147; Ebert, *Siegerepigramme*, Nr. 6.

291 Pausanias VI 13,10; Moretti, *Olympionikai*, 152; Ebert, *Siegerepigramme*, Nr. 10.

292 Moretti, *Olympionikai*, Nr. 39; Canali de Rossi, *Hippikà* I, 28.

293 Moretti, *Olympionikai*, Nr. 207; 233; Canali de Rossi, *Hippikà* I, 42.

294 Moretti, *Olympionikai*, Nr. 206; Canali De Rossi, *Hippikà* I, 35 f.

295 Herodot VI 70; Moretti, *Olympionikai*, Nr. 157; Canali de Rossi, *Hippikà* I, 33.

296 Moretti, *Olympionikai*, Nr. 185; Canali de Rossi, *Hippikà* I, bes. 43–45.

297 Moretti, *Olympionikai*, Nr. 208.

298 Moretti, *Olympionikai*, Nr. 220; Canali de Rossi, *Hippikà* I, 34, 39–41.

299 Pausanias VI 12,1; Moretti, *Olympionikai*, Nr. 221, 234, 246; Canali de Rossi, *Hippikà* I, 40–44, 82. Zu Hieron siehe jetzt auch Neumann-Hartmann, *Epinikien*, 164 f.

300 Pindar, Pythien 2 und 3.

301 Moretti, *Olympionikai*, Nr. 208, weitere Belege dieser Sitte unter Nr. 345 (Alkibiades).

302 Mannsperger, *Olympischer Wettkampf*, 14–18; Klose/Stumpf, *Sport, Spiele, Sieg*, Nr. 108–120; [Evgenidou], *Nike – Victoria*, 39, 70 oben.

ders des Großen, mit Reitpferd und Gespannen insgesamt dreifacher Olympiasieger, hält stolz an dieser Sitte fest.[303]

Neben den Westgriechen aus Sizilien und Unteritalien hatten auch die Adelsgeschlechter von Kyrene eine besonders gefahrenträchtige Anreise über See zu überwinden, bis sie ihre Pferde in Olympia um den Sieg laufen lassen konnten. Neben König Arkesilaos IV., der 460 v. Chr. einen olympischen Erfolg errang,[304] mag auf Eubatas hingewiesen werden, der als junger Mann in Olympia im Stadionlauf siegreich war (408 v. Chr.) und 44 Jahre später diesem athletischen Sieg einen solchen im Viergespann folgen ließ[305] – eine Konstellation, die in Olympia singulär und auch sonst auf der Ebene der panhellenischen Wettkämpfe höchst selten anzutreffen ist.[306]

Besessen von der Idee, mit dem Viergespann in Olympia zu siegen und aus diesem Sieg politisches Kapital zu schlagen, war der Athener Alkibiades. Er setzte auf Sieg um jeden Preis und ließ am Zeusfest des Jahres 416 v. Chr. insgesamt sieben Gespanne unter seinem Namen starten. Er belegte denn auch den ersten, zweiten und dritten (nach einer anderen Quelle vierten) Platz und bestellte bei Euripides die Siegesode.[307] Das Motiv seines brennenden Ehrgeizes erhellt aus einer Rede des Isokrates ‚Über das Pferdegespann', in der der Sohn des Alkibiades das Kalkül seines Vaters offenlegt. Der Zweck seines Olympiasieges war die Erlangung des athenischen Strategenamtes für die sizilische Expedition,[308] die unter seiner Führung jedoch kläglich scheiterte.

Auch in hellenistischer Zeit blieb ein Wagensieg in Olympia ein erstrebenswertes Ziel, das noch die Attaliden-Dynastie in Pergamon anzog. Der Adoptivsohn ihres Gründers Philetairos, Attalos, hat das folgende dramatische Epigramm auf seinen Anfang des 3. Jh. v. Chr. errungenen Sieg bestellt:

> *Viele Gespanne waren aus Libyen gekommen, viele von Argos, viele aus dem fruchtbaren Thessalien, unter der Zahl all derer auch das des Attalos. Die Startschranke senkte sich und hielt sie alle zusammen im Zaume mit ihrem gedrehten Seil. Mit lautem Klatschen trieb sie (dann) heraus die schnellen Fohlen. Die aber stürmten durch die Rennbahn ungestümen Laufs, die einen diese, die anderen jene (Wagen) verfolgend. Das Gespann des Attalos aber, dem Winde gleich, wirbelte mit den Füßen immer vor (den anderen) den Staub auf. Und die anderen liefen noch aufschnaubend um die Wette, doch dies prägte sich den Zehntausenden von Hellenen (, die) damals (zugegen waren, schon als Sieger) ein. Die gepriesene Kunde aber kam zu Philetairos und in die Häuser Pergamons und brachte ihnen Ehre mit dem Kranz aus Elis.*[309]

Neben seinem poetischen Wert, der an der Odendichtung Pindars oder des Bakchylides geschult ist, schildert das Epigramm eindrucksvoll den Start-Ziel-Sieg des pergamenischen Gespannes und vermittelt eine gute Vorstellung vom Startfieber beim Wagenrennen, dem nicht nur die Pferde, sondern auch Lenker und Zuschauer ausgesetzt waren.[310]

---

303 Moretti, *Olympionikai*, Nr. 434, 439, 445; Ebert (Hg.), *Olympia*, Abb. 104.

304 Moretti, *Olympionikai*, Nr. 268; Canali de Rossi, *Hippikà* I, 46 f.

305 Moretti, *Olympionikai*, Nr. 347 (Stadion), 421; Canali de Rossi, *Hippikà* I, 67.

306 Sosibios errang im 3. Jh. v. Chr. Wagensiege in Korinth (Isthmien) und Argos (Nemeen); in seiner Jugend war er Sieger im Ringkampf bei den Panathenäen: Decker, *Sport am Nil*, Dok. 24.

307 Moretti, *Olympionikai*, Nr. 345; Canali de Rossi, *Hippikà* I, 55–58.

308 Thukydides VI 16.

309 Ebert, *Siegerepigramme*, Nr. 59 (Übersetzung J. Ebert); IAG, Nr. 37.

310 Die Verse des Epigramms lassen keinen direkten Bezug zu der Beschreibung des Startvorganges im Hippodrom erkennen,

Selbst die Römer, deren Circus eine ganz anders geartete Rennkultur hervorbrachte, ließen gelegentlich ihre Gespanne in Olympia laufen. Im Jahre 4 v. Chr. errang Tiberius Claudius Nero, der spätere Kaiser Tiberius (14–37 n. Chr.), einen Sieg im Viergespann,[311] und sein Adoptivsohn Germanicus Caesar tat es ihm 17 n. Chr. nach.[312] Während man die Wagensiege des Nero (Viergespann, Viergespann der Fohlen und Zehngespann der Fohlen),[313] der sich nicht scheute, den Turnus der Olympischen Spiele zu verändern, um sie in seine Griechenlandreise zu integrieren, nicht ernst nehmen kann, ging es beim Sieg des Konsuls L. Minicius Natalis,[314] den dieser 129 n. Chr. erreichte,[315] wieder den Regeln gemäß zu.

Der letzte erwähnte hippische Sieger in Olympia ist T. Domitios Prometheus aus Athen, dessen olympischer Erfolg mit dem Viergespann in das Jahr 241 n. Chr. fiel.[316] Es erstaunt, daß der athenische *Antikosmetes* (stellvertretender Aufseher der Gymnasien Athens) in dieser Zeit, als die römischen Circusrennen im gesamten Imperium immer beliebter wurden, noch 60 hippische Siege an Kranzagonen und weitere (zahlenmäßig unbenannte) an Wertagonen einfuhr. Man sollte jedoch beachten, daß es in Griechenland zu dieser Zeit nur auf Kreta einen römischen Circus gab,[317] was auf gewisse Reserven im alten Hellas dem neumodischen Rennbetrieb gegenüber schließen läßt. Da er auch *Periodonike*[318] genannt wird, werden die panhellenischen Agone Mitte des 3. Jh. n. Chr. noch mit vollem Programm betrieben worden sein. Offenbar erlebten die hippischen Konkurrenzen an griechischen Agonen zur Zeit des Prometheus eine letzte Blüte.

In einer Statistik der Städte mit den meisten hippischen Siegern – sieht man einmal von den einheimischen elischen Pferdezüchtern ab, die sich auf ihren ‚Heimvorteil' stützen konnten – war Sparta, gefolgt von Athen, die erfolgreichste Polis. Diese Tatsache harmoniert mit der Einschätzung des Pausanias (VI 2,1):

> *Die Lakedaimonier widmeten sich nach dem Feldzug des Meders am eifrigsten von allen Griechen der Pferdezucht.*

wie ihn Pausanias VI 20,10–14 für die *Aphesis* in Olympia geschildert hat, die Kleoitas lange vor dem Sieg des Attalos ersonnen hatte.

311 Moretti, *Olympionikai*, Nr. 738.

312 Moretti, *Olympionikai*, Nr. 750.

313 Moretti, *Olympionikai*, Nr. 790, 791, 792; Kennel, in: AJPh 109 (1988) 239–251.

314 Zu ihm siehe Eck, in: DNP 8 (2000) 218.

315 Moretti, *Olympionikai*, Nr. 846.

316 Moretti, *Olympionikai*, Nr. 932; IAG, Nr. 89; Ebert, *Siegerepigramme*, Nr. 81.

317 Humphrey, *Circuses*, 523 f. (Gortyn); ein zweiter wurde erst im 4. Jh. in Thessaloniki angelegt: Humphrey, *Circuses*, 625–631.

318 Die Siege an den vier panhellenischen Orten sind auch einzeln hervorgehoben in der Widmungsinschrift der beiden Söhne des hippischen Siegers, vgl. Ebert, *Siegerepigramme*, 247 unten (griechischer Text).

V. Die Organisation

1. Der Festfriede

Ein griechischer Agon wurde durch Boten in den Zentren der griechischen Welt verkündet. Diese Maßnahme war nicht nur dem Ansehen eines Festes angemessen, sondern eine Notwendigkeit, um es unter den Verhältnissen des Altertums überhaupt durchführen zu können. Die Bekanntmachung *(Epangelie)* des Festdatums und die Einladung zur Teilnahme durch offizielle Boten *(Spondophoren, Theoren)*[1] der veranstaltenden Polis bewirkten das Inkrafttreten des Festfriedens,[2] der die Garantie für die Abhaltung des Agons darstellte. Die gesamte Kultgemeinschaft, die an dem Ereignis teilnahm, wurde unter den besonderen Schutz derjenigen Gottheit gestellt, zu deren Ehren das Fest begangen wurde. Im Falle der panhellenischen Spiele waren dies praktisch alle Griechen.

Die *Theoren* sind Festboten, die die Durchführung wichtiger Agone in der gesamten griechischen Welt ankündigten und zu ihrer Teilnahme einluden. Andererseits werden mit demselben Wort auch die offiziellen Festgesandten bezeichnet, die die einzelnen Städte zu ihrer Repräsentation an die betreffenden Festorte schickten.[3] In den Orten, die die Festboten passierten, wurden sie von *Theorodokoi* beherbergt, die sich auch um ihre Weiterreise kümmerten und ihren Schutz garantierten.[4] Letztere waren in der Regel lokale Honoratioren, die mit dem Festort auf gutem Fuße standen.

Aus Delphi ist eine Liste solcher *Theorodokoi* erhalten, die ca. 225 v. Chr. begonnen und bis ins Jahr 168 v. Chr. aktualisiert wurde.[5] Sie enthält die Namen dieses Personenkreises aus ca. 300 Städten, die die offiziellen Festgesandten *(Theoren)* der Pythien empfangen haben. Normalerweise verfügt ein Ort über einen *Theorodokos,* wie es ca. 200 mal der Fall ist; 65 Orte nennen je zwei, mehr als 20 sogar drei Personen in dieser Eigenschaft; Aigion (Delphi auf der anderen Seite des korinthischen Golfes fast gegenüberliegend) hat mit sechs die meisten *Theorodokoi.* Die Liste spiegelt den Einzugsbereich der Pythien und den Verlauf der Routen, den die *Theoroi* genommen haben; sie sind in vier Fällen durch Zwischenüberschriften geographisch gegliedert, während sich weitere drei Routen erschließen lassen:

1. Ionien
2. Boiotien und der Peloponnes
3. Thessalien und Makedonien

---

1 Boesch, *ΘΕΩΡΟΣ;* siehe auch Nachtergael, *Sôtéria*, 345–355, bes. 345 n. 198 (Bibliographie); Inglese, in: MGR 16 (1991) 165–171.

2 Grundsätzlich dazu immer noch Rougemont, in: BCH 97 (1973) 75–106. Gute Zusammenfassung auch bei Ebert (Hg.), *Olympia*, 14–18.

3 Sie sind bereits in archaischer Zeit ermächtigt, den Athleten ihrer Heimatpolis am Wettkampfort beizustehen, was sich auch auf finanzielle Angelegenheiten richten kann, wie wir durch eine Bronzeurkunde aus Olympia erfahren: Ebert/Siewert, in: XI. Olympiabericht, 391–412, 393 Z. 8, 408–410, 412; vorabgedruckt in: Ebert, *Agonismata*, 205 f., Z. 1 f., 229–232, 236.

4 Perlman, *City and Sanctuary.*

5 Amandry, in: Praktika tes Akademias Athenon 65 (1990) 288 ff. Zu einer ähnlichen Liste von *Theorodokoi* für die Nemeen siehe Miller, in: Hesperia 57 (1988) 147–165. – Es dürfte kein Zufall sein, daß die Liste ausgerechnet im Jahr der entscheidenden Niederlage von Pydna gegen die Römer endet.

4. Kreta (erhalten 44 Orte) und die Kyrenaika
5. Zypern und Syrien
6. Westgebiete Griechenlands (Lokris, Aitolien, Akarnanien, Epiros)
7. Süditalien, Sizilien, äolische Inseln

Es fällt auf, daß unter den sieben Hauptlinien, die die einzelnen Delegationen bereisten, das Schwarze Meer und Ägypten fehlen; es ist jedoch durch andere Quellen gesichert, daß auch diese Orte bei der *Epangelie* der Pythien bedacht wurden:[6]

8. Schwarzes Meer
9. Ägypten **(Abb. 46)**

Der Festfriede wird in Olympia gewöhnlich mit dem Begriff *Ekecheiria* (ἐκεχειρία) bezeichnet und ist etwas anderes als die *Hieromenia* (ἱερομηνία) oder die *Spondai* (σπονδαί). *Ekecheiria* heißt wörtlich *‚die (eigenen) Hände (fest an sich) halten'* – also völlig ohne Absicht der Aggression – während *Hieromenia* die Dauer eines *heiligen Monats* bezeichnet, wenn die normalen öffentlichen Geschäfte einer Polis wegen eines Festes ruhen. Bei den *Pythien* in Delphi war diese Zeit auf ein ganzes Jahr ausgedehnt. Während der Gültigkeit der *Hieromenia* war auch die Vollstreckung von Todesurteilen ausgesetzt, wie es sich bei der Hinrichtung des Sokrates zutrug, die bis zur Rückkehr der athenischen Festgesandtschaft von Delos aufgeschoben wurde.[7] *Spondai* bedeutet *‚die (mit einem Vertragsabschluß verbundenen) Trankopfer'.*

Der Inhalt des Festfriedens bezog sich im wesentlichen auf die Unverletzlichkeit des Territoriums der Polis, die das Kultfest ausrichtete, und die sichere An- und Abreise der Athleten, Zuschauer und Festgesandtschaften – auch durch Feindesland – während seiner Dauer. Es handelt sich also nicht um eine totale Waffenruhe in ganz Griechenland, wie moderne Initiativen, die sich auf das angeblich antike Vorbild berufen, die antiken Verhältnisse interpretieren,[8] obwohl sich hier ein antiker Friedensgedanke *in nuce* zeigte.[9]

Antike Angaben über die Dauer des Festfriedens, die natürlich bei den einzelnen Festen schwanken kann, sind äußerst spärlich. Für Olympia geht man gewöhnlich von einem Zeitraum von drei bis vier Monaten aus, wobei die damaligen Reisegeschwindigkeiten in Betracht zu ziehen sind. Im Hinblick auf die wahrscheinliche Dauer des Festfriedens für die Pythien von einem ganzen Jahr sollte man auch hier diese Zeitspanne ansetzen, die möglicherweise im Laufe der Zeit variierte.[10] Die Bestimmungen des Friedens, die in Olympia nach Aussage des Pausanias (V 20,1) auf dem Diskos des (sagenhaften Königs) Iphitos *‚kreisförmig'* aufgezeichnet waren,[11] wurden im allgemeinen beachtet; anderenfalls hätten die Olympien nicht mehr als ein Jahrtausend Bestand haben kön-

6 Amandry, *a.a.O.*, 292. – Nicht alle Festgesandten erreichten ihren Ausgangspunkt wieder; der Festbote Sotion, der für die Ankündigung der delphischen *Soteria* unterwegs war, ist in Ägypten im Jahre 214/213 v. Chr. verstorben und in Alexandria beigesetzt worden; die Inschrift auf seiner Urne weist auf seine Aufgabe hin: Nachtergael, *Sôtéria*, 447 f. (Nr. 28) und 228–233, 235.

7 Platon, Kriton 43 c–d, Phaidon 58 b; Xenophon, Memorabilia IV 8,2.

8 Vgl. dazu Golden, *Greek Sport*, 136–139.

9 Vgl. Brodersen, in: Gymnasium 98 (1991) 1–14; Raubitschek, in: Coulson/Kyrieleis (Hg.), *Olympic Games*, 185–186; Idem, in: Raschke (Hg.), *Archaeology of the Olympics*, 35–37.

10 So könnte die Erweiterung der *Oikoumene* durch die Feldzüge Alexanders hier eine Verlängerung der *Ekecheiria* bewirkt haben.

11 Zur Echtheitsfrage Hönle, *Olympia*, 7–13; Herrmann, *Olympia*, 47 mit n. 149; Christesen, *Victor Lists*, 61 f. – Es ist eine interessante Vermutung von L.H. Jeffery, *The Local Scripts of Archaic Greece*, Ndr. (mit Ergänzungen von W.A. Johnston) Oxford 1990, 217 f., daß die *Theoroi* jeweils ein Exemplar des Diskos zur Legitimierung ihrer Mission mit sich führten, dem sie auch den Text ihrer Botschaft entnahmen.

nen, ohne daß das Fest einmal ausfiel.[12] Störungen und sogar Fälle des Bruchs der *Ekecheiria* hat es aber immer wieder gegeben. Als Höhepunkt derartiger Zwischenfälle kann die Schlacht in der Altis während des Festes im Jahre 364 v. Chr. zwischen den Arkadern, die sich mit Hilfe der Pisaten Olympias bemächtigt hatten, und den Eleern, die ihre alte Rechtsstellung wiedererlangen wollten, angesehen werden.[13] Aratos von Sikyon, der um 235 v. Chr. die von Argos vereinnahmten Nemeen wieder an ihren angestammten Platz zurückverlegen wollte, blockierte unter Verletzung des Festfriedens die Abhaltung des Agons in Argos und verkaufte alle Sportler, die sich dem widersetzten, in die Sklaverei.[14] Auch bei den Isthmien des Jahres 390 v. Chr. überschatteten kriegerische Ereignisse den Festfrieden, als Argos das Heiligtum des Poseidon einnahm und den Agon veranstalten wollte. Mit Hilfe der Spartaner konnten die Korinther sie vertreiben und die Spiele feiern. Doch kehrten die Argiver zurück und setzten die Isthmien erneut an. Wenig später geriet der Poseidontempel in Brand. Xenophon berichtet lakonisch:

> *Und in diesem Jahr verloren einige Athleten zweimal, während andere zweimal zum Sieger ausgerufen wurden …*[15]

Klug verhielt sich bei einem anderen Bruch des Festfriedens der Olympien Philipp II. von Makedonien, selbst Olympiasieger, als er den Athener Phrynon, der bei der Reise nach Olympia von des Königs Soldaten ausgeplündert worden war, unter Hinweis auf die Unkenntnis seiner Leute hinsichtlich der *Ekecheiria* reichlich entschädigte.[16]

Von besonderer Delikatesse waren die Ereignisse des Jahres 420 v. Chr. in Bezug auf die Olympien. Athen und Sparta standen miteinander im Krieg um die Vormachtstellung in Hellas, und Elis, als Ausrichter des Zeusfestes traditionell moralisch zu Neutralität verpflichtet, hatte sich der von Athen geführten Koalition angeschlossen. Die Eleer bezichtigten die Spartaner, den Festfrieden gebrochen zu haben, da diese nach seinem Inkrafttreten ihre Grenzfestungen Phyrkos und Lepreon besetzt hätten. Neben der Forderung auf Rückgabe der besetzten Gebiete verurteilten sie die Spartaner zur Zahlung einer empfindlichen Geldstrafe. Die Spartaner verweigern sich beidem, da ihr Überfall auf die elischen Festungen vor der Verkündung des Festfriedens in ihrer Stadt erfolgt sei. Für Elis setzt allerdings die Gültigkeit des Friedens mit seiner Verkündung in Elis selbst ein, wo er zuallererst öffentlich bekanntgemacht wird. Kurz und gut: Keiner will nachgeben, die Lage spitzt sich zu, und am Ende wird Sparta von den Olympien ausgeschlossen. Der damit vollendete Affront gegen die peloponnesische Großmacht erreicht ein krisenhaftes Ausmaß, als der Spartaner Lichas sich als Besitzer des siegreichen Viergespanns zu erkennen gibt. Er hatte sich unter dem Namen Thebens in die Liste der hippischen Teilnehmer eingeschlichen und wurde nach olympischer Satzung von den *Mastigophoren* (wörtl. ‚Peitschenträger') gezüchtigt. Die Festversammlung hielt aus Furcht vor einem direkten spartanischen Eingreifen, der jedoch ausblieb, den Atem an.[17] Die offene Rechnung wurde 20 Jahre später beglichen.

---

12 Die modernen Olympien sind in ihrer kaum mehr als einhundertjährigen Geschichte bereits dreimal ausgefallen: 1914, 1940 und 1944, und dreimal wurden sie von Boykotten begleitet: 1976 Montreal, 1980 Moskau, 1984 Los Angeles.

13 Xenophon, Hellenika VII 4, 28 ff.; Miller, *Greek Athletics*, 222.

14 Plutarch, Aratos XXVIII, 3–4; Miller, *Greek Athletics,* 222; Kyle, *Sport and Spectacle,* 147 f.; Golden, *Greek Sport,* 45 f.

15 Xenophon, Hellenika IV 5,1–2; Miller, *Greek Athletics*, 221 f.

16 Aischines, Oratio II 12; Hypothesis II zu Demosthenes, Oratio XIX.

17 Thukydides V 49.

2. Herrichtung der Stätten

Häufig ist die antike Quellenlage derart beschaffen, daß sie über Selbstverständlichkeiten zeitgenössischer Lebensumstände, die uns unbekannt sind und wissenswert erscheinen, keine Auskunft gibt. Auch im Falle der Vorbereitung großer Agone wären wir auf Vermutungen angewiesen, hätte sich nicht ein Dokument erhalten, das trotz gewisser Lücken Klarheit über konkrete Maßnahmen vermittelt, die mit der Herrichtung einer Kultstätte im allgemeinen und seiner Sportstätten im besonderen verbunden sind. Gemeint ist hier die öffentliche Abrechnung der Arbeiten, die zur Vorbereitung der Pythien unter dem Archontat des Dion (247/246 v. Chr.) durchgeführt wurden.[18] Die in Stein gemeißelte Inschrift vermerkt detailliert die Namen der Beauftragten, die erbrachte Leistung sowie die Kosten des jeweiligen Postens. Die Gesamtsumme beläuft sich auf einen relativ unbedeutenden Betrag;[19] es sind allerdings auch keine Baumaßnahmen zu bestreiten. Etwas mehr als 20 Kleinunternehmer sind zu unterschiedlichen Anteilen an dem Projekt beteiligt.

Die Nennung der einzelnen Positionen geschieht getrennt nach den Sportstätten und beginnt mit dem Gymnasion. Die Pisten der gedeckten *(Xystos)* und offenen Laufbahn *(Paradromis)* werden aufgelockert und geebnet; des weiteren wird die gedeckte Laufbahn mit weißer Erde verschönt und ebenso umzäunt wie das Peristyl. Leichte Reparaturen werden am Boxraum *(Sphairisterion)* vorgenommen; der Zustand des Umkleideraums *(Apodyterion)* verlangt nach Verputz. **(Abb. 47)** Umfangreich sind auch die Arbeiten, die im Stadion zu erledigen sind. Neben einer allgemeinen Reinigung (wohl von pflanzlichem Bewuchs) und Instandsetzung der Böschung, wo die Zuschauer Platz nehmen sollten, mußte die Laufbahn hergerichtet werden; auch den Sprungbahnen für den Fünfkampf galt die Sorge. Für die Läufer wurden 36 Wendesäulen *(Kampter,* Pl. *Kampteres)* aus Holz errichtet; archäologisch lassen sich heute jedoch nur 16 (+1) Startplätze (bzw. Wendevorrichtungen) nachweisen.[20] Die Piste erstrahlte durch Bestreuen mit hellem Sand in neuem Glanz. (Möglicherweise wurde er auch nur zur Markierung der einzelnen Laufbahnen benutzt.) Und auch ein gedeckter Eingang, wie ihn Olympia, Nemea und Epidauros für ihre Stadien kennen, wurde – hier allerdings aus vergänglichem Material – aufgestellt. Da im Programm der Pythien neben athletischen und hippischen Konkurrenzen auch musische Agone angesetzt waren, aus denen sie sogar hervorgegangen sein dürften,[21] mußten entsprechende Bühnen für die Künstler errichtet werden; dazu gehörte auch der Bau eines *Odeions* sowie eines *Proskenions*. Wenn man sie im Programm benötigte, wurden diese aus Holz gefertigten Vorrichtungen wohl im Stadion aufgestellt; das heute in Delphi sichtbare Theater stammt aus späterer Zeit.

Um den hippischen Part des Programms entsprechend vorzubereiten, wird auch der Hippodrom in der Ebene von Kirrha hergerichtet. Dazu gehört, daß er im Bereich der Wenden aufgelokkert wird. Möglicherweise werden auch die Startboxen neu in Funktion gesetzt, wenn mit dem im zerstörten Kontext Z. 39 verwendeten Wort οἶκος (wörtl. ‚Haus') diese gemeint sind. Leider sind einige andere für den Hippodrom vorgesehene Maßnahmen durch fragmentierte Überlieferung unverständlich; man wüßte vor allem gern, wozu die höchste Einzelsumme der gesamten Rechnungslegung diente, die dem Kallon ausgezahlt wurde.

---

18 Pouilloux, in: *Etudes Delphiques*, 103–123. Die Inschrift ist nur selten in der sporthistorischen Literatur herangezogen worden: Harris, *Athletes*, 156 ff.; Picard, in: Tzachou-Alexandri (Hg.), *Mind and Body*, 76 f.; Decker, in: Nikephoros 10 (1997) 77–102.

19 Die Übersetzung bei Miller, *Arete*, Nr. 60, geht von einem Gesamtwert von umgerechnet 43 000 $ aus.

20 Aupert, *Stade*, 172 f.

21 Pausanias X 7,2 ff.

Für die Herstellung der Preise wurde der Betrag einer äginetischen Mine aufgewendet, der die Kosten für die Lorbeerkränze, wie sie den Siegern in Delphi traditionell gegeben wurden, beträchtlich übersteigt. Wahrscheinlich sind in ihm die Auslagen für die Preise der musischen Sieger enthalten. Nachdem auch die kastalische Quelle bedacht wird und eine offene Laufbahn sowie ein Wasserbecken (?) traktiert werden, bricht die Inschrift ab.[22] Man darf davon ausgehen, daß auch an anderen Orten vor Abhaltung eines Agons ähnliche Bemühungen unternommen wurden, da es jedem Veranstalter ein Anliegen war, den Athleten und Besuchern mit herausgeputzten Bauten und perfekten Sportstätten zu imponieren.

Belegt sind bauliche Maßnahmen aus Anlaß sportlicher Ereignisse an anderen Stätten nur noch sporadisch. Für das Stadion von Epidauros wurde einmal ein Auftrag zum Aufbau einer Startanlage bei den Asklepios-Spielen (*Asklepieia*) vergeben, dessen säumiger Unternehmer zu einer hohen Geldstrafe verurteilt wurde.[23] Von Olympia ist bekannt, daß im Innern der Startanlage des Hippodroms zum Fest der Olympien ein Altar aus Ziegeln gemauert wurde, von dem bei Beginn des Rennens ein bronzener Adler in die Höhe stieg, um auch entfernt postierten Zuschauern den Start anzuzeigen.[24]

3. Kampfrichter

Die ordnungsgemäße Durchführung eines Wettkampfes, insbesondere die Siegentscheidung, gehörte in die Hände von kompetenten Kampfrichtern, deren Haupttugenden neben Beherrschung der Wettkampfregeln Objektivität, Unparteilichkeit und Unbestechlichkeit sein mußten. Nicht erst bei den Leichenspielen für Patroklos tritt der Spielgeber Achilleus in dieser Funktion hervor,[25] der Schiedsrichter ist bereits eine bekannte Erscheinung in der altägyptischen Sportkultur.[26] Für den griechischen Historiker Herodot, der das Land am Nil selbst bereist hat, sind die Ägypter sogar eine Autorität in Sachen Wettkampfregeln. Ihm zufolge erschien zur Zeit des Königs Psammetich II. (595–589 v. Chr.) eine Gesandtschaft aus Elis im Niltal, um das Urteil der weisen Ägypter über die von ihrer Polis ausgerichteten Olympien zu erbitten.[27] Der Zeitpunkt der Gesandtschaft, der nicht wenige ihre Historizität absprechen, fällt mit einem Umbruch in der Baugeschichte Olympias und einer Neuorganisation seiner Spiele zusammen.[28] Der Rat der Ägypter, die eigenen Landsleute von den Wettkämpfen auszuschließen, da sie als Kampfrichter diesen gegenüber nur schwerlich objektiv sein könnten, wird die Griechen wenig begeistert haben. Der weise Rat war in den Wind gesprochen.

Das von den Ägyptern im Kern erkannte Problem führte letztlich zwei Jahrhunderte später doch noch zu einer Regeländerung der Olympien. Einer der Kampfrichter, der Eleer Troïlos, ließ zu der-

22 Bereits 380 v. Chr. war ein Gesetz erlassen worden, das für die fachgerechte Vorbereitung der Pythien Sorge trug und die Instandsetzung der Sportstätten vorschrieb: Aupert, *Stade*, 150, Nr. 8; Decker, in: Nikephoros 10 (1997) 101.

23 IG IV² 1,98; abgedruckt und diskutiert auch bei Patrucco, *Stadio di Epidauro*, 111 f.; vgl. auch Miller, *Arete*, Nr. 61; Decker, in: Nikephoros 10 (1997) 101. Zu einem ähnlichen Fall in Delphi siehe Amandry, in: Praktika tes Akademias Athenon 65 (1990) 295; Decker, in: Nikephoros 10 (1997) 102.

24 Pausanias VI 20,11 f.

25 Zu den Stellen bei Homer vgl. Laser, *Sport und Spiel*, 81 f.

26 Decker, in: Truschnegg/Rollinger (Hg.), *Festschrift Haider*, 461–472; zu einer sehr frühen Darstellung eines Kampfrichters (oder vielleicht eher Trainers?) beim Ringkampf auf den Reliefs vom Aufweg der Pyramide des Sahure (5. Dyn.) in Abusir siehe jetzt El Awadi, *Sahure*, 210 und Tf. 12, 3. Reg.

27 Herodot II 160; zuletzt zu diesem Kapitel Decker, *Sport am Nil*, Dok. 18.

28 Kyrieleis, *Anfänge und Frühzeit*, 54.

selben Zeit, als er das Amt ausübte, ein Gespann in Olympia starten. Dieses errang einen anscheinend umstrittenen Sieg.[29] Jedenfalls wurde den Kampfrichtern von nun an verboten, eigene agonistische Interessen mit der Ausübung ihres Amtes zu verknüpfen. Im Falle des Troïlos, der offenbar bei den darauffolgenden Olympien einen weiteren Sieg errang – damals fungierte er nicht mehr als Kampfrichter – , scheint die Siegerinschrift auf die Hintergründe anzuspielen. Der Pferdezüchter ist voller Stolz, daß sein zweiter Erfolg gleichsam die Bestätigung für den umstrittenen ersten Sieg darstellt:

> *Hellanodike war ich in Olympia damals, als Zeus mir zum ersten Mal mit kampfpreiserringenden Pferden beim olympischen Agon zu siegen vergönnte; zum zweiten Mal aber gleich darauf erneut mit Pferden. Troïlos war ich, des Alkinoos Sohn.*[30]

Das meiste, was wir über Kampfrichter im griechischen Sport wissen, bezieht sich auf die Verhältnisse bei den Olympischen Spielen. An Troïlos, dem Wagensieger, ließ sich bereits erkennen, daß sie aus aristokratischen Kreisen stammten. Sie werden in Olympia *Hellanodiken* (wörtl. ‚Griechenrichter') genannt.[31] Pausanias gibt uns zu verstehen, daß ihre Zahl einer häufigen Änderung unterworfen war. [32] Seit Mitte des 4. Jh. v. Chr. ist die Zehnzahl kanonisch geworden. Im Stadion von Olympia war ihnen im Südwall eine steinerne Tribüne reserviert, deren Standort etwa 1/3 der Stadionlänge vom Ziel entfernt liegt. **(Abb. 48)** Entsprechend der Systematik des Wettkampfprogramms waren sie in Dreierausschüsse unterteilt, die jeweils für die hippischen Agone, das Pentathlon und die übrigen athletischen Konkurrenzen zuständig waren;[33] der zehnte *Hellanodike* führte vermutlich den Vorsitz des Gremiums.

Bedeutung und Würde des Amtes lassen sich u. a. daran ermessen, daß die Kampfrichter ein Purpurgewand trugen, einen Amtseid zu leisten (Pausanias V 24,9) und sich Reinigungsriten zu unterziehen hatten (Pausanias V 16,8). Sie verfügten in Elis über ein eigenes Amtslokal, das *Hellanodikeon*, wo sie zehn Monate lang von den *Nomophylakes* (‚Gesetzeswächter') in den Wettkampfregeln unterwiesen wurden (Pausanias VI 24,1–3). Das Gebäude selbst konnte bei den Grabungen in Elis noch nicht sicher identifiziert werden.

Die *Hellanodiken* prüften die Startberechtigung der Athleten. In vorrömischer Zeit mußten diese von griechischer Abstammung und freie Bürger sein;[34] auch durften sie keine ungesühnte Blutschuld auf sich geladen haben.[35] Dabei verfuhr man gelegentlich sehr diplomatisch und stellte die machtpolitischen Realitäten bei diesen Entscheidungen klug in Rechnung. Als der Makedonenkönig Alexander I. Philhellen Anfang des 5. Jh. v. Chr. die Teilnahme an den Olympien begehrte, wurde eine windige genealogische Konstruktion zu Hilfe genommen, um seine hellenische Reinblütigkeit zu beweisen. Da er aus dem Königshaus der Argeaden stammte, wurde auf

---

29 Pausanias VI 1,4 f.

30 Ebert, *Siegerepigramme*, Nr. 38 mit Kommentar (Übersetzung J. Ebert); vgl. jetzt auch Kyrieleis, *Olympia*, 129 f. mit Abb. 131.

31 So auch in Nemea (IG IV 587) und Epidauros (IG IV 946, 1508).

32 Pausanias V 9,4–6.

33 Pausanias V 9,5.

34 Golden, *Greek Sport*, 42, kennt eine Ausnahme, daß ein Sklave an einem Wettkampf in Misthra (Pisidien) teilnimmt; dem ist ein Sklavenwettkampf in Ariccia am Nordufer des Nemisees hinzuzufügen, von dem Pausanias (II 27,4, im Rahmen des Hippolytos-Mythos) berichtet.

35 Ebert, *Siegerepigramme*, 128, mit Literatur; Weiler, *Sport*, 112.

Namensverwandtschaft mit der uralten griechischen Stadt Argos verwiesen, und schon war das Problem gelöst.[36] Da im antiken Griechenland das Geburtsjahr nicht streng dokumentiert war, oblag es den *Hellanodiken*, die Zuweisung zu einer der Altersklassen per Augenschein vorzunehmen; dies betraf im übrigen nicht nur die Athleten, sondern auch die Pferde. In Verbindung mit dieser Aufgabe wird es auch verständlich, daß sie das verbindlich vorgeschriebene Training der Wettkämpfer in Elis während eines Monats vor dem olympischen Wettkampf beaufsichtigten.[37] Mit dieser Frist nahm man es sehr genau, wie das Beispiel des Faustkämpfers Apollonios aus Alexandria am Ende des 1. Jh. n. Chr. zeigt:

> *Er kam nicht zur festgesetzten Zeit an, und es blieb den Eleern in der Befolgung der Gesetze nichts anderes übrig, als ihn vom Kampfe auszuschließen. Denn Herakleides, selbst auch aus Alexandria, konnte beweisen, daß seine Ausreden, er sei bei den Kykladen durch widrige Winde festgehalten worden, Lügen waren. Vielmehr habe er sich verspätet, weil er bei Wettkämpfen in Ionien Geld gesammelt habe. So schlossen also die Eleer den Apollonios und wer sonst noch zur gebotenen Frist nicht kam aus, dem Herakleides überließen sie den Siegeskranz kampflos. Da rüstete sich Apollonios mit den Riemen wie zu einem Kampf und stürzte sich auf den Herakleides und griff diesen an, der bereits den Siegeskranz aufgesetzt hatte und zu den Hellanodiken geflüchtet war. So entstand ihm durch unüberlegte Handlung großer Schaden.*[38]

Die Einteilung der Kampfpaare bzw. -gruppen hatten ebenfalls die *Hellanodiken* vorzunehmen,[39] wie sie auch über Sieg und Niederlage entschieden und die Sieger bekränzten. **(Abb. 49)** Schließlich hatten sie auch das Führen der Siegerlisten zu überwachen und die Aufsicht über die Errichtung der Siegerstatuen.[40]

Die *Hellanodiken* konnten die *Mastigophoren* (‚Peitschenträger') anweisen, bei Übertretung der Regeln körperliche Züchtigungen vorzunehmen. Das Beispiel des stolzen spartanischen Pferdezüchters Lichas, der diese Behandlung am eigenen Leibe erfuhr, als er trotz Ausschlusses seiner Heimatpolis vom olympischen Wettkampf sein Gespann unter fremden Namen zum Sieg laufen ließ, ist bereits erwähnt worden. Daß Frühstart bei den Laufdisziplinen in ähnlicher Weise geahndet wurde, läßt sich folgendem hübschen Wortwechsel zwischen dem korinthischen Feldherrn Adeimantos und dem Athener Themistokles entnehmen, der sich laut Herodot während der Perserkriege entspann, als man über die Strategie der Flotte nach dem Fall Athens beriet:

> *‚Themistokles, bei den Kampfspielen werden die mit Ruten geschlagen, die vor dem Startzeichen loslaufen.' Dieser rechtfertigte sich und sagte: ‚Wer aber beim Start zurückbleibt, wird nicht bekränzt.'*[41]

Eine Bronze-Urkunde (Olympia Inv. B 6075 + B 6116) aus dem späten 6. Jh. v. Chr. billigt dieses Recht auf körperliche Züchtigung dem Kampfrichter, hier διαιτητήρ (‚Schiedsrichter')[42] und noch

36 Herodot V 22; Thukydides II 99; Ebert, *Olympia*, 107.

37 Siehe dazu Crowther, in: Nikephoros 4 (1991) 161–166; wiederangedruckt in: Idem, *Athletika*, 65–70.

38 Pausanias VI 21,13 f. (Übersetzung E. Meyer/F. Eckstein).

39 Gaebler, in: ZfN 39 (1929) 271–312.

40 Ebert, *Siegerepigramme*, 128.

41 Herodot VIII 59.

42 Das Wort wird noch heute im Neugriechischen für den Fußballschiedsrichter benutzt.

nicht *Hellanodike* genannt, in Olympia bereits in archaischer Zeit zu.[43] Obwohl der Text arg zerstört ist, drückt es folgende Passage am Anfang der Inschrift klar aus:

> *Der Ringkämpfer soll weder einen Finger brechen [noch ---]*
> *soll der Kampfrichter bestrafen, indem er schlägt, ausgenommen an den Kopf ...*[44]

Offensichtlich ist die Strafe hier dem Ringkämpfer angedroht, der das Verbot des Fingerbrechens mißachtet. Dieses Züchtigungsrecht hat sich über die Jahrhunderte erhalten und wird in einem Brief des Hadrian an die Künstler-Vereinigung noch einmal *in extenso* verordnet:

> *Man soll einen Wettkämpfer auspeitschen, wenn es nötig sein sollte. Dazu sollen Peitschenträger ausgelost werden, sie sollen aber zu zweit einschreiten, einige als erste und zweite, in welcher Reihenfolge sie gelost haben, und falls nötig, auch als dritte. Den Wettkämpfern muß nämlich ein Anlaß zur Furcht gegeben sein und die Undisziplinierten müssen zur Vernunft gebracht werden, aber so, daß sie nicht gleichzeitig von vielen geschlagen werden, und nur auf die Beine, und daß niemand verstümmelt wird noch sich einen anderen Schaden zuzieht, durch den er für die Ausübung (seiner Disziplin) schlechter wäre.*[45]

Gegen die Entscheidungen der *Hellanodiken* war Einspruch möglich, wie der Fall des Läufers Leon aus Ambrakia zeigt, den zwei der drei zuständigen Kampfrichter hinter Eupolemos aus Elis setzten. Der Olympische Rat verurteilte diese beiden *Hellanodiken* zu einer Geldbuße, ohne jedoch den Sieg des Eupolemos aufzuheben.[46]

Gewiß hatten die Kampfrichter gelegentlich delikate Entscheidungen zu treffen wie in dem kniffligen Geschehen um den Pankratiasten Arrhichion von Phigaleia, der bereits zweimal Olympiasieger war, als er ein drittes Mal bei den 54. Olympien (564 v. Chr.) im Endkampf stand. Er geriet gegen seinen Gegner in arge Bedrängnis, da dieser ihm die Luft abschnürte. In dem Moment, als er sein Leben verlor, gab sein Kontrahent vor Schmerz den Kampf auf, da ihm Arrhichion einen Zeh gebrochen hatte. Die *Hellanodiken* erklärten den Toten zum Sieger.[47]

In umstrittenen Fällen wurde der Sieger durch Los ermittelt. Bevor es dazu kam, mußten die Kampfrichter ihr Einverständnis dazu geben, indem sie ihre Stäbe zu Boden warfen.[48] In einem Epigramm des Poseidippos ist von einer solchen Situation in Delphi nach Beendigung eines Wagenrennens die Rede. Dabei hob ein Fohlen eines Viergespannes *(‚das verwegene weibliche Tier unter männlichen')* von Kallikrates, dem ptolemäischen Admiral, instinktiv einen solchen Stab mit dem Maul auf, was die Zuschauermenge veranlaßte, lauthals für den Sieg seines Gespannes zu plädieren.[49]

Aus der Praxis der Isthmien ist ein unmittelbares Zeugnis der Tätigkeit antiker Kampfrichter erhalten, das bei Grabungen im Poseidon-Heiligtum am Isthmos auf dem Boden eines Wasserre-

43 Ebert/Siewert, in: IX. Olympiabericht, 391–412; vorabgedruckt in Ebert, *Agonismata*, 200–236.

44 Z. 1–2.

45 Petzl/Schwertheim, *Hadrian und die Künstler*, 10 f., Z. 28–32, 44–47.

46 Pausanias VI 3,7; zu dem Fall siehe auch Crowther, in: Nikephoros 10 (1997) 149–160, wiederabgedruckt in Idem, *Athletika*, 1–81.

47 Pausanias VIII 40,1 f. Philostratos, Eikones II 6, beschreibt ein antikes Gemälde von diesem Vorfall.

48 Bingen, in: CdE LXXVII (2002) 185–190.

49 Siehe dazu Decker, *Sport am Nil*, Dok. 21 (74).

servoirs gefunden wurde.[50] Es handelt sich um ein dünnes beschriftetes Bleitäfelchen aus römischer Zeit, das ca. 4 x 14 cm mißt und folgenden Text trägt: **(Abb. 50)**

> *Ich, Marios, lasse den Semakos nicht zu.*[51]

Es kann sich hier nur um ein handschriftliches Zeugnis eines *Hellanodiken* handeln, der mit diesem Urteil dem Athleten Semakos einen Start in einer unteren Altersgruppe versagt. Bei den Isthmien gab es drei Altersklassen: Knaben, Jugendliche und Männer.[52] Es war natürlich von Vorteil, in eine möglichst junge Altersklasse eingeteilt zu werden. Man stimmte vermutlich zuerst über die Zulassung zu den Knaben und dann zu den Jugendlichen ab; für die Zulassung zur Männerklasse war auf diese Weise kein gesondertes Ausschlußverfahren mehr nötig. Von diesen Überlegungen unberührt bleibt die allgemeine Zulassung zum Wettkampf überhaupt, die im Zusammenhang mit der Urkunde alternativ zur Debatte gestanden haben könnte.

Die Ermessensentscheidung der *Hellanodiken* wurde offensichtlich streng geheim durchgeführt; über die Verhältnisse in Olympia berichtet Pausanias:

> *Es schwören auch diejenigen, die die Knaben und von den Wettkampfpferden die Fohlen zu beurteilen haben, daß sie ihr Urteil nach Recht und ohne Geschenke abgeben und das, was sich auf Zulassung oder nicht bezieht, geheimhalten werden.*[53]

Die Stimmkarten scheinen generell vernichtet worden zu sein, denn das isthmische Bleitäfelchen ist die einzige Quelle, die diese Gattung bisher überhaupt repräsentiert. Wir dürfen aus ihm auf eine ähnliche Handhabung der Einteilung in Altersklassen bei anderen Agonen schließen.

4. Zuschauer

„Das Publikum ist der eigentliche ‚Nährboden' des Agons ..."[54] Diese klassische Formulierung S. Lasers trifft auf die griechischen Verhältnisse in besonderem Maße zu. In der Geschichte des Wortes ἀγών selbst spiegelt sich diese Wechselwirkung zwischen Zuschauern und Athleten in schöner Weise. Bei Homer hat sich die spätere Differenzierung in ‚Wettkampf' und ‚Versammlung' noch nicht vollständig vollzogen; in seinem Sprachgebrauch sind beide Elemente noch als Einheit vorhanden.[55] Die Öffentlichkeit ist Gradmesser, Anreiz und Zeuge der sportlichen Leistung, die nie im Verborgenen gedeihen kann. Bereits zu Beginn der griechischen Literatur ist ein ausgeprägtes Gefühl für die Reaktionen der Zuschauer entwickelt; sie genießen die sportlichen Darbietungen und werden von ihnen in ihren Bann geschlagen, verteilen ihre Sympathien, äußern ihr Mißfal-

---

50 Im Epinikion auf Sosibios, der am Isthmos von Korinth einen Wagensieg errungen hat, wird die Unbestechlichkeit der Kampfrichter der Isthmien besonders hervorgehoben: Kallimachos, Fr. 384 (Pfeiffer), 10 f.; zuletzt dazu Decker, *Sport am Nil*, Dok. 24.

51 Jordan/Spawforth, in: Hesperia 51 (1982) 65–68.

52 Zu den Altersklassen allgemein Petermandl, in: Nikephoros 10 (1997) 135–147.

53 Pausanias V 24,10 (Übersetzung E. Meyer/F. Eckstein).

54 Laser, *Sport und Spiel*, 83. Eine universalhistorische Betrachtung der Sportzuschauer hat vorgelegt Guttman, *Sports Spectators*, zur Antike 14–18. Sie lassen sich bereits im Alten Ägypten nachweisen: Decker, in: Hawass/Daoud/Hussein (Hg.), *Scribe of Justice*, 119–126.

55 Scanlon, in: Aethlos 1 (1983) 147–162.

len und lassen sich zu Wetten über den aus der Ferne schwer überschaubaren Stand des Wagenrennens hinreißen.[56] Diese Begeisterung, die bei Homer mit literarischen Mitteln gezeichnet ist, tritt in archaischer Zeit auf einem Vasenfragment des Sophilos kongenial in Erscheinung, wo die Zuschauer auf einer treppenförmigen Tribüne *(ikria)* mit acht Stufen einem Kopf-an-Kopf-Rennen der Zweigespanne folgen, das sich durch die Beischrift als Teil der Leichenspiele des Patroklos zu erkennen gibt. Sie gestikulieren wild und springen im Augenblick höchster Spannung von ihren Sitzen auf.[57] Wenn wir die Position der Doppeltribüne richtig deuten, verlief sie in der Mitte der Rennbahn, also dort, wo im römischen Circus die Mittelbarriere *(spina* bzw. *euripus)* war. Eine solche Anlage der Tribünen ist einzigartig; gewöhnlich plazierten sich die Zuschauer an Stellen außerhalb der Rennbahn oder um diese herum.

Auch Sophokles läßt die Zuschauer beim Unfall des fingierten Wagenrennens in Delphi, bei dem Orestes angeblich zu Tode stürzte, in heftige Gemütsbewegung ausbrechen.[58]

Auf die Psychologie der Zuschauer versteht sich Polybios; er benutzt sie als Erklärung eines politischen Klimawechsels im Verlaufe des dritten makedonischen Krieges, nachdem Perseus ein unerwarteter Erfolg über die Römer gelungen war. Der Autor vergleicht den Stimmungsumschwung mit dem Verhalten der Menge, die im Jahre 212 v. Chr. Zeuge eines denkwürdigen Endkampfes im Faustkampf in Olympia war. Ihn hatte der berühmte Kampfsportler Kleitomachos aus Theben, der an einem einzigen Tag bei den Isthmien im Ringen, Faustkampf und Pankration gesiegt hatte,[59] sowie sein Gegner Aristonikos erreicht. Dieser ‚Auslandsgrieche' wurde vom ägyptischen König Ptolemaios IV. Philopator (nach 240–205 v. Chr.) protegiert. Polybios schreibt:

> *Das Phänomen ist vergleichbar mit dem, was man oft bei sportlichen Wettkämpfen beobachten kann. Wenn dort gegen einen berühmten, für unbesiegbar gehaltenen Athleten ein weit unterlegener, unausgewiesener Gegner antritt, wendet das Publikum seine Sympathie sofort dem Schwächeren zu, ermutigt ihn durch lauten Zuruf und geht mit jeder seiner Bewegungen mit, als führte es sie selbst aus. Wenn dazu noch das Gesicht seines Gegners durch Schlagwirkung gekennzeichnet wird, entsteht sogleich ein kleiner Zuschauertumult. Manchmal verspotten sie sogar den anderen, nicht aus Haß oder Geringschätzung, sondern weil sie auf merkwürdige Weise Partei ergreifen und aus einem natürlichen Instinkt heraus dem Schwächeren ihre Sympathie schenken. Wenn man sie jedoch im richtigen Augenblick zur Besinnung bringt, ändert sich das sehr schnell, und ihr törichtes Benehmen hat sofort ein Ende. So soll es Kleitomachos gemacht haben. Gegen ihn, der für unbesiegbar galt und dessen Ruhm durch die ganze Welt ging, soll König Ptolemaios, der seine Ehre darin setzte, diesen Ruhm zu zerstören, nach gezieltem Training den Faustkämpfer Aristonikos, der für diese Sportart ein überragendes Talent zu haben schien, geschickt haben. Als dieser nach Griechenland kam und bei den Olympien gegen Kleitomachos antrat, ergriffen augenscheinlich sofort alle Partei für Aristonikos und spornten ihn an aus Freude darüber, daß wenigstens einer es gewagt hatte, sich mit Kleitomachos zu messen. Als er sich aber im Verlaufe des Kampfes diesem gewachsen zeigte und ihm auch einen*

56 Die einschlägigen Stellen bei LASER, *Sport und Spiel*, 84 f.; die Wette bei Homer, Ilias XXIII 450–498.

57 Sophilos-Vasenfragment, Athen, Nationalmuseum, Inv. 15499; vielfach abgebildet, z. B. bei TZACHOU-ALEXANDRI (Hg.), *Mind and Body*, Nr. 25; VALAVANIS, *Games and Sanctuaries*, 42 Abb. 39. Siehe unsere **Abb. 9.**

58 Sophokles, Elektra, 748 f.

59 EBERT, *Siegerepigramme*, Nr. 67; dieser Dreifachsieg an einem Tage wird jetzt angezweifelt von STRASSER, in: BCH 127 (2003) 280 n. 75.

wirkungsvollen Schlag versetzen konnte, gab es stürmischen Beifall, die Menge geriet außer sich vor Begeisterung und feuerte Aristonikos noch mehr an. In diesem Augenblick soll Kleitomachos etwas zurückgetreten sein, kurz Atem geschöpft und sich dann an das Publikum mit der Frage gewandt haben, was sie sich eigentlich dabei dächten, daß sie für Aristonikos Partei nähmen und ihn nach Kräften moralisch unterstützten; ob sie etwa zweifelten, daß er den Kampf den Regeln entsprechend führe oder vergessen hätten, daß er, Kleitomachos, jetzt für den Ruhm der Griechen, Aristonikos für den des König Ptolemaios einstehe; ob sie es lieber sähen, daß ein Ägypter den Kranz in Olympia davontrage und die Griechen besiege, oder daß ein Thebaner, ein Boioter als Sieger im Faustkampf der Männerklasse ausgerufen werde. Nach diesen Worten des Kleitomachos soll ein solcher Stimmungsumschwung eingetreten sein, daß nun umgekehrt Aristonikos mehr von den Zuschauern als von Kleitomachos niedergekämpft wurde.[60]

Eine weise Vorschrift zur Vermeidung von Zuschauerkrawallen war unweit des Einganges zum Stadion von Delphi angebracht. Dort ist in die Stützmauer des Südwalles eine Inschriftenplatte eingelassen, die die Abschrift eines älteren Textes enthält, der jedoch nicht völlig und teilweise sogar entstellt erhalten ist. Der ursprüngliche Text verbot es bei empfindlicher Geldstrafe, Wein in das Stadion mitzubringen: **(Abb. 51)**

Jedem, der dem Wettkampf hier beiwohnt, wird vom Volke [Delphis] untersagt, Wein in den Dromos hineinzubringen. Wer gegen diese Verfügung sich vergeht, wird auf der Stelle des Dromos verwiesen. Danach hat er den Gott durch ein Opfer zu besänftigen, dem Priester aber hat er [als Bußleistung] zu zahlen fünf Drachmen, wovon dem Anzeiger die Hälfte gegeben werden soll.[61]

Während es für die in der Nähe eines Wettkampfortes wohnende Bevölkerung einfach war, einen Agon zu besuchen, wurde die Teilnahme mit zunehmender Entfernung immer umständlicher. Reisen war im Altertum beschwerlich und zeitraubend.[62] Für die überseeischen Gebiete stand zwar der Schiffsweg zur Verfügung, und unweit von Olympia befand sich mit Pheia (beim heutigen Katakolon) auch ein passender Hafen. Doch Schiffsreisen waren gefährlich, und sie waren auch nicht billig. Besucher der Olympien, wenn sie im Landesinneren wohnten, waren oftmals auf einen mehrtägigen Landweg angewiesen. Es ist in höchstem Grade erstaunlich, daß ein makedonischer Bäcker die Olympien zwölfmal besucht hat; er ist damit der größte ‚Sporttourist' der Antike.[63] Wenn seine Reisen nach Olympia führten und nicht etwa ins nahegelegene Dion, wo auch *Olympien* veranstaltet wurden, wäre er über 44 Jahre hindurch alle vier Jahre in der Altis erschienen – ein wahrer Veteran unter den Zuschauern. Wir sollten uns daran erinnern, daß noch zu Anfang des 19. Jahrhunderts mehrtägige Fußreisen nichts Ungewöhnliches waren.[64] Noch heute veranschaulichen Pilgergruppen, die ihr Ziel, die Grabeskirche eines Heiligen oder den Ort eines Wunders, auch

60 Polybios, Historien XXVII 9,2–12; vgl. auch Weiler, in: Kornexl (Hg.), *Spektrum der Sportwissenschaft*, 43–59, bes. 51–57; zuletzt dazu Decker, *Sport am Nil*, Dok. 25.

61 Thomamüller, *Steininschrift*, 58 (dort in anderer Orthographie). Die Schrift von Thomamüller gilt der Wiederherstellung des Urtextes der Weininschrift von Delphi.

62 Allgemein Casson, *Reisen;* André/Baslez, *Voyager*; Welwei, in: DNP 10 (2001) 856–866 s.v. Reisen.

63 Archaiologikon Deltion 2 (1916) 156 Nr. 13; Weiler, in: Nikephoros 10 (1997) 213.

64 Ein schönes Beispiel einer weiten Fußreise aus dieser Zeit ist durch ihre literarische Gestaltung auch heute noch bekannt: J.G. Seume, *Spaziergang nach Syrakus,* 1803.

oft erst nach tagelangen Fußmärschen erreichen, die antiken Verhältnisse. Und noch im 19. Jahrhundert brauchten die deutschen Ausgräber Olympias für den Weg nach Athen, den sie zu Pferde zurücklegten, mehrere Tage.

Es ist im übrigen merkwürdig, daß in Olympia verheiratete Frauen vom Zuschauen der Wettkämpfe ausgeschlossen waren, unverheiratete hingegen offenbar nicht. Ausgenommen von dem Verbot war lediglich die Priesterin der Demeter Chamyne, deren Altarreste noch heute im Stadion von Olympia sichtbar sind.[65] Frauen, die gegen das Verbot verstießen, sollen nach dem Gesetz von dem Felsen Typaion hinabgestoßen worden sein. Übertretungen sind nicht bekanntgeworden außer durch Kallipateira (bzw. Pherenike), die Tochter des Diagoras und Schwester von weiteren Olympiasiegern. In das Gewand eines Sportlehrers gehüllt, begleitete sie ihren Sohn Peisirodos in das Stadion von Olympia und verriet sich, als sie bei seinem Sieg über die Umfriedung sprang, um ihn zu beglückwünschen, und sich dabei entblößte. In Anbetracht der großen sportlichen Erfolge der Familie wurde die Strafe nicht an ihr vollzogen, doch mußten auch die Trainer in Olympia wie die Athleten in Zukunft nackt antreten.[66]

Der eigentümliche Ausschluß der verheirateten Frauen dürfte aus kultischen Gründen verfügt worden sein. Bevor Zeus Herr der Stätte wurde, war Olympia ein Kultort der großen Muttergottheit; von der uralten Verehrung von weiblichen Gottheiten zeugt noch der Bereich des ältesten Kultes am Gaion, wo u. a. Gaia und Eleithyia verehrt wurden.[67] Reflexe der ehemaligen Dominanz dieser Gottheiten ist das Metroon, das die Verehrung der Muttergottheiten im 4. Jh. v. Chr. bündelte.[68] Die Verdrängung dieser ursprünglichen Kulte durch den neuen Herren Zeus hat offenbar zu Kompromissen geführt, die sich in bestimmten Privilegien der alteingesessenen Kulte manifestieren. Dazu zählt das permanente Vorrecht der Demeterpriesterin, als einzige verheiratete Frau den Olympischen Wettkämpfen beizuwohnen.[69] Andererseits hat der Ausgang im Kampf um das Kultzentrum zum Versuch der Unterdrückung aller Maßnahmen geführt, die geeignet waren, eine Erinnerung an alte Zeiten wachzurufen. Deshalb fand also der Ausschluß aller Frauen statt, die der Muttergottheit besonders nahe standen. Daß dieser Versuch nicht in allen Belangen erfolgreich war, zeigt pikanterweise auch das agonale Geschehen in Olympia selbst: An einem eigenen, vom Zeitpunkt der Olympien getrennten Datum wurden die *Heräen* zu Ehren der Hera gefeiert. Ihr Programm umfaßte Wettläufe der Mädchen,[70] wobei das eintägige Fest eine interne Angelegenheit von Frauen gewesen sein dürfte.

65 Vgl. Mallwitz, *Olympia*, 181 mit Abb. 143.

66 Pausanias V 6,7–9.

67 Herrmann, *Olympia*, 69 f.

68 Der Heratempel scheidet aus diesem Kontext wohl aus, da sich immer deutlicher herauskristallisiert, daß es sich dabei um den ältesten Zeustempel handeln muß. Vgl. Moustaka, in: Kyrieleis (Hg.), *Olympia 1875–2000*, 301–315, zuletzt dazu Kyrieleis, *Olympia*, 28 mit weiterer Literatur in n. 18.

69 Pausanias VI 20,9.

70 Pausanias V 16,2 und 4; Scanlon, *Eros and Athletics*, 98–120; kritisch dazu Langenfeld, in: Nikephoros 19 (2006) 153–185.

VI. Die Athleten

I. Spitzensportler

Die bisherige Forschung hat noch keine vollständige Prosopographie der antiken Athleten erstellt. Vorarbeiten zu einem solchen Unternehmen, angefangen mit der vorzüglichen Liste aller bekannten Olympiasieger durch L. Moretti,[1] der inzwischen Verzeichnisse der Sieger an den übrigen panhellenischen Agonen gefolgt sind,[2] haben jedoch dazu geführt, daß zahlreiche antike Athleten Konturen zeigen, die teilweise über die reine Wettkampfstatistik hinaus bis in biographisch aufschlußreiche Details reichen. Die überlieferten Daten lassen sogar eine soziologische Betrachtung der Sportler der griechisch-römischen Antike zu, wie sie bereits vor Jahrzehnten in einer immer noch lesenswerten Studie von H. W. Pleket versucht wurde.[3] Spätestens seit dem Erscheinen dieser Untersuchung muß es als verfehlt angesehen werden, die Herkunft erfolgreicher Athleten generell der Unterschicht zuzuweisen, wie wir es bereits an anderer Stelle angesprochen haben. Selbst für das Feld der Kampfsportarten ist eher das Gegenteil der Fall. Und von einem „Niedergang" der antiken Athletik in der römischen Kaiserzeit zu sprechen, wie dies lange Zeit Mode war, erscheint aus heutiger Sicht völlig deplaziert.[4]

Wie andere Zeiten und Kulturen hatte auch die Antike ihre Sportheroen, die sie vergötterte und mit Legenden umwob.[5] Dabei ist der Begriff Heros in vielen Fällen wörtlich zu nehmen, da erfolgreichen Athleten auf Grund ihrer jedes menschliche Maß sprengenden Eigenschaften Kulte eingerichtet werden konnten, die nicht selten langlebig waren.[6] In diesem Zusammenhang ist darauf hinzuweisen, daß man im Volksglauben auch Statuen von Athleten gerne eine machtgeladene Wirkung zuschrieb und durch Berührung die Übertragung ihrer Kräfte erhoffte. So zeigt der berühmte ‚Thermenboxer' **(Abb. 52)** an einigen Fingern und Zehen sowie an der Faustwehr deutliche Spuren von Betastung,[7] die aus der Antike stammen müssen und ganz ähnlich bei zahlreichen Statuen von Heiligen auch in unseren Gotteshäusern anzutreffend sind.[8] Ihre Volkstümlichkeit spiegelt sich auch in der Gepflogenheit, sie mit Beinamen zu versehen, die meist einer speziellen sportlichen Eigenheit abgeschaut waren.[9]

---

1 Moretti, *Olympionikai*; Idem, in: MGR 12 (1987) 67–91; Decker, in: Waitkus (Hg.), *Festschrift Kurth*, 67–81 (67 n. 2).

2 Maróti, *Delphoi pythia*; Kostouros, *Νεμέων ἄθλων διήγησις* II: Νεμεᾶται; Farrington, *Isthmionikai*. Auch die Sieger aus Athen sind erfaßt: Kyle, *Athletics in Athens*, 194–228. Zu einem Projekt, die Periodoniken betreffend, siehe Uzunaslan/Wallner, in: Strobel (Hg.), *Geschichte der Antike*, 121–128.

3 Pleket, in: MNIR 36 (1974) 57–87, wiederabgedruckt in: Nikephoros 14 (2001) 157–212; vgl. Idem, in: Stadion 1 (1975) 49–89; Idem, in: Coulson/Kyrieleis (Hg.), *Olympic Games*, 147–152. In vielem eine Gegenposition nimmt ein Young, *Olympic Myth*, passim.

4 Vgl. Weiler, in: Grazer Beiträge 12/13 (1985/1986) 35–63.

5 Zum Thema allgemein Rieder, *Glanzleistungen*.

6 Boehringer, in: REA 81 (1979) 5–18.

7 Himmelmann, *Herrscher und Athlet*, 20, 22, 150 f.

8 Das berühmteste Beispiel dürfte die bronzene Petrusstatue (13 Jh., Arnolfo di Cambio zugeschrieben) in der Basilika des Vatikan darstellen, deren Zehen völlig abgerieben sind.

9 Decker, in: Mauritsch/Petermandl et al. (Hg.), *Festschrift Weiler*, 161–173; Gouw, *Atleten*, 205–218.

In vielen Fällen lassen sich Wirklichkeit und Legende nur schwer voneinander trennen. Und oft ist allein die kulturkritische Einstellung eines moralisierenden Autors das Motiv, die Großtaten der Athleten der guten alten Zeit zu überhöhen, um den Zeitgenossen um so kontrastreicher ihre eigene angebliche Durchschnittlichkeit vor Augen zu führen.[10]

Im folgenden werden einige berühmte Athleten des Altertums, geordnet nach chronologischen Gesichtspunkten, kurz vorgestellt.

Milon von Kroton

Mit Milon aus der Stadt Kroton (gegründet im 8. Jh. v. Chr. von achäischen Siedlern, heute Crotone), der damals bedeutendsten Griechenstadt in Unteritalien, ist der vielleicht berühmteste Athlet der Antike benannt.[11] Als Ringkämpfer beherrschte er seine Disziplin in der zweiten Hälfte des 6. Jh. v. Chr. nahezu eine Generation lang. Von seinen Siegen sind nur diejenigen bekannt, die er an den panhellenischen Agonen errang: 6 in Olympia, 7 in Delphi, 10 am Isthmos von Korinth und 9 in Nemea. Erfolge an diesen Orten krönen bekanntlich jede Athletenlaufbahn. Es ist schier unvorstellbar, daß er diesen Turnus sechsmal gewann und damit als sechsfacher Periodonike unübertroffen in die Annalen der Sportgeschichte eingegangen ist. Er war übrigens der erste Periodonike überhaupt.[12] Eine siebente Vollendung dieses Erfolges verwehrte ihm sein wesentlich jüngerer Landsmann Timasitheos, gegen den er wahrscheinlich im olympischen Endkampf nur ein Unentschieden erreichte.[13]

Ein Athlet seines Formates bot der Nachwelt reichlich Stoff für legendäre Ausschmückung. Abgesehen von riesenhaftem Wuchs, der wegen des Fehlens von Gewichtsklassen im Prinzip bei allen antiken Kampfsportlern vorauszusetzen ist, wurden ihm erstaunliche Kraftproben und ungeheure Eßleistungen angedichtet. So soll er sich einen vierjährigen Stier auf die Schulter geladen haben, ihn mit einem Schlag zwischen die Hörner getötet und an einem Stück verspeist haben – ein gutes, wenn auch maßlos übertriebenes Beispiel für die überwiegend aus fleischlicher Nahrung bestehende Zwangsdiät *(Anankophagia)* antiker Schwerathleten. Ihm wird auch zugetraut, seine bronzene Siegerstatue eigenhändig in die Altis von Olympia getragen zu haben. Daß in diesen Legenden ein Körnchen Wahrheit ist, lehrt die verfälschte Überlieferung zu seiner Siegerstatue. Nicht anders denn als Umdeutung dieser Ehrenstatue, die sein Landsmann Dameas gefertigt hat, ist nämlich der Zug der Milon-Legende zu verstehen, den Pausanias (VI 14,6–7) berichtet:

> *Einen Granatapfel hielt er so, daß er ihn weder einem anderen trotz aller Anstrengung überließ noch selbst ihn dabei durch Druck beschädigte; und auf einem eingeölten Diskos stehend machte er alle zum Gespött, die ihn angriffen und von dem Diskos stoßen wollten. Er leistete sich auch noch folgende Schaustücke: Er band sich eine Darmsaite wie eine Binde oder einen Kranz um die Stirn. Dann hielt er den Atem zwischen den Lippen an und füllte die Adern am Kopf mit Blut und zerriß mit der Kraft der Adern die Saite. Erzählt wird auch, wie er von seinem rechten Arm den Teil bis zum Ellbogen von der Schulter an seiner Seite hielt, den Teil vom*

10 Weiler, in: Bachleitner/Redl (Hg.), *Festschrift Niedermann*, 97–105.

11 Die antike Hauptquelle: Pausanias VI 14,5–8. Die wichtigste moderne Sekundärliteratur: Moretti, *Olympionikai,* Nr. 122; Knab, *Periodoniken,* Nr. 1; Ebert, *Siegerepigramme,* Nr. 61; Young, *Olympic Myth,* 153 f.; Poliakoff, *Kampfsport,* 162–165; Visa-Ondarçuhu, in: Billault (Hg.), *Héros et voyageurs,* 33–62; Mann, *Athlet und Polis,* bes. 175–177.

12 Der Titel wurde allerdings erst im 3. Jh. v. Chr. eingeführt: Maróti, in: Acta Antiqua 31 (1985/1988) 335–355.

13 Pausanias VI 14,5. Zur Diskussion der unklaren Überlieferung Maddoli, in: PP 47 (1992) 46–49.

Ellbogen an gerade ausstreckte und von den Fingern den Daumen nach oben streckte und die übrigen der Reihe nach aufeinanderliegend ausstreckte; den kleinsten Finger, der unten war, konnte keiner bewegen. (Übersetzung E. Meyer/F. Eckstein)

H.-V. Herrmann hat überzeugend dargetan, daß der Boden Olympias Reste der Siegerstatue des Milon freigegeben hat, auf die die antike Überlieferung zutrifft.[14] Der eingeölte Diskus ist nichts anderes als die runde Basis des Standbildes, die angebliche Darmsaite entpuppt sich als ein von der Witterung seiner Blätter beraubter Olivenkranz; die ausgestreckte Hand gehört zum Gestus des Ringers, der bei Kampfbeginn nach einem Griffansatz späht und Angriffe antäuscht.

Antiken Quellen nach sei er Schwiegervater des berühmten Arztes Demokedes gewesen.[15] Das wird in der Sekundärliteratur unterschiedlich beurteilt. Manche Interpreten schließen daraus auf seine niedere Herkunft,[16] während andere in ihm einen Vertreter der Aristokratie sehen.[17] Ch. Mann hat als Argument für die zweite These schlüssig angeführt, daß Demokedes dem Perserkönig Dareios mit seiner Heirat seine aufstrebende soziale Mobilität beweisen wollte.[18] Dem entspricht auch die Überlieferung (Diodor XII 9,5–6), die allerdings ein halbes Jahrtausend später datiert, daß Milon das Heer seiner Heimatstadt als Vorkämpfer angeführt habe, als diese mit dem Nachbarn Sybaris (511/510 v. Chr.) im Kampf lag. Er soll im Schmuck seiner olympischen Siegeskränze und wie Herakles, bekleidet mit Löwenhaut und Keule, die Gegner zum Weichen gebracht haben.

Es werden ihm Verbindungen zum Kreis des Philosophen Pythagoras nachgesagt; entsprechende Nachrichten gehen bis zu der Behauptung, er habe eine Tochter des Philosophen geehelicht; auch wurde kolportiert, Pythagoras sei in seinem Hause gestorben.[19] Ein Athlet seines Zuschnittes konnte nicht eines normalen Todes sterben. Die am meisten verbreitete Version seiner Todesumstände läßt ihn durch Wölfe umkommen, nachdem seine Hände von einem zurückschnellenden klaffenden Baumstamm fixiert worden waren.[20]

Theogenes von Thasos

Der von der nordgriechischen Insel Thasos stammende Kampfsportler Theogenes[21] ist einer der erfolgreichsten Athleten der Antike. Schwankende Angaben über seine Gesamtsiege (zwischen 1200 und 1400) dürften durch die Zahl 1300, die eine Siegerinschrift in Delphi bewahrt, ein wohl annehmbares Mittel erfahren.[22] Er war auf den Faustkampf und das Pankration spezialisiert, wie Kampfsportler sich häufig in zwei oder gar allen drei Disziplinen dieser Sparte betätigten.[23] Seine

14 HERRMANN, *Olympia,* 116 f.; IDEM, in: Nikephoros 1 (1988) 144 n. 39; GHISELLINI, in: Xenia 16 (1988) 43–52; RAUSA, *Immagine del vincitore,* 82 f.

15 Herodot III 137,5.

16 Die Literatur bei MANN, *Athlet und Polis,* 175 n. 542; ergänze YOUNG, *Olympic Myth,* 153 f.

17 So vor allem PLEKET, in: MNIR 36 (1974) 63 = Nikephoros 14 (2001) 172 f.; IDEM, in: Klio 80 (1998) 318.

18 MANN, *Athlet und Polis,* 175.

19 POLIAKOFF, *Kampfsport,* 164 f.

20 Pausanias VI 14,8. – In der überlebensgroßen Statuengruppe von P. Puget ‚Milon von Kroton' (1672–1683) im Louvre ist es ein Löwe, der über den Hilflosen herfällt: CEYSSON/BRESC-BAUTIER et al., *Skulptur* III, 196 f.

21 So inschriftlich bezeugt (neben Theougenes); Pausanias VI 11,2 nennt ihn Theagenes. Wir bevorzugen im folgenden die inschriftlich bezeugte Namensform.

22 EBERT, *Siegerepigramme,* Nr. 37.

23 So hat etwa der Thebaner Kleitomachos im Jahre 212 v. Chr. bei den Isthmien an einem einzigen Tage Siege im Ringen, Faustkampf und Pankration davongetragen: EBERT, *Siegerepigramme,* Nr. 67, vgl. jetzt die Kritik von STRASSER, in: BCH 127 (2003) 280 n. 75.

größten Erfolge errang Theogenes in Olympia, wo er zuerst im Jahre 480 v. Chr. im Faustkampf siegte und vier Jahre später im Pankration der Beste war.[24] Dieser Doppelsieg in Olympia bedeutete dem Athleten so viel, daß er seinen Sohn *Disolympios* (‚zweifach Olympischer') nannte.[25] Der sportliche Wert des olympischen Faustkampfsieges läßt sich daran ermessen, daß er die Siegesserie des dreifachen Olympiasiegers Euthymos von Lokroi[26] (Unteritalien) unterbrach. Dieser Erfolg war jedoch so mühsam, daß er vor Erschöpfung von der Teilnahme am Pankration, zu dem er sich angemeldet hatte, absah.[27] Unklar bleiben die Gründe, warum ihn die Eleer daraufhin mit einer hohen Geldstrafe belegten. Vermutlich besteht ein Zusammenhang mit der auffälligen Tatsache, daß er nach seinem Sieg über den epizephyrischen Lokrer in Olympia nicht mehr gegen diesen im Faustkampf antrat, so daß dieser 476 und 472 v. Chr. seinen zweiten und dritten Sieg in Olympia erreichte. Einen Doppelsieg in zwei verschiedenen Disziplinen, in Olympia keinem anderen Athleten vor ihm zugefallen, hatte Theogenes zuvor bereits am Isthmos von Korinth erreicht, wo ihm dieses Kunststück sogar am gleichen Tag gelungen war. Insgesamt siegte er zehnmal bei den Isthmien, davon neunmal im Faustkampf. Der Ruf seiner Unbesiegbarkeit in dieser Disziplin war so groß, daß er einen seiner drei pythischen Siege im Faustkampf kampflos davontrug, ein zuvor in mehr als 100 Jahren Festspieltradition dort nicht erlebtes, unerhörtes Ereignis. Seine wichtigsten Siege werden abgerundet durch neun Erfolge im Faustkampf in Nemea. Trotzdem war er ‚nur' zweifacher Periodonike, weil er nach seinem Sieg über Euthymos Olympia als Ort seiner faustkämpferischen Karriere mied. Ganze 22 Jahre blieb er im Faustkampf unbesiegt, eine einmalige Leistung, die auch im modernen Boxsport bisher unerreicht blieb. Theogenes dominierte seine Spezialdisziplin absolut und wird manchen hoffnungsvollen Konkurrenten schier zur Verzweiflung gebracht haben.

Unter dem Eindruck der Länge seiner Karriere, die sich auch auf einige Jahre in der Jugendklasse erstreckt haben wird, gewinnt die Zahl seiner Siege an Glaubwürdigkeit. Im Durchschnitt betrug sie 59 Siege im Jahr, wenn man die 22 Jahre, in denen er im Faustkampf unbesiegt blieb, als Gesamtlänge seiner Karriere ansieht. Dabei ist in Rechnung zu stellen, daß Theogenes auch als Pankratiast antrat und daß die Kampfsportarten nach dem K.o.-System in Turnierform ausgetragen wurden. Der Sieger des Endkampfes hatte in den Vorkämpfen bereits mehrere Siege erstritten. Wieviele es waren, hing von der Anzahl der Teilnehmer ab, über die in der Regel nicht viel ausgesagt wird. Die Siegerinschrift des Olympiasiegers Xenokles aus dem arkadischen Mainalos zählt einschließlich des Endkampfes vier Einzelsiege für den Gewinner des olympischen Ringkampfturniers.[28] Bei lokalen Agonen ist vielleicht mit einem größeren Teilnehmerfeld zu rechnen und sind wohl eher fünf siegreich bestandene Einzelkämpfe für den Sieger anzunehmen. Das ergäbe für den Thasier die Teilnahme an ungefähr 12 Agonen im Jahr. Wegen der Einstellung des Schiffsverkehrs im Winterhalbjahr und aus Gründen der Witterung wird eine Wettkampfsaison kaum länger als sechs Monate gedauert haben, so daß Theogenes im Schnitt alle zwei Wochen an einen Agon teilgenommen hätte. Bei einem Ausnahmeathleten wie ihm, der viele Kämpfe kampflos oder wegen Kampfunfähigkeit seines Gegners nach kurzer Zeit gewonnen haben dürfte, ist das selbst für die

24 Moretti, *Olympionikai*, 201, 215.

25 Ebert, *Siegerepigramme*, 122 n.1.

26 Moretti, *Olympionikai*, Nr. 191, 214, 227.

27 Pausanias VI 6,6.

28 Ebert, *Siegerepigramme*, Nr. 32. – Zu Teilnehmerfeldern bei antiken Wettkämpfen grundsätzlich Crowther, in: Nikephoros 6 (1993) 39–52, wiederabgedruckt in: Idem, *Athletika*, 171–182.

risikoreichen und verletzungsträchtigen Kampfsportarten Faustkampf und Pankration denkbar. Der Ruhm seiner 1300 Siege schließt auch Siege im Langlauf ein, darunter bei dem angesehenen Fest der *Hekatomboia* in Argos.[29]

Während seiner aktiven Zeit, d.h. mehr als zwei Jahrzehnte lang, war Theogenes im Sommerhalbjahr ausschließlich als Wettkämpfer unterwegs, der von einem Agon zum anderen zog. Es ist zu vermuten, daß ihn dabei eine Begleitperson unterstützte, die ihn von den Sorgen für seinen täglichen Lebensunterhalt befreite, damit er sich ganz Training und Wettkampf hingeben konnte.[30] Im Idealfall könnte es sein Trainer gewesen sein, wie es Philostratos (Gymnastikos 20 f., 23) in anderen Fällen als gegeben schildert.

Die außergewöhnlichen athletischen Erfolge ebneten dem Schwerathleten anscheinend eine politische Karriere in seiner Heimat, nachdem er sich vom aktiven Sport zurückgezogen hatte, und führten dazu, daß er nach dem Tode kultische Verehrung genoß, deren Spuren sich archäologisch auf Thasos nachweisen lassen.[31] Nach Pausanias (VI 11,6 ff.) hat eine stürzende Statue des Theogenes, die auf seiner Heimatinsel aufgestellt war, nach seinem Tode einen Mann erschlagen, welcher sie aus persönlicher Gegnerschaft zu dem Lebenden ausgepeitscht habe. Die daraufhin gesetzlich verfügte Versenkung ins Meer habe eine Mißernte bewirkt, die auf Geheiß des Orakels von Delphi nur durch die Wiederaufstellung des Standbildes und Einrichtung eines Kultes zu beheben war. Im Zuge der Einsetzung dieses Kultes am Anfang des 4. Jh. v. Chr. dürfte auch das Denkmal in Delphi mit der Inschrift, welche die wesentlichen Stationen seiner Athletenlaufbahn verewigt, erneuert worden sein:

> *Noch niemals hat Thasos einen solchen Mann (wie dich) hervorgebracht, Sohn des Timoxenos, und von den Hellenen hast du dir erworben bei weitem den größten Ruhm ausdauernder Stärke. Denn noch nie wurde in Olympia je ein und derselbe Mann bekränzt sowohl im Faustkampf als auch im Pankration. Und in Pytho fiel dir von drei Kränzen einer kampflos zu: dies hat kein anderer sterblicher Mann (je) geschafft; an neun Isthmiaden (gelangen dir) zehn Siege, denn zweimal rief (dich) der Herold aus im (Zuschauer-)rund, (dich), dem es als einzigem unter den Erdenbewohnern (dort) am selbigen Tage zu siegen vergönnt war im Faustkampf und Pankration; neunmal auch (hast du) in Nemea (gesiegt), Theogenes. Deine persönlichen Siege (belaufen sich auf) eintausenddreihundert, und niemals – so verkünde ich – bist du in zweiundzwanzig Jahren im Faustkampf besiegt worden.*[32]

Es ist nicht verwunderlich, daß in der Antike die Vaterschaft eines solchen Athleten Herakles, dem Prototyp des Schwerathleten, angedichtet wurde. Zu dieser Auffassung könnte eine mögliche Priesterschaft des wirklichen Vaters im Dienste des Herakleskultes beigetragen haben, wie sie von Pausanias (VI 11,2) behauptet wird.

---

29 Ebert, *Siegerepigramme*, Nr. 37, S. 119 Faksimile; vgl. auch Pausanias VI 11,5: Sieg im Langlauf in Phthia, Heimat des ‚schnellfüßigen' Achilleus.

30 Das Verhältnis zu einer solchen Begleitperson konnte so eng werden wie im Falle des Perodoniken (?) Markos Aurelios Ammonios aus Hermopolis, der sie im eigenen Familiengrab beisetzen ließ: Decker, *Sport am Nil*, Dok. 39. Auch die Ehefrau konnte einen Athleten auf seinen Wettkampfreisen begleiten: Decker, *o.c.*, Dok. 38, Z. 15–19.

31 Ebert, *Siegerepigramme*, 122 f.

32 Ebert, *Siegerepigramme*, 118 (Übersetzung J. Ebert); ein Photo des Inschriftensteins Tf. VII Abb. 16; Kaltsas, *Agon*, Nr. 201.

Diagoras von Rhodos und seine Nachkommen

Diagoras, von vornehmer Geburt, war der Stammvater der rhodischen Familie, die drei Generationen lang in den Kampfsportarten Erfolge auf höchstem Niveau feierte.[33] Herkunft und sportlicher Ruhm erklären, daß ihm göttliche Abstammung nachgesagt wird, wobei je nach Version Hermes oder Herakles, beide als Wettkampfpatrone anerkannt, als Vater galten.

Er siegte in Olympia bei den 79. Olympien (464 v. Chr.) im Faustkampf. Aus der von Pindar verfaßten Siegesode (Olympien 7), die in goldenen Lettern am Tempel der Athena in Lindos angebracht gewesen sei,[34] erfährt man, daß Diagoras Periodonike war und zudem außer auf seiner Heimatinsel Rhodos in Athen, Argos, Arkadien, Boiotien, Pellene, Megara und auf Aigina Wettkämpfe siegreich bestritten hat; der Dichter rühmt auch seine Körpergröße. Der glücklichste Tag in seinem Leben war zweifellos im Sommer des Jahres 448 v. Chr., als seine beiden erstgeborenen Söhne Damagetos als Pankratiast und Akusilaos als Faustkämpfer am selben Tage Olympiasieger wurden und den stolzen Vater auf ihre Schultern hoben. *‚Stirb, Diagoras, denn zum Himmel kannst Du nicht auffahren!'* soll ihm ein Zuschauer, der ein Gespür für die Ausnahmesituation hatte, zugerufen haben. **(Abb. 53)** Einer anderen Überlieferung zufolge sei er im Augenblick des höchsten Glückes tatsächlich in Olympia gestorben.[35] Überragender Athlet der Sippe war sein jüngster Sohn Dorieus, der als Pankratiast dreimal Periodonike und damit einer der erfolgreichsten Athleten des Altertums war. Seine drei olympischen Siege fallen in die Jahre 432, 428 und 424 v. Chr.[36]

Die politische Tätigkeit des Dorieus zur Zeit des Peloponnesischen Krieges war nicht unbedeutend.[37] Trotz eines wegen Aufstandes auf seiner Heimatinsel gegen ihn verhängten Todesurteils schonte ihn Athen, nachdem er, mit eigenen Schiffen auf der Seite Spartas kämpfend, bei einer Seeschlacht in ihre Hände fiel. Sein Ruhm und Ansehen galten hingegen den Spartanern später nichts. Sie richteten ihn nach dem Peloponnesischen Kriege als den vermeintlich am Abfall von Rhodos Schuldigen hin.

Die Töchter des Diagoras, Pherenike und Kallipateira, waren Mütter weiterer Olympiasieger, die ihre Erfolge wahrscheinlich beide bei den 94. Olympien des Jahres 404 v. Chr. feierten: Peisirodos, Sohn der Pherenike, in der Knabenklasse, Eukles, Sohn der Kallipateira, in der Klasse der Männer, beide als Faustkämpfer.

---

33 Die zentralen antiken Quellen: Pausanias VI 7,1–7 sowie bei Moretti, *Olympionikai,* Nr. 252; 287, 300; 299; 322, 326, 330, 354; 356. Herrmann, in: Nikephoros 1 (1988) 119–183, Nr. 55, 62, 63, 64, 65, 66. Poliakoff, *Kampfsport,* 165–167; Miller, *Greek Athletics,* 235–237; Kyle, *Sport and Spectacle,* 201 f., 222–224.

34 Gorgon von Rhodos, fr. 18 J. Vgl. dazu Neumann-Hartmann, *Epinikien,* 210 f.

35 Gellius, Noctes Atticae III 15.

36 Knab, *Periodoniken,* Nr. 13.

37 Quellen bei Poliakoff, *Kampfsport,* 243 n. 7.

Die wichtigsten Sportsiege des Diagoras und seiner Nachkommen

		Diagoras Faustkämpfer Periodonike Olympiasieg 464		
Damagetos Pankratiast Olympiasiege 452, 448	*Akusilaos* Faustkämpfer Olympiasieg 448	*Dorieus* Pankratiast Periodonike (3 x) Olympiasiege 432, 428, 424	*Pherenike*	*Kallipateira*
			Peisirodos Faustkämpfer Olympiasieg 404? (Knaben)	*Eukles* Faustkämpfer Olympiasieg 404? (Männer)

Über Kallipateira wird berichtet, sie habe die *Hellanodiken* unter Hinweis auf die Siegerstatuen ihres Vaters und ihrer Brüder bewegen können, ihr das Zuschauen bei Olympischen Spielen, das bekanntlich verheirateten Frauen bei Todesstrafe verboten war, zu erlauben. Noch mehr Kolorit enthält eine andere Version, die wechselweise von beiden Frauen kursierte und den Wunsch der Mutter, ihren Sohn bei seinem olympischen Erfolg unmittelbar zu erleben, durch List in Erfüllung gehen läßt. Die als Trainer verkleidete Frau sei entdeckt worden, als sie ihren siegreichen Sohn beglückwünschen wollte. Auch hier ließen sich die *Hellanodiken* aus Achtung vor dem sportlichen Ruhm der Familie angeblich erweichen, die Strafe auszusetzen. Allerdings hätten sie aufgrund des Vorfalles verfügt, daß in Zukunft auch die Trainer wie die Athleten nackt aufzutreten hätten.[38]

Die Siegerstatuen dieser äußerst erfolgreichen Athletenfamilie waren in Olympia zu einer Gruppe komponiert; von ihren Sockeln sind noch Teile erhalten, die auch Reste der Inschriften tragen.[39] Im Hinblick auf die Söhne des Diagoras, die drei sportlichen Brüder Damagetos, Akusilaos und Dorieus, ist am ehesten das delphische Weihgeschenk des Daochos aus Pharsala mit den Statuen der drei Brüder Hagias, Telemachos und Agelaos vergleichbar; die beiden zuerst Genannten waren als Pankratiast bzw. Ringkämpfer jeweils Periodonike, während der jüngere Bruder Agelaos einen Sieg im Stadionlauf in der Knabenklasse bei den Pythien errang.[40]

Poulydamas von Skotoussa

Poulydamas aus Skotousa in Thessalien war – gemessen an seinen sportlichen Erfolgen – keiner der ganz großen Athleten. Wegen seiner Kraft und Stärke war er aber weltberühmt, und es waren

38 Pausanias VI 7,2 f.; V 6,7–9.
39 IvO 151–153, 159.
40 Ebert, *Siegerepigramme*, Nr. 43–45.

zahlreiche Geschichten über ihn in Umlauf.[41] Er war Olympiasieger im Pankration der 93. Olympien (408 v. Chr.), scheiterte jedoch vier Jahre später an Promachos.[42] Von riesigem Wuchs, soll er sogar Herakles übertroffen haben; anstatt wie dieser mit der Keule soll er ganz ohne Waffe einen Löwen im Olymp getötet haben. Ein Stier konnte sich nur unter Zurücklassung eines Hufes aus seinem Griff befreien, und er vermochte angeblich mit einer Hand einen fahrenden Wagen zum Stehen zu bringen.

Sein Ruf drang bis an den persischen Königshof, und Dareios II. (424–404 v. Chr.) lud ihn zu einer Probe seiner Stärke nach Susa. Dort tötete er in Gegenwart des Königs drei ‚Unsterbliche' (Soldaten aus der Leibwache), obwohl er waffenlos gegen sie, die in voller Rüstung standen, angetreten war. Die olympische Siegerstatue wurde von Lysipp geschaffen.[43] Teile des Sockels mit Darstellung der Löwenepisode und des Kampfes am Perserhof sowie Resten der Siegerinschrift sind erhalten geblieben.[44] **(Abb. 54 a/b)**

Ähnlich wie der Statue des Theogenes wurde auch derjenigen des Poulydamas Heilkraft (bei Fieber) zugeschrieben.[45] Wie bei anderen Sportheroen waren seine Todesumstände außergewöhnlich: Er kam in einer Höhle ums Leben, die er, als sie einzustürzen drohte, anfangs zur Rettung seiner Freunde abstützen konnte. In Erinnerung an diesen gewaltigen Athleten trägt heute ein kleiner Flecken in der Nähe seines Heimatortes Skotoussa seinen Namen: Πολυδάμειο.

Leonidas von Rhodos

Die bisher vorgestellten Athleten hatten eines gemeinsam: sie waren Kampfsportler. Aber auch in anderen Disziplinen ließ sich Ruhm gewinnen. **(Abb. 55)** Der erfolgreichste antike Läufer war Leonidas von Rhodos. Er beherrschte die Kurz- und Mittelstrecken in Olympia von 164 bis 152 v. Chr. absolut, d.h. er gewann je viermal den Stadionlauf, den Doppellauf und den Waffenlauf und brachte es so auf insgesamt 12 Siege. Neben Phanas von Pellene[46] und Astylos von Kroton[47] war er einer der wenigen, der den Ehrentitel τριαστῆς (Sieger in drei Laufwettbewerben im Verlaufe eines olympischen Festes) führen konnte.[48] Wir kennen andere Läufer, die Periodoniken waren, was Leonidas nicht gelang: Dromeus – *nomen est omen* – von Stymphalos (Dolichos, zweifach),[49] Dandis von Argos,[50] Ergoteles aus Kreta bzw. Himera (Dolichos, zweifach),[51] Dikon von Kaulonia (Stadion, dreifach),[52] Pythagoras von Magnesia (Stadion, zweifach),[53] Philinos von Kos (Lauf, vierfach),[54] Damatrios von Tegea (Dolichos),[55] Unbekannter (Waffenlauf, dreifach),[56]

---

41 Pausanias VI 5,4 ff.; Moretti, *Olympionikai*, Nr. 348; zuletzt zu ihm Kyrieleis, *Olympia*, 127 f.
42 Moretti, *Olympionikai*, Nr. 355.
43 Pausanias VI 5,1.
44 Treu, *Olympia* III, 209 ff. und Tf. LV 1–3.
45 Lukian, Deorum Concilium XII.
46 Moretti, *Olympionikai*, Nr. 142–144.
47 Moretti, *Olympionikai*, Nr. 196–198.
48 Jüthner/Brein, *Leibesübungen* II 1, 94.
49 Knab, *Periodoniken*, Nr. 3.
50 Knab, *Periodoniken*, Nr. 6; Ebert, *Siegerepigramme*, Nr. 15.
51 Knab, *Periodoniken*, Nr. 7; Ebert, *Siegerepigramme*, Nr. 20.
52 Knab, *Periodoniken*, Nr. 14.
53 Knab, *Periodoniken*, Nr. 20.
54 Knab, *Periodoniken*, Nr. 23.
55 Knab, *Periodoniken*, Nr. 25.
56 Knab, *Periodoniken*, Nr. 37.

T. Flavius Metrobios von Iasos in Karien (Dolichos),[57] Mnasiboulos von Elatea (Stadion, Waffenlauf).[58]

Hohe Berühmtheit erlangte auch der Läufer Ladas, der vermutlich aus Argos stammte und um die Mitte des 5. Jh. v. Chr. in Olympia siegte. Die von Myron, dem Meister des bekannten Diskobols, geschaffene Siegerstatue, die später nach Rom gekommen zu sein scheint, war eine der bekanntesten antiken Sportplastiken. Sie muß den fruchtbaren Moment in unvergleichlicher Weise getroffen haben und soll den Athleten gleichsam schwebend und doch kraftvoll abgebildet haben.[59] Vielleicht glich sie in dieser Hinsicht einer späthellenistischen Siegerstatue eines Läufers, die nahezu unversehrt aus dem Meer vor Kyme geborgen wurde und im Museum von Izmir aufgestellt ist.[60]

M. Aurelios Asklepiades

Die Beispiele von ausgewählten Athleten der Spitzenklasse sollen mit M. Aurelios Asklepiades aus Alexandria abgeschlossen werden. Dieser Pankratiast lebte in der römischen Kaiserzeit, als die Agonistik eine neue Blütezeit erfuhr. Seine wichtigsten Erfolge sind in einer Inschrift zusammengestellt, die in Rom gefunden wurde.[61] Der Text ist in griechisch abgefaßt, der traditionellen Athletensprache, die selbst in der Hauptstadt des *Imperium Romanum* mit großer Selbstverständlichkeit benutzt wird. Als Sohn eines ebenfalls sportlichen Vaters tritt er auch nach seiner aktiven Zeit in dessen Fußstapfen und übernimmt hohe und gutdotierte Ämter, mit denen man ehemalige herausragende Athleten zu versorgen pflegte. Bemerkenswert ist die Häufung von Termini aus der Sportsprache, die jeweils eine andere sportliche Spezialität des Athleten ausdrücken. Von seinen Siegen werden anfangs die höher eingestuften, an Kranzagonen errungenen genannt, wobei eine Reihenfolge nach dem Ansehen der Sportfeste eingehalten wird. Die mit Geldpreisen versehenen Agone sind sodann nach geographischen Gesichtspunkten aufgezählt. Von besonderem Interesse ist die abschließende Mitteilung, daß dem Athleten lange nach Rückzug vom aktiven Sport im Alter von 39 Jahren ein erfolgreiches Comeback gelingt. Die Inschrift wird im folgenden in ihrer ganzen Länge übersetzt. Nach dem Urteil von L. Moretti ist sie „certo la piu interessante tra tutte le iscrizioni agonistiche“.[62] Die formale Gliederung der deutschen Übersetzung wurde der besseren Übersicht wegen gewählt; sie entspricht nicht dem ungegliederten griechischen Original.

> *Des M. Aurelios Demetrios, Oberpriester des Athletendachverbandes, lebenslang Xystarch und Aufseher der Kaiserlichen Bäder (in Rom), Bürger von Alexandria und Hermopolis, als Pankratiast* Periodonike, *Ringer, Ausnahmeathlet, Sohn: Markos Aurelios Asklepiades, auch Hermodoros genannt, Vorsteher der* Neokoren *des großen Sarapis, Oberpriester des Athletendachverbandes, lebenslang* Xystarch *und Aufseher der Kaiserlichen Bäder (in Rom), Bürger von Alexandria, Hermopolis, Puteoli, Neapolis und Elis und Ratsherr von Athen und vieler anderer Städte Bürger und Ratsherr. Als Pankratiast unbesiegter* Periodonike; *nie (aus dem*

57 Knab, *Periodoniken*, Nr. 41; IAG, Nr. 66.

58 Knab, *Periodoniken*, Nr. 50.

59 Moretti, *Olympionikai*, Nr. 260. Zu seiner Statue Herrmann, in: Nikephoros 1 (1988) 138 n. 7.

60 Uçankuş, in: Nikephoros 2 (1989) 135–156; Akurgal, *Kunst in der Türkei*, Abb. 227. Siehe unsere **Abb. 26.**

61 IAG, Nr. 79; IGUR I, Nr. 240; ausführliche Behandlung durch Strasser, in: BCH 128/129 (2004/2005) 421–468; zuletzt zum Text Decker, *Sport am Nil*, Dok. 42.

62 IAG, S. 231.

Kampfplatz) herausgestoßen; unherausgefordert; siegreich in allen Agonen, für die ich mich eingeschrieben habe; weder daß (ich selbst) andere herausgefordert hätte noch daß ein anderer es gewagt hätte, mich herauszufordern; nie gemeinsam bekränzt; nie (den Kampfplatz) verlassen; nie verweigert; nie den Kampf aufgegeben; nie durch kaiserliche Gunst einen Kampf gewonnen; nie in einem neuen Agon siegreich, sondern bei allen Agonen, zu denen ich mich eingeschrieben habe, in den Kampfplätzen selbst bekränzt; bei allen Zulassungsprüfungen zu diesen (Agonen) immer qualifiziert.
Als Wettkämpfer angetreten in drei Ländern: Italien, Griechenland, Asien; siegreich in allen im folgenden aufgeführten Agonen im Pankration:
Olympien in Pisa an der 240. Olympiade (=181 n. Chr.);
Pythien in Delphi;
Isthmien 2 x;
Nemeen 2 x, beim zweiten Mal die Gegner zur Aufgabe gezwungen;
und den Schild der Hera in Argos;
Kapetolia in Rom 2 x, beim 2. Mal die Gegner nach der 1. Losrunde zur Aufgabe gezwungen;
Eusebeia in Puteoli 2 x, beim 2. Mal die Gegner nach der 2. Losrunde zur Aufgabe gezwungen;
Sebasta in Neapel <2 x>, beim 2. Mal die Gegner nach der 2. Losrunde zur Aufgabe gezwungen;
Aktia in Nikopolis 2 x, beim 2. Mal die Gegner zur Aufgabe gezwungen.
In Athen 5 x: Panathenaia, Olympia, Panhellenia, Hadrianeia 2 x.
In Smyrna 5 x: Asiatische Landtagsspiele 2 x, beim 2. Mal die Gegner zur Aufgabe gezwungen, ebenfalls in Smyrna Olympia und Olympia Hadrianeia.
In Pergamon Augousteia 3 x, beim 2. Mal die Gegner von Anfang an zur Aufgabe gezwungen, beim 3. Mal die Gegner nach der 1. Losrunde zur Aufgabe gezwungen.
In Ephesos 3 x: Hadrianeia, Olympia, Barbilleia, nach der 1. Losrunde die Gegner zur Aufgabe gezwungen.
In Epidauros Asklepieia.
In Rhodos Halieia.
Chrysantina in Sardeis.
Dazu noch zahlreiche Wertpreisagone, darunter Eurykleia in Sparta und (den Agon) in Mantineia und andere.
Nachdem ich insgesamt sechs Jahre aktiv war, zog ich mich im Alter von 25 Jahren vom Wettkampfsport zurück wegen der mir drohenden Gefahren und des Neides (der Konkurrenten). Und viele Jahre später nach dieser Pause war ich gezwungen, in meiner Heimatstadt Alexandria erneut anzutreten und siegte bei den (hiesigen) Olympien im Pankration bei der sechsten Olympiade (= 200 n. Chr.).

An der Inschrift wird die hohe Mobilität deutlich, zu der Spitzenathleten damals wie heute bereit sein mußten. M. Aurelios Asklepiades bereist dabei die traditionellen Wettkampforte Griechenlands sowie die in der Kaiserzeit neueingerichteten Agone in Italien und den großen kleinasiatischen Metropolen. Oftmals war er so überlegen, daß seine Gegner, die nach Siegen in den Vorrunden im weiteren Verlauf des Wettkampfes Gefahr liefen, ihm zugelost zu werden, den Kampf entmutigt aufgaben. In Smyrna bei den Asiatischen Landtagsspielen genügte einmal sein bloßes Erscheinen, daß die anderen Pankratiasten ihre Meldung zurückzogen und Asklepiades kampflos Sieger wurde. Man kann sich die Chronologie seiner Siege folgendermaßen vorstellen:[63]

181 n. Chr.	Olympien
182 n. Chr.	Kapetolia, Rom
	Eusebeia, Puteoli
	Sebasta, Neapolis
	Aktia, Nikopolis
183 n. Chr.	Pythien, Delphi (oder 187 n. Chr.)
186 n. Chr.	Kapetolia, Rom, 2. Mal
	Eusebeia, Puteoli, 2. Mal
	Sebasta, Neapolis, 2. Mal
	Aktia, Nikopolis, 2. Mal
187 n. Chr.	Ende der Karriere
200 n. Chr.	Olympien in Alexandria (Comeback)

Bei den in der Inschrift beschworenen Gefahren könnte es sich um die dauernden Reisen zur See handeln, bei denen Schiffsuntergänge drohten. Daß einem Athleten seiner Couleur der Neid der Konkurrenten entgegenschlug, ist nur zu verständlich. So zog er sich nach sechs aktiven Jahren im Alter von erst 25 Jahren vom Wettkampfsport zurück. Als die beiden Kaiser Septimius Severus und Caracalla die erste Hälfte des Jahres 200 in Alexandria verbrachten, dürften sie es gewesen sein, die sich eine Kostprobe von den Fähigkeiten des berühmten Athleten geben ließen, dessen letzter Kampf bereits 13 Jahre zurücklag.[64] Ganz freiwillig scheint dieser dazu nicht bereit gewesen zu sein, wie die Einschränkung ‚*gezwungenermaßen*' durchscheinen läßt.

2. Training

Der sportlichen Leistung im Wettkampf, sofern sie nicht improvisiert gefordert wird, geht naturgemäß eine Vorbereitung voraus, deren Umfang und Intensität für den Erfolg bestimmend sind. Die Wechselwirkung von sportlichem Erfolg und Trainingsanstrengung war bereits im pharaonischen Ägypten bekannt. Die erstaunlichen Leistungen ägyptischer Könige der 18. Dynastie im Bogenschießen lassen sich nicht ohne gezieltes Üben erklären.[65] Amenophis II., der beste aller Bogenschützen, hat als Knabe Unterricht in dieser Disziplin erhalten, wie eine Darstellung im Grab des Gaugrafen Min festhält.[66] Der Lehrer gibt dem Schüler genaue Übungsanweisungen. Die ägyptischen Ruderer, die sich in einer Regatta in Gegenwart Tutanchamuns messen, absolvieren zuvor ein Training.[67] Die Soldaten Taharkas beziehen sogar ein ‚Trainingslager' und unterziehen sich einem täglichen Lauftraining, bevor sie zu einem Wettlauf antreten, dessen Distanz um die 100 km betrug.[68]

63 Vgl. Strasser, in: BCH 128/129 (2004/2005) 444.
64 Strasser, in: BCH 128/129 (2004/2005) 442.
65 Decker, *Pharao und Sport*, 18–28. Man hat allerdings die ideologischen Voraussetzungen zu beachten, unter denen entsprechende Berichte abgefaßt worden sind.
66 Decker/Herb, *Bildatlas*, Dok. E 3.
67 Decker/Kurth, in: Nikephoros 12 (1999) 19–31; Decker, *Sport am Nil*, Dok. 12.
68 Decker, *Sport am Nil*, Dok. 16.

Aus der Sicht der Trainingswissenschaft verdient zweifellos die meiste Bewunderung, was die vorgriechische Zeit angeht, eine hethitische Trainingsanweisung für das Training von Wagenpferden, die der aus Mitanni stammende, in hethitischen Diensten stehende Pferdetrainer Kikkuli im 15. Jh. v. Chr. verfaßt hat, der Blütezeit der Wagenkulturen. Sie ist durch eine hethitische Abschrift aus dem 13. Jh. v. Chr. überliefert, deren Text jedoch nach dem 184. Tag der täglich vorgeschriebenen Trainingsmaßnahmen abbricht.[69] Wie in einem modernen Trainingshandbuch werden den Pferden wechselnde Tagesleistungen in unterschiedlichen Gangarten abverlangt, wobei durchaus Elemente des modernen Intervalltrainings aufblitzen. Erstaunlich genau sind auch die Angaben zu Art und Dosierung von Fütterung und Tränkung sowie zu pflegerischen Maßnahmen wie Waschen, Untertauchen und Abreiben der Tiere. Wenngleich der Kikkuli-Text vermutlich nicht das Training von Renngespannen vorsah,[70] sondern die Verbesserung der Kondition[71] und vielleicht auch der Technik von Wagenpferden,[72] die besonders im militärischen Kontext zur damaligen Zeit von Wichtigkeit waren, allgemein anzielte, bietet er einen Einblick in das Verständnis bereits der Menschen des 2. Jt. v. Chr. für Trainingsmaßnahmen, die man *mutatis mutandis* auch auf menschliche Athleten hätte anwenden können.

Bei den Griechen der Antike stand das sportliche Training in hoher Blüte. Das trainingswissenschaftliche Schrifttum war seit dem 5. Jh. v. Chr. weit verbreitet, wie wir aus der antiken Literatur wissen. Berühmte Autoren waren etwa Ikkos von Tarent, der als Olympiasieger im Fünfkampf des Jahres 444 v. Chr. über einschlägige athletische Erfahrung verfügte,[73] Herodikos von Selymbria und Theon von Alexandria.[74] Während diese Schriften der *Gymnasten*, wissenschaftlich ausgebildeter Sportlehrer, auf einem höheren theoretischen Niveau angesiedelt waren, existierte eine stärker der Trainingspraxis verpflichtete Gattung, deren Autoren *Paidotriben* waren, die Trainer im eigentlichen Sinne. Aus beruflichem Interesse behandelten auch Ärzte das Thema Training. Sie stellten es in den größeren Zusammenhang der Lebensführung und Hygiene. Nach dem Urteil einer der größten antiken Kapazitäten, des Galen von Pergamon (129 – ca. 216 n. Chr.), ursprünglich Gladiatorenarzt und später Leibarzt der römischen Kaiser Mark Aurel und Lucius Verus sowie Commodus, ist die *Gymnastik*, ein antiker Begriff, den wir hier mit ‚Training' wiedergeben, der Medizin eindeutig untergeordnet.[75] Vermutlich haben die *Gymnasten* und *Paidotriben* das Verhältnis der drei Personengruppen weniger hierarchisch gesehen; leider hat sich zu wenig ihrer schriftlichen Hinterlassenschaft erhalten, um die Vermutung zu bestätigen.

Welche Rolle ein *Gymnast* in seinem engeren Wirkungsfeld realiter gespielt hat, geht aus der in elegischen Distichen verfaßten Grabinschrift des Hermokrates hervor, der das Amt im ägyptischen Hermopolis im 2. Jh. n. Chr. ausgeübt hat und bereits mit 32 Jahren verstorben ist. Wenngleich das literarische Genre naturgemäß die Verdienste des Verstorbenen idealisiert, läßt sich ein starkes Engagement dieses Sportlehrers, der in einer Hochburg des griechischen Sports tätig war, mit entsprechenden Erfolgen in seinem Beruf destillieren.[76] Hermokrates behauptet, daß er seine Ringschüler viele Griffe und Durchhaltevermögen im Wettkampf lehrte (I 5 f.). Er rühmt sich über-

69 Kammenhuber, *Hippologia Hethitica*.

70 So hatte der erste Bearbeiter den Text noch verstanden: Potratz, *Pferdetext*.

71 So zuletzt Raulwing/Meyer, in: Burmeister/Endlich/Kloos (Red.), *Rad und Wagen*, 491–506.

72 Dies betont Starke, *Training von Streitwagenpferden*.

73 Pausanias VI 10,5; Moretti, *Olympionikai*, Nr. 307.

74 Jüthner, *Philostratos*, 8–26.

75 Zu Galen siehe zusammenfassend Nutton, in: DNP 4 (1998) 748–756.

76 Bernand, *Inscriptions métriques*, Nr. 22.

dies, den Epheben beigebracht zu haben, in Wettkämpfen *‚zu bestehen, alle zu besiegen und nicht zu Boden zu fallen'* (II 7 f.). Mit seiner Trainingskunst hat er viele Bürger von Hermopolis und die Epheben der Stadt zu Siegern gemacht (III 1–3).

Durch einen glücklichen Umstand ist wenigstens eine einzige trainingswissenschaftliche Schrift aus der griechischen Antike überliefert; die Handschrift wurde erst um die Mitte des 19. Jh. entdeckt. Ihr Autor, der mittlere Philostratos, gehört der berühmten Sophistenfamilie der fortgeschrittenen römischen Kaiserzeit aus Lemnos an, ist also in Wirklichkeit kein Fachmann, sondern steht in der Tradition solcher Philosophen wie Platon und Aristoteles, die dem für das griechische Leben wichtigen Gebiet schon früher ihre Aufmerksamkeit geschenkt haben.[77] Bei einem Sophisten kam noch der Anspruch hinzu, sich in jedes Gebiet einarbeiten zu können.

Die Schrift, deren beste Edition (mit ausführlichem Kommentar) aus der Feder von J. Jüthner stammt,[78] wird im folgenden kurz vorgestellt. Philostratos, der die 58 Kapitel umfassende Schrift wohl zwischen 220 und 230 n. Chr. verfaßt hat,[79] reiht das sportliche Training unter die Wissenschaften und τέχναι ein (Kap. 1). Er wird von dem Motiv geleitet, die Gründe für den Verfall der Kunst des Trainings zu untersuchen sowie die wichtigsten Elemente desselben darzustellen (Kap. 2). Folgerichtig ist sein Stoff in zwei große Blöcke untergliedert: Training (Kap. 3–16) und Trainer (Kap. 17–58). Nach einer Einteilung der Disziplinen in leichte (Stadionlauf, Langlauf, Waffenlauf, Diaulos), schwere (Pankration, Ringkampf, Faustkampf) und gemischte (Pentathlon) wird eine teils mythisch verbrämte, teils rationalistische Aitiologie der Kampfarten gegeben (Kap. 3–11), der ein Abschnitt über die angebliche Einführung der einzelnen Wettkämpfe in das olympische Programm folgt (Kap. 12–13). Im 14. Kapitel grenzt Philostratos die Kompetenzbereiche dreier Berufe ab, die mit dem sportlichen Training zu tun haben: Trainer, Sportlehrer und Arzt.[80]

Kompetenzen von Trainer, Sportlehrer und Arzt nach Philostratos, 3. Jh. n. Chr.

	Praktisches Training	Spezielles Training	Physiologie	Sporttraumatologie
Trainer (*Paidotribe*)	--------------			
Sportlehrer (*Gymnast*)	--------------	--------------	-------- Diät Massage	
Arzt			-------------- Heiltrank Einspritzung Pflaster	--------------

77 JÜTHNER, *Philostratos*, 36–51, 127–131.

78 JÜTHNER, *Philostratos*; ein Buchkapitel ist ihr auch in der Arbeit von KÖNIG, *Athletics and Literature*, 301–344 gewidmet.

79 JÜTHNER, *Philostratos*, 87–89. Eine literarische Bewertung hat BILLAUT, in: REG 106 (1993) 142–162 vorgenommen.

80 Vgl. dazu auch JÜTHNER/BREIN, *Leibesübungen* I, 161–191, wo auch noch Aleipten und Iatraleipten behandelt sind; WEILER, *Sport*, 92–94.

Während er dem Trainer *(Paidotribe)* das Gebiet der reinen Praxis zuweist (etwa im Stil des heutigen Übungsleiters), schreibt er dem Sportlehrer *(Gymnast)* zusätzlich spezielle Kenntnisse im Training zu und läßt ihn bis zu einem gewissen Grade an der Medizin teilhaben. Auf dem Gebiet der Physiotherapie unterscheidet er sich nur im Hinblick auf die Methoden (Diät, Massage[81]) vom Arzt, der hier mit Einspritzung, Heiltrank und Pflaster arbeitet. Lediglich in der Sporttraumatologie ist allein der Arzt zuständig. An dieser Einteilung des Philostratos wird der hohe Standard des wissenschaftlich ausgebildeten Sportlehrers seiner Zeit deutlich, der neben der Beherrschung des gesamten sportlichen Trainingswesens auch Grundkenntnisse in der Medizin erworben haben muß. Vom Ansehen und den Fähigkeiten eines Sportlehrers des 3. Jh. n. Chr. zeugt auch die Feststellung, daß die Trainingswissenschaft in spezielle Bereiche gegliedert ist, wie sich in vergleichbarer Weise die Fachärzte das große Gebiet der Medizin aufteilen (Kap. 15).

Zu den allgemeinen Kenntnissen des *Gymnasten* gehört neben der Kunst der psychologischen Motivierung (Kap. 19–24) die Beherrschung der Rhetorik und der gesamten Physiognomik, die mittels exakter Assentierung der verschiedenen Athletentypen zu erfolgen hat (Kap. 26–42). Innerhalb der Assentierung wird auch eine Athletentypologie (Kap. 36–42) nach äußeren und inneren Kriterien entwickelt. Unter den typischen Beispielen für die Motivation mutet das Vertrauen eines Sportlehrers erstaunlich an, der bei den Eleutherien in Plataiai, wo die Griechen im Jahre 479 v. Chr. einen entscheidenden Sieg über die Perser erfochten hatten und der Überlieferung zufolge der Sieger im Waffenlauf ein zweites Mal nur bei Stellung eines Leibbürgen starten durfte, dem von ihm trainierten Athleten diesen riskanten Gefallen tat. Das Leben des Athleten, der im Siegesfalle als ‚Bester der Griechen'[82] ausgerufen wurde, war nämlich verwirkt, wenn er als Sieger seinen Erfolg nicht wiederholen konnte.

Die Kapitel 43–58 beziehen sich schließlich auf das eigentliche Training. Dabei wird das natürliche Training der ‚guten, alten Zeit' dem angeblich pervertierten Training der Gegenwart gegenübergestellt, an dem die Trainer eine nicht geringe Schuld träfe. Nicht nur daß sie den Athleten zu Wucherzinsen Geld liehen (Kap. 45), sie nähmen auch keine Rücksicht auf die biologischen Eigenarten der Jugendlichen und ließen diese wie die Männer trainieren. Hiermit wird immerhin ein Grundverständnis für ein spezifisches Jugendtraining deutlich. Am schlimmsten aber sei die starre Handhabung des modernen Tetradensystems:

> *Unberücksichtigt lasse man auch die Tetraden der Gymnasten, durch welche die ganze Gymnastik zugrunde gerichtet worden ist. Unter Tetrade versteht man einen Zyklus von vier Tagen, an deren jedem etwas anderes geschieht. Am ersten wird der Athlet vorbereitet, am zweiten intensiv beschäftigt, am dritten der Erholung überlassen, am vierten mittelmäßig angestrengt. ... Und indem sie diese Trainiermethode systematisch durchnehmen und diese Tetraden so immer wiederholen, entziehen sie ihrer Wissenschaft das Verständnis für den Zustand des zu trainierenden Athleten. ...* (Kap. 47)
> *Ein Beweis gegen die Tetraden, die ich abgelehnt habe, ist auch der Mißgriff an dem Ringer Gerenos, dessen Grabmal zu Athen rechts am Wege nach Eleusis steht. Dieser war nämlich aus*

81 Wie Young, *Olympic Games*, 110 richtig feststellt, bedeutet *Paidotribe* eigentlich ‚Knabenmasseur', wie auch eine andere Bezeichnung für Trainer – *Aleiptes* ‚Einöler' – auf die Tätigkeit der Massage verweist. Nach dem Schema von Philostratos hat der *Paidotribe* entgegen der Etymologie seiner Berufsbezeichnung keinen Anteil an der Massage, die in das Tätigkeitsfeld des *Gymnasten* fällt.

82 Jüthner, *Philostratos*, Kap. 24; Robert, in: REA 31 (1929) 13–20, 225 f.

Naukratis und gehörte zu den besten Ringern, wie die Siege beweisen, die er im Wettkampfe davongetragen hatte. Eben hatte er in Olympia gesiegt, und da er zwei Tage darauf ein Trinkgelage zur Feier des Sieges veranstaltete und einige seiner Bekannten bewirtete, floh ihn nach der ungewohnten Schlemmerei der Schlaf. Als er am folgenden Tag in das Gymnasion kam, gestand er dem Trainer, daß seine Verdauung gestört sei und er sich unwohl fühle. Jener aber ärgerte sich, hörte es voll Zorn und war ungehalten, daß er aussetzen und die Tetraden unterbrechen wolle, und schließlich tötete er den Athleten mitten im Training aus Unverstand, da er nicht das Training kommandierte, welches am Platze war, selbst wenn jener schwieg. Sind also die Tetraden so geartet und der Gymnast so ungeübt und ungebildet, so ist das kein geringer Schaden. ... Soviel über die Tetraden. ... (Kap. 54, Übersetzung J. Jüthner)

Vor der Abrechnung mit dem modischen Tetradensystem, das im übrigen auch heftige Kritik seitens Galen erfahren hat,[83] hatte Philostratos bereits die natürliche Lebensweise der alten Athleten gepriesen und zur Nachahmung empfohlen. Einfache Übungen zur Vermehrung der für die jeweilige Disziplin benötigten Kraft standen ehedem im Zentrum des Trainings: Das Tragen schwerer Lasten, das Biegen von Eisenplatten, das Ziehen des Pfluges, das Bändigen von Stieren und Löwen bereiteten auf die schweren Übungen vor; Wettlauf mit Pferden und Hasen vermittelte den Läufern die notwendige Schnelligkeit und Kondition. Dies beherzigte Polymestor, während Alesias, Glaukos und Poulydamas als Beispiele für Kraftleistungen stehen. Der Faustkämpfer Tisandraos aus Naxos machte seine Arme durch ausgedehntes Schwimmen stark. Einfach waren auch Lebensweise und Ernährung solcher Athleten, die angeblich bis zu neun Olympiaden (= 32 Jahre!) an den Wettkämpfen teilgenommen hätten. Männer dieses Schlages seien auch noch zum Kriegsdienst tauglich gewesen (Kap. 43), was man den Athleten wegen ihrer diätetischen Rücksichten normalerweise rundweg absprach.[84]

Noch weniger als von den trainingswissenschaftlichen Schriften, von denen sich wenigstens die Abhandlung des Philostratos erhalten hat, ist aus der Gattung praktischer Trainingsanleitungen auf unsere Zeit überkommen. Wir dürfen aus dem Fund eines Papyrusbruchstückes aus Ägypten (2. Jh. n. Chr.) jedoch schließen, daß es neben dieser sehr direkten Übungsanweisung für das Ringen auch solche für andere Disziplinen gegeben hat.[85]

Nicht nur die Wettkämpfe selbst waren für die Zuschauer von Interesse, das konnte unter bestimmten Umständen bereits das Training der Wettkämpfer sein. So begeben sich vor einem Agon in Neapolis des Jahres 74 n. Chr.[86] die Menschen scharenweise zum Gymnasion, um den Athleten beim Training zuzuschauen.

---

83 Er wendet sich ausdrücklich gegen die Sportlehrer Theon und Tryphon, die dieser Irrlehre anhingen: Jüthner, *Philostratos*, 19, 285.

84 Kritik an der Kriegstauglichkeit der Athleten ist ein gängiger Topos in der antiken Literatur, vgl. Weiler, *Sport*, 102 (mit Literatur).

85 POxy 466; auch abgedruckt bei Jüthner, *Philostratos*, 26; Poliakoff, *Terminology*, 161 f. Vgl. auch Cazzaniga, in: Athenaeum N.S. 42 (1964) 373–398. Zuletzt dazu Decker, *Sport am Nil*, Dok. 32.

86 Nach dieser Datierung kann es sich nicht um die *Sebasta*, den bedeutendsten Agon der Stadt handeln, den Augustus 2 v. Chr. als penteterischen Agon geründet hat. Doblhofer/Mauritsch, *Boxen*, 42, ziehen die *Ludi Augustales* in Erwägung.

Als wir in die Nähe des Gymnasions gekommen waren, sahen wir ein paar Läufer draußen auf der Bahn und hörten die anfeuernden Rufe der Menge, während andere auf andere Weise trainierten. Wir hatten aber keine Lust, ihnen unsere Aufmerksamkeit zu schenken. Wo wir die größte Massenansammlung sahen, dorthin begaben wir uns. Wir sahen sie dicht gedrängt an der Halle des Herakles stehen und wie andere ständig herbeiströmten, während andere, die nichts sehen konnten, weggingen. Zunächst versuchten wir, etwas zu sehen, indem wir unsere Köpfe erhoben, und wir sahen kaum den Kopf eines Trainierenden, der die Hände erhoben hatte. Dann gelang es uns nach und nach, näher heranzukommen. Es war nun ein sehr großer und schöner junger Mann, und ganz natürlich erschien sein Körper durch die Übung noch größer und schöner. Er trainierte so glänzend und mit Konzentration, daß er mehr einem Athleten im Ernstkampf glich. Als er sein Training beendet hatte und die Menge sich entfernt hatte, betrachteten wir ihn genauer. Er glich einer sorgfältig gearbeiteten Statue und hatte dabei eine Haut, die legierter Bronze ähnlich war.[87] (Übersetzung teilweise nach W. Elliger)

Bei dem Athleten handelte es sich um Isokrates, der sich auf einen Kampf gegen den großen Melankomas[88] vorbereitete; er war der einzige, der es wagte, gegen diesen anzutreten.

Was wir sonst über das antike Training wissen, sind mehr oder weniger Streunotizen,[89] von denen einige interessante Einzelheiten herausgegriffen werden sollen:

Bei Philostratos lesen wir, daß das Training der Faustkämpfer und Pankratiasten am herabhängenden Stoßsack (κώρυκος, *'Korykos'*) stattfand, wobei dem Allkämpfer eine größere Ausführung empfohlen wurde, dessen Schwung er sich entgegenwerfen sollte (Kap. 57).[90]

Vermutlich benutzte man auch das Gewichtheben, das bei keinem antiken Agon als Wettkampf ausgeschrieben war, als Trainingsform der Schwerathleten. Damit ließen sich solche Gewichte erklären wie der Stein des Bybon, der in Olympia gefunden wurde (6. Jh. v. Chr.).[91] Seine Inschrift behauptet, daß er von diesem mit einer Hand über Kopf gebracht worden sei, was bei einem Gewicht von 143,5 kg eine unerhörte Leistung wäre. **(Abb. 56)**

Gelegentlich sind Notizen überliefert wie die, daß der Läufer Dromeus aus Stymphalos, der zweifacher Periodonike im Dolichos war, eine Fleischdiät für Athleten einführte, mit der er die bis dahin übliche Nahrung des frischen Käses ablöste.[92] Wie wir aus kaiserzeitlichen Quellen wissen, hatten die Athleten unmittelbar vor dem olympischen Wettkampf eine dreißigtägige Trainingsperiode in Elis unter der Aufsicht der *Hellanodiken* zu absolvieren.[93] Ähnliches ist sonst nur noch von den *Sebasta* in Neapolis bekannt.[94] Der verbindlich vorgeschriebene Monat Anwesenheit in Elis, innerhalb dessen vermutlich neben der Einteilung in Altersklassen auch Qualifikationskämpfe ausgetragen wurden, bewirkte automatisch ein hohes Leistungsniveau der Teilnehmer, da

87 Dion Chrysostomos, Oratio 28, 1–3.

88 Moretti, *Olympionikai,* Nr. 775; der Name Melankomas erscheint auch in dem in Neapel neugefundenen Katalog der *Sebasta* von Neapolis: Miranda De Martino, in: Oebalus 2 (2007) 212.

89 Vgl. Weiler, *Sport,* 92–94; Patrucco, *Sport,* 425 (Index: allenamento sportivo); Jüthner/Brein, *Leibesübungen* I, 191–197; Kyle, *Athletics in Athens,* 137–139.

90 Eine Abbildung des Boxens gegen den *Korykos* findet sich auf der Ficoronischen Ciste: Patrucco, *Sport,* Abb. 119.

91 IvO 717; IAG, Nr. 2; Fellmann/Scheyhing (Red.), *100 Jahre Ausgrabung Olympia,* Nr. 117. Zu diesem und weiteren Beispielen des Gewichthebens vgl. Harris, *Sport,* 142–150.

92 Pausanias VI 7,10.

93 Crowther, in: Nikephoros 4 (1991) 161–166, wiederabgedruckt in: Idem, *Athletika,* 65–70.

94 IvO 56; Crowther, in: ZPE 79 (1989) 100–102, wiederabgedruckt in: Idem, *Athletika,* 93–96 mit Nachträgen 97 f.

nur Spitzenathleten auf laufende Einnahmen aus anderen Sportfesten für diesen Zeitraum verzichten konnten, sofern sie nicht auf Grund ihrer persönlichen Verhältnisse davon unabhängig waren. In diesem Falle ihrer finanziellen Unabhängigkeit hätten sie ohnehin genügend Zeit zum Training gehabt und wären in guter Form angetreten. Es gibt Indizien dafür, daß die Regel des Trainingsmonates in Elis bereits im 6. Jh. v. Chr. eingerichtet wurde, als Elis eine Neugründung erfuhr.[95] Die Forderung permanenter Trainingspräsenz vor den Spielen bezog sich wohl kaum auf Pferde und Gespanne, ganz abgesehen von deren Besitzern, denen eine entsprechende Präsenzpflicht nicht abverlangt werden konnte. Dies stünde im Gegensatz zu der Möglichkeit, daß auch abwesende Eigner von Pferden und Gespannen Olympiasieger werden konnten.

Obwohl bei Homer bestimmte Situationen vorkommen, in denen Aufgaben eines Trainers anklingen, ist in seinem Werk noch nichts von der Existenz eines entsprechenden Berufsstandes zu spüren.[96] Wenn der alte Nestor seinem Sohne Antilochos Hinweise für die Wende beim Wagenrennen gibt[97] oder Diomedes dem Euryalos beim Faustkampf sekundiert, ihm den Schurz anlegt und die Faustriemen reicht,[98] so sind damit wohl denkbare Pflichten eines späteren Trainers angesprochen, doch werden sie hier nicht *ex officio*, sondern improvisiert von solchen Personen ausgeführt, die den Athleten besonders nahe stehen.

Zu Beginn des 5. Jahrhunderts hat sich das Bild dahingehend gewandelt, daß der Trainer in den Siegesoden eine greifbare Gestalt angenommen hat.[99] Ihm gilt mehrfach der Dank der von Pindar gefeierten panhellenischen Sieger, die den Auftrag für die poetische Gestaltung ihres sportlichen Ruhmes erteilt haben. Wenn der Auftraggeber den Dichter dazu anhält, auch seinen Trainer in die Auszeichnung einzubeziehen, drückt das ein sehr persönliches Verhältnis aus. Es ist bemerkenswert, daß Adlige ihre enge Beziehung zu sportlichen Trainern offen bekundeten. In der Sprache des Dichters nimmt sich das Lob des Trainers Menadros aus Athen, der dem jungen Pytheas aus Aigina zum Sieg im Pankration an den Nemeen verholfen hat, bei Bakchylides folgendermaßen aus:

> *Singt, ihr Jünglinge, von dem glanzvollen Sieg des Pytheas und von der Sorgfalt, mit der Menandros ihn gefördert hat.* (Übersetzung H. Maehler)[100]

Pindar vergleicht Lampon, den sorgenden Vater des Phylakidas, der bei den Isthmien einen Sieg im Pankration errungen hat, mit der Tätigkeit eines Trainers:

> *als Mann unter Wettkämpfern ist er ein erzschmiedender naxischer Wetzstein unter den anderen Steinen.* (Übersetzung E. Dönt)[101]

Das Bild wird von Pindar auch für den Trainer Ilas benutzt, der den Olympiasieger Hagesidamos aus dem unteritalischen Lokroi Epizephyrioi ‚*wetzt*'.[102] In den pindarischen Siegesliedern wird der

95 Crowther, in: Nikephoros 4 (1991) 162 = Idem, *Athletika,* 66.

96 Eine längere Betrachtung der Trainer bei Nicholson, *Aristocracy and Athletics,* 109–210, 222–261.

97 Homer, Ilias XXIII 304–348.

98 Homer, Ilias XXIII 681–684.

99 Kramer, *Studien,* 65–71; Nicholson, *Aristocracy and Athletics*; Neumann-Hartmann, *Epinikien,* 92–94.

100 Bakchylides XIII 190–192; zum Trainer Menandros vgl. Nicholson, *Aristocracy and Athletics,* 167–190.

101 Pindar, Isthmien VI 72–74.; Nicholson, *o.c.,* 170 f.; Kramer, *Studien,* 74, bezieht die Aussage (nach anderer Lesung) auf den Trainer Menandros.

102 Pindar, Olympien X 20.

Trainer Melesias, der aus Athen stammt und wegen der Ringkampfsiege seiner Schützlinge als Spezialtrainer dieser Disziplin anzusehen ist, mehrfach gefeiert.[103] Wir erfahren sogar durch den Dichter, daß der Sieg des Alkimedon bei den Olympien des Jahres 460 v. Chr. der dreißigste Erfolg dieses Trainers war,[104] der selbst eine erfolgreiche Laufbahn als Athlet hinter sich hat und Vater des politischen Gegenspielers von Perikles, Thukydides, war.[105] Es ist anzunehmen, daß dies bei Trainern der Normalfall war, da eigene Wettkampferfahrung für die Aufgabe des Trainers nur von Nutzen sein konnte. Der Trainer wird auch zusammen mit den Athleten (und Vätern und Brüdern) beim Zeus *Horkios* (‚Hüter der Eide') verpflichtet, *‚daß von ihnen kein Verstoß gegen den Wettkampf der Olympien ausgehe'.*[106]

Ein enges Verhältnis zu seinem Trainer hatte der in Olympia siegreiche Knabenringer Kratinos (3. Jh. v. Chr.), der die Aufstellung einer Statue auch für seinen Trainer erfolgreich beantragte.[107] Umgekehrt ist der Trainer Mykon derjenige, der die Siegerstatue für seinen im Faustkampf siegreichen, aus Samos stammenden Zögling in Olympia aufstellen ließ.[108]

Über die Honorare von Trainern liegen nur wenige Nachrichten vor. Der Paidotribe Hippomachos wird für einen ganzen Lehrgang im 4. Jh. v. Chr. in Athen mit 100 Drachmen entlohnt.[109] Durch großzügige private Spenden wird das Jahresgehalt eines Paidotriben im kleinasiatischen Teos in frühhellenistischer Zeit auf 500 Drachmen gesetzt.[110] Eine Inschrift aus Milet gibt für das Jahr 200/199 v. Chr. die Entlohnung des Paidotriben mit 30 Drachmen monatlich an, während der Elementarlehrer 40 Drachmen erhielt. Beide Stellen waren öffentlich ausgeschrieben und wurden jährlich durch Beschluß der Volksversammlung neu vergeben.[111]

3. Bestechungsaffären

Bevor man von der Altis aus das olympische Stadion durch einen ursprünglich 32 m langen tunnelartigen Durchgang betrat, passierte man eine lange Reihe von 17 lebensgroßen Zeusstandbildern aus Bronze. Diese *Zanes,* wie die Eleer sie nannten, von denen heute nur mehr die steinernen Basen erhalten sind, waren in voller Absicht dort plaziert worden, wo die Wettkämpfer ihren Weg in das Stadion nehmen mußten.[112] **(Abb. 57)** Sie waren aus den Strafgeldern errichtet, die Athleten auferlegt wurden, die man dabei ertappte, wie sie ihren Gegnern durch Bestechung einen Sieg in Olympia abkaufen wollten. Die dazugehörigen Inschriften, die heute nicht mehr erhalten sind, stellten die überführten Athleten vor ganz Hellas bloß und dienten als Mahnung für potentielle Nachahmer.

---

103 Pindar, Olympien VIII 53–66; Nemeen IV 93–96, VI 64–66; vgl. Kyle, *Athletics in Athens,* 143 f.; ergänze Kramer, *Studien*, 82–97. Zuletzt dazu Nicholson, *Aristocracy and Athletics*, 135–155, 163–165.

104 Pindar, Olympien VIII 65 f; Nicholson, *o.c.,* 136–140.

105 Nicholson, *o.c.,* 155.

106 Pausanias V 24,9.

107 Pausanias VI 3,6; vgl. Nicholson, *Aristocracy and Athletics,* 130.

108 Pausanias VI 2,9. Siehe zu ihm Ebert, *Siegerepigramme*, Nr. 31; Nicholson, *o.c.*, 162.

109 Themistios, Oratio 23, p. 290a; vgl. Jüthner/Brein, *Leibesübungen* I ,163.

110 Syll.[3] 578, vgl. Jüthner/Brein, *Leibesübungen* I, 166.

111 Syll.[3] 577; vgl. Jüthner/Brein, *l.c.* – In einer undatierten (ca. 1978) und ungedruckten Examensarbeit (bei H.W. Pleket) stellt N. Benders, *De sociale status van de trainer in de griekse wereld,* 43–47, die Namen von 119 Trainern zusammen, ohne allerdings die Belege mitzuliefern. Ich danke N. Benders für die Überlassung des Typoskripts.

112 Plan bei Herrmann, *Olympia,* Abb. 164; Idem, *Zanes,* in: RE Suppl. XIV (1974) 978.

Nach dem Bericht des Pausanias (V 21,2–18) soll ein solch unerhörter Vorfall in Olympia erstmals im Jahre 388 v. Chr. vorgekommen sein, als Eupolos aus Thessalien drei seiner Gegner im Faustkampf, darunter den amtierenden Olympiasieger Phormion aus Halikarnassos, mit Geld bestach. Anhänger der Theorie eines angeblichen Niederganges der Olympischen Spiele in spätklassischer Zeit weisen gerne auf diesen Fall hin, um die vermeintlich von solchen negativen Vorkommnissen freie gute alte Zeit der griechischen Athletik zu beschwören.[113] Jedenfalls hatte das Exempel, das man an den in die Korruptionsaffäre verwickelten Athleten statuieren wollte, indem aus den Strafgeldern sechs Zeusstatuen errichtet wurden, nur begrenzten Erfolg. Kein halbes Jahrhundert später (112. Olympien, 332 v. Chr.) wiederholte der Athener Fünfkämpfer Kallippos den Versuch, den Sieg zu erkaufen. Ihm und seinen bestochenen Gegnern erging es nicht besser als ihren Vorgängern; auch sie mußten sechs dieser teuren Bronzestatuen, die jede für sich ein Vermögen kostete, aus ihren Strafgeldern finanzieren. Konnte ein Athlet eine ihm auferlegte Summe nicht aus eigenen Kräften aufbringen, hatte seine Heimatstadt dafür aufzukommen. So versuchte in diesem Falle Athen, vertreten durch den berühmten Redner Hypereides, sich mit diplomatischen Mitteln aus der Affäre zu ziehen.[114] Als dies nichts fruchtete, drohte man mit dem Boykott der Olympien. Kultorte unterhalten jedoch geheime Verbindungen und halten zusammen. Als Delphi den Athenern das Orakel verweigerte, war ihr Widerstand gebrochen und sie zahlten zähneknirschend.

Mitte des 2. Jh. v. Chr. wurden zwei Ringer aus Rhodos – Eudelos und Philostratos – der Siegabsprache gegen Geld überführt, worauf zwei weitere *Zanes* hinzukamen.[115] Bei dieser milderen Strafe blieb man auch bei den 192. Olympien (12 v. Chr.), als sogar ein Bürger von Elis die Spiele in Verruf brachte; der ehrgeizige Vater Damonikos versuchte, den Sosandros aus Smyrna mit Geld zu kaufen, damit dieser seinen gleichnamigen Sohn veranlassen sollte, seinem eigenen Sohn Polyktor den Sieg im Ringkampf zu überlassen. Eine der fälligen Zeusstatuen erhielt als einzige einen Platz außerhalb des Ensembles und wurde im Gymnasion von Elis aufgestellt, die andere wie gewöhnlich am Eingang zum Stadion. Die Empörung des Pausanias über die Beteiligung eines Eleers an diesen üblen Praktiken war so groß, daß er dieses Beispiel unter Aufgabe seines chronologischen Ordnungsprinzips als negativen Höhepunkt an den Schluß seines Berichtes stellt.

Als zeitlich letzter Fall müssen noch die beiden Faustkämpfer Deidas und Sarapammon aus dem arsinoitischen Gau des Niltals erwähnt werden, die bei der Feier der 226. Olympien (125 n. Chr.) ihr abgekartetes Spiel trieben und ebenfalls mit der Finanzierung zweier Zeusstatuen büßen mußten.[116] Diese *chronique scandaleuse* Olympias umfaßt trotz der 18 *Zanes* nur fünf Fälle von Bestechungen in nahezu einem Jahrtausend lokaler Wettkampfgeschichte und verblaßt in Anbetracht dieser zeitlichen Dimension in starkem Maße.[117] Sie steht jedoch in einem merkwürdigen Gegensatz zu der Einschätzung des Philostratos, der zwei Generationen nach Pausanias die unhaltbaren Zustände bei den Wettkämpfen beklagt, von denen er nur Olympia ausnimmt: ‚*... und nur bei den Eleern gilt der Ölkranz nach altem Glauben noch für unantastbar.*'[118] In seinem düster gezeichneten Bild zeitgenössischer Wettkampfpraxis, dem das hohe Lied vom mythischen Sportheros als Maß

113 Die Problematik einer solchen Betrachtungsweise wird diskutiert von Weiler, in: Grazer Beiträge 12/13 (1985/86) 235–263. Es ist nicht von der Hand zu weisen, daß solche früheren Bestechungsversuche unentdeckt blieben.

114 Pausanias V 21,5; Weiler, in: Rizakis (Hg.), *Achaia und Elis,* 87–92.

115 Pausanias V 21,8.

116 Zu diesem Fall siehe zuletzt Decker, *Sport am Nil,* Dok. 31.

117 Vgl. die Aufstellung bei Decker, in: Bartels/Bohne et al. (Hg.), *Sportschau,* 234.

118 Philostratos, Gymnastikos, 45.

aller sportlichen Dinge kontrastiert ist, wird Korruption als gängige Münze des Stadions angesehen.[119] Für symptomatisch hält er einen Vorfall, der sich während der Isthmischen Spiele zugetragen haben soll, als ein Ringer aus der Altersklasse der Knaben den Sieg für 3000 Drachmen verkaufte. Als sein siegreicher Kontrahent sich nach erlangtem Erfolg listig seiner Zahlungspflicht entledigen wollte, habe der Schuldner die Berechtigung seiner Forderung im Heiligtum des Poseidon lauthals eidlich bekräftigt.[120]

Es hat nicht an Versuchen gefehlt, den Ruhm eines erfolgreichen Sportlers für eigene Zwecke zu nutzen. Astylos von Kroton, der Stadt, die von 588 v. Chr. an den Stadionlauf in Olympia für ein ganzes Jahrhundert beherrschte,[121] war 488 v. Chr. in den beiden Kurzstrecken Olympiasieger geworden. Er erlag den Abwerbungsversuchen des Tyrannen von Syrakus, Gelon,[122] und errang seine weiteren Erfolge zum Ruhme dieser Stadt.[123] Die Krotoniaten nahmen ihm das übel, stürzten seine Ehrenstatue vom Sockel und machten sein Haus zu einem Gefängnis.[124] Mit Verbannung bestraften die Kreter den ungetreuen Sohn der Insel Sotades, der sich (380 v. Chr.) vom reichen Ephesos als erfolgreicher Langläufer abwerben ließ.[125]

Im übrigen kam es auf die Umstände an, ob ein Wechsel der Poliszugehörigkeit als schimpflich galt. War dieser aus zwingenden Gründen erfolgt, konnte er anders beurteilt werden. Der zweifache Periodonike im Langlauf Ergoteles[126] wurde durch politische Wirren aus seiner Heimatstadt Knossos (Kreta) vertrieben und erlangte in Himera (Sizilien) Asyl; er war von nun an für die sizilische Stadt startberechtigt.[127]

Nicht alle Bestechungsversuche waren erfolgreich. Als Antipatros aus Milet 388 v. Chr. Olympiasieger im Faustkampf der Knabenklasse geworden war, wandte sich die Festgesandtschaft aus Syrakus, reichlich ausgestattet mit Mitteln des Tyrannen Dionysisos I., an seinen Vater. Der junge Ionier jedoch blieb bei dem Bestechungsversuch standhaft und verleugnete seine Herkunft nicht.[128]

4. Orakel, Träume und Magie

Bei dem hohen Ansehen, den ein sportlicher Sieg in der Antike besaß, und bei den immensen Gewinnprämien, die vor allem in der römischen Kaiserzeit damit verbunden waren, ist es leicht verständlich, daß Athleten sich zu seiner Erlangung auch ungewöhnlicher Praktiken bedienten. Da leistungsfördernde Mittel im Sinne des heutigen Dopings in der Antike so gut wie unbekannt waren,[129] sann man auf andere Mittel, die im Wettkampf über den Effekt des Trainings hinaus Wirksamkeit versprachen. Solche Mittel, die funktional als ‚Dopingersatz' angesehen werden können, waren etwa Orakel, Traumdeutung, Zauber und Magie.

---

119 Weiler, in: Bachleitner/Redl (Hg.), *Festschrift Niedermann,* 97–105.

120 Philostratos, Gymnastikos, 45.

121 Zuletzt dazu Mann, *Athlet und Polis,* 164 f.

122 Pausanias VI 13,1, spricht irrtümlich von Hieron; vgl. aber Moretti, *Olympionikai,* Nr. 186–187.

123 Mann, *Athlet und Polis,* 246–248, will den Fall nicht als Korruption verstanden wissen.

124 Pausanias VI 13,1; Hönle, *Olympia,* 84–87; Kyle, *Sport and Spectacle,* 131.

125 Pausanias VI 18,6; Moretti, *Olympionikai,* Nr. 390, 398; Idem, in: MGR 12 (1987) 69.

126 Moretti, *Olympionikai,* Nr. 224, 251; Idem, in: MGR 12 (1987) 68.

127 Pausanias VI 4,11; Pindar hat seine 12. Olympische Ode auf ihn verfaßt; seine Siegerinschrift ist erhalten: Ebert, *Siegerinschriften,* Nr. 20.

128 Pausanias VI 2,6.

129 Vgl. Zerbini, *Alle fonti del doping.*

Der Läufer Eubatas aus Kyrene vertraute einem Orakelspruch so sehr, daß er im Jahre 408 v. Chr. bei seinem erfolgreichen Auftreten in Olympia die Siegerstatue mitgebracht hatte, ein Unikum in der Geschichte des antiken Sports.[130] Ein anderer Fall eines in Erfüllung gegangenen Orakelspruches betrifft den Faustkämpfer Ploutarchos, dem auf eine entsprechende Anfrage vom Orakel beschieden wurde, zum Fluß- und Wettkampfgott Acheloos zu beten. Als er während des Kampfes in Olympia vor lauter Durst völlig erschöpft war, öffnete sich eine Regenwolke, und der Orakelgläubige konnte das Wasser mit den Vliesen seiner Faustwehr sammeln und aufsaugen, was ihm neuen Mut und den Sieg brachte.[131] **(Abb. 58)**

Aus dem 2. Jh. n. Chr. ist das Traumbuch des Artemidoros aus Daldis in Kleinasien erhalten, welches dem Thema Athletik erstaunlich starke Aufmerksamkeit widmet.[132] Es ist in unterschiedliche Traumkategorien unterteilt und schreitet von der Datensammlung zur Deutung. Darin sind auch die athletischen Traummotive in methodischer Weise ihrer Entsprechung in der Wirklichkeit, dem genauen Gegenteil oder einer speziellen Auslegung unterzogen worden. Aus der Fülle der Beispiele, bei denen der Athlet entweder der Träumer selbst ist oder sein Metier den Gegenstand des Traumes darstellt, kann hier nur eine kleine Auswahl gegeben werden. Allgemein ist zu beachten, daß ein Traumbild je nach Funktion des Träumers unterschiedlicher Erklärung bedarf; diese Spezifikation setzt sich unter den Athletengruppen selbst fort.

Träumt ein Athlet, er habe das Augenlicht verloren, so ist das für die Kampfsportler ein schlechtes Omen, den Läufern jedoch verheißt es Sieg.

> *Ich kenne einen Sprinter, der vorhatte, an den Kaiserspielen teilzunehmen, die zum ersten Mal in Italien vom Kaiser Antoninus zu Ehren seines Vaters Hadrian gefeiert wurden. Er träumte zu erblinden und gewann danach den Lauf; der im Lauf Führende kann wie ein Blinder seine Rivalen nicht sehen.*[133]

Ähnlich subtil wird das Bild des Wagenfahrens ausgelegt: Von der Symbolik des Triumphes herrührend, muß es für alle Athleten günstig sein; den Läufern sagt es jedoch Mißerfolg voraus, da sie sich nicht auf ihre eigenen Füße verlassen können.[134]

Anders als bei einem Armen oder Sklaven, denen die Geburt eines Kindes als gutes Vorzeichen gilt, bedeutet sie bei einem Pankratiasten Unheil. Ein solcher träumte vor einem Wettkampf, er habe ein Kind geboren; die Folgen – Niederlage und Ende der Karriere – waren abzusehen, da er die Rolle einer Frau, nicht aber die seinem Ziel zuträgliche eines Mannes spielte.[135]

Träumt man von einem dicken Kopf, hängt es wieder vom Träumer ab, ob dies ein gutes oder schlechtes Zeichen ist. Bei einem Reichen bringt es Glück; das griechische Wort für Kopf (κεφαλή) bedeutet nämlich auch ‚Geldsumme'. Einem Politiker zeigt es an, daß sein Kopf geschwollen sein wird von blauen Flecken, die die Volksmenge ihm zufügt. Einem Athleten hingegen verheißt es Sieg, da die aufgesetzte Siegeskrone den Kopf vergrößert.[136]

130 Pausanias VI 8,3; Moretti, *Olympionikai,* Nr. 347.

131 Philostratos, Heroikos 15,4–7; Gouw, *Atleten,* Nr. 117; zuletzt zu ihm Decker, *Sport am Nil,* Dok. 46.

132 Eine einschlägige kommentierte Stoffsammlung bei Harris, *Sport in Greece,* 244–261 (‚Athletes and their Dreams'), dem die folgenden Bemerkungen viel verdanken. Vgl. auch Langenfeld, in: Stadion 17 (1991) 1–26.

133 Artemidoros, Oneirokritika I 26.

134 Artemidoros, Oneirokritika I 56.

135 Artemidoros, Oneirokritika V 45.

136 Artemidoros, Oneirokritika I 17.

Nur bei Athleten ist das Traumbild brennender Füße oder die Verwandlung in Bronze positiv zu werten; im ersten Fall bedeutet es für Läufer, vor dem Wettkampf gesehen, höchste Schnelligkeit, im zweiten die Siegerstatue.[137]

Ein Traum kann sich (wie das Orakel) aber auch durch sein Gegenteil interpretieren lassen, wie Artemidoros betont. Aus dem Bereich der Athletik kann er dafür folgende Beispiele aufbieten:

> *Zoilos brachte seine zwei Söhne zum Wettkampf nach Olympia, den einen zum Ringen, den anderen zum Pankration. Er träumte, daß sie um die Fußknöchel bekränzt wurden mit einem Ölzweig, und er frohlockte darüber, da die in Olympia vergebenen Preise auch aus Kränzen bestehen. Aber seine Söhne starben vor dem Wettkampf. Die Kränze um ihre Fußknöchel waren nicht weit von der Erde entfernt.*[138]

Ähnlich unerwartet erfüllte sich auch der folgende Traum:

> *Ein Mann, der einen Knaben als Ringer mit nach Olympia nehmen wollte, träumte, daß dieser von den Festordnern ermordet und im Stadion beigesetzt worden sei. Der Knabe wurde natürlich Olympiasieger. Einem Verstorbenen setzt man eine Ehreninschrift auf sein Grab; dasselbe geschieht dem Olympiasieger, und auch er wird glückselig genannt.*[139]

Bei einer solchen Breite an Interpretationsmöglichkeiten überrascht selbst nicht die folgende Nachricht: Ein Athlet hatte vor, in Olympia sowohl im Pankration als auch im Ringkampf zu starten.[140] Im Traum verwandelten sich seine Hände in Gold. Es lag nahe, dieses Bild als gutes Vorzeichen für einen Doppelsieg zu deuten, aber im Endeffekt bezog er nur Niederlagen, und er verstand jetzt sein Traumgesicht: Seine Hände waren während des Kampfes so schwer, als wären sie tatsächlich aus Gold.[141]

Auch Pausanias kennt Beispiele, in denen ein Traum mit einem Sieg in Olympia verbunden ist. So träumte der Käufer des von Seeräubern verschleppten Nikostratos, ein junger Löwe liege unter dessen Bettstatt; er wurde ein erfolgreicher Athlet mit dem seltenen Doppelerfolg im Ringen und Pankration in Olympia.[142]

Der Mutter des Olympiasiegers im Lauf in der Knabenklasse des Jahres 380 v. Chr., Deinolochos aus Elis, sei ein Traumbild erschienen, daß sie ihren Knaben bekränzt im Schoß trüge.[143]

Die erwähnten Beispiele lassen den Einfluß erahnen, den Athleten irrationalen Wirkmächten zuschrieben. Dabei sind Orakelbefragung und Traumdeutung harmlose Mittel, die eine Prognose über zukünftige Erfolge abgeben sollten. Im Gegensatz dazu wurde bei der Anwendung von Zauber und Magie Schädigung und Verletzung des Gegners bewußt angestrebt. Wie eine jüngere Sammlung und Kommentierung entsprechender Fluchtafeln es transparent erscheinen läßt, war der römische Circus der klassische Ort solcher Verwünschungen.[144] Es gab jedoch auch Athleten,

137 Artemidoros, Oneirokritika I 48; I 50.

138 Artemidoros, Oneirokritika IV 52.

139 Artemidoros, Oneirokritika V 76.

140 Doppelsieger in dieser Konstellation waren besonders angesehen; Pausanias V 21,9–11, zählt die sieben Fälle auf, die nach dem mythischen Vorbild des Herakles in Olympia bis zu seiner Zeit zu verzeichnen waren.

141 Artemidoros, Oneirokritika V 48.

142 Pausanias V 21,11; Moretti, *Olympionikai,* Nr. 762–763; Idem, in: MGR 12 (1987) 75.

143 Pausanias VI 1,4–5; Moretti, *Olympionikai,* Nr 401.

144 Tremel, *Magica agonistica*, von dessen 100 dokumentierten Beispielen sich 80% auf diesen Bereich erstrecken.

die auf dieses Mittel schworen.[145] Aus dem 3. Jh. n. Chr. stammt der folgende Zauberspruch, der sich in Ägypten erhalten hat, aufgetragen auf ein Bleiplättchen, das heute in Köln aufbewahrt wird. (Der stark zerstörte Teil nach den einleitenden Zauberworten ist ausgelassen.)

> *EULAMÔ ULAMÔE LAMÔEU AMÔEUL MÔEULA ÔEULAM [-----]. Binde, binde nieder die Sehnen, die Glieder, den Geist, den Verstand, das Denkvermögen, die 365 Glieder und Sehnen von ---, den Taeias geboren hat, und von Aphous, den Taeias geboren hat, Läufer, damit sie nicht laufen können (?) und nicht stark sind, sondern damit sie schlaflos sind die ganze Nacht und jegliche Nahrung von sich geben zum Nachteil und --- ihr ---, damit sie nicht die Kraft haben zu laufen, sondern viel zu spät kommen, und du sollst zurückhalten den ---, den Taeias geboren hat, und Aphous, den Taeias geboren hat --- von allen ----- den Schädel (?) --- behindere --- und trübe ihre Augen, damit sie nicht die Kraft haben, zu laufen --- und bestürzt sind, trübe --- durch deine Kraft, Herr ---ABRASAX ---.*[146]

Der Text auf dem Fluchtäfelchen, das aus dem ägyptischen Oxyrhynchos stammt und demnach bei einem lokalen Agon in der mittelägyptischen Stadt eingesetzt war, richtet sich also gegen Läufer, vermutlich zwei Brüder, da ihnen derselbe Muttername zugeordnet ist. Der angerufene Daimon Eulamo, dessen Namen mehrfach kunstvoll variiert wird, soll sie malträtieren, damit sie ohne Aussicht auf Erfolg beim Wettkampf antreten. Er wird angerufen, bei ihnen körperliche und geistige Lähmung hervorzurufen sowie sie mit Schlaflosigkeit und Magenverstimmung in eine Lage zu versetzen, die sie aller Chancen auf einen Sieg beim bevorstehenden Wettkampf berauben.

Ein aus sechs Fluchtafeln bestehendes, Athleten betreffendes Ensemble stammt aus einem römischen Brunnen westlich der Agora Athens.[147] Fünf dieser Verwünschungen, die sich in das 3. Jh. n. Chr. datieren lassen, richten sich gegen Ringer; die sechste gilt dem Läufer Alkidamos. Von den Ringern wird ein gewisser Eutychianos gleich dreimal gebannt. Im folgenden wird einer dieser Texte gegeben:

> *BÔRPHORBABARBORBABARPHORBABORRORBAIÊ, mächtiger BETPYT, ich übergebe dir Eutychianos, den Eutychia geboren hat, damit Du ihn und seine Absicht erstarren läßt und in deiner dunklen Luft auch die, die mit ihm sind. Binde in den unerleuchteten Aion des Vergessens und laß erstarren und zerstöre auch das Ringen, das er im Delion (?) zu ringen vorhat am kommenden Freitag. Wenn er aber doch ringt, soll er zu Fall kommen und sich selbst schänden. MOZOUNÊ ALCHEINÊ PERPERTHARÔNA IAIA, ich übergebe dir Eutychianos, den Eutychia geboren hat. Mächtiger TYPHÔN KOLCHLOI TONTONON SÊTH SATHAÔCH EA, Herrscher APOMX PHRIOURIGX, zum Verschwinden und Erstarren des Eutychianos, den Eutychia geboren hat, KOLCHOCHEILOPS, laß Eutychianos erstarren und nicht stark sein am kommenden Freitag, sondern laß ihn schwach sein. Wie diese Namen erstarren, laß auch den Eutychianos erstarren, den Eutychia geboren hat, den Aithales trainiert (?).*[148]

---

145 Vgl. allgemein zu den Fluchtafeln Audollent, *Defixionum tabellae;* Gager (Hg.), *Curse Tablets;* Versnel, in: DNP 3 (1997) 363–365, s.v. Defixio.

146 Daniel/Maltomini (Hg.), *Supplementum Magicum* II, Nr. 53; Tremel, *Magica Agonistica*, Nr. 10.

147 Jordan, in: Hesperia 205–250; Tremel, *Magica agonistica*, Nr. 1–6.

148 Jordan, in: Hesperia 54 (1985) 214 f., Nr. 1; Tremel, *Magica agonistica*, Nr. 1. Eine Personengleichheit zwischen (dem

Die einleitenden Zauberworte waren an die Dämonen der Unterwelt gerichtet, deren Sprache nur der Magier, Verfasser dieser Texte, verstand. Ohne sie hätte alles keine Wirkung gehabt. Die Nennung der leiblichen Mutter war notwendig, um die Verwechslung der zu bannenden Person auszuschließen. Die synkretistische Anrufung der Geister und Dämonen bezieht altbewährte ägyptische Gottheiten ein, die ihre Wirksamkeit oft genug unter Beweis gestellt hatten.

Mit dem Bereich des Poseidon-Tempels am Isthmos von Korinth hat sich auch ein Beispiel von agonistischer Magie an einer panhellenischen Stätte erhalten[149] Das kleine Täfelchen aus Blei wurde wie das eben besprochene Objekt in einem Brunnen gefunden. Seine rückwärtige Darstellung erinnert an die *Sphendone* eines Stadions, wie sie das hellenistische Stadion vor Ort auch aufweist. Der Text auf der Vorderseite lautet: **(Abb. 59)**

> *EULAMÔ ULAMÔ LAMÔ AMÔ MÔ Ô Mögen sie nicht stark sein zu laufen am Tag vor dem Sabbat, sondern auch ... Beherrsche Epilenaios! Beherrsche Kronion mit Beinamen Laetus! Beherrsche Seleukos! Beherrsche Markion mit Beinamen Theriotes!*

Neben dem Schadenszauber lagen weitere Möglichkeiten der magischen Beeinflussung von Wettkämpfen in der Nutzung von Amuletten sowie von Texten, deren Aussage positiv gerichtet war. In letzterem Fall wurden die Gegner nicht geschädigt, sondern die eigene Stärke günstig beeinflußt. Allerdings ist diese magische Praxis weniger verbreitet. Ein Beispiel mag zur Erläuterung dienen: Es handelt sich um einen kleinen Papyrus aus Ägypten, der in das 3. oder 4. Jh. n. Chr. datiert werden kann und zu einem Sieg im Stadion verhelfen sollte. Interessant ist die Einbeziehung der Zuschauer.

> *Siegesmittel für Sarapammon, Sohn des Apollonios. (MAGISCHE ZEICHEN) Gib Sieg, Unversehrtheit im Stadion und vor den Zuschauern dem vorgenannten Sarapammon. Im Namen des ... .*[150]

Man möchte aus dem kurzen Text verstehen, daß ein Kampfsportler gemeint ist, zu dem der Wunsch der Unversehrtheit ohne Zweifel am besten paßt. Es wäre verlockend, das Dokument mit dem ägyptischen Olympiasieger Aurelios Sarapammon in Verbindung zu bringen, der dem 3. Jh. n. Chr. angehört und aus Oxyrhynchos stammt, wo auch der Papyrus gefunden wurde. Ließe sich das beweisen, könnte man dessen Disziplin, die bislang unbekannt ist, näher bestimmen.[151]

Abschließend sei noch auf einen Text hingewiesen, der der besseren Wirkungskraft wegen dem Athleten selbst unmittelbar zu applizieren war:

> *Siegesmittel für einen Läufer. Schreibe auf seine großen Fußnägel mit einem bronzenen Griffel diese Zeichen (zwei Zauberzeichen). Schreibe: ‚Gib mir Erfolg, Charme, Ruhm und Gunst im Stadion.'*[152]

Trainer ?) Aithales und dem gleichnamigen Olympiasieger im Lauf (Moretti, *Olympionikai*, Nr. 870) scheidet schon aus zeitlichen Gründen aus.

149 Tremel, *Magica agonistica*, Nr. 8 sowie Abb. 4–5.

150 POxy 1478 = PGM XXVII. Zuletzt dazu Decker, *Sport am Nil*, Dok. 53.

151 Moretti, *Olympionikai*, Nr. 942; Decker, in: Verhoeven/Graefe (Hg.), *Festschrift Derchain*, 104, Tab. 1, Nr. 40.

152 PGM VII 390–393; Daniel, in: ZPE 93 (1992) 149; zuletzt dazu Decker, *Sport am Nil*, Dok. 52. – Als Zaubermittel für einen Läufer (Preisendanz: für ein Rennpferd) schon erkannt von Jüthner/Brein, *Leibesübungen* II 1, 88 mit n. 172.

VII. Die Sportstätten

Zum ersten Mal in der Geschichte des Sports ist bei den Griechen eine Sportarchitektur anzutreffen, die diesen Namen tatsächlich verdient. Anders als im Alten Orient und im Alten Ägypten, wo sich Sportstätten nur gelegentlich nachweisen lassen und ihr Gebrauch ephemer war,[1] hat die griechische Kultur mit dem Stadion und dem Gymnasion zwei feste Bautypen von Dauer hervorgebracht, deren Entstehung vor dem Hintergrund von wiederkehrenden Sportfesten erklärbar ist. Die dritte Sportstätte, der Hippodrom, der den hippischen Konkurrenzen diente, wurde im Gegensatz zum Stadion und Gymnasion sowie zu seinem römischen Pendant, dem Circus, nicht in dauerhafter Form errichtet, so daß sich heute keine einzige der ehemals in Wirklichkeit nicht geringen Anzahl von Pferderennbahnen der griechischen Welt erhalten hat. Während Stadion und Hippodrom Wettkampfstätten waren – ersteres für die gymnischen Bewerbe, letzterer für die Pferde- und Wagenrennen –, diente das Gymnasion vorzugsweise dem sportlichen Training.

Auch in Griechenland war es anfangs üblich, sich mit improvisierten Sportstätten zu begnügen, wenn Sportfeste veranstaltet wurden. So ist in der Ilias der Ort für das Wagenrennen bei den Patroklosspielen eine Ebene am Meer vor Troia;[2] in der Odyssee dient die Agora als Ort des von den Phaiaken zu Ehren des Odysseus gegebenen Festagons.[3] Erst im 6. Jh. v. Chr. treten die ersten festen Anlagen auf, was sicherlich auf den Einfluß der Einrichtung von panhellenischen Festen zu Beginn jenes Jahrhunderts zurückzuführen ist.

Die griechische Sportarchitektur wird teilweise in die römische Welt überführt. So stammen zahlreiche Stadien, besonders in Kleinasien, aus der römischen Kaiserzeit, und die griechischen Anlagen für Pferderennen erfuhren im römischen Circus ihre Vollendung. Selbst das genuin griechische Gymnasion setzt sich in gewisser Weise in den römischen Thermen fort, wie nicht nur die Mischform des sogenannten Thermengymnasions zeigt, das in zahlreichen Exemplaren im römischen Kleinasien und auf seinen vorgelagerten Inseln anzutreffen ist, wo eine starke griechische Tradition herrschte.[4]

Der römische Publikumsgeschmack an Gladiatorenspielen ließ als neue Schaubühne das Amphitheater entstehen.[5] Obwohl diese Veranstaltungen auch im griechischen Osten ihre Anhänger hatten,[6] erübrigte sich hier das flächendeckende Errichten der neuen Bauform. Man konnte sich vielmehr mit der Umrüstung geeigneter Bauten behelfen, die bereits zur Verfügung standen: so wurden viele griechische Theater und Stadien baulich entsprechend modifiziert, um der neuen

1 Zu Sportstätten im Alten Ägypten siehe Decker, in: Gamer-Wallert/Helck (Hg.), *Festschrift Brunner-Traut,* 61–72; Haider, in: Nikephoros 1 (1988) 1–27. Zum Alten Orient siehe Rollinger, in: Nikephoros 7 (1994) 7–64, bes. 20, 30, 44, wo von „Ringerhaus" und „Tempelhof" als Arenen die Rede ist. – Für die minoische Kultur könnte man die Palasthöfe als Stätte des Stierspiels anführen, wie es in mehreren Aufsätzen von Thompson (in: JSH 13 [1986] 5–13; 16 [1989] 62–79; 19 [1993] 163–168) dargestellt wird. – Von Dauerhaftigkeit geprägt sind auch die präkolumbischen Ballspielplätze Mittelamerikas, vgl. Taladoire, *Terrains de jeu de balle;* Matos Moctezuma, in: Whittington (Hg.), *Sport of Life and Death,* 88–95.

2 Homer, Ilias XXIII 326 ff., 362 ff.

3 Homer, Odyssee VIII 97 ff.

4 Vgl. Nielsen, *Thermae et Balnea* I, bes. 104–111; Yegül, *Baths,* bes. 250 ff. Eine systematische Bibliographie zum antiken Badewesen für die Jahre 1988 bis 2001 stammt von Manderscheid, *Ancient Baths and Bathing.*

5 Golvin, *L'amphitéâtre romain;* Welch, *Roman Amphitheatre.*

6 So bereits 1940 von Robert, *Gladiateurs,* dokumentiert; siehe zuletzt dazu die Studie von Mann, *Gladiatoren im Osten;* vgl. auch Carter, *Gladiatorial Spectacles.*

Mode dienen zu können. Damit wurden letztere für die Abhaltung griechischer Agone allerdings in der Regel unbrauchbar; durch den Ausbau der *Sphendone* zu einer Arena wurden auf jeden Fall aber die Laufwettbewerbe erheblich behindert.

1. Stadion

Das griechische Wort Stadion (στάδιον), das mit dem lateinischen *spatium* ‚Zwischenraum' etymologisch verwandt ist, bedeutet zunächst eine Strecke von 600 Fuß (entspricht 6 Plethren). Mit der Errichtung fester Sportstätten von der Ausdehnung eines Stadions wurde der Name des Längenmaßes auf den neuen Bautyp übertragen, der im Laufe der Jahrhunderte einer starken Entwicklung unterworfen war.[7] Schließlich wurde auch die Laufdistanz, die über eine Länge der Laufbahn reichte, mit dem Namen Stadion bezeichnet, so daß ein Wort für drei unterschiedliche, wenngleich verwandte Erscheinungen steht. Die Baugeschichte des griechischen Stadions vollzog sich in mehreren Stufen. **(Abb. 60)** Die griechische Erfindung war so folgenreich, daß sie noch heute der wichtigsten modernen Sportstätte ihren Namen leiht.

Das Stadion vereinigt zwei unabdingbare Elemente: einen Platz für die Wettkämpfer und einen Raum für die Zuschauer, die den Nährboden für die griechische Athletik bilden.[8] Ihr funktionales Zusammenspiel läßt sich als Thema der Entwicklung des Bautyps gut veranschaulichen. Der erhebliche Aufwand, der mit der Errichtung eines Stadions verbunden war,[9] erklärt das Bestreben, die natürliche Geländebeschaffenheit nach Möglichkeit auszunutzen. Eine ideale Voraussetzung bot eine entsprechend lange Fläche, die an einen parallel verlaufenden Hang grenzte. Nur ein Taleinschnitt mit entsprechend breiter Talsohle wäre dieser Naturkonstellation noch überlegen. In Olympia ging man einen Schritt weiter, indem man dem Naturhang im Norden gegenüber einen weiteren Zuschauerwall künstlich aufschüttete und auch die Schmalseiten im Westen und Osten mit ansteigenden Wällen versah. Es ist auffällig, daß im Stadion von Olympia niemals steinerne Sitzreihen oder auch nur Treppenaufgänge aus Stein angebracht wurden;[10] die Eleer haben hier ganz bewußt auf eine einfache Form gesetzt, die in ihrem Archaismus den Wettkämpfern und Zuschauern das Gefühl vermittelte, in einer uralten Anlage an einem auch an Alter ehrwürdigen Fest beteiligt zu sein. **(Abb. 61)**

Unter den größeren Festspielorten weist nur noch Epidauros, dessen *Asklepieia* ein vielbesuchtes Sportfest waren, eine ähnliche Anlage auf.[11] Durch Hinzufügen von Sitzreihen aus Stein im Zielbereich ist man in der baulichen Gestaltung schon einen Schritt weitergegangen. Die nächste Phase in der Entwicklung des Stadionbaues bestand darin, die gesamte Länge der beiden Längsseiten in Stein auszuführen, wie es beispielsweise im Stadion von Milet anzutreffen ist.[12] Je nach Topographie konnte man auch nur die Hangseite mit Steinsitzen bestücken und auf den Bau einer zwei-

---

7 Zum Stadion grundsätzlich: Zschietzschmann, *Stadion;* Krinzinger, *Stadion;* Aupert, *Stade* (mit einer nützlichen Liste der bekannten mehr als 200 Stadien nebst Bibliographie im Anhang S. 180–189); Romano, *Athletics and Mathematics;* Miller, *Hellenistic Stadium;* Stephosi/Kavvadias, *Στάδια.*

8 Laser, *Sport und Spiel,* 83.

9 Die Nachrichten über Kosten und Finanzierung von Stadien (und Hippodromen) hat zusammengestellt Mathé, in: Le Guen (Hg.), *Argent dans les concours,* 189–223.

10 Zum olympischen Stadion und seiner Baugeschichte Mallwitz, *Olympia,* 180–194; Schilbach, in: Coulson/Kyrieleis (Hg.), *Olympic Games,* 33–37; Kyrieleis, *Olympia,* 121–123.

11 Patrucco, *Stadio di Epidauro;* Romano, *Athletics and Mathematics,* 38 und Abb. 21–23.

12 Von Gerkan, *Stadion.*

ten Längsseite verzichten; diese Lösung wurde in Priene angewandt, dessen Stadion einer späteren Zeit als das von Milet angehört.[13]

Eine qualitativ neue Gestalt zeigt das Stadion zur Zeit des Hellenismus, nachdem im 4. Jh. v. Chr. die *Sphendone* hinzugefügt wurde, die Rundung einer Schmalseite im Bereich der Zuschauerplätze. **(Abb. 62)** Der Name bedeutet eigentlich ‚Schlinge' (auch ‚Schleuder') und wurde wegen der formalen Ähnlichkeit auf die Kurve im Stadion und das dort befindliche Zuschauerrund übertragen. Durch diese konstruktive Neuerung erhielt der Bau mehr Konsistenz und Geschlossenheit. Vom praktischen Gesichtspunkt aus waren durch die Einführung der *Sphendone* wesentlich mehr Zuschauer an das wettkämpferische Geschehen herangeführt. Dabei sollte man an die Wenden bei den Laufdisziplinen (außer beim Stadionlauf) denken, die spannungsvolle Momente bargen, und vor allem an die Kampfsportarten, die natürlich für die Zuschauer um so eindrucksvoller waren, aus je größerer Nähe sie diese verfolgen konnten. Selbst der Weitsprung im Fünfkampf[14] sowie das diesen abschließende Ringen wurden an dieser Stelle im Stadion durchgeführt. Vermutlich spielte bei der Einführung der *Sphendone* die Erfahrung eine Rolle, die man beim Bau von Theatern inzwischen gewonnen hatte, wo es ebenfalls auf die perfekte Rundung eines Baukörpers ankam. Das mit einer *Sphendone* versehene Stadion ist im Prinzip ja nichts anderes als die Anfügung eines Theaters an die parallel geführten Zuschauerränge der älteren Bauart, und es dürfte kein Zufall sein, daß der klassische griechische Theaterbau eine Errungenschaft derselben Zeit gewesen ist.[15]

In dieser Form bietet sich uns heute eine Reihe von wichtigen und gut erhaltenen Stadien dar wie die Anlagen in Delphi[16] und Nemea,[17] um mit den panhellenischen zu beginnen, die in Ephesos, Sardeis, Rhodos, Demetrias und Perge gehören dazu,[18] vermutlich auch Dodona,[19] **(Abb. 63)** wenn einmal sein westliches Ende ausgegraben ist, das von Nikopolis[20] und weitere an zahlreichen anderen Orten. Ein besonders eindrucksvolles Beispiel stellt das jüngst ausgegrabene und gelungen restaurierte Stadion von Messene dar.[21] **(Abb. 64)** Den Idealtyp dieser Stadionform kann man heute wieder in Gestalt des restaurierten Athener Marmorstadions sehen, das Lykurg im 4. Jh. v. Chr. erbaute, Herodes Atticus im 2. Jh. n. Chr. renovierte und in dem 1896 die ersten Olympischen Spiele der Neuzeit durchgeführt wurden.[22] **(Abb. 65)** Auch Rom hat ein entsprechendes Beispiel zu bieten: Die Piazza Navona, einer der schönsten Plätze der ‚ewigen Stadt', nimmt den Raum des von Domitian für die *Kapitolia* gebauten Stadions *(Stadium Domitiani)* ein, wie die Front der Bebauung mit der Rundung im Norden noch heute erkennen läßt.

---

13 Belege bei Krinzinger, *Stadion,* 294.

14 So die These von Mouratidis, *Jump of the Pentathlon,* 87 ff., 125 f.

15 Im Falle von Aizanoi ist die örtliche Verbindung von Stadion und Theater einmal tatsächlich in beschriebener Weise erfolgt: Stephosi/Kavvadias, *Στάδια,* 220–229.

16 Aupert, *Stade.*

17 Miller, *Hellenistic Stadium.* – Zum unweit gelegenen Stadion von Argos siehe Psychoyos, in: Nikephoros 21 (2008) 197–222.

18 Belege bei Krinzinger, *Stadion;* Demetrias aus eigener Anschauung.

19 Dakaris, *Δωδώνη,* 75 f., Plan 3, 23, Abb. 4, 16, 2.

20 Chrysostomou/Keffalonitou, *Nikopolis,* 51 f.

21 Themelis, in: Nikephoros 22 (2009) 59–77.

22 Papanicolaou-Christensen, *Panathenaic Stadium;* Beneki, *Στάδιον Παναθηναϊκόν.*

Einmal eingeführt, mußte die Idee der einseitigen Rundung irgendwann die Verdoppelung dieser Form nach sich ziehen. Dies geschah in der römischen Kaiserzeit und brachte so vollendete Anlagen hervor wie etwa in Laodikeia am Latmos[23] und insbesondere in Aphrodisias in Karien.[24] **(Abb. 66)** Letzteres ist nicht nur das besterhaltene, sondern auch eines der landschaftlich am schönsten gelegenen antiken Stadien. Ohne Anbindung an irgendeine natürliche Geländehilfe, stellt es der Meisterschaft und dem ästhetischen Empfinden römerzeitlicher Architekten ein glänzendes Zeugnis aus. Im funktionellen Zusammenhang einer Stadt der römischen Kaiserzeit ist es an die Stadtmauer gerückt und bildet mit seiner Nordseite eine Verstärkung der Befestigung. Der Schritt zu den Stadionanlagen des 20. Jahrhunderts ist konzeptionell in Aphrodisias (und anderen gleichzeitigen Stadionbauten des 1. Jh. n. Chr.) bereits vollzogen.

Wie bereits oben angesprochen, erfuhren einige Stadien des griechischen Ostens in römischer Zeit im Bereich einer Kurve eine bauliche Umgestaltung, um der neuen Mode der Gladiatorenspiele eine geeignete Bühne zu bieten. Durch die dazu erforderlichen baulichen Maßnahmen, die in der Errichtung einer die *Sphendone* zu einer Kreisform (im Sinne eines Amphitheaters) schließenden Mauer bestand, wurde die Laufbahn erheblich verkürzt, was jedoch nicht automatisch zum Ausfall der Agone griechischer Prägung führen mußte, die sich besonders in der hohen Kaiserzeit einer Blüte erfreuten, die vor allem im Osten des *Imperium Romanum* spürbar war. Die Verlagerung des sportlichen Zeitgeschmacks, den die neuen Machthaber nun prägten, wird durch solche Umbaumaßnahmen augenfällig sichtbar. Auch im Sport ändern sich die Vorlieben, und es ist lehrreich, diesen Wandel etwa in den Stadien von Ephesos, Aphrodisias und Perge, wo er besonders gut konserviert ist, archäologisch manifestiert zu sehen.

Die in römischer Zeit errichteten Stadien profitierten noch in anderer Weise vom Erfindungsreichtum ihrer Erbauer. Während für das Stadion von Aphrodisias relativ aufwendige Aufschüttungen für die Fundamentierung der Zuschauerränge zu leisten waren, erfolgte die Substruktion für diese an anderer Stelle durch ausgeklügelte Unterbauten in Gestalt von Bogen und Tunneln, wie sie sich etwa in Ephesos, Perge und Sardeis nachweisen lassen. Vom architektonischen Prinzip zielen sie in Richtung der Palastanlage des Maxentius, der unweit vor den südlichen Toren Roms an der Via Appia zu Beginn des 4. Jh. n. Chr. die Zuschauerränge seines Circus unter kontinuierlicher Einfügung überdimensionierter Tonkrüge in einem Schnellverfahren errichten ließ, das im Vergleich zu der durchgängig gemauerten Bogensubstruktion dieser an Festigkeit und Dauerhaftigkeit jedoch weit unterlegen war. Während die Sportanlage des spätantiken Kaisers in diesen Bereichen zerfallen ist, hat sich die Schnellbauweise in kleinasiatischen Stadien beispielsweise in Ephesos und Sardeis als überraschend solide erwiesen.

Im Stadion spielte sich alles ab, was man als gymnischen Teil des Festprogramms bezeichnete: Die Läufe (Stadionlauf, Diaulos, Dolichos, Waffenlauf), die Kampfsportarten (Ringen, Faustkampf, Pankration) sowie das Pentathlon. Überall war die Laufbahn ein langgezogenes Rechteck von 600 Fuß Länge; die Breite betrug gegen 100 Fuß, doch waren geringe Abweichungen von diesem Maß möglich. Da das Fußmaß regionale Unterschiede aufweist, erscheinen die Laufbahnlängen, in metrische Maße umgesetzt, in teilweise erheblichen Differenzen.

---

23 Stephosi/Kavvadias, *Στάδια*, 214–219.

24 Welch, in: AJA 102 (1998) 547–569; Stephosi/Kavvadias, *Στάδια*, 194–205.

Länge der Laufbahn ausgewählter Stadionanlagen

Olympia:	192,25 m
Delphi:	177,35 m
Nemea:	181,44 m[25]
Athen:	184,30 m
Delos:	167,00 m
Milet:	192,27 m
Priene:	191,39 m
Epidauros:	181,30 m

Die angegebenen Strecken beziehen sich auf die reine Laufbahn; hinzu treten noch Räume für die Startvorbereitungen und den Zielauslauf (in Olympia mit ca. 10 m beide etwa gleich lang). Bei der Breite konnten lokale Besonderheiten wie in Priene zu räumlichen Beschränkungen führen, wo der Platz zwischen Stadtmauer und Berghang nur für 8 Läufer reichte. In Olympia konnten hingegen 20 Läufer gleichzeitig starten, in Milet 12, in Epidauros anfänglich 11, später nur mehr 6.[26] Die Griechen kannten keine Rundbahn, sondern liefen bei Strecken, die über die Distanz eines Stadions hinausgingen, hin und her und wendeten am Ende der Bahn. Da das Ziel der Läufe in früher Zeit unverändert blieb, weist jede Laufbahn anfangs an beiden Enden Startvorrichtungen auf. Damals bediente man sich steinerner Startschwellen *(Balbis,* Pl. *Balbides),* in die gewöhnlich zwei parallele Startrillen gezogen waren. **(Abb. 67)** Diese stellten sicher, daß alle Teilnehmer auf gleicher Höhe auf das Startsignal warteten, ermöglichten aber den beim Start aufrecht und in leichter Schrittstellung stehenden Läufern gleichzeitig einen sicheren Abdruck, wenn sie ihre Zehen in die Rillen plazierten.[27] Seit Mitte des 4. Jh. v. Chr. verlagerte sich die Sicherstellung der Chancengleichheit von der Einhaltung der gleichen Startposition auf die Fixierung der gleichen Startzeit. Jetzt wurden Startvorrichtungen ersonnen, die durch das Spannen von Seilen den Läufern einen Frühstart unmöglich machten. Erst dadurch, daß die das Seil haltenden Holzpfosten nach dem mechanischen Prinzip der Katapulttechnik zu Boden schnellten, wurde die Bahn freigegeben. Solche Anlagen, *Hysplex* (ὕσπληγξ, Pl. ὕσπληγγες) genannt, waren in vielen Stadien im Einsatz. An den Resten einer solchen Anlage im Stadion von Nemea konnte ihr Prinzip von P. Valavanis entschlüsselt werden,[28] dort wurde ihre Funktionsweise unter Mitwirkung von St.G. Miller auch rekonstruiert.[29] **(Abb. 68)** Der mit der Entstehung der *Hysplex* aufkommende Wunsch nach einem repräsentativen Start führte dazu, daß eine solche komplexe Startanlage letztlich auf eine Seite des Stadions beschränkt wurde (Rieger: „Unilateralität"). Das gilt etwa für die Stadien von Rhodos, Kos, Priene, Milet und Epidauros, aber auch für die panhellenischen Kampfbahnen in Olympia, Delphi und vornehmlich Nemea,[30] wo sich das System am besten studieren läßt. Eine Sonderform

---

25 Miller, *Hellenistic Stadium,* 35, der n. 69 die Grenzen der Exaktheit von Messungen antiker Strecken aufzeigt.

26 Zschietzschmann, *Stadion,* 36.

27 Im Prinzip ließen sich beide Ziele auch dadurch erreichen, daß sich die Rillen als ‚Zehenhalter' nur fußbreit erstreckten wie im Dromos auf der Agora von Korinth (Rieger, *Hysplex,* Abb. 106–108) und im älteren Stadion von Nemea (Rieger, *o.c.,* Abb. 88–93).

28 Valavanis, *Hysplex.*

29 Miller, in: Valavanis, *Hysplex,* 145–173.

30 Rieger, *Hysplex,* 406–410.

dieser Methode war bereits im älteren Stadion (2. Hälfte des 5. Jh. v. Chr.) am Isthmos von Korinth in der Nähe des Poseidontempels in Betrieb. Dort waren durch Rillen verlaufende, von Metallklammern geführte Seilzüge an Querhölzern befestigt, die in der Art von modernen Signalarmen mit Holzpfosten verbunden waren. Die Seilzüge liefen auf ein zentrales Loch zu und bewirkten bei manuellem oder mechanisch übertragenem Zug das Fallen (und gegebenenfalls erneute Aufrichten) der Querhölzer und damit die zeitgleiche Freigabe aller 16 Laufbahnen.[31] **(Abb. 69 a/b)**

Korinth bietet im Hinblick auf die Geschichte des Stadions noch eine weitere Besonderheit. Für die frühklassische Startvorrichtung der Laufbahn *(Dromos)* auf der Agora der Stadt ließ sich feststellen, daß sie auf dem Bogen eines Kreises verlief, dessen Radius 200 Fuß betrug. Die 16 Startplätze, die mit Buchstaben gekennzeichnet waren und nur fußbreite, für die Startposition versetzte Rillen aufwiesen, nahmen jeweils genau die Breite eines Grades dieses Kreises ein.[32] Nirgendwo sonst in der griechischen Welt war gegen Ende des 6. Jh. v. Chr. die Geometrie des Kreises (bei einer Genauigkeit der Zahl π von 3,10) so bekannt wie in der damals führenden Handelsmetropole, die diese Kenntnisse im Zuge ihrer wirtschaftlichen Kontakte mit dem Orient und Ägypten erlangt haben dürfte.[33]

In zahlreichen Stadien, so auch in Olympia und Nemea, war die Laufbahn rings mit offenen Wasserrinnen umgeben, die sich in bestimmten Abständen zu Schöpfbecken erweiterten, um Athleten und Zuschauern in der Hitze Erfrischung zu spenden, aber wohl auch, um die Bahn vor den Wettbewerben einzusprengen und eine übermäßige Staubentwicklung zu verhindern. **(Abb. 70)**

Trotz der rechteckigen Grundform der Laufbahn existieren Ansätze zu einer Kurvatur, die den Zuschauern die Sicht erleichterte. Sie ist ganz deutlich in Olympia wahrnehmbar, wo die Laufbahnbreite in der Mitte um 3,48 m gegenüber den Enden zunimmt. Ähnlich liegen die Verhältnisse in Delphi; vorhanden ist eine Kurvatur auch in Nemea,[34] Aphrodisias und Priene. Definitiv ohne Kurvatur ist das Stadion von Milet erbaut. Vielleicht hängt dies mit dem geradlinigen Plan der hippodamischen Stadtanlage zusammen.

Veranstalter von griechischen Agonen legten Wert auf den feierlichen Einzug der Athleten. Um diesen möglichst eindrucksvoll zu inszenieren, konnten auch architektonische Mittel genutzt werden. In Olympia, Nemea, Epidauros und Athen waren zu diesem Zweck tunnelartige Bogengänge errichtet worden. Die von Pausanias (VI 20,8) so genannte κρυπτὴ εἴσοδος (‚verborgener bzw. gedeckter Eingang') in Olympia war 32 m lang und 4,45 m hoch und verbindet die Altis mit dem Stadion. **(Abb. 71)** In Nemea, wo der Tunnel völlig erhalten ist, mündet er wie in den übrigen erwähnten Fällen in die Längsseite des Stadions.[35] Eine Variante zeigt das Stadion von Aphrodisias, wo im Scheitelpunkt der Kurven jeweils ein Tunnel ausgespart ist, durch den die Offiziellen und die Athleten das Stadion in feierlichem Einzug betreten konnten. Ähnlichem Zweck dienten monumentale Stadiontore, wie sie sich beispielsweise für Milet, Ephesos und Delphi nachweisen lassen, wo sich ihre Pfeiler noch bis zum Bogenansatz erhalten haben.[36]

---

31 Broneer, in: Archaeology 9 (1956) 134–137; Idem, in: Archaeology 9 (1956) 268–272; sehr gute photographische Dokumentation bei Stephosi/Kavvadias, *Στάδια*, 68–73.

32 Romano, *Athletics and Mathematics*, Abb. 28 f.

33 Romano, *o.c.*, 43 ff.

34 Miller, *Hellenistic Stadium*, 36, Tab. 2.

35 Miller, *Hellenistic Stadium*, 70–83; zu den höchst interessanten 35 Graffiti, darunter auch solche von Athleten, siehe 84–89 und den Katalog 311–366.

36 Zeitweise war das restaurierte Panathenäische Stadion ebenfalls mit einem monumentalen Eingangstor geschmückt, so zu den Zwischenspielen von 1906, bei der Session des IOC 1934 in Athen und während der Weltmeisterschaft der Leichtath-

In zwei Stadien – Nemea und Epidauros – lassen sich steinerne Markierungen nachweisen, die beiderseits der Laufbahn alle 100 Fuß angebracht waren und einen doppelten Zweck verfolgten.[37] Sie gaben dem Läufer Anhaltspunkte zur Einteilung seiner Kräfte und halfen ihm, taktische Manöver zu optimieren; den Zuschauern ermöglichten sie eine bessere Einschätzung der Abstände zwischen den Athleten im Wettkampf.

Entsprechend der Wichtigkeit ihrer Funktion für den geregelten Ablauf des Programmes und der Disziplinen wurden in manchen Stadien die Kampfrichter auf hervorgehobenen Plätzen untergebracht. Es vertrug sich sehr mit ihrer Würde, wenn ihnen eigene Tribünen für die einzigen Sitze im Stadion vorbehalten waren, wie es in Olympia[38] und Nemea[39] der Fall war, oder wenn ihnen in Stadien mit steinernen Rängen besondere Plätze angeboten waren, wie es z. B. in Delphi [40] und Messene[41] angetroffen wird. **(Abb. 72)**

2. Gymnasion

Kaum ein anderes Bauwerk ist so typisch mit dem antiken Griechentum verbunden wie das *Gymnasion.*[42] Der Gebäudetyp findet sich überall, wo Griechen gesiedelt haben, und beschreibt dementsprechend die äußersten Grenzen des Hellenentums. Im Westen mehrfach in Sizilien vertreten, in seiner nördlichsten Lage an der Küste des Schwarzen Meeres nachzuweisen, trifft man es im Süden bis nach Elephantine am ersten Nil-Katarakt in Oberägypten an, wo noch heute die Grenze zu den innerafrikanischen Gebieten verläuft; sein am weitesten im Osten gelegener Vertreter in Alexandreia/Antiocheia (Aï Khanoum) am Oxos (Baktrien, heute Afghanistan), das im Kontext des Alexanderzuges nach Indien entstand, ist erst relativ spät Gegenstand archäologischer Forschung geworden.[43] Nicht das Gebäude an sich mit seinen verschiedenen Räumen und Freiflächen ist das Entscheidende, sondern die in seinen Mauern verankerte Institution macht sein Wesen aus. Ursprünglich nichts anderes als Ort und Rahmen der Wehrertüchtigung für die Jungmannschaft der griechischen Polis, hat es sich im Laufe der Zeit zu einem sozialen Treffpunkt[44] mit sportlichem Schwerpunkt entwickelt, bis es schließlich überwiegend der geistigen Entwicklung diente.[45] Wenn der Begriff ‚Gymnasium' in unserem heutigen terminologischen Verständnis ausschließlich mit einer intellektuellen Bildungsstätte assoziiert wird, hat sich ein Bedeutungswandel vollzogen, der von einem Extrem (der körperlichen Ausbildung) ins andere (der geistigen Erziehung) gefallen ist.

Wenngleich unser Hauptinteresse der körperlichen Erziehung innerhalb der griechischen Bildungsinstitution gilt, soll an dieser Stelle an die geistesgeschichtliche Bedeutung dreier athenischer

---

leten 1997, vgl. Papanicolaou-Christensen, *Panathenaic Stadium,* Abb. 123, 127, 140.

37 Miller, *Hellenistic Stadium,* 20–36 mit Abb. 48–57; Patrucco, *Stadio di Epidauro,* Tf. XI 2, XIII 3.

38 Mallwitz, Olympia, Abb. 142 f.

39 Miller, *Hellenistic Stadium,* 29 f. mit Abb. 45.

40 Stephosi/Kavvadias, *Στάδια,* [48].

41 Themelis, in: Nikephoros 22 (2009) 60 mit Tf. 2.

42 Grundlegend immer noch Delorme, *Gymnasion;* siehe auch Delorme/Speyer, *Gymnasium,* in: RAC XIII (1986) 155–176; Zschietzschmann, *Palästra – Gymnasion;* Kah/Scholz, *Gymnasion.*

43 Vgl. die kartographischen Darstellungen bei Delorme, *o.c.,* Tf. XXXVI–XXXIX; zu Aï Khanoum siehe Veuve, *Fouilles d'Aïkhanoum 6: Gymnase.*

44 Vgl. dazu zuletzt Gehrke, in: Kah/Scholz (Hg.), *Gymnasion,* 413–419.

45 Vgl. besonders zu dieser Rolle im Orient Mehl, in: Nikephoros 5 (1992) 43–73; vgl. auch Bringmann, in: Kah/Scholz (Hg.), *Gymnasion,* 323–333.

Gymnasien erinnert werden: Das nach dem Heros Akademos benannte Gymnasion *(Akademie)* war Wirkungsstätte Platons; im *Lykeion,*[46] ursprünglich Heiligtum des Apollon Lykeios, hat sein Schüler Aristoteles gelehrt; das *Kynosarges* genannte steht in Beziehung zu Antisthenes und der Gründung der kynischen Philosophie. Sokrates suchte die athenische Jugend in den Gymnasien auf, um mit ihr ins Gespräch zu kommen. Mehrere Dialoge Platons finden im zwangslosen Rahmen eines Gymnasions statt oder nehmen dort ihren Anfang.[47]

Die Entstehung des Gymnasions dürfte zu Beginn des 6. Jh. v. Chr. erfolgt sein, als die frühgriechische Adelsgesellschaft durch die Polis, die Pflanzstätte der Demokratie, abgelöst wurde.[48] In diesem Zusammenhang scheint auch das Aufkommen der neuen militärischen Taktik der Hoplitenphalanx, durch deren Einführung der aristokratische Einzelkämpfer ausgedient hatte, eine entscheidende Rolle gespielt zu haben. Das neue, der hergebrachten Kriegstechnik strategisch überlegene Kontingent bedurfte ständigen militärischen Trainings, um seine höchste Kampfkraft zu entfalten, und den neuentstandenen Stadtstaaten mußte aus Gründen der eigenen Sicherheit an einer guten körperlichen Ausbildung der Jungmannschaft gelegen sein. In diesem Kontext dürfte – etwas vereinfacht ausgedrückt – die Geburtsstunde des Gymnasions zu suchen sein.[49] Die sich hier manifestierende Verbindung von Sport und Krieg wurde erst aufgelöst mit der Schaffung von Söldnerheeren, die besonders in der Zeit der Diadochen in den Kriegen um die Aufteilung des Alexanderreiches machtpolitisches Gewicht bekamen. Die Reduzierung des Gymnasions auf eine Bildungsstätte geistiger Art geschah jedoch nicht schlagartig, und es gibt genügend Beispiele dafür, daß sein ursprünglicher Sinn auch in späteren Zeiten erhalten blieb. Ein beredtes Zeugnis für die Aktualisierung seiner Gründungsidee liefert beispielsweise die Stadt Sestos in einer kritischen Phase ihrer Geschichte.[50] Im 2. Jh. v. Chr. war die auf der thrakischen Chersones gelegene Stadt in ein machtpolitisches Vakuum geraten, nachdem Pergamon (nach dem Tode Attalos' III. im Jahre 133 v. Chr.) den Klientelstaat nicht mehr schützen konnte und die neue Macht Rom noch zögerte, ihre Rolle als Erbe des Pergamenischen Reiches mit letzter Konsequenz anzunehmen. Damals war die griechische Stadt ganz auf sich selbst gestellt und ständig durch die Übergriffe der thrakischen Nachbarn bedroht. In dieser Situation besann sie sich auf die ursprüngliche Bestimmung des Gymnasions, und dank der uneigennützigen Spenden und des diplomatischen Geschicks ihres Bürgers Menas konnte sie die schwere Zeit überstehen. Alles, was das Gymnasion als Stätte militärischen Trainings ursprünglich verkörpert hatte, wurde jetzt reaktiviert. Zwar wurden auch sportliche Agone veranstaltet, doch schreibt Menas, der zweimal das Amt des *Gymnasiarchen* (‚Leiter des Gymnasions') ausübte, daneben ganz bewußt Wettkämpfe rein militärischer Zweckbestimmung aus. Neben Kürung der Besten in Ordnung, Fleiß und Betragen[51] richtete er Wettkämpfe im Lauf, Speerwerfen, Bogenschießen und Waffenkampf in allen Altersklassen aus, wie die betreffende Inschrift (Z. 34 f., 64) berichtet. Als Anreiz für die Jugendlichen und Männer setzte er Preise aus, auch für zweite Plätze. Seiner Großzügigkeit verdankt die Stadt ebenso Öl und *Strigiles* (Schabeisen),[52] **(Abb. 73)** mit deren Hilfe die Mischung aus Schweiß, Staub und Öl (für

46 Kyle, *Athletics in Ancient Athens,* 64–92, bes. 71 ff.

47 So z. B. Lysis 203a–204b; Charmides 153a; Euthydemos 271a; weitere Stellen bei Kyle, *o.c,* 81, 140 n. 85.

48 Vgl. Delorme, *Gymnase,* 9 ff.; Pleket, in: MNIR 36 (1974) 57–87, bes. 60 f. = Nikephoros 14 (2001) 167–169.

49 Zu einer anderen Entstehungshypothese siehe Mann, in: Klio 80 (1998) 7–21, der das Gymnasion als elitäres Rückzugsgebiet des entthronten Adels ansieht.

50 OGIS 339; Krauss, *Inschriften von Sestos,* Nr. 1.

51 Crowther, in: ZPE 85 (1991) 301–304 = Idem, *Athletika,* 341–344.

52 Kotera-Feyer, *Strigilis;* Eadem, in: Nikephoros 11 (1998) 107–136.

die es ein eigenes griechisches Wort gab: γλοιός) nach dem Sporttreiben vor dem abschließenden Waschen vom Körper abgezogen wurde.[53]

Die Leitung eines Gymnasions (Gymnasiarchie) konnte sich nur derjenige leisten, der über die notwendigen Mittel verfügte und die Bereitschaft besaß, diese für die Allgemeinheit einzusetzen. Es war eine freiwillige Leistung zum Wohle der Öffentlichkeit (*Liturgie*), die von den Mitgliedern der lokalen Aristokratie erwartet wurde. Neben der Lieferung des täglich in reichem Maße notwendigen Öls mußte auch das Heizmaterial für das Bad gestellt und für ungehinderten Wasserzufluß gesorgt werden. Ein größeres Lob für einen Spender konnte es wahrlich nicht geben als das für einen Wohltäter aus Aphrodisias überlieferte, in dem diesem bescheinigt wird, daß *‚er Öl wie Wasser fließen ließ'*.[54]

Über die Gymnasiarchie im Niltal, dessen Oberschicht nach der Eroberung durch Alexander Griechen waren, die dem Land auch zur Zeit römischer Oberhoheit das kulturelle Gepräge gaben, informieren zahlreiche Zeugnisse auf Papyrus.[55] Wegen seines öffentlichen Ansehens und offizieller Ehren wurde das Amt nicht ungern übernommen,[56] doch konnte es je nach den wirtschaftlichen Zuständen auch als drückend empfunden werden. Ein beredtes Zeugnis in dieser Hinsicht sind besagte Papyri aus dem römerzeitlichen Ägypten, die die Verwaltung „einer[r] Einrichtung von kaum zu überschätzender gesellschaftlicher und kultureller Bedeutung"[57] spiegeln. Nach anfänglich idealistischem Stifterwillen, gepaart mit Wohlstand, macht es in den wirtschaftlich schwierigen Zeiten um die Mitte des 3. Jh. n. Chr. erhebliche Schwierigkeiten, jemanden zu finden, der das Amt übernimmt. Deshalb reduziert man die Dauer der Gymnasiarchie auf wenige Tage, ohne das Problem zu lösen. Es existiert ein Ratsbeschluß der mittelägyptischen Stadt Oxyrhynchos, der die Gymnasiarchie und die damit verbundene finanzielle Belastung auf einen viertel Tag (!) im Jahr festschreibt,[58] während in der Blütezeit der Institution dieses Amt für die Dauer eines ganzen Jahres übernommen wurde. Die Funktionsfähigkeit des Gymnasions wurde mit der täglichen Versorgung der Bevölkerung mit Nahrungsmitteln auf eine Stufe gestellt, wie ein Prytane derselben Stadt zu eben dieser Zeit beide Elemente vergleichend wertet.[59]

Die Institution scheint tatsächlich einen bedeutenden Wirtschaftsfaktor im Lande dargestellt zu haben. Neben verschiedenen Baumaßnahmen vom Neubau bis zu Reparaturarbeiten an Gymnasien waren es vor allem Kosten für den laufenden Betrieb wie Öllieferungen für das täglich notwendige Salböl der Sportler, das hierher zu rechnen ist. Diese wurden in griechischen Texten oft mit Termini belegt, die auf diese Besonderheit hinwiesen, wie οἱ ἀλειφόμενοι (‚die Eingesalbten'). **(Abb. 74)**

Ständiger Bedarf für das Warmbad bestand besonders in Regionen, wo die römische Thermenkultur mit ihrem Hypokaustensystem Einzug gehalten hatte. Im hochentwickelten Ägypten war

53 Zu seiner wirtschaftlichen Nutzung siehe J. und L. Robert, in: REG 91 (1978) 434 ff. Für Hunde scheint das Produkt nicht uninteressant gewesen zu sein, wie eine rotfigurige Hydria in Berlin (F 2178) nahelegt: [Heilmeyer et al.], *Antikenmuseum Berlin,* 107.1 mit Abb. S. 106.

54 MAMA VIII 484; Harris, *Athletes,* 148.

55 Zum Gymnasium im hellenistischen Ägypten siehe jetzt auch Habermann, in: Kah/Scholz (Hg.), *Gymnasion,* 336–348.

56 Im 2. Jh. n. Chr. steht es in Ägypten auf derselben Stufe wie das Amt des Gaustrategen: Orth, in: Heinen et al. (Hg.), *Althistorische Studien,* 227.

57 Orth, *l.c.,* 223.

58 POxy 3182; Orth, *l.c.,* 229.

59 PErl Nr. 23 R, Z. 5 f.; Orth, *l.c.,* 223 n. 5.

das sicher der Fall, und wir hören von entsprechenden Anstrengungen der Gymnasiarchen, diesen gewohnten Luxus zur Verfügung zu stellen. Im gleichen Atemzug gehört die Sicherstellung der Wasserzufuhr genannt. Der Betrieb eines Gymnasions gewährte darüber hinaus einer Gruppe von Personen den täglichen Lebensunterhalt, die verschiedene Dienstleistungen zu erfüllen hatten, wie Ärzten, Sekretären, Trainern, Ölverwaltern, Wachpersonal und Garderobenaufsicht.[60] Die Namen vieler Hunderter von (designierten, aktuellen und ehemaligen) Gymnasiarchen aus ptolemäischer und römischer Zeit haben die griechischen Papyri Ägyptens überliefert.[61] Sie stammen aus allen Gegenden Ägyptens, selbst aus den Oasen. Ihre Nennungen liefern den besten Nachweis für die weite Verbreitung der Institution, die überall da auftaucht, wo auch nur die kleinste Griechensiedlung existierte.

Die Zugehörigkeit zum Gymnasion schied Privilegierte von der einfachen Bevölkerung. Die griechische Oberschicht betrachtete sich selbst als Elite, und in der Tat genossen die Mitglieder des Gymnasions handfeste finanzielle Vorteile bei der Besteuerung. Sobald ein junger Grieche das vierzehnte Lebensjahr vollendet hatte, stellten seine Eltern den Antrag auf Eintragung in die Steuerliste der Bevorzugten (ἐπίκρισις, *‚Epikrisis')*, was mit dem Nachweis griechischer Abstammung geschehen mußte.[62] Griechen nannten sich mit Vorliebe οἱ ἐκ τοῦ γυμνασίου *‚die vom Gymnasion'.*[63] Gymnasien waren Mittelpunkte des öffentlichen Lebens. Man könnte sie wenigstens dem Sinne nach mit dem klassischen englischen *Club* vergleichen. Sie gaben den Rahmen für öffentliche Feierlichkeiten ab und dienten der Repräsentation. Der im Jahre 30 v. Chr. siegreich in Alexandreia einziehende Octavian hält im Gymnasion der Stadt eine Ansprache an die Bevölkerung.[64] Die römische Administration tastete den Bestand der ehrwürdigen Institution nicht an, im Gegenteil – sie scheint ihr volle Unterstützung gewährt zu haben. Da das Gymnasion aber gerade in Ägypten immer eine griechische Eigenart bewahrt hat, läßt sich dies nur verstehen, wenn die neuen Machthaber sich von seinem Fortbestand Vorteile versprachen. Dabei ist weniger an die römische Bewunderung der griechischen Kultur zu denken als an praktische Erwägungen machtstabilisierender Natur.[65]

Nach den Ausführungen über die Funktion des griechischen Gymnasions wollen wir kurz seine architektonische Seite näher ins Auge fassen.[66] Das hinsichtlich der historischen Geographie maßgebliche Urteil des Pausanias erkennt die Bezeichnung *‚Polis'* nur solchen Siedlungen zu, die neben Archeia (Amtsgebäude), Theater und Agora auch ein Gymnasion aufzuweisen haben.[67] Am besten stellt man es sich als eine ausgedehnte Mehrzwecksportstätte vor, die aus einer Laufbahn (δρόμος, *‚Dromos'*), einer *Palaistra* (von πάλη, *‚Ringen',* ursprünglich also *‚Ringplatz'*) und großen Freiflächen zum sportlichen Üben, etwa der Würfe, bestand. Dieses Ensemble wurde meist *Gymnasion* genannt[68] nach dem griechischen Wort γυμνάζεσθαι *‚nackt üben'.*[69] Der Sprachgebrauch ist aber, besonders in der Spätantike, ziemlich ungenau; der gesamte Baukomplex konnte auch mit dem Begriff *Palaistra* im Sinne von *pars pro toto* belegt werden.

60 Vgl. die Zusammenstellung bei Orth, *l.c.,* 230.
61 Sijpesteijn, *Liste des gymnasiarches.*
62 Lewis, *Life in Egypt,* 42.
63 Körbs, in: Idem/Mies/Wildt (Hg.), *Festschrift Diem,* 90, mit weiterer Literatur in n. 8.
64 Plutarch, Antonius 80,1–2.
65 Orth, in: Heinen et al. (Hg.), *Althistorische Forschungen,* 231 f.
66 Zuletzt dazu Wacker, in: Kah/Scholz (Hg.), *Gymnasion,* 349–361; Raeck, in: Kah/Scholz (Hg.), *o.c.,* 361–371.
67 Pausanias X 4,1.
68 Kyle, *Athletics in Athens,* 64–67.
69 Christesen, in: Nikephoros 15 (2002) 7–37.

Das Gymnasion schloß also alle Übungsmöglichkeiten für athletische Disziplinen ein. Seine baulichen Hauptbestandteile weisen bereits darauf hin, daß die Laufübungen und die Kampfsportarten als wesentliche Gruppierungen separiert wurden.

Die Laufbahn erstreckte sich gewöhnlich über die Länge eines Stadions und war oft in eine gedeckte Säulenhalle *(ξυστός, ‚Xystos')* und eine daneben verlaufende offene Piste (παραδρομις, *‚Paradromis'*) unterteilt. **(Abb. 75)** Da die Länge des Stadions je nach Region zwischen 167 und 192 m betragen kann, war eine entsprechende Säulenhalle auf jeden Fall eine imposante Anlage, für die es der Anspannung der kommunalen Kräfte oder der Freigiebigkeit eines Mäzens bedurfte. Auf dem gestampften Boden einer gedeckten Halle konnte man den Lauf bei jedem Wetter üben. Ein Gymnasion konnte – wie im Falle Delphis[70] – auf die Länge der Laufbahn *(Xystos* und *Paradromis)* beschränkt sein, wenn die topographischen Gegebenheiten eine Nutzung des umliegenden Geländes einschränkten; hier im Bergland sind der schmale Lauftrakt einerseits sowie *Palaistra* und Badebecken andererseits auf verschiedene Terrassen verteilt. Anders lagen die Verhältnisse im ebenen Gelände. Hier konnte ein riesiges Geviert entstehen, das sich an der Ausdehnung der Laufbahn orientierte und ein freies Areal *(Hypaithron)* umfassen mochte, in dem ca. vier Fußballfelder Platz gefunden hätten. So verhält es sich in Olympia,[71] wo das Gymnasion allerdings nur alle vier Jahre genutzt wurde, da der Kultort keine ständig bewohnte Siedlung war. Die Nutzungsperiode beschränkt sich zudem auf die wenigen Tage der Dauer des olympischen Festes; die Athleten hatten bekanntlich ein einmonatiges Training in Elis zu absolvieren und kamen erst am Tage vor der Eröffnung der Wettkämpfe in Olympia an.[72] Dennoch darf man an dem Vorort der griechischen Agonistik ein verbindliches Modell des Bautyps erwarten. Sein Stifter war vermutlich der ägyptische König Ptolemaios II., der auch anderenorts euergetisch in Bezug auf das Gymnasion hervorgetreten ist.[73]

Die im Westen gelegene Säulenhalle von einem Stadion Länge, die nach Pausanias die Wohnungen der Athleten enthielt, ist durch die Einwirkung des im Winter reißenden Kladeos völlig weggeschwemmt worden. Das Herzstück des Gymnasions war die *Palaistra.* **(Abb. 76)** Ein gutes Beispiel findet sich in der Anlage von Olympia, die in hellenistischer Zeit erbaut wurde und ein klug durchdachtes, architektonisch überlegt gegliedertes Bauwerk quadratischen Grundrisses von 66,50 m Seitenlänge darstellt, das einen freien Innenhof aufweist (sog. Peristyl-Typ). Die äußeren Säulen sind in dorischem Stil gehalten, während die inneren nach dem ionischen Kanon gebildet sind. Diese flankieren den inneren Umgang, der an insgesamt 19 verschiedenen räumlichen Einheiten vorbeiführt. Ohne diese Räume hier alle vorzustellen, seien drei Hörsäle, das *Ephebeion,* drei Geräteräume, ein Waschraum, eine Brunnenkammer sowie einige Übungsräume hervorgehoben. **(Abb. 77)**

Der römische Architekt Vitruv hat in seinem Handbuch des Bauwesens das ideale Gymnasion beschrieben;[74] nach Wacker ist die entsprechende Passage nichts anderes als eine Beschreibung des *Lakonikon* des Agrippa, ein Gymnasion in Rom, das bald den Agrippathermen weichen mußte.[75]

70 Jannoray, *Gymnase.*
71 Mallwitz, *Olympia,* 278–289; Wacker, *Gymnasion in Olympia.*
72 Siehe dazu Wacker, in: Nikephoros 10 (1997) 103–117.
73 Wacker, *Gymnasion in Olympia,* 67–77.
74 Vitruvius, De architectura V 11.
75 Wacker, in: Kah/Scholz (Hg.), *Gymnasion,* 354–356.

Das Gymnasion unterlag noch in hellenistischer Zeit einem solchen Ansehen, daß die mit seiner Leitung verbundenen Aufgaben und Rechte gesetzlich geregelt wurden. In der makedonischen Stadt Beroia hat sich ein aus dem 2. Jh. v. Chr. stammendes Gymnasiarchengesetz[76] in weiten Passagen erhalten, das im Sinne einer Rechtsverordnung den Betrieb des Gymnasions dieser Polis regelte.[77] An Einzelbestimmungen liest man beispielsweise, daß der *Gymnasiarch* ein Alter zwischen 30 und 60 Jahren haben muß (A, Z. 22–24). Auf Pünktlichkeit wird Wert gelegt (B, Z. 1–3). Die *Paidotriben* (Trainer) haben bei Androhung einer empfindlichen Geldstrafe bei Fernbleiben zweimal täglich zu festgesetzten Zeiten zu erscheinen (B, Z. 15–21). Sklaven, Freigelassenen sowie deren Söhnen, Erwachsenen, Homosexuellen, Händlern, Trinkern und Wahnsinnigen ist der Zutritt verboten (B, Z. 28 f.). Wenn der *Gymnasiarch* diese Vorschrift wissentlich mißachtet, muß er 1000 Drachmen Geldstrafe entrichten. Die Sonderstellung des *Gymnasiarchen* ist dadurch unterstrichen, daß tätliche Angriffe auf seine Person und unterlassene Hilfeleistung in diesem Fall hart geahndet werden (B, Z. 41–95). Schließlich gibt es genaue organisatorische und finanzielle Vorschriften über die Leistungen, die vom *Gymnasiarchen* und seinen Helfern zur Durchführung des Hermesfestes zu erbringen sind (B, Z. 45–71). Des weiteren sind die Bedingungen geregelt, die das Amt des *Lampadarchen* betreffen (B, Z. 71–84). Dieser hatte die Aufwendungen zu finanzieren, die für die Vorbereitung und Durchführung des Fackelstaffellaufes notwendig waren. Auch die bei den Gymnasialagonen eingesetzten Kampfrichter sind diesem Gesetz unterworfen (B, Z. 84–86).

Ein weiteres Gesetz dieser Art ist im thrakischen Amphipolis aufgefunden worden.[78] Es stammt aus derselben Epoche wie das Gymnasiarchengesetz von Beroia und ist auf eine große Stele geschrieben, die von typischen Symbolen der Athletik bekrönt ist: Aryballos, Olivenkranz mit Siegerbinde, Palmzweig, Strigilis und Diskus.[79] Der nahezu vollständig erhaltene, noch unpublizierte Text, der von dem *Ephebarchen* (= Gymnasiarchen) Adaios, Sohn des Euhemeros, stammt, behandelt in der Einleitung Angelegenheiten des *Ephebarchen* und die Eintragung der Epheben sowie Strafen, die bei Zuwiderhandeln gegen das Gesetz drohen. Im Hauptteil kommen u. a. die Bestallung verschiedener Lehrer *(Paidotribe,* für Speerwerfen, Schleudern, Steinwerfen, Reiten, Speerwerfen vom Pferd), der Ephebeneid, der Festzug und tägliche Ausflüge zur Sprache.[80]

3. Hippodrom

Im Gegensatz zum römischen Circus, dessen architektonische Gestaltung sich an zahlreichen Orten des *Imperium Romanum* noch heute nachweisen läßt,[81] war sein Vorgängerbau, der griechische Hippodrom,[82] weniger dauerhaft angelegt. Trotz ihrer leichten Bauweise[83] muß die Pferderennbahn unter das Ensemble der hellenischen Sportstätten gezählt werden, da die hippischen Wettbewerbe, die in ihm ausgetragen wurden, zahlreichen Agonen Glanz verliehen. Die Existenz von Hippodromen ist für die vier panhellenischen Festorte gesichert; aber auch in Athen,[84] Delos,

76 Vgl. Decker, in: Yaldai/Stemper/Wastl (Hg.), *Menschen im Sport,* 12–19.

77 Gauthier/Hatzopoulos, *Loi gymnasiarchique;* vgl. Miller, *Arete,* Nr. 126; Kyle, *Sport and Spectacle,* 244 f.

78 Lazarides, in: Praktika 1984, A (1988) 36–38; Decker, in: Pandektes 1 (1992/93) 519–526.

79 Lazarides, in: Praktika 1984, A (1988), Tf. 43.

80 Eine Publikation der Inschrift ist bis heute nicht erfolgt; jetzt arbeitet P. M. Nigdelis an der Endpublikation.

81 Humphrey, *Roman Circuses.*

82 Schneider, in: RE VIII 2 (1913) 1735–1745; Harris, *Sport,* 161–172; Humphrey, *Roman Circuses,* 6–11.

83 Bezeichnend ist, daß der Hippodrom von Delos als Weideland verpachtet wurde: IG II/III^2 1638; Harris, *Sport,* 162.

84 Kyle, *Athletics in Athens,* 95–97.

Sparta, Theben, Alexandria sowie an vielen anderen Orten befanden sich entsprechende Einrichtungen, die für die regelmäßige Abhaltung von Pferde- und Wagenrennen benötigt wurden.[85] Dabei darf man davon ausgehen, daß sie sich nur unwesentlich von der improvisierten Rennstrecke unterschieden, die Homer als Stätte des Wagenrennens am Meeresufer vor Troia beschreibt. Dort steht den Teilnehmern am Rennen im Rahmen der Leichenspiele für Patroklos eine Ebene zur Verfügung, die an einer Stelle sogar einen Hohlweg aufweist. Nestor schildert die entscheidende Stelle der Rennbahn folgendermaßen:

> *Das Mal aber nenne ich dir ganz deutlich und es wird dir nicht entgehen.*
> *Da steht ein trockenes Holz, einen Klafter hoch über der Erde,*
> *von einer Eiche oder Fichte; das ist nicht verfault vom Regen.*
> *Und Steine sind auf beiden Seiten davon eingerammt, zwei weiße,*
> *wo der Weg sich vereint, und eben ist die Bahn ringsum:*
> *Entweder das Grabmal eines Mannes, der vor Zeiten gestorben,*
> *oder als Wendesäule errichtet von früheren Menschen.*[86]

Das Fehlen eindeutiger archäologischer Befunde wird in gewissem Maße[87] kompensiert durch die ausführliche Schilderung der olympischen Rennbahn durch Pausanias,[88] die der Forschung allerdings viele Rätsel aufgegeben hat. Durch die Neudeutung eines metrologischen byzantinischen Textes aus dem 11. Jahrhundert, in dem die Maße der antiken olympischen Rennbahn vermerkt sind, ist es J. Ebert gelungen, eine annehmbare Rekonstruktion des Hippodroms sowie der Distanzen der in ihm gelaufenen Konkurrenzen vorzunehmen.[89] Nach dieser Erklärung gleicht die Gestalt des olympischen Hippodroms viel stärker dem römischen Circus, als es bisher in der Forschung angenommen worden war; hier wurde häufig mit unausgegorenen Grundplänen der Gesamtlänge sowie einer überdimensionierten Breite der Rennbahn operiert. Es ist ohnehin ein naheliegender Gedanke, daß die Römer sich bei der Normierung ihrer Circusanlagen früherer Rennerfahrungen bedienten, die in diesem Falle in der griechischen Rennbahn gemacht worden waren. **(Abb. 78)**

Die Pferderennbahn in Olympia erstreckte sich in ihrem anfänglichen Verlauf parallel zum Stadion, an dessen Südwall sie angrenzte. Sie griff jedoch in ihrer Länge östlich weit über das Stadion hinaus. Nach dem Start ermöglichte eine 320 m lange Strecke den Reitern bzw. Wagenlenkern, jede ihnen aus taktischen Gründen genehme Position im Feld einzunehmen.[90] Erst danach begann die eigentliche Rennbahn, die von zwei im Abstand von 3 Stadien (= 576 m) entfernten Wendesäulen markiert war. Pausanias schreibt nichts von einer Trennvorrichtung im Sinne eines römischen *euripus* (bzw. einer *spina*),[91] die zwischen den Wendesäulen als Barriere verlaufen wäre und die Bahn in zwei Teile von je 32 m Breite getrennt hätte. Allerdings hätte hier bereits eine wenig spektakuläre

85 Weitere Orte bei Canali De Rossi, *Hippiká* I, 23 n. 60.

86 Homer, Ilias XXIII 326–332 (Übersetzung W. Schadewaldt).

87 Zu den wenigen Baumaßnahmen, die sich in Hippodromen nachweisen lassen, siehe Mathé, in: Le Guen (Hg.), *Argent dans les concours,* 189–223, bes. Tab. 2 (209 f.), wo meist die Startvorrichtung betroffen ist.

88 Pausanias VI 20,10–21,1; V 15,5–6.

89 Ebert, in: Nikephoros 2 (1989) 89–107; Idem, in: Rizakis (Hg.), *Achaia und Elis,* 99–102.

90 Diese Strecke wäre etwa doppelt so lang wie die zwischen *carceres* und *linea alba* im römischen Circus Maximus in Rom, die am Beginn der Mittelbarriere gezogen war; bis dahin mußten alle Teilnehmer in eigenen Bahnen vorrücken, bis sie von hier aus die Innenbahn besetzen durften.

91 Zur Unterscheidung beider Begriffe siehe Humphrey, *Roman Circuses,* 175 ff.

Linie von Prellsteinen ausgereicht, um Zusammenstöße von Pferden und insbesondere Gespannen auf der Geraden zu vermeiden, so daß sie der Erwähnung nicht für nötig befunden worden wäre. Er berichtet uns von dem *Taraxippos* (‚Pferdeschreck') am östlichen Ende des Hippodroms, einem altarähnlichen Gebilde, das sich am Durchgang an einem Erdwall befand, der die Rennbahn hier begrenzte und vermutlich Plätze für die Zuschauer bereitstellte. Dieser *Taraxippos,* der auch in anderen Rennbahnen vorkam, wurde von den Wagenlenkern gefürchtet und mit Opfern besänftigt, da er ihrer Meinung nach die Schuld an schweren Unfällen trug, die sich zwangsläufig in der engsten Kurve der Bahn häufen mußten. Gerade hier war das Wirken des Daimons spürbar, über dessen Natur die verschiedensten Versionen in Olympia im Umlauf waren.[92]

Das technische Herzstück des olympischen Hippodroms war seine kunstvolle Starteinrichtung (ἄφεσις, ‚*Aphesis'),* die ein gewisser Kleoitas ersonnen hatte:

> *Der Ablauf [der Pferde] hat die Form eines Schiffsbugs, und sein Sporn ist gegen die Rennbahn gerichtet. Wo der Bug an die Agnaptoshalle stößt, wird er breit. Ein Delphin aus Bronze ist auf einer Stange ganz an der Spitze des Sporns angebracht. Jede Seite des Ablaufs hat mehr als 400 Fuß Länge, und in ihnen sind Gelasse eingebaut. Um diese Gelasse losen die, die zum Wettkampf der Pferde antreten. Vor den Wagen oder den Reitpferden ist ein Tau als Startschranke gespannt. Ein Altar aus ungebrannten Ziegeln, außen verputzt, wird zu jeder Olympiade in der Mitte des Bugs errichtet. Auf dem Altar steht ein bronzener Adler, die Flügel ganz weit ausgebreitet. Der Rennleiter kann nun die Einrichtung in dem Altar bewegen. Wenn sie bewegt wird, fliegt der Adler in die Höhe, so daß er den Zuschauern sichtbar wird, und der Delphin fällt zu Boden. Zuerst senken sich nun die Seile zu beiden Seiten an der Agnaptoshalle, und die hinter diesen stehenden Pferde laufen zuerst ab. Im Lauf kommen sie auf die Höhe derer, die am zweiten Platz zu stehen gelost haben, und nun senken sich die Startseile am zweiten Platz, und so geht es in derselben Weise bei allen Pferden, bis sie sich am Sporn des Bugs miteinander in einer Reihe befinden. Von da an beginnt nun die Schaustellung der Kunst der Lenker und der Schnelligkeit der Pferde.*[93]

Ihr Grundriß wies die Form eines Schiffsbuges auf, an dessen Schenkeln Gelasse für Pferde und Wagen angebracht waren. **(Abb. 79)** Nach der Darstellung des Pausanias hat man den Eindruck, daß das Startprinzip nicht nur ein technisches Kabinettstück darstellte, sondern auch auf Wirkung berechnet war. Vermutlich diente die Anlage auch der Beruhigung der dem Start nervös entgegenfiebernden Pferde.[94] Man öffnete also zunächst die hinteren Gelasse, die der (archäologisch noch nicht nachgewiesenen) Agnaptoshalle zugewandt waren, und in dem Moment, da die Pferde das davorliegende Gelaß passierten, wurden dort die Startseile gesenkt, bis nach vollendeter Kettenreaktion sich an der Spitze des Buges eine – im Idealfall – halbkreisförmige Formation von Pferden bzw. Wagen gebildet hatte, deren hinterste in dieser Situation die innen gestarteten waren, denen als letzten der Start freigegeben wurde.[95]

92 Pausanias VI 20,15–19.

93 Pausanias VI 20,10–13 (Übersetzung E. Meyer/F. Eckstein).

94 Unter diesem Gesichtspunkt ist es auch zweifelhaft, ob die Annahme von Heiden, *Tondächer,* 105–111, Abb. 21–25.1, akzeptabel ist, Reste eines dreieckigen Tondaches in Olympia mit der *Aphesis* in Verbindung zu bringen. (Rekonstruktionszeichnung auch abgebildet bei Decker/Thuillier, *Sport dans l'Antiquité,* 104 Abb. 71.) Der Aufenthalt der Pferde in einem dunklen Raum vor dem Start hätte ihre Nervosität zweifellos gesteigert.

95 Leider ist nicht überliefert, wie das Problem gelöst wurde, wenn ein Pferd oder ein Gespann das Verlassen seiner Box verweigerte und damit das Öffnen des vor ihm plazierten Gelasses behinderte.

Lange rechnete man bei hippischen Agonen in Olympia mit Teilnehmerfeldern von bis zu 60 Wagen, was H. Wiegartz zu der Annahme verleitete, die Startaufstellung der Gespanne hätte schräg zur Laufrichtung – ähnlich dem sog. Le Mans-Start im heutigen Automobilsport – stattgefunden.[96] Schuld an dieser verwirrenden Vorstellung, daß im Extremfall 240 Pferde zur gleichen Zeit die Rennbahn zu einem unübersichtlichen Tummelplatz des Zufalls und einer Stätte völliger Desorientierung gemacht hätten, war die angebliche Nennung von 41 gleichzeitig startenden Viergespannen im Hippodrom von Delphi durch den Dichter Pindar,[97] die nach überzeugender Konjektur durch J. Ebert auf die Anzahl von ganzen fünf geschrumpft sind.[98]

Wenn ansonsten von der Anzahl von Teilnehmern am Wagenrennen gesprochen wird, ist die höchste Teilnehmerzahl dem fiktiven Bericht des Boten in der Elektra des Sophokles zu entnehmen. Sein Gegenstand ist der angebliche Tod des Orest, der durch einen Unfall bei einem Wagenrennen in Delphi, an dem zehn Gespanne gestartet sind, erfolgte.[99] Diese Zahl scheint der Wirklichkeit zu entsprechen und würde sich gut mit den Verhältnissen im römischen Circus vertragen, wo in der Regel nie mehr als zwölf Gespanne gestartet sind.[100] Bei einer tolerierten Breite von 3 m pro Gelaß, was wiederum dem Maß römischer Startboxen entspräche, käme man in Olympia immerhin auf maximal 20 Startplätze, ohne bei der Startposition der Pferde vom geraden Ablauf abrücken zu müssen.

Es gehört nicht viel Phantasie dazu, sich die Verteilung der Zuschauer in dem weiträumigen Hippodrom von Olympia vorzustellen: Wer die Pracht liebte, den dürfte das Startgeschehen in seinen Bann gezogen haben, zumal es von dort nicht allzu weit vom Ziel war, wo die Spannung des Rennens sich löste. Wer mehr vom Kitzel der Sensation angesteckt war, wählte seinen Platz vermutlich ganz im Osten im Bereich der ersten Wende, wo es am ehesten zu kritischen Momenten und Stürzen kommen mußte.

Unter den griechischen Rennbahnen war der olympische Hippodrom offenbar in technischer Hinsicht perfekt und baulich durch seine *Aphesis* der aufwendigste, was in einem gewissen Kontrast zu dem traditionell einfachen Stadion der Kultstätte steht. Dennoch ist es kein Wunder, daß jüngste magnetoskopische Untersuchungen im potentiellen Bereich der antiken Rennbahn keine Ergebnisse erbracht haben, wie es skeptische Kenner des Ortes bereits vor Jahren geahnt haben.[101] Spuren hätte einzig die Startvorrichtung hinterlassen können, doch wurde alles, was von dieser übriggeblieben war, wohl schon bald nach Einstellung der Olympien durch die Fluten des Alpheios weggespült. Ein Teil der Wendemarke des olympischen Hippodroms in Gestalt eines Kegels aus buntem Marmor aus Karystos von 1,97 m Höhe scheint allerdings erhalten geblieben zu sein. Es würde gut zu dem Ensemble von drei Kegeln passen, aus denen die *meta* (Wendemarke) des römischen Circus bestand. Anlaß, ein solches Gebilde in Olympia aufzustellen, hätte der Besuch Neros im Jahre 67 n. Chr. geboten, bei dem dieser bekanntlich mit einem Zehngespann einen berüchtigten Auftritt im olympischen Hippodrom hatte.[102]

---

96 Wiegartz, in: Boreas 7 (1984) 41–78, bes. 60 ff. mit Abb. 6. Kritik daran bei Humphrey, *Roman Circuses,* 639 n. 9.

97 Pindar, Pythien 5,49–53.

98 Ebert, in: Nikephoros 2 (1989) 96–98; Idem, in: QUCC N.S. 38,2 (1991) 25–30.

99 Sophokles, Elektra, 698 ff. Zu weiteren überlieferten Zahlen von Wettkampfteilnehmern bei hippischen Agonen siehe Ebert, in: Nikephoros 2 (1989) 96 f.

100 Das Geschehen im römischen Circus ist Gegenstand einer umfangreichen Literatur. Abgesehen von dem Standardwerk Humphrey, *Circuse,* greife ich heraus Junkelmann, *Reiter Roms* I, 89–156; Thuillier, in: Decker/Idem, *Sport dans l'Antiquité,* 178–222; Letzner, *Circus.*

101 Mallwitz, *Olympia,* 99; Herrmann, *Olympia,* 167.

102 Chamay, in: Nelis-Clément/Roddaz (Hg.), *Cirque romain,* 539–542; abgebildet auch in: Dozio/Fallani/Soldini (Hg.), *Atleti di Zeus,* 206 = Katalognr. 129.

VIII. Sport und Kunst

1. Bildkunst

Der antike Besucher der Altis von Olympia sah sich einem Phänomen gegenüber, das wie vielleicht kein anderes geeignet ist, die Eigenart und Einzigartigkeit des griechischen Sports zu demonstrieren. Im lockeren Abstand um den Zeustempel herum gruppiert, standen – mit einem Ausläufer zum Heratempel hin – auf steinernen Sockeln lebensgroße Bronzestatuen von siegreichen Athleten, die nach alter Auffassung mit dem Weihgeschenk Zeus für die Verleihung des Sieges dankten.[1] Darin eingemeindet waren die Siegesmonumente der hippischen Sieger, die von der schlichten Darstellung des Pferdes (bei Siegen im Reiten) bis hin zu mehrgliedrigen Anathemen mit der Wiedergabe von Besitzer, Wagenlenker, Wagen und Pferden reichten konnten.[2] In der hohen Kaiserzeit, als Pausanias das Heiligtum beschrieb, waren es Hunderte von Siegerstatuen, die in ihrer Massierung stellenweise wie ein Wald antiken Sportlerruhms gewirkt haben müssen. Denn neben ihrem ursprünglich kultischen Zweck war inzwischen die profane Absicht in den Vordergrund getreten, Name und Leistung sowie Heimat des betreffenden Athleten der Nachwelt zu überliefern, um die mit dem Sieg verbundene Ehre zu verewigen. Solche Siegerstatuen gab es, wenngleich an Zahl mit Olympia nicht zu vergleichen, auch an anderen Wettkampforten sowie – seltener – in den Heimatgemeinden der Sieger.[3] **(Abb. 80)**

Von diesen Monumenten Olympias hat sich kein einziges bis heute vollständig erhalten. Abgesehen von den Steinbasen ist das größte verbliebene Fragment der Kopf eines Faustkämpfers aus dem 4. Jh. v. Chr., der für gewöhnlich mit dem Athleten Satyros aus Elis in Verbindung gebracht wird. **(Abb. 81)** Die Statue hatte nach der Nachricht des Pausanias der Athener Silanion gefertigt.[4] Alles andere ist spätantiker und mittelalterlicher Metallgier zum Opfer gefallen.

Hauptsächlich der Statuen wegen wollte Winckelmann Olympia ausgraben. Das Unternehmen lag ihm nicht weniger am Herzen als seine ‚Geschichte der Kunst des Alterthums'. Hätten sich seine Hoffnungen erfüllt, hätten wir schon im 18. Jahrhundert ein anderes Bild von der griechischen Kunst gehabt, als es Rom mit seinen Kopien vermitteln konnte.

Pausanias haben diese Siegerstatuen so beeindruckt, daß er ihnen einen langen Bericht gewidmet hat, der die ersten 18 Kapitel des sechsten Buches seines griechischen Reiseführers umfaßt. Dabei hat er unter einer Vielzahl eine Auswahl von etwa 200 Stück[5] nach sportlicher Leistung und biographischer Besonderheit der Athleten einerseits und dem künstlerischen Wert der Statuen ande-

---

1 Herrmann, in: Nikephoros 1 (1988) 119–183; vgl. die Karte S. 133. Siehe auch Rausa, *Vincitore,* 39–51; Raschke, in: Eadem (Hg.), *Archaeology of the Olympics,* 38–54.

2 Vgl. Herrmann, in: Nikephoros 1 (1988) 130.

3 Zu Delphi siehe Pausanias X 9,2. Einen Katalog von Statuen in den Heimatorten der Sieger gibt Rausa, *Vincitore,* 69–73. Allgemein zu Siegerstatuen vgl. auch Newby, *Greek Athletics,* Stellen unter ‚victory statues' (S. 313), und (in Verbindung mit ihren Inschriften) König, *Athletics and Literature,* 102–132.

4 Pausanias VI 4,5; Literatur bei Herrmann, in: Nikephoros 1 (1988) 130.

5 Zur Unmöglichkeit einer genauen Ermittlung vgl. Herrmann, *l.c.,* 134–136, der in diesem Zusammenhang von einer „Ermessensfrage" (S. 135) spricht. Seiner Liste I hinzuzufügen ist noch die Siegerstatue des Timon aus Elis (Pausanias V 2,5) sowie die eines römischen Senators, wohl Wagensieger, der zu Lebzeiten des Pausanias eine Siegerstatue in Olympia errichten ließ: V 20,8.

rerseits getroffen.[6] Insbesondere das zweite Auswahlkriterium führte dazu, daß Werke aus früheren Zeiten in seiner Darstellung überrepräsentiert sind, was zugleich einen Hinweis auf sein allgemein vorherrschendes Interesse und das seiner Quellen an den älteren Epochen gibt. Ihm lag daran, die Einheit der griechischen Welt und die panhellenische Gemeinschaft vor der römischen Herrschaft exemplarisch hervorzuheben.[7] Pausanias dürfte um 175 n. Chr. Olympia besucht haben; die jüngste von ihm bezeichnete Statue ist die des sehr erfolgreichen Läufers Hermogenes von Xanthos (mit dem Beinamen ‚das Pferd'), dessen letzter Olympiasieg in das Jahr 89 n. Chr. fiel.[8]

Fünfundfünfzig Künstler werden in dem Bericht namentlich genannt. Gemessen am Klang dieser Namen war die Altis von Olympia zweifellos der Ort, an dem sich die Höhepunkte griechischer Plastik wie aus einem Lehrbuch ablesen ließen. „Die Früh- und Hochklassik des 5. Jh. ist mit so berühmten Namen wie Onatas, Kalamis, Pythagoras, Myron, Phidias, Polyklet besonders glanzvoll vertreten. Bei den spätklassischen Meistern dominiert die Polykletschule ... , weiterhin finden wir hier den durch seine Porträts bekannten Silanion von Athen und den großen Lysipp."[9]

Offenbar hat der Aufstellungsort Folgeaufträge begünstigt, insbesondere für solche Künstler, denen das geforderte Thema leicht von der Hand ging. Unter den von Pausanias genannten Bildhauern hat Pythagoras von Rhegion acht Statuen geschaffen; jeweils fünf Aufträge führten Lysipp, Polyklet II, Daidalos und Kleon von Sikyon aus; auf vier brachten es Glaukias von Aigina und Myron. Am Siegesanathem des Hieron haben sogar die Künstler Onatas und Kalamis gemeinsam gearbeitet.[10]

Die älteste Siegerstatue in Olympia gilt einem Wettkampfsieger des Jahres 628 v. Chr. (Eutelidas aus Sparta) und reicht somit an den Anfang der griechischen Großplastik zurück; die jüngste datierbare gehört dem Herold Valerios Eklektos vom Jahre 261 n. Chr.[11] Fast 900 Jahre Entwicklung einer Kunstgattung, die bei den Griechen zu einer ungewöhnlichen Blüte gedieh, waren in Olympia versammelt, ohne daß Nennenswertes erhalten wäre!

Gelegentlich werden wir von Pausanias über Einzelheiten des Aussehens von olympischen Siegerstatuen informiert. So können die Sportler mit kennzeichnenden Attributen ihrer Disziplin versehen sein, z. B. Sprunggewichte bei einem Fünfkämpfer; Helm, Schild und Beinschienen bei einem Waffenläufer; Rad bei einem Wagensieger. Seltener war eine typische Haltung des Athleten in Bronze gegossen. Der siegreiche Faustkämpfer Glaukos aus Karystos war als ‚Schattenboxer' zu sehen, was nichts anderes bedeutet, als daß er mit hochgehobenen Fäusten in Boxstellung agierte.[12] Gerade in den Kampfsportarten, wo der Gegner ein konstituierendes Element ist, dürfte es schwer gewesen sein, bei der separaten Darstellung des Siegers eine überzeugende Lösung zu finden.[13]

---

6 Pausanias VI 1,2; zu ausgewählten Statuen aus Olympia, die Pausanias beschreibt, siehe Newby, *Greek Athletics,* 149 f., 214 f.

7 Vgl. König, *Athletics and Literature,* 158–204; Newby, *Greek Athletics,* 202–228.

8 Pausanias VI 13,3. Stimmen, die den Besuch des Autors in Olympia in Zweifel ziehen, dürften nach den Ausführungen von Habicht, *Pausanias,* verstummt sein.

9 Herrmann, in: Nikephoros 1 (1988) 129.

10 Pausanias VI 12,1.

11 Pausanias VI 15,8. Er widerspricht sich hier allerdings selbst, wenn er (VI 18,7) zwei holzgeschnitzte Bilder der Athleten Praxidamas und Rhexibios aus der fortgeschrittenen Mitte des 6. Jh. v. Chr. als die ersten in Olympia geweihten Statuen bezeichnet. Ob die Statue des Eutelidas vielleicht postum gesetzt wurde? Zur Statue des Herolds IvO 242, 243; IAG, Nr. 90. Die letzte für einen Sportsieger gesetzte Statue stammt wahrscheinlich aus dem Jahre 193 n. Chr.: Herrmann, in: Nikephoros 1 (1988) 139 n. 10.

12 Pausanias VI 10,3. – Zu den Haltungen der Statuen vgl. Herrmann, in: Nikephoros 1 (1988) 129f.

13 Anders verhielt es sich, wenn das Kampfpaar im ganzen die künstlerische Vorlage war wie z. B. das Pankratiastenpaar in den Uffizien (Florenz): Rausa, *Vincitore,* Abb. 47/48; unsere **Abb. 34.**

Vermutlich waren die meisten Statuen von Olympiasiegern einem starren Schema verpflichtet wie zweifellos die frühesten, die die Form des Kouros gehabt haben dürften. Der Torso eines Kouros aus Phigaleia wurde früher als die Statue des Olympiasiegers Arrhichion aus dieser Polis gedeutet, gilt heute jedoch als noch älter.[14] In alter Zeit war sicher auch die Figur des Betenden stark vertreten. Pausanias (VI 1,7) nennt selbst ein solches Beispiel. Überhaupt ist ja die Umsetzung von Bewegung in plastischen Ausdruck eine der schwierigsten Aufgaben, die einem Künstler gestellt werden kann.

Trotz des enttäuschenden Befundes in Olympia ist die Gattung ‚Siegerstatue' für unsere Anschauung nicht gänzlich verloren. Der Wagenlenker aus Delphi,[15] die Getty-Bronze (ein sich bekränzender Athlet)[16] und die späthellenistische Läuferstatue aus dem Meer vor Kyme, die heute im Archäologischen Museum von Izmir aufbewahrt wird,[17] erlauben wenigstens einen kleinen direkten Einblick in den Glanz und die Vielfalt des Sujets. Nicht zu vergessen ist auch die Reitergruppe aus Bronze mit dem galoppierenden Pferd und dem jugendlichen Jockey, die aus dem Meer vor der Küste von Euboia (Kap Artemision) geborgen und nun in alter Zusammengehörigkeit im Athener Nationalmuseum ausgestellt ist.[18] Außerdem dürfte es sich bei vielen römischen Kopien um ursprüngliche Siegerstatuen handeln[19] wie beispielsweise dem ‚Diskobol' des Myron,[20] **(Abb. 37)** dem ‚Epheben Westmacott',[21] möglicherweise auch dem 'Diadumenos' des Polyklet.[22] **(Abb. 82)** Weniger wahrscheinlich ist dies bei seinem ‚Doryphoros',[23] wenngleich auch diese Statue den durch Sport harmonisch geformten Athletentyp verkörpert. Zweifellos dem Genre gehören an der ‚Apoxyomenos'[24] des Lysipp **(Abb. 83)** sowie der ‚Ölausgießer'[25] und der ‚Antretende Diskobol'[26] des Naukydes, **(Abb. 84)** die beide der Polykletschule angehören. Im übrigen ist die Sportplastik durch den Thermenboxer in einem weiteren Exemplar hoher Qualität vertreten, das durch seine Realistik von der Dramatik des Faustkampfes des 1. Jh. v. Chr. zeugt. Die teilweise recht negative Wertung früherer Zeit ist einer neuen Sicht gewichen, die der Sitzstatue nicht nur den ihr gebührenden künstlerischen Rang beimißt, sondern auch die dem Heraklesbild entnommene Mühsal des wahren Athleten darin manifestiert sieht.[27]

Mit diesen wenigen Beispielen, die keinen Anspruch auf Vollständigkeit erheben, kann das vielseitige Thema Athletenstatue nur angerissen werden. Eine systematische und an Gesichtspunkten

---

14 Herrmann, *Olympia,* 115 und n. 444.

15 Chamoux, *L'aurige.* Vgl. unsere **Abb. 44.**

16 Frel, *Getty-Bronze;* Viacava, *L'atleta di Fano.*

17 Uçankuş, in: Nikephoros 2 (1989) 135–155; Akurgal, *Kunst in der Türkei,* 142, Tf. 37, 227–229. – Die vorgeschlagene Identifikation des Dargestellten mit dem Läufer Rhodon aus Kyme, Sieger im Stadionlauf der 213. Olympien = 213 n. Chr. (Herrmann, in: Nikephoros 1 [1988] 138 f. n. 7, der ihn versehentlich in vorchristliche Zeit versetzt), scheitert an Datierungsproblemen. Vgl. unsere **Abb. 26.**

18 Hemingway, *Horse and Jockey from Artemision;* Yalouris, *Die Olympischen Spiele,* Abb. 134 (S. 241). Vgl. unsere **Abb. 43.**

19 Herrmann, in: Nikephoros 1 (1988) 131. Zur griechischen Sportplastik vgl. auch Schauenburg, in: Antike Plastik II (1964) 75–80, Tf. 60–71. – Siegerstatuen gab es auch in Rom für siegreiche Wagenlenker (Horsmann, *Wagenlenker,* 115–134, 243–245), in Byzanz gar bis ins 6. Jh. n. Chr. (Cameron, *Porphyrius,* bes. 214–222, Frontispiz, Abb. 1).

20 Rausa, *Vincitore,* 173–180.

21 Rausa, *o.c.,* 187–193.

22 Tzachou-Alexandri (Hg.), *Mind and Body,* Nr. 220; Bol, in: Beck/Bol/Bückling (Hg.), *Polyklet,* 206–212.

23 Von Steuben, in: Beck/Bol/Bückling (Hg.), *o.c.,* 111–117.

24 Rausa, *Vincitore,* 210–212, Tf. 35 f.

25 Rausa, *o.c.,* 202 f., Tf. 23 f.

26 Rausa, *o.c.,* 199–202, Tf. 20–22.

27 Himmelmann, *Herrscher und Athlet,* 17 ff., 150–174, 201–203, 205. Vgl. unsere **Abb. 33, 52.**

der Entwicklung orientierte Behandlung, die auch den Wandel der Darstellungsweise angemessen berücksichtigen würde, kann hier nicht gegeben werden.[28]

Vielleicht sind sogar die zahlreichen Statuetten, die Themen aus den Bereichen Gymnastik und Agonistik darstellen, häufig nichts anderes als erschwingliche Reproduktionen von Siegerstatuen in kleinerem Maßstab.[29] **(Abb. 85)** Gegen ihre Verwendung als Weihegaben siegreicher Athleten spricht in vielen Fällen die Geringwertigkeit der Objekte; dagegen ist die Weihung einer Statuette in der Hoffnung auf einen künftigen Sieg durchaus denkbar.

Was die Frage des Transportes einer schweren Bronzestatue anbelangt, die überdies durch bewegte Ausgestaltung ihrer Extremitäten oder bestimmter Accessoires für Beschädigungen besonders anfällig sein mußte, steht der Annahme nichts entgegen, daß die Künstler ihre Aufträge an Ort und Stelle erledigten. Dies dürfte sogar der Normalfall gewesen sein, wenn man es mit der allgemeinen griechischen Kunstpraxis vergleicht.[30] Nicht alle Sieger konnten der Nachwelt ihren Ruhm durch eine Siegerstatue künden, da die mit ihrer Aufstellung verbundenen Kosten sich überschlägig auf den zehnfachen Jahresverdienst eines Handwerkers beliefen.[31] Wenn der betreffende Athlet oder seine Familie diese Kosten nicht aufbringen konnte, trat häufig die Heimatstadt unterstützend zur Seite und finanzierte das Denkmal aus öffentlichen Mitteln.[32] Durch den Sieg ihres Bürgers war auch ihr Ruhm schließlich in aller Munde. Die hohen Kosten waren mit dafür verantwortlich, daß Mehrfachsieger in der Regel durch ein einziges Anathem geehrt wurden. Im Falle des Läufers Dikon, dem gleich drei Statuen in Olympia errichtet wurden, ist der Wechsel von seiner Heimat Kaulonia nach Syrakus in Betracht zu ziehen.[33]

Singulär ist der unerschütterliche Glaube des Eubatas aus Kyrene, der die Statue für seinen Sieg im Lauf am selben Tage in Olympia errichten konnte, da er sie im Vertrauen auf einen Orakelspruch im voraus hatte anfertigen lassen.[34] Nicht alltäglich ist auch die Opferbereitschaft des Trainers Mykon aus Samos, der seinem Schützling, einem erfolgreichen Faustkämpfer, die Statue weihte; umgekehrt zeigte sich der jugendliche Ringkämpfer Kratinos (bzw. seine Familie) seinem Trainer so verbunden, daß er von den *Hellanodiken* erwirkte, ein Standbild von ihm neben seiner Siegerstatue aufzustellen.[35]

Trotz einer unbefriedigenden Überlieferungslage der Gattung Siegerstatue darf man feststellen, daß die Kunst hier in äußerst fruchtbarer Weise ein Thema aufgegriffen hat. Es ist schwer vorstellbar, daß die mit diesem Beispiel erreichte Symbiose von Sport und Kunst, die vom Kouros aus, am Beginn der griechischen Großplastik, ihren Anfang nimmt und offenbar erst mit dem Ende der antiken Kunst ihren tausendjährigen Atem verliert, zu übertreffen ist. Athletik und Kunst eint ein gemeinsames Interesse am vollkommenen menschlichen Körper. Vasenmaler und Bildhauer fühlten sich vor allem von den schwierig darstellbaren Bewegungen des Athleten im Stadion und Gym-

28 Ich verweise an dieser Stelle auf die Monographie von Rausa, *Vincitore.*

29 Thomas, *Athletenstatuetten.*

30 Bol, *Bronzetechnik*, 118 ff.

31 Diogenes Laertios VI 2,35; Herrmann, in: Nikephoros 1 (1988) 125.

32 Buhmann, *Sieg*, 83, 85 f.; Herrmann, in: Nikephoros 1 (1988) 119 f. mit n. 6 und 7.

33 Pausanias VI 3,11, vgl. auch Miller, *Greek Athletics*, 217. Auch dem zweifachen Olympiasieger im Fünfkampf Aischines aus Elis sind zwei Statuen aufgestellt (Pausanias VI 14,13), so auch dem Kampfsportler Kapros aus Elis: VI 15,10. Auch die beiden hippischen Siege der Kyniska hatten je ein Siegesanathem zur Folge: Pausanias III 8,1; V 12,5.

34 Pausanias VI 8,3 (gibt die Namensform Eubotas); später hat er noch einen Wagensieg davongetragen: Moretti, *Olympionikai*, Nr. 421; Golden, *Greek Sport*, 23.

35 Mykon: Pausanias VI 2,9; Kratinos: Pausanias VI 3,6.

nasion in ihrer künstlerischen Ausdruckskraft herausgefordert. Diese Aufgabe hat die Kunst also wesentlich vorangetrieben.

In Verbindung mit den Siegerstatuen verdient ein Statuenensemble in Delphi, das aus insgesamt neun Standbildern besteht, besondere Hervorhebung.[36] Der Thessaler Daochos, der für den Zeitraum 336–332 v. Chr. Hegemon der Delphischen Amphiktyonie war, ließ eine Ahnenreihe seiner berühmten Vorväter aufstellen, die er dem Gott Apollon widmete und der später noch sein Sohn Sisyphos hinzugefügt wurde.[37] Innerhalb der sechs vertretenen Generationen, die bis auf den Beginn des 5. Jh. v. Chr. zurückreichen, werden die tragenden Familienmitglieder in der von ihnen bekleideten Funktion als Idealtypen dargestellt. In den drei Brüdern Hagias, Telemachos – beide Periodoniken – und Agelaos kommt der Athlet neben Staatsmännern und Militärführern gleichrangig zur Geltung. Es wird allgemein angenommen, daß die fast gänzlich erhaltene Marmorstatue des Hagias **(Abb. 86)** einem aus Bronze gegossenen Original des Lysipp nachgebildet ist, das in seiner Heimatstadt Pharsalos aufgestellt war.[38] Inwieweit der Meister aus Sikyon auch bei Vorbildern von anderen Figuren seine Hand im Spiel hatte, ist umstritten. Bei dem delphischen Weihgeschenk sind auch von den Brüdern bedeutende Reste erhalten.[39] Die drei Epigramme, die zu den drei Athletenstatuen gehören, stehen untereinander in enger Beziehung. Sie sollen wegen ihrer Eigentümlichkeit und ihres sporthistorischen Interesses im Wortlaut vorgestellt werden:

Bei Hagias:

> *Als erster aus thessalischem Lande bist du, Pharsalier Hagias, Sohn des Aknonios, bei den olympischen Spielen Sieger im Pankration, fünfmal (auch) in Nemea, dreimal bei den Pythien (und) fünfmal auf dem Isthmos. Und noch keiner hat aufgestellt Trophäen (als Zeichen des Sieges) über deine Hände.*

Bei Telemachos:

> *Und ich bin dessen Bruder. An denselben Tagen trug ich die gleiche Zahl an Kränzen davon (wie dieser, jedoch) durch Siege im Spezialringen. Ich habe einen sehr starken Mann von den … getötet, wollte das aber nicht. Telemachos ist mein Name.*

Bei Agelaos:

> *Diese erlangten (jeder) das gleiche (Maß) an siegerringender Stärke. Ich aber bin dieser beiden Bruder, Agelaos, und habe, als auch diese dort siegten, bei den pythischen Spielen den Stadionlauf der Knaben gewonnen. Als einzige von den Sterblichen besitzen wir diese Kränze.*[40]

Die Darstellung des Motives Sport in der griechischen Bildenden Kunst erschöpft sich keinesfalls in seiner plastischen Gestaltung; es durchzieht nahezu alle weiteren Kunstgattungen – Relief, Malerei, Vasenkunst, Mosaik, Glyptik, Münzprägung – in vielfältiger Weise. Wenn wir

36 Dohrn, *Marmor-Standbilder;* Ebert, *Siegerepigramme,* Nr. 43–45; Miller, *Greek Athletics,* 98 mit Abb. 182 f. (auch Telemachos war Periodonike).

37 So [Picard], *Guide de Delphes, Musée,* 91–93; anders Ebert, *Siegerepigramme,* 138.

38 Vgl. Lattimore, in: AJA 95 (1991) 296.

39 [Picard], *Guide de Delphes, Musée,* Abb. 49, 50, 53, 54.

40 Ebert, *Siegerepigramme,* Nr. 43–45 (Übersetzung J. Ebert). – Die Erfolgsgeschichte der drei Brüder ist in der griechischen Sportgeschichte unerreicht, sowohl was ihre Gesamtsiege als auch ihr gemeinsames erfolgreiches Auftreten bei den Pythien angeht. Zum Todesfall im Zusammenhang mit Telemachos siehe Thuillier, in: MEFRA 97 (1985) 639–646.

uns auch bei den Siegerstatuen aus naheliegenden Gründen länger aufgehalten haben, soll im folgenden das Thema innerhalb der anderen Objektgruppen an ausgewählten Beispielen beleuchtet werden.

Die Werke der griechischen Malerei haben nur in einem sehr geringen Prozentsatz die Zeiten überdauert. Für die kretische Kultur konnte bereits auf die Darstellung des Stierspiels im Palast von Knossos hingewiesen werden,[41] ein Thema, das sich – von minoischen Künstlern ausgeführt – auch als ‚Exportartikel' in einem ägyptischen Palast in Auaris nachweisen läßt, wo es höchst eindrucksvoll als Fresko ausgeführt wurde.[42] Kaum weniger reizvoll ist das Bild der ‚Boxenden Prinzen' aus Thera.[43] Daß die spätere Malerei sich des Themas weiterhin bediente, läßt sich der Beschreibung einer Gemäldegalerie durch Philostratos entnehmen, in der u. a. ein Bild dem dramatischen Sieg des Arrhichion gilt, dessen Gegner im Augenblick des Todes seines Kontrahenten den Kampf im Pankration aufgibt.[44]

In der Reliefkunst treten neben Steinsockeln von Siegerstatuen Grabstelen und Sarkophage hervor, auf denen das Thema Sport sowohl in einem engen Bezug zum Toten als auch in metaphorischer Form auftreten kann. Unter dem Schmuck der Basen sind Stücke wie ein teilweise noch farbig erhaltenes attisches Relief aus der Mauer des Themistokles[45] **(Abb. 27)** oder dasjenige, das die Basis der Siegerstatue des Poulydamas in Olympia ziert,[46] hervorzuheben. Bei den Grabstelen wäre etwa auf die Darstellungen der Verstorbenen als Faustkämpfer,[47] **(Abb. 31)** Athlet mit Strigilis (Agathokles, Theomnestos),[48] Ringer (Agakles),[49] Speerwerfer,[50] Diskuswerfer[51] **(Abb. 38)** oder Weitspringer[52] hinzuweisen. Sarkophage mit Athletendarstellungen treten in römischer Zeit häufiger in Erscheinung.[53]

Dies gilt auch für Mosaiken, die in der Kaiserzeit umfangreiche agonistische Szenen liefern können. Auch wenn diese in römischer Zeit und in römischen Gebieten verlegt sind, ist das Thema sehr häufig griechisch inspiriert.[54] Gerade in der Kaiserzeit erlebten die griechischen Agone eine neue Blüte, die zur Gründung zahlreicher Sportfeste durch die Kaiser in zahlreichen Orten des Imperiums und selbst in Italien führten, wo man der griechischen Sitte athletischer Veranstaltungen lange Zeit ablehnend gegenübergestanden hatte.[55] Diesen Vorbildern waren jetzt die in schwarz-weiß gehaltenen Mosaiken von Ostia[56] und die in abgestufter Buntheit komponierten, teils riesige Flä-

41 Siehe S. 16 f.

42 Vgl. unsere **Abb. 4.**

43 Vgl. unsere **Abb. 2.**

44 Philostratos, Eikones II 6; vgl. auch I 17, I 30, II 32.

45 Tzachou-Alexandri (Hg.), *Mind and Body,* Nr. 167 (Athen, Nationalmus. Inv. 3476), zuletzt dazu Kaltsas (Hg.), *Agon,* Nr. 36.

46 Herrmann, in: Nikephoros 1 (1988) 144 n. 39; farbige Abb. bei Arapojanni, *Olympia,* 232 n. 60. Vgl. unsere **Abb. 54 a/b.**

47 Tzachou-Alexandri (Hg.), *Mind and Body,* Nr. 216 (Athen, Kerameikosmus. Inv. P 1054).

48 Tzachou-Alexandri (Hg.), *o.c.,* Nr. 224 (Athen, Nationalmus. Inv. 742); Nr. 229 (Athen, Nationalmus. Inv. 3586).

49 Tzachou-Alexandri (Hg.), *o.c.,* Nr. 225 (Athen, Nationalmus. Inv. 2004; er könnte alternativ auch als Pankratiast angesehen werden).

50 Tzachou-Alexandri (Hg.), *o.c.,* Nr. 161 (Athen, Nationalmus. Inv. 1772).

51 Kaltsas (Hg.), *Agon,* Nr. 88 (Athen, Nationalmus. Inv. 38).

52 Akurgal, *Kunst in der Türkei,* Tf. 92 (Çanakkale, Arch. Mus.).

53 Amedick, *Sarkophage.*

54 Das Standardwerk dazu ist die neuere Arbeit von Bohne, *Bilder vom Sport,* vgl. dort die einleitenden Bemerkungen zu den Mosaiken S. 22–28.

55 Newby, *Greek Athletics.*

56 Bohne, *Bilder vom Sport,* Katalog K 15–24.

chen bedeckenden Felder in Rom,[57] Sizilien[58] und Nordafrika[59] verpflichtet, die zahlreiche Einzelheiten antiker Sportpraxis überliefern. Besonders das erst vor einem Vierteljahrhundert im tunesischen Batten Zammour entdeckte, in eine Therme integrierte und heute im Museum von Gafsa (antik: Capsa) aufbewahrte Mosaik ist von reicher Erzählfreude.[60] **(Abb. 87)** Es bildet ein Quadrat von 6,60 m mal 6,50 m und ist etwa zu ¾ seiner ursprünglichen Fläche erhalten. In seinen Farben dominieren fein abgestufte Gelb- bis Brauntöne. Der Betrachtungspunkt seiner in vier lockere Register unterteilten Szenen wechselt nicht, wie es bei Mosaiken häufig der Fall ist, entsprechend seinem Umgang, sondern ist wie bei einem Wandbild fixiert. Das Bild, das an den Anfang des 4. Jh. n. Chr. datiert wird, berichtet von den Disziplinen und Stationen eines griechischen Agons in römischem Gewande. Vierundzwanzig nackten Athleten, die überwiegend die römische Berufsfrisur des kahlrasierten Schädels mit Belassung eines Haarbüschels auf dem Scheitelpunkt *(cirrus in vertice)* tragen, stehen zehn in Tuniken gehüllte Funktionäre gegenüber, die als Kampfrichter, Trompeter, Herold, Musiker und Preisverleiher auftreten. An Disziplinen lassen sich Kurzstreckenlauf, Diskuswerfen, Weitsprung sowie die drei Kampfsportarten Ringen, Faustkampf und Pankration unterscheiden; eine gänzlich neuartige Disziplin, die man als Waffenfackellauf bezeichnen könnte, führen die beiden behelmten Läufer unten rechts aus.[61] Wenn man annimmt, daß an einer zerstörten Stelle das Speerwerfen dargestellt war, könnte man glauben, es habe auch ein Pentathlon stattgefunden.

Das Mosaik ist auch wegen seiner sporttechnischen Details von hoher Bedeutung. So existierte bislang noch keine Darstellung von startenden Läufern, auf der die hölzernen Barrieren sichtbar waren. Auch fehlte bislang die Kennzeichnung der Sprungbahn *(Skamma),* in der der Springer landen wird, der vor einer *Balbis* mit den *Halteren* Schwung nimmt.[62] Die zur Auflockerung der Sprungfläche notwendigen Hacken sind ebenfalls wiedergegeben. Ob der daneben liegende Diskus eine Wurfweite angeben soll, zumal er nahe an Markierungen (Meßlatte?) plaziert ist, erscheint fraglich. Unbestimmt ist auch, was der Diskuswerfer neben seinem Wurfgerät in der Hand hält; ob es ein Tuchfetzen ist? In voller, blutiger Aktion sind die Faustkämpfer in der Mitte des Mosaiks zu sehen; auf sie richtet sich die gespannte Aufmerksamkeit eines Kampfrichters. Die Faustwehr *(Caestus),* deren Schaffell gewöhnlich bis zur Mitte des Unterarms reicht, ist um einen nun armlangen Fortsatz verlängert, der den Schutz der Kämpfer verbessern soll. Der starke Blutstrom, der aus dem Ohr des rechten Boxers quillt, deutet an, daß die Disziplin dennoch nichts von ihrer Brutalität eingebüßt hat. Eindeutig auf römischen Einfluß zurück geht das Werfen eines Tuches (*mappa*), das hier ein nackter Athlet zum Zeichen des Beginns des Agons besorgt. So wurden im Circus die Rennveranstaltungen eröffnet; der Wurf der *mappa* war dort allerdings dem Spielgeber (*editor ludi*) vorbehalten.[63] **(Abb. 88)**

---

57 Bohne, *o.c.*, Katalog K 48–60 b. – Hervorzuheben sind hier die Mosaiken aus den Caracalla-Thermen, Katalog K 56 a–c mit Abb. 39–43, die Portraits fingierter Athleten (so Bohne, *o.c.,* 424 f.) zeigen.

58 Villa in Piazza Armerina: Lee, in: Stadion 10 (1984) 45–76; Dolch, in: Nikephoros 5 (1992) 153–181.

59 Bohne, *Bilder vom Sport,* Katalog K 87–104. Höhepunkt ist zweifellos das Mosaik von Batten Zammour, heute im Museum von Gafsa (Tunesien), abgebildet bei Bohne, Tf. 64 f.; Thuillier, in: Decker/Thuillier, *Sport dans l'Antiquité,* Abb. 131 f.; farbige Abb. bei Newby, *Greek Athletics,* Farbtf. 4 a–c.

60 Erstveröffentlichung Khanoussi, in: Bulletin des travaux de l'Institut National d'Archéologie et d'Art 2 (1988) 33–54; Idem, in: CRAI 1988, 543–561. Es ist vielfach in der Literatur besprochen, vollständige Bibliographie bei Bohne, *Bilder vom Sport,* 566 f.

61 Bohne, *Bilder vom Sport,* 558 mit n. 1955.

62 Diese Darstellung spricht eher für die Sprungtheorie Eberts (fünffacher beidbeiniger Standsprung) als für die von Mouratidis (Dreisprung mit Anlauf), vgl. oben S. 80 f.

63 Sie konnte in der Spätantike als Würdezeichen Statuen hoher römischer Beamter schmücken, vgl. Junkelmann, *Reiter*

Viel Platz ist der Siegerehrung eingeräumt. Die Verkündung des Sieges wird durch einen Tubabläser eingeleitet, nach dessen Signal der Herold, der unten rechts mit Schweigen gebietendem Arm sichtbar ist, seines Amtes waltet und die Namen der Sieger ausruft. Dem Sieger wird eine Blütenkrone aufgesetzt und ein Palmzweig gereicht; in der Rechten trägt er des weiteren eine Preiskrone.[64] Die auf einem Preistisch, vor dem weitere Preiskronen gestapelt und Palmzweige für folgende Sieger bereitgestellt sind, abgestellten Geldsäcke tragen die Aufschrift XXV, was auf einen Inhalt von 25 000 Denaren schließen läßt.[65] Die Freude der Sieger bei ihrer Ehrenrunde (unten links) ist also wohlbegründet. **(Abb. 89)** Der Träger des Geldsackes führt als Erkennungszeichen der Athleten noch einen *Aryballos* (Ölgefäß) mit, wie ihn auch der oben dargestellte Athlet hält, der vor Freude auf die Knie gefallen ist und den Boden zu küssen scheint.

Die besprochene spätantike Sportveranstaltung aus Nordafrika veranschaulicht auf erstaunlich unmittelbare Weise die Qualität der Organisation sowie die Vielfalt des Programms und ist geeignet, auch für Agone früherer Zeit in Griechenland und seinen Kolonien wertvolle Informationen zu liefern.

Am häufigsten treten sportliche Themen in der griechischen Kunst zweifellos als Vasenbilder auf.[66] Mit Beginn der Verwendung figuraler Motive erscheint auch der Sport bereits im 2. Jahrtausend v. Chr. als Motiv. So tragen mykenische Vasen die Themen Wagenrennen und Laufen,[67] das bereits auf kyprischen Gefäßen des 14. Jh. v. Chr. vorkommt.[68] Breiter gestreut werden die Bilder in geometrischer Zeit,[69] **(Abb. 90)** um im 6. Jh. ihren Reichtum auszuleben. Insbesondere die Maler schwarzfiguriger und rotfiguriger Vasen aus attischer Produktion werden nicht müde, von Training und Wettkampf zu berichten.[70] Nach den Gesetzen des Marktes wurde das produziert, was der Handel absetzen konnte; die Häufigkeit des Themas ist somit ein untrügliches Indiz für das ihm entgegengebrachte Interesse. Es ist erstaunlich, wie flexibel die Töpfer und Maler, in erster Linie aber die Händler auf die Bedürfnisse des Marktes eingingen, wenn sie etwa im 6. Jh. v. Chr. für den Export nach Etrurien bestimmte Vasen mit Athleten schmückten, die im Gegensatz zur nackten griechischen Praxis mit einem (übermaltem) Lendenschurz bekleidet waren.[71]

Die berühmteste Gattung unter allen Vasen, die agonistische Themen tragen, sind die panathenäischen Preisamphoren,[72] die seit der ersten Hälfte des 6. Jh. v. Chr. in Umlauf waren, als Peisistratos das große athenische Stadtfest zu Ehren der göttlichen Schutzpatronin Athena reorganisiert hatte. **(Abb. 91–94)** Die zweihenkligen Gefäße faßten im 6. und 5. Jh. bis zu einem Metretes (39, 395 l), im Schnitt jedoch 3 l weniger, was auf die Unmöglichkeit zurückzuführen ist, in der

Roms, I, Abb. 151.

64 Zu den Kronen siehe Rumscheid, *Kranz und Krone,* Katalog Nr. 92.

65 Hiermit könnte ein Anhaltspunkt für die Datierung des Mosaiks in das frühe 4. Jh. n. Chr. gegeben sein, vgl. zu der Frage Bohne, *Bilder vom Sport,* 566.

66 Eine gute Auswahl bieten die Tafeln bei Jüthner/Brein, *Leibesübungen* II 1. Viel farbig abgebildetes Material findet sich bei Tzachou-Alexandri (Hg.), *Mind and Body,* und Kaltsas (Hg.), *Agon.* – Eine systematische Auswertung des Corpus Vasorum Antiquorum wäre ein Desiderat der Forschung.

67 Rystedt, in: Opuscula Atheniensia 16 (1986) 103 ff.

68 Laser, *Sport und Spiel,* 33, Abb. 5, n. 193; Tf. I c.

69 Beispiel bei Tzachou-Alexandri (Hg.), *Mind and Body,* Nr. 23, 24, 196; Laser, *Sport und Spiel,* Abb. 11 a und b, 15, 31 a und b.

70 Beazley, *Attic Black-figure Vase-painters;* Idem, *Attic Red-figure Vase-painters;* Idem, *Paralipomena.*

71 Zu diesen sog. ‚Perizoma'-Vasen vgl. Thuillier, *Jeux athlétiques,* 390.

72 Die umfassende Arbeit von Bentz, *Preisamphoren,* ersetzt alle früheren Publikationen. Einige jüngere Arbeiten sind bei Palagia/Choremi-Spetsieri (Hg.), *Panathenaic Games,* abgedruckt.

Antike genormte Gefäße herzustellen.[73] Sie trugen auf der einen Seite das sportliche Motiv des Siegesanlasses, auf der anderen war das Jahr vermerkt (in der Zählung der *Archonten,* der in Athen regierenden Jahresbeamten) und die Stadtgöttin dargestellt; selten fehlt der Zusatz *‚[Einer] von den Wettkampfpreisen von Athen'.*[74] Ihre Fundkarte umfaßt die gesamte Osthälfte der Mittelmeerwelt.[75] Dieser typisch athenische ‚Markenartikel' wurde – gefüllt mit Öl – in unterschiedlicher Dotierung an die Sieger vergeben.[76] Die von auswärts kommenden waren aus technischen Gründen gezwungen, Öl und Gefäße vor Ort zu verkaufen, doch nahmen sie in der Regel wohl eine oder mehrere Amphoren zur Erinnerung mit in ihre Heimat. Es befinden sich Exemplare darunter mit Sportdarstellungen, deren Schönheit einfach besticht.[77] Da waren Künstler am Werk, die etwas vom Sport verstehen, die als sachkundige Zuschauer im städtischen Leben Athens ständig Gelegenheit hatten, ihre Themen zu studieren.

Das Thema ‚Sport' findet sich übrigens auch in der eigenständigen unteritalischen Vasenproduktion.[78] Während seine bildliche Darstellung auf zahlreichen Vasentypen anzutreffen ist, hat sich eine Spezialform entwickelt, in der das zum Salben der Athleten notwendige Öl aufbewahrt wurde. Gemeint ist der kugelförmige Aryballos, der seinem Zwecke entsprechend leicht von den Fingern einer Hand zu umschließen und zum Ausgießen der Flüssigkeit auf den Körper benutzt werden konnte.[79] Sein Auftreten im 6. Jh. v. Chr. könnte mit dem Aufkommen des Gymnasions im Zusammenhang stehen. Seine Dekorationsmotive entstammen jedoch nicht dem Sport.

Einige sehr schöne Beispiele für die Verwendung sportlicher Szenen liefert die griechische Münzprägung. Nicht nur die berühmten Dekadrachmen, die der Stempelschneider Euainetos aus Anlaß des olympischen Sieges mit dem Viergespann des Tyrannen von Syrakus, Hieron, in drei Fassungen entwarf, sind hier zu nennen. **(Abb. 45)** Auch Anaxilas von Rhegion wird nach seinem Sieg mit dem Maultiergespann auf diese Weise geehrt, und Philipp II. von Makedonien nimmt seine hippischen Siege in Olympia ebenfalls stolz zum Anlaß, mehrere Münzwerte damit zu schmücken.[80]

Auch gymnische Disziplinen werden zum Thema von Münzen erhoben. So schmückt das Standbild eines siegreichen Waffenläufers in Startstellung Münzen der kleinasiatischen Stadt Kyzikos. Zwei Jahrzehnte lang bis zur Mitte des 5. Jh. v. Chr. läßt die Insel Kos Silbermünzen mit dem Bild des ausholenden Diskuswerfers neben einem als Siegespreis fungierenden Dreifuß prägen. **(Abb. 95)** Ein Ringerpaar als in mehreren Variationen existierendes Münzmotiv war die Spezialität der südkleinasiatischen Stadt Aspendos.[81]

---

73 Bentz, *Panathenäische Preisamphoren,* 31 ff.

74 Bentz, *o.c.,* 57.

75 Bentz, *o.c.,* 112 Abb. 4.2.

76 Vgl. oben S. 53 f.

77 Unter den 106 Tafeln bei Bentz, *Panathenäische Preisamphoren,* finden sich zahlreiche solche Spitzenprodukte. Farbige Abb. bei Tzachou-Alexandri (Hg.), *Mind and Body,* Nr. 138, 162, 163, 168, 178, 184, 197, 198, 200.

78 Trendall, *Rotfigurige Vasen.*

79 Schwarz, in: JÖAI 54 (1983) 27–32.

80 Mannsperger, *Olympischer Wettkampf,* 14–18 mit Abb. – Einen sehr guten Überblick über Sportmotive auf antiken Münzen liefern Klose/Stumpf, *Sport, Spiele, Sieg.*

81 Mannsperger, *Olympischer Wettkampf,* 18–24 mit Abb.

2. Literatur

Die Durchdringung der griechischen Kultur mit Sport hat nicht nur in der Bildenden Kunst ihre tiefen Spuren hinterlassen, sondern wiederholt sich auf einer vergleichbaren Höhe in der Literatur. Bereits zu Beginn der eigentlichen griechischen Literaturgeschichte mit Homer ist der Sport eine feste Größe, die in der Gesamtkomposition an entscheidenden Stellen der Handlung eingesetzt wird.[82] Das kann so weit führen, daß er wie im Falle des Bogenwettkampfes der Freier in der Odyssee zu einer Schlüsselszene des ganzen Epos wird. Auch die anderen zentralen Stellen seines Auftretens in den homerischen Gedichten haben Gewicht: Die Leichenspiele im 23. Buch der Ilias bilden den Höhepunkt der Begräbnisfeierlichkeiten des Patroklos und bieten den adligen Teilnehmern willkommenen Anlaß zu öffentlicher Bewährung. Der schiffbrüchige Odysseus schöpft neues Selbstbewußtsein aus einem Wettkampfsieg in dem ihm zu Ehren veranstalteten Festagon bei den Phaiaken, und sein Erfolg im Faustkampf über den Bettler Iros nach der Rückkehr auf seine Heimatinsel Ithaka kündigt den Ausgang der bevorstehenden Auseinandersetzung mit den Freiern der Penelope an. Die dichterische Verwertung des Motives Sport geschieht also in wohlberechneter Weise, und auch seine poetische Durchdringung ist bewunderungswürdig. Der Aufbau von Spannungsbögen, die Verwendung einer treffsicheren Terminologie, der Einsatz von eingängigen Vergleichen und Metaphern aus der Welt des Sports, Ausdruckskraft der Sprache, Gespür für typische sportliche Situationen zeichnen die einschlägigen Passagen aus. Insbesondere die breite Ausmalung des Themas Leichenspiele wirkte auf die gesamte antike Epik vorbildhaft.[83] Noch bei Vergil spürt man das homerische Vorbild, wenn er im 5. Buch der *Aeneis* die Leichenspiele für Anchises römischen Verhältnissen anpaßt. Und ein ferner Abglanz seines Ruhmes schimmert durch die Wettkampfschilderungen im Epos *Dionysiaka* des Nonnos von Panopolis (5. Jh. n. Chr.), in dem mit den Opheltesspielen der Gattung ein letzter antiker Aufguß bereitet wird.[84]

Mit dem *Epinikion* hat die griechische Literatur ein eigenes Genos geschaffen, das seinen Ursprung äußerlich im Preis eines sportlichen Sieges hat. Im sechsten Jahrhundert als Sproß der Chorlyrik entstanden, liefert Euripides den Abgesang des Siegesliedes mit einer Dichtung aus Anlaß des spektakulären olympischen Wagensieges des Alkibiades im Jahre 416 v. Chr.[85]

Unter den großen Odendichtern Simonides, Pindar und Bakchylides,[86] dem Neffen des zuerst Genannten, gebührt dem thebanischen Poeten (ca. 518–446 v. Chr.) der erste Platz.[87] Von seinem Gesamtwerk sind gerade die 44 Lieder auf die Sieger an den panhellenischen Spielen vollständig erhalten (J. = Jugendklasse):

82 Vgl. Kap. II 3.

83 Quellen bei Roller, in: Stadion 7 (1981) 13 n. 1; Malten, in: AM 38/39 (1923/24) 307–309.

84 Böhm, in: Jahn (Hg.), *Weltgeschichte der Leibesübungen,* 84–96. – Als jüngste Monographie im Kontext von Epos und Sport sei auf die Arbeit von Lovatt, *Statius and Epic Games* verwiesen, die sich demselben Sagenkreis zuwendet.

85 Die Stellen bei Ebert, *Siegerepigramme,* 11 mit n. 4; vgl. auch Bowra, in: Historia 9 (1960) 68–79. – Eine späte Nachblüte erlebte die Gattung in den Epinikien des Kallimachos in frühhellenistischer Zeit: Fuhrer, *Auseinandersetzung;* Asper (Hg.), *Kallimachos.*

86 Maehler, *Lieder des Bakchylides.*

87 Die Literatur zu Pindar ist unübersehbar. Sehr hilfreich ist der letzte Literaturbericht von Neumann-Hartmann, in: Lustrum 52 (2001) 181–463. – Wichtig ist der neue Sammelband von Hornblower/Morgan (Hg.), *Pindar's Poetry.*

Namen, Herkunftsorte und Disziplinen der Sieger in Pindars Oden

Pindar		**Name des Siegers**	**Herkunftsort**	**Disziplin**
Olympien	1	Hieron	Syrakus	Rennpferd
	2	Theron	Akragas	Wagen
	3	Theron	Akragas	Wagen
	4	Psaumis	Kamarina	Maultiergespann
	(5)	(Psaumis)	(Kamarina)	(Maultiergespann)
	6	Hagesias	Syrakus	Maultiergespann
	7	Diagoras	Rhodos	Faustkampf
	8	Alkimedon	Aigina	Ringkampf J.
	9	Epharmostos	Opus	Ringkampf
	10	Hagesidamas	Lokroi Epiz.	Faustkampf J.
	11	Hagesidamas	Lokroi Epiz.	Faustkampf J.
	12	Ergoteles	Himera	Langlauf
	13	Xenophon	Korinth	Pentathlon/Stadion
	14	Asopichos	Orchomenos	Stadion J.
Pythien	1	Hieron	Aitna	Wagen
	2	Hieron	Syrakus	Wagen
	3	Hieron	Syrakus	(Rennpferd)
	4	Arkesilaos	Kyrene	Wagen
	5	Arkesilaos	Kyrene	Wagen
	6	Xenokrates	Akragas	Wagen
	7	Megakles	Athen	Wagen
	8	Aristomenes	Aigina	Ringkampf
	9	Telesikrates	Kyrene	Waffenlauf
	10	Hippokleas	Pelinna	Diaulos J.
	11	Thrasydaios	Theben	Stadion J.
	12	Midas	Akragas	Flötenspiel
Nemeen	1	Chromios	Syrakus	Wagen
	2	Timodemos	Athen	Ringkampf/Faustkampf
	3	Aristokleides	Aigina	Ringkampf/Faustkampf
	4	Timasarchos	Aigina	Ringkampf
	5	Pytheas	Aigina	Pankration J.
	6	Alkimidas	Aigina	Ringkampf J.
	7	Sogenes	Aigina	Pentathlon J.
	8	Deinias	Aigina	Diaulos J.
	9	Chromios	Aitna	Wagen
	10	Theaios	Argos	Ringkampf
	11	Aristagoras	Tenedos	(allg.)

Isthmien	1	Herodotos	Theben	Wagen
	2	Xenokrates	Akragas	Wagen
	3	Melissos	Theben	Wagen/Pankration
	4	Melissos	Theben	Wagen/Pankration
	5	Phylakidas	Aigina	Pankration
	6	Phylakidas	Aigina	Pankration J.
	7	Strepsiades	Theben	Pankration
	8	Kleandros	Aigina	Pankration J.

Es handelt sich um Chorgesänge, die zur Feier des Erfolges in der Heimatstadt des Siegers festlich vorgetragen wurden; die kürzeren Lieder konnten bereits am Wettkampfort zum Vortrag kommen.[88] Pindars Auftraggeber ist der Adel der griechischen Welt der ersten Hälfte des 5. Jh. v. Chr.,[89] der im Dichter einen überzeugten Künder des alten aristokratischen Wertekanons findet, welcher in einer Zeit der sozialen Umwandlung stark bedroht ist. Mit dichterischer Kraft nahm er das sportliche Ereignis zum Anlaß, den Sieger und seine *Arete,* seine Familie und seinen Reichtum zu preisen. Diese Werteordnung wird gnomisch auf kunstvolle Weise mit dem Mythos verwoben, was das Verständnis seiner Gedichte sehr erschwert und ein kunstsinniges Publikum voraussetzt. Trotz sicherer Beherrschung der Sportsprache ist Pindars Absicht nicht in erster Linie die Mitteilung des Wettkampfgeschehens;[90] vielmehr nimmt er den sportlichen Erfolg zum Ausgangspunkt, den Sieg, den Sieger und seine Lebenswelt zu idealisieren und den damit verbundenen Ruhm exemplarisch darzustellen. Auffallenderweise sind die Herkunftsorte seiner Auftraggeber identisch mit den Zentren, die sich dem aufkommenden Demokratiegedanken noch völlig verschließen. Die sizilischen Tyrannen und der konservative Adel der Insel Aigina bilden deutliche Schwerpunkte seiner Klientel, die mit dem folgenden Urteil von J. Latacz übereinstimmen würde: „ ... der Sieg des Sportsiegers bliebe ein kurzzeitiges Ereignis unter tausenden, wenn er nicht durch Pindars Kunst hoch emporgehoben und verewigt würde. So ist Pindars Lied ein Siegesdenkmal – das in seiner Unvergänglichkeit indessen weitaus höheren Wert besitzt als Statuen oder Erinnerungsbauten."[91]

Es ist zu beachten, wie hoch der Anteil der hippischen Sieger an der Gesamtzahl der Geehrten ist; mit 19 von 45 Erfolgen machen sie fast die Hälfte der besungenen Personen aus. Unter den gymnischen Disziplinen dominieren die Kampfsportarten, was besonders auf die Altersklasse der Jugendlichen zutrifft, die mit zwölf Liedaufträgen überhaupt stark in Erscheinung tritt; der festliche Preis des sportlichen Sieges führt sie in die Öffentlichkeit ein.

Es entbehrt nicht eines gewissen Reizes, Siegeslieder von unterschiedlichen Dichtern zu kennen, die sich auf dasselbe sportliche Ereignis beziehen. Ein solcher Fall liegt vor für den Sieg mit dem Rennpferd, den Hieron von Syrakus im Jahre 476 v. Chr. in Olympia errang. Diesem ist sowohl die erste Olympische Ode Pindars als auch das fünfte Siegeslied des Bakchylides gewidmet. Obwohl nach heutigem Kunstempfinden der Vergleich beider Werke eindeutig zu Gunsten Pin-

88 Der Frage der Aufführung dieser Lieder ist neulich nachgegangen Neumann-Hartmann, *Epinikien;* vgl. auch Eadem, in: Nikephoros 20 (2007) 49–112.

89 Eine nützliche Prosopographie der Sieger, auf die Pindar Epinikien gedichtet hat, stammt von Neumann-Hartmann, in: Nikephoros 21 (2008) 81–131; in der Tabelle S. 128 f. sind auch die Datierungen der einzelnen Gedichte angegeben.

90 Speziell zu diesem Aspekt Kramer, *Studien;* vgl. auch Angeli Bernardini, *Mito e attualità.*

91 Latacz, *Archaische Periode,* 484; so empfand im übrigen der Dichter seine Rolle auch selbst: Nemeen 5,11 ff.

dars ausfällt,[92] der von 476 bis 474 v. Chr. an Hierons Hof weilte, erhielt jedoch Bakchylides den Auftrag, das Siegeslied für den viel höher angesehenen Wagensieg, der in Pindars Gedicht (Verse 108–111) noch als frommer Wunsch anklingt, des Jahres 468 zu schaffen.[93]

In der ersten Olympischen Ode, die als eine seiner besten angesehen wird, spielt Pindar auch auf den Pelops-Mythos an, der in demselben ‚Strengen Stil', wie ihn seine Verse verkörpern, eine kongeniale bildliche Fassung im Ostgiebel des Zeustempels erfahren sollte. Dort heißt es in einer vielzitierten Gnome:

> *Aber der Ruhm aus einem Sieg bei den olympischen Spielen in der Bahn des Pelops leuchtet weithin. Dort kämpft die Schnelligkeit der Füße und die kräftige Anstrengung, die alle Mühen bezwingt. Wer hier siegt, kann das übrige Leben süße Ruhe haben um Kampfpreise.*[94]

Läßt sich das Epinikion, die literarische Kunstform für den Preis des Sportsiegers, mit der Siegerstatue vergleichen, so entspricht das sportlich gefärbte *Epigramm* als literarische Kleinform auf dem Felde der Bildenden Kunst *mutatis mutandis* der Athletenstatuette. Diese metrisch gebundenen, kurzen Texte, die im Regelfall als Inschriften zur Siegerstatue gehören oder als Aufschrift ein geweihtes Sportgerät zieren, in der Spätzeit wohl auch als literarisches Erzeugnis fiktiv sein können, sind in einer kommentierten Sammlung von J. Ebert vorbildlich bearbeitet worden.[95] Oft sind sie mit einem erklärenden Prosatext verbunden. In solchen Fällen ist die den Sieg erhöhende künstlerische Absicht offensichtlich; bei anderen Beispielen spricht die Qualität des Kleinkunstwerkes für sich selbst. Selten lassen sich die oft kunstvoll komponierten Zeilen sicher einem Verfasser zuweisen, wenngleich viele unter dem Namen des bereits unter den Dichtern von Epinikien genannten Simonides überliefert wurden. Obligatorisch waren folgende Angaben: Name des Siegers und seines Vaters; Herkunftsort; Fest, bei dem der Sieg errungen war; Disziplin und Altersklasse, sofern einzelne dieser Elemente nicht anderweitig verfügbaren Informationen entnommen werden konnten.[96] In unnachahmlicher Kürze ist diese Mindestanforderung in einem Epigramm zum Ausdruck gebracht, das der 1. Hälfte des 5. Jh. v. Chr. entstammt und dessen Wortlaut durch Pausanias (VI 9,9) überliefert ist.

> *Meine Heimat ist Korkyra, Philon mein Name, des Glaukos Sohn bin ich und Sieger im Faustkampf an zwei Olympien.*[97]

Ein deutlicher Kontrast zu dieser lakonischen Kürze findet sich auf einer anderen olympischen Basis einer Siegerstatue, deren Inschrift von der zuvor genannten zeitlich ein halbes Jahrtausend entfernt ist. Der gepriesene Sieg datiert 49 n. Chr.:

> *Du, der du hier stehst in der Blüte eines Knaben, und doch mit der Kraft eines Mannes, du, dessen Schönheit und Stärke man hier erblickt: Wer bist du, woher stammst du, wessen Sohn*

92 Latacz, *o.c.,* 484–511, bes. 485, 496 f.
93 Bakchylides, Siegeslieder 3.
94 Pindar, Olympien I, 93–99 (Übersetzung E. Dönt).
95 Ebert, *Siegerepigramme.*
96 Ebert, *o.c.,* 18 f.
97 Ebert, *o.c.,* Nr. 11 (Übersetzung J. Ebert).

bist du? Sprich! Auf welcher Mühen Siegespreis stolz tratest du hier in die Vorhalle des Zeus? – Eirenaios ist mir Vater, Fremdling, Ariston ist mein Name, Ephesos, das in Ion seinen Stammvater erblickt, unser beider Vaterstadt. Bei den olympischen Spielen wurde ich, ohne Ephedros gewesen zu sein, bekränzt als Knabensieger im Pankration, bei dem ich mich für drei Kämpfe gegen meine Gegner (rüstend) mit Staub bewarf.[98]

Der (hier nicht mehr wiedergegebene) Bericht über den Kampfverlauf ist ebenfalls in Form des Epigramms gehalten. Inhaltlich ist er von besonderem Interesse, da er die Teilnehmerzahl am Pankration der Jugendklasse mit sieben angibt – eine höchst selten überlieferte Angabe.[99] Ebenfalls selten ist die Angabe des Verfassers, der hier unter der Inschrift erscheint. Es ist der im übrigen sonst unbekannte Mehrfachsieger (in musischen Agonen) Tiberios Klaudios Thessalos aus Kos.

An dieser Stelle sei noch darauf hingewiesen, daß eine Anzahl von unbekannten Epigrammen des hellenistischen Dichters Poseidippos, der am ptolemäischen Königshof reüssierte, erst neulich einem Papyrus entnommen werden konnte. Sie haben eine Flut von Publikationen erzeugt. Für das Thema dieser Studie ist es von hohem Interesse, daß darunter 18 Gedichte sind, die auf hippische Sieger, darunter Könige und Königinnen Ägyptens, komponiert waren. Berenike läßt es sich (in Epigramm 87) nicht nehmen, sich mit Kyniska, der hippischen Siegerin aus spartanischem Königsgeschlecht, zu messen. Die Liste der bekannten Olympiasieger wurde auf einen Schlag um 11 neue Namen bereichert.[100]

Die griechische Agonistik hat noch in einer Spezialgattung des Epigramms einen Bearbeiter gefunden, der die motivischen und sprachlichen Möglichkeiten des Genres meisterhaft variierte. Gemeint ist der griechische Satiriker Lukillios, der in Rom zur Zeit Neros lebte und das damals unter dem Einfluß des wettkampfbegeisterten Kaisers[101] blühende Athletenwesen zum Gegenstand seiner bissigen Parodien machte. Er hat den großen lateinischen Satiriker Martial, der sich gerne Themen des römischen Sportgeschmacks vornahm – vornehmlich die Welt des Circus und Amphitheaters[102] – stark beeinflußt. Lukillios, der jedoch auf die griechischen Agone abzielte, welche damals auch in Rom und Neapel eine hohe Aktualität erlangten, ist ein Kenner der sportlichen Materie wie auch der literarischen Komposition. Kein Geringerer als L. Robert hat seinen satirischen Versuchen, die in der *Anthologia Palatina* überliefert sind, eine umfangreiche Studie gewidmet.[103] Sein Urteil über den Autor bescheinigt diesem volle Originalität; Bekanntschaft mit griechischen Sportfesten dürfte der vermutlich aus Neapel stammende Dichter bereits in seiner Mutterstadt („une ville grecque dans l'Italie romaine") geschlossen haben.[104] Von seinen Satiren über fiktive Athleten sollen im folgenden einige typische Beispiele vorgeführt werden, die wegen ihres auch heute noch verständlichen Hintergrundes nichts an Witz eingebüßt haben:

98 Ebert, *o.c.,* Nr. 76 (Übersetzung J. Ebert).

99 Aus der Anmerkung, Ariston habe kein ‚Freilos' gezogen (... *ohne Ephedros gewesen zu sein* ...), läßt sich gar der gesamte Kampfverlauf rekonstruieren: Ebert, *o.c.,* 229.

100 Die als ‚Hippika' bezeichneten Epigramme sind zuletzt behandelt bei Decker, *Sport am Nil,* Dok. 21. Eine deutsche Übersetzung nun auch bei Seidensticker/Staehli/Wessels (Hg.), *Poseidippos.*

101 Vgl. Kennell, in: AJPh 109 (1988) 239–251.

102 Vgl. zu den einschlägigen Epigrammen jetzt Coleman, *Martial: Liber Spectaculorum.*

103 Robert, in: *L'épigramme grecque,* 181–291.

104 Robert, *o.c.,* 286; sein positives literarisches Urteil 279 ff.

> *Langsam war Eutychidas, ein Sprinter, doch ging es ans Essen, lief er, bis alle sagten: Eutychidas ist geflogen.*[105]

Ein anderes seiner Epigramme ist eine Parodie auf ein Siegesepigramm, das auf den berühmten Läufer Ladas gedichtet war. Es lebt vom Gegensatz zwischen dem Sieger, der schon bekränzt war, obgleich der Knall des Startzeichens kaum verklungen, und einem Läufer, der sich inzwischen noch nicht einen Fingerbreit vorwärtsbewegt hat.[106]

Häufigstes athletisches Sujet der Satiren des Lukillios ist jedoch der Faustkämpfer, dessen gefährliche Disziplin drastisch überzeichnet wird. Ein Androleos, der keinen Kampf scheute, hat in Pisa (Olympia) keinen Sieg errungen – dafür aber ein Ohr verloren und in Plataiai ein Augenlid.[107] Eine andere Satire spielt auf den zwanzig Jahre abwesenden Odysseus an, der nach so langer Zeit aber noch von seinem Hund Argos erkannt wurde. Nach einem vierstündigen Faustkampf ist das Gesicht des Stratophon dermaßen unkenntlich, daß er, in den Spiegel schauend, schwört, er sei nicht er selbst.[108]

Die sprichwörtlichen Entstellungen durch Boxhiebe sind auch das Thema des folgenden Epigramms:

> *Dieser Olympikos, der jetzt so aussieht, hatte, Augustus, Nase, Kinn, Augenbraue, Ohren, Augenlider. Dann schrieb er sich als Boxer ein und verlor alles, so daß er vom väterlichen Erbe keinen Anteil erhielt. Denn sein Bruder hatte ein Portrait von ihm vor Gericht vorgelegt, und er wurde per Beschluß als Fremder angesehen, der keine Ähnlichkeit aufweise.*[109]

Der Boxer Kleombrotos, der sich vom aktiven Sport zurückgezogen hat, findet nach der Heirat zu Hause sein tägliches Olympia vor, wo ihn seine streitsüchtige Alte zerbläut, so daß er sein Heim mehr fürchtet als ehemals das Stadion. Dort konnte man durch Aufgabe den Schlägen des überlegenen Gegners entgehen. Nicht so zu Hause![110] Die treffsichere Verwendung der agonistischen Sprache in unerwarteten Wendungen macht die Kunst dieser Satiren aus, was oft nur am Original erspürt werden kann.

Auch das Eindringen des Motivs Sport bis in diese kleinen Formen der Literatur zeigt den Stellenwert der Agonistik und ihre Wirkung auf die griechische Kultur und Gesellschaft.[111]

---

105 AP XI 208; Robert, *o.c.*, 279.

106 AP XI 86; Robert, *o.c.*, 278 f.

107 AP XI 81; Robert, *o.c.*, 181–201.

108 AP XI 77; Robert, *o.c.*, 202–204.

109 AP XI 75; Robert, *o.c.*, 204–209.

110 AP XI 79; Robert, *o.c.*, 220–222. Es konnte nur eine Auswahl der von L. Robert besprochenen Beispiele gegeben werden. Vgl. auch Beckby (Hg.), *Anthologia Graeca* IV, 628 s.v. ‚Wettkämpfe'.

111 Eine systematische Betrachtung des Bildes des Athleten in der griechischen Literatur bis zum Ende der Klassik stammt aus der Feder von Visa-Ondarçuhu, *L'image de l'athlète*.

Abbildungen

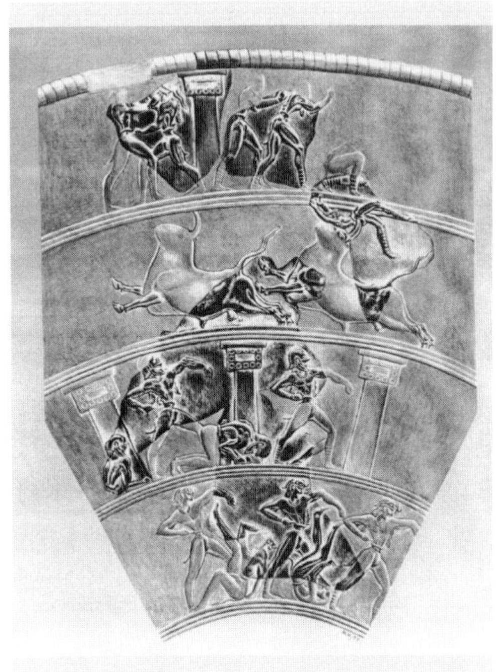

1 Faustkampf, Stierspiel – Rhyton aus Hagia Triada, 16. Jh. v. Chr. – Herakleion, Arch. Mus. 255

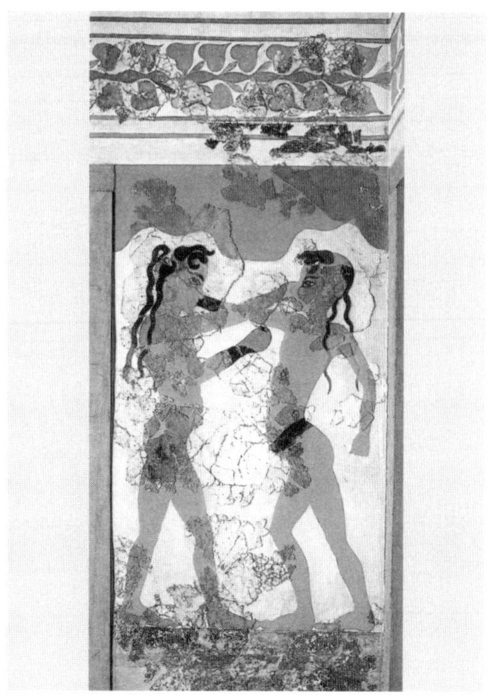

2 ‚Boxende Prinzen' – Wandfresko aus Santorini (Thera), Mitte 2. Jts. v. Chr. – Athen, Nat. Mus.

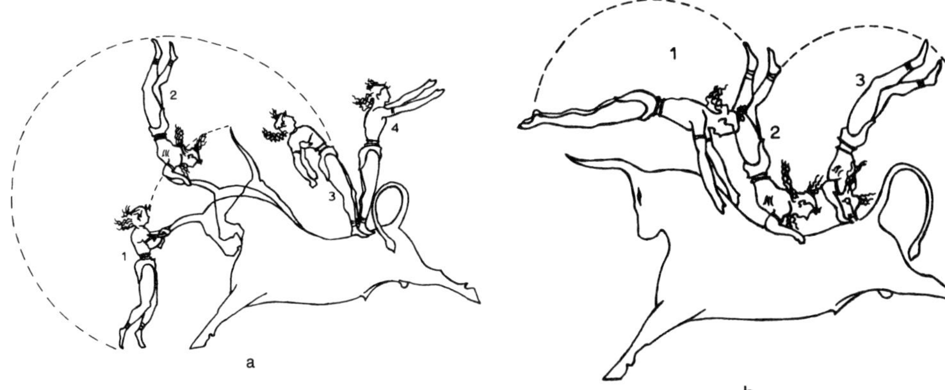

3 a/b Kretisches Stierspiel nach A. Evans (a) und J.G. Younger (b)

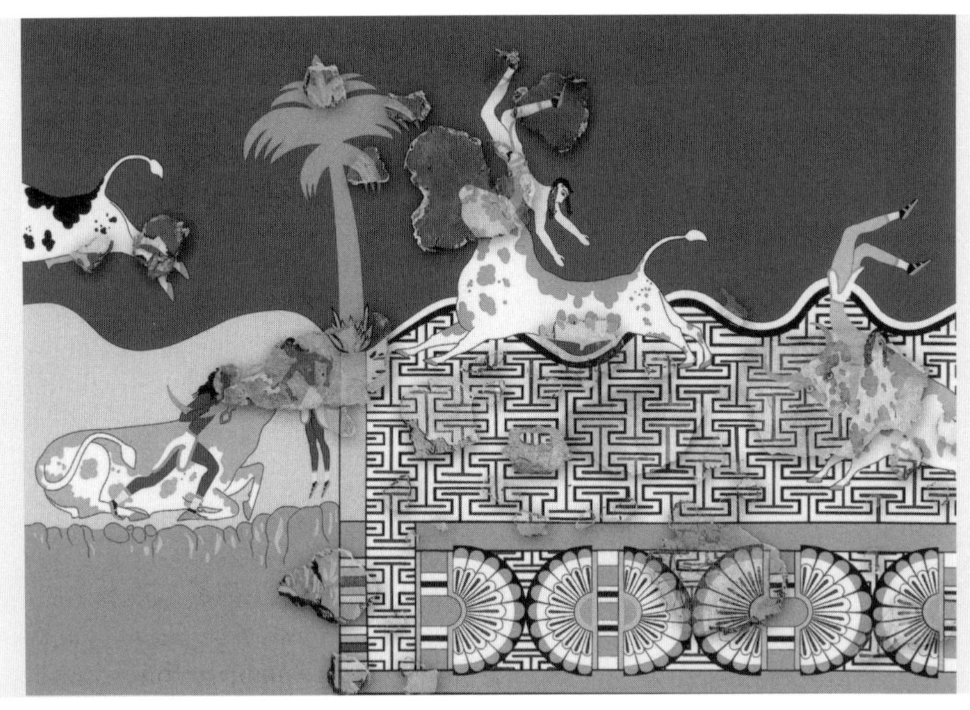

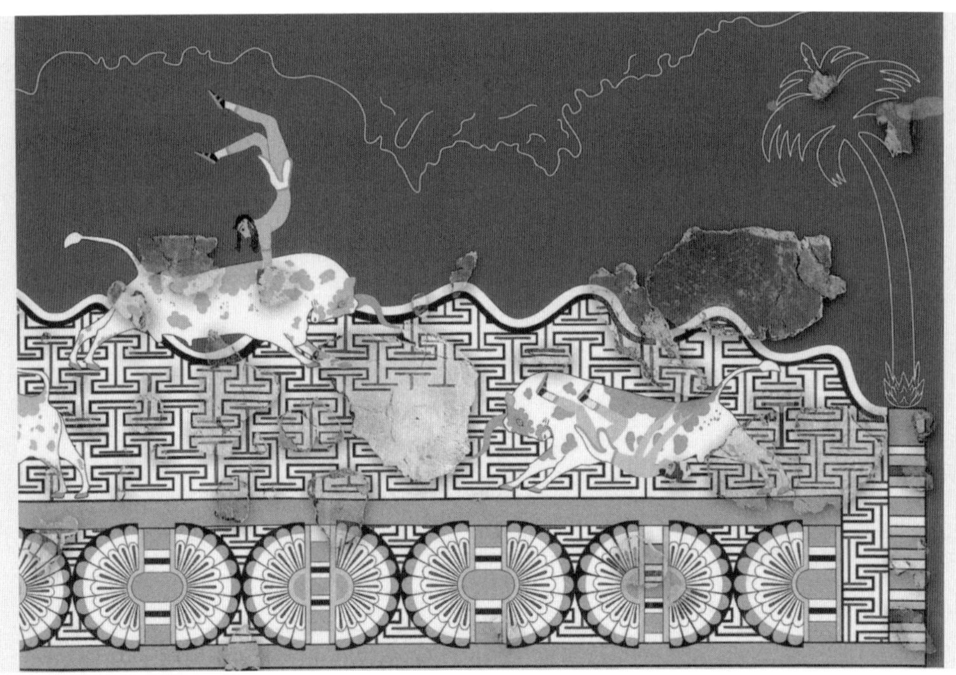

4 Stierspiel – Minoisches Fresko in Auaris/Tell el-Dab^ca (Ägypten), 18. Dyn. – (© M. Bietak/C. Palyvou)

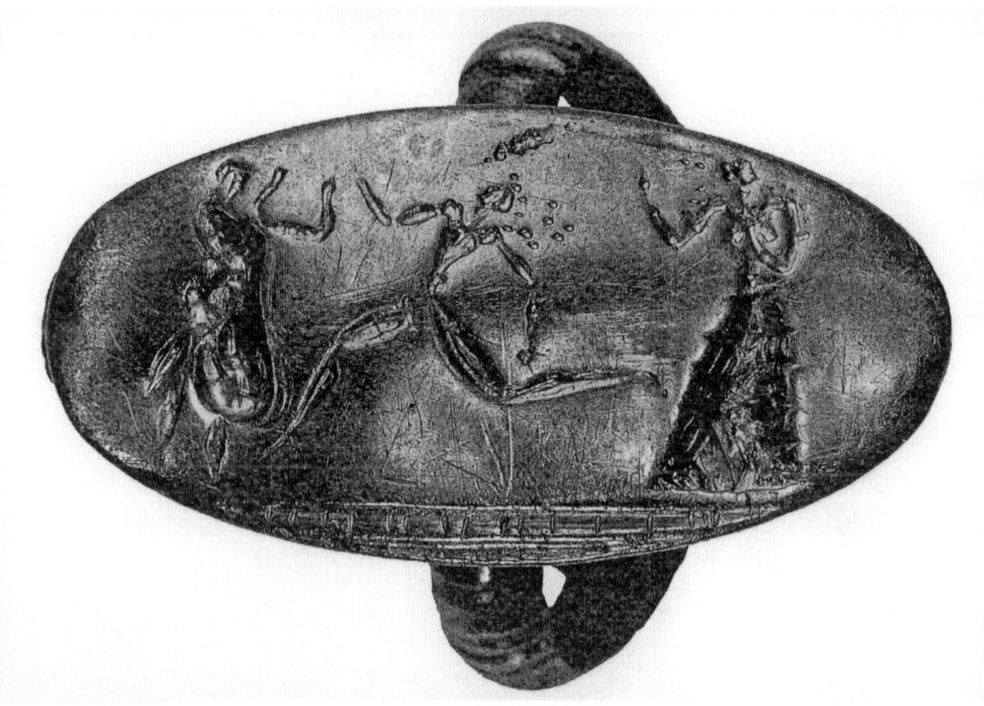

5 ‚Ring des Läufers', Syme (Kreta), 16. Jh. v. Chr.

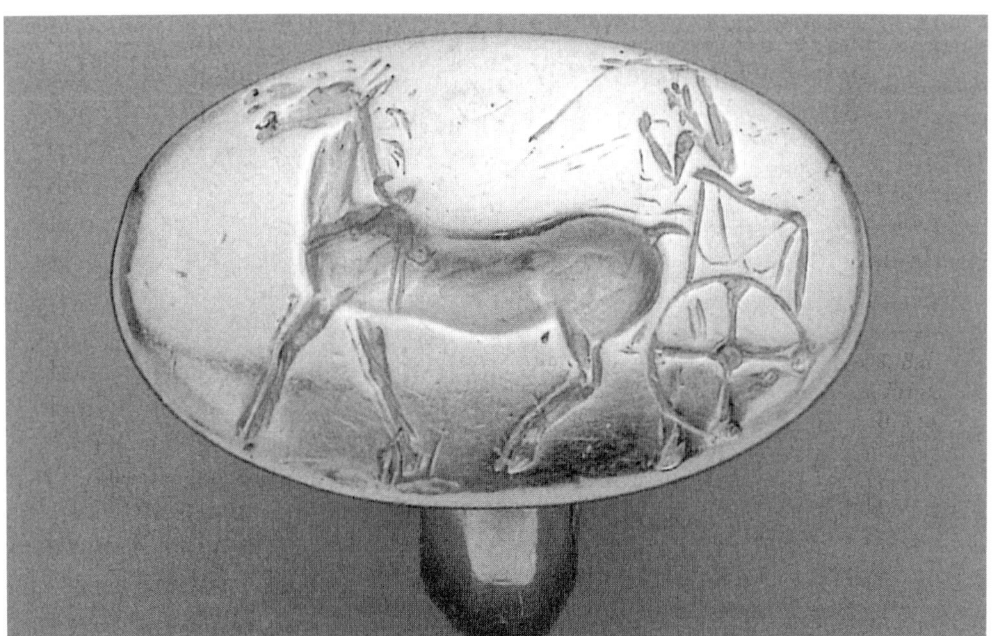

6 Pferdezweigespann und Wagenlenker mit *Kentron* – Goldring aus Aidonia, um 1500 v. Chr. – Athen, Nat. Mus. BE 1996/11.1 (z. Zt. Nemea, Arch. Mus.)

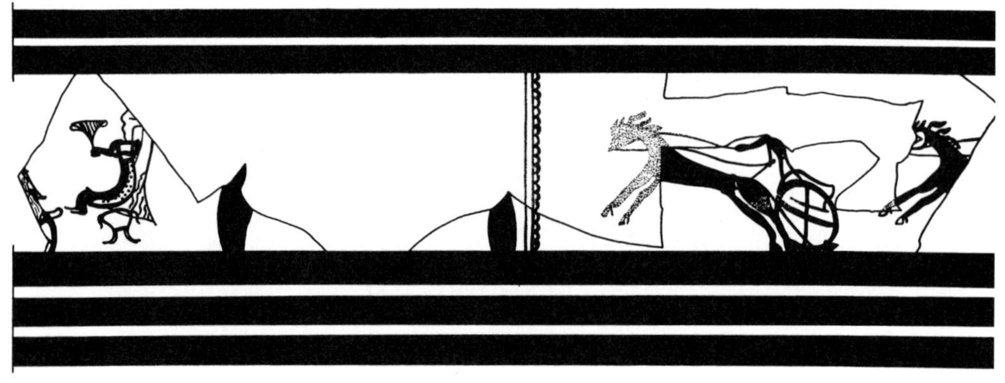

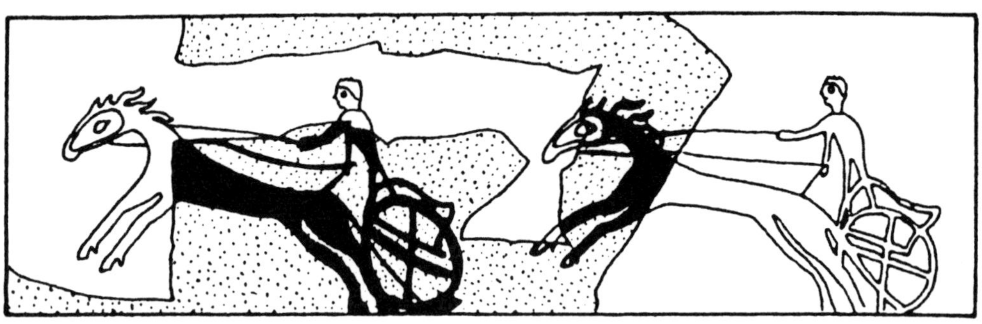

7 a/b Wagenrennen (mit zeichnerischer Ergänzung, b) – Spätmykenische Amphora aus Tiryns, 13. Jh. v. Chr. – Nauplia, Arch. Mus.

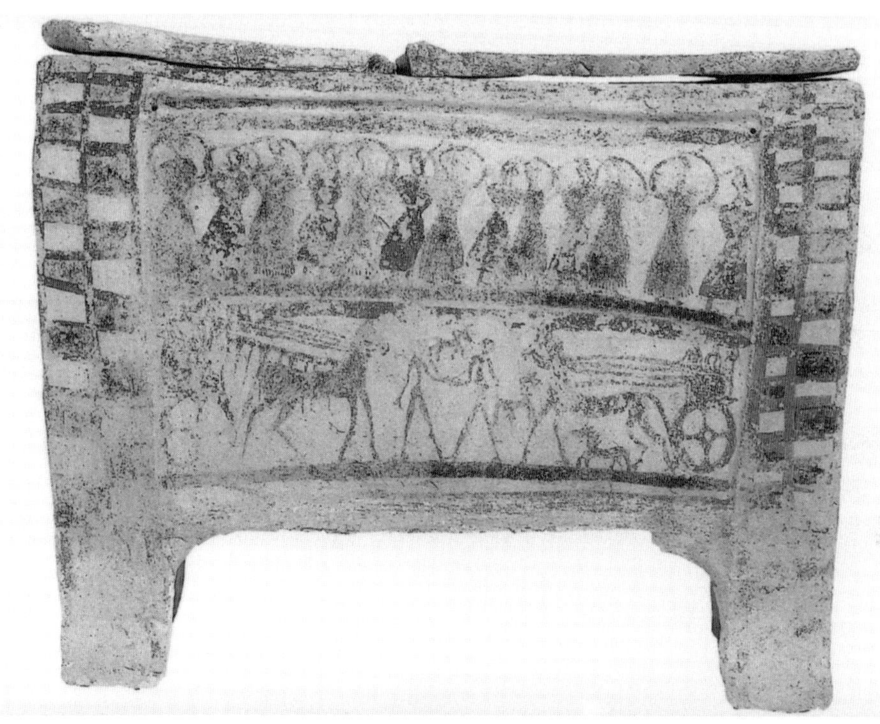

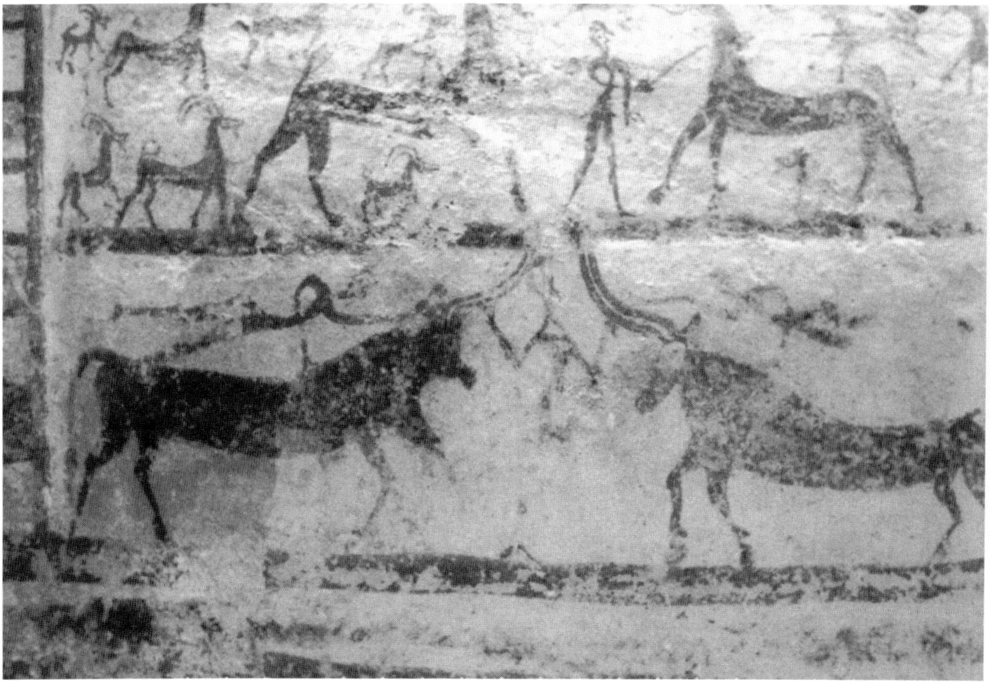

8 a/b Leichenspiele, a): Klagefrauen, Hoplomachie; b) Tieropfer, Stierspiel – Larnax (Tonsarg) aus Tanagra, 13. Jh. v. Chr. – Theben, Arch. Mus. 1

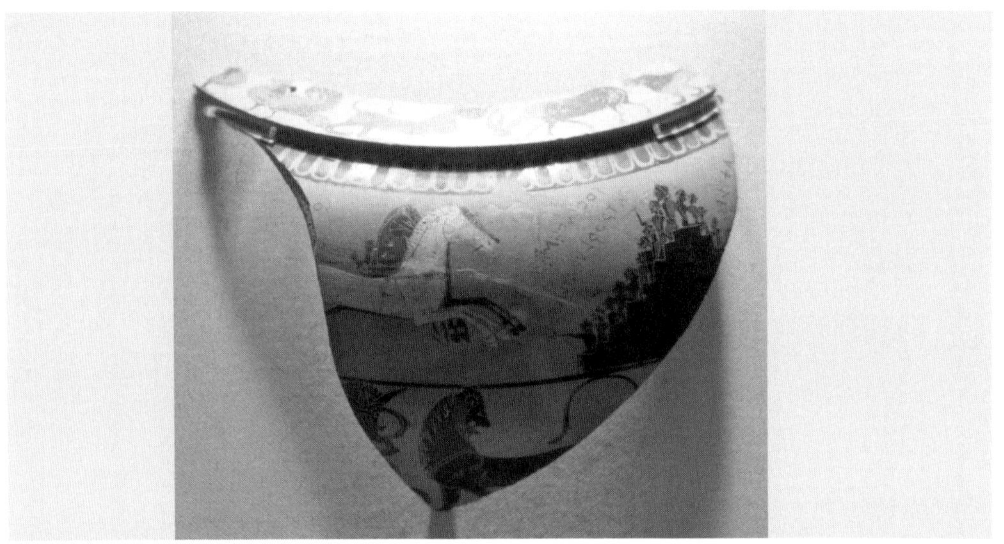

9 Zuschauer auf Tribüne *(ikria)* beim Wagenrennen der Patroklosspiele – Scherbe eines schwarzfigurigen Kessels des Sophilos, 570/560 v. Chr. – Athen, Nat. Mus. 15499

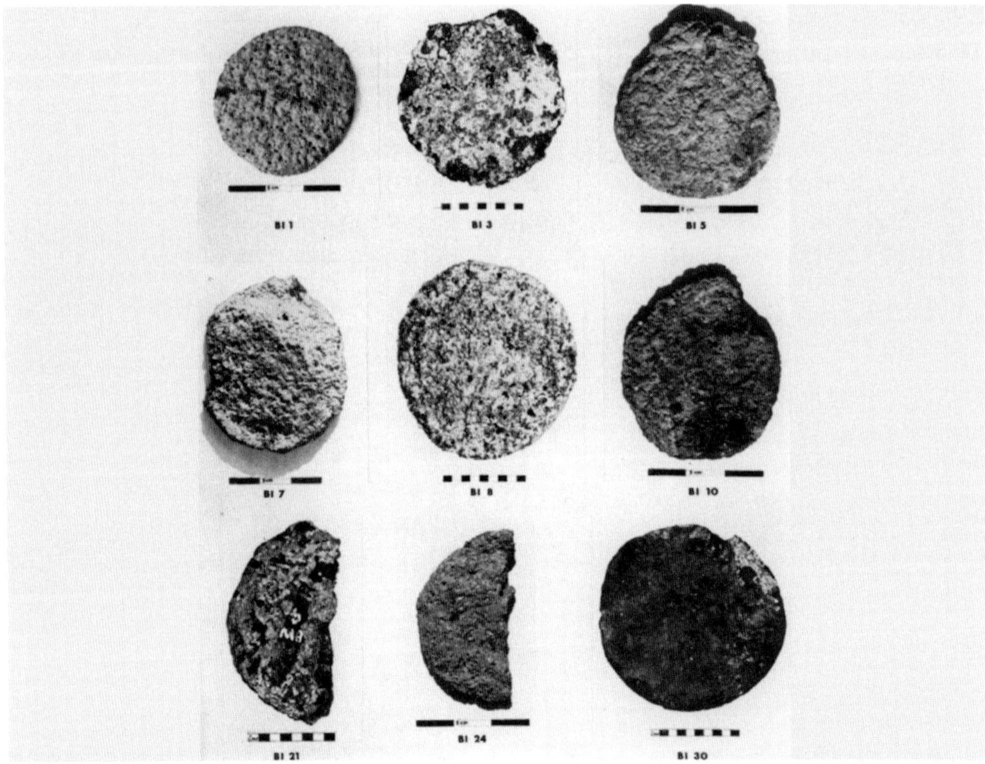

10 Kupferbarren in Form des *Solos* aus Schiffswrack vor Kap Gelidonia, 13. Jh. v. Chr. – Bodrum, Arch. Slg.

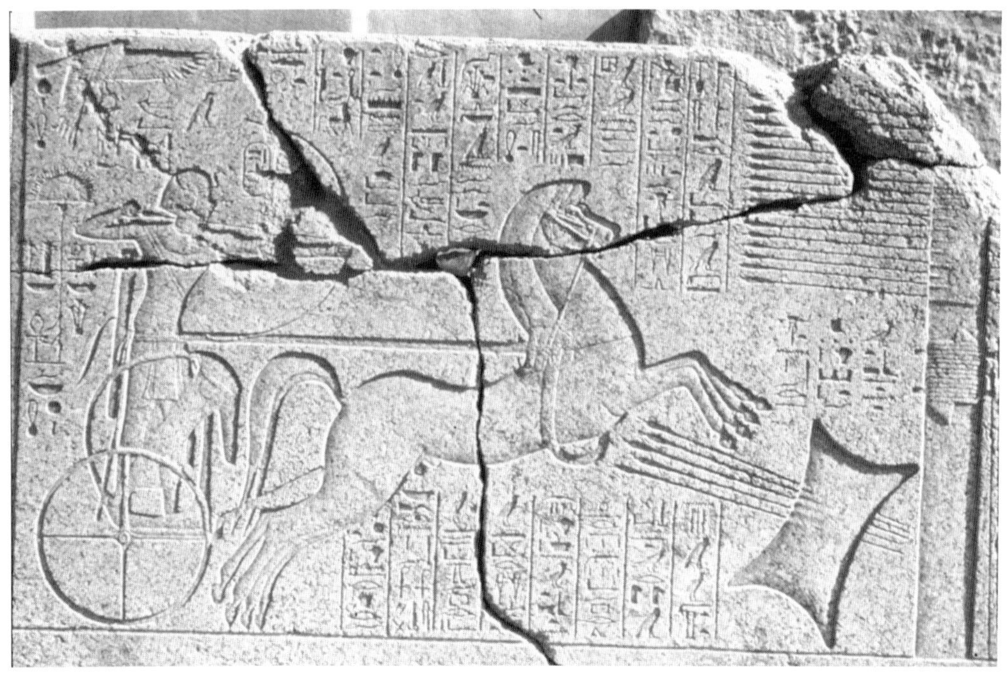

11 Schieß-Stele Amenophis' II. (1428–1397 v. Chr.) – Rosengranit, aus Karnak, Tempel des Amun – Luxor, Ägypt. Mus. J 12

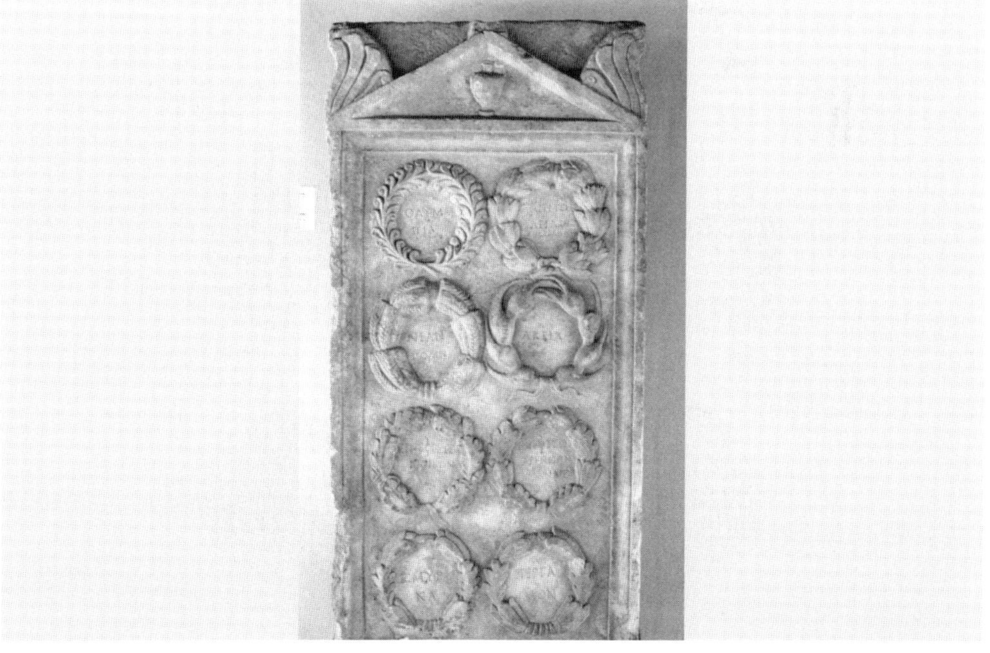

12 Siegeskränze (darunter von den Olympien, Kapetolien, Aktien, aus Neapel) eines unbekannten Athleten, 2. Jh. n. Chr. – Isthmia, Arch. Mus.

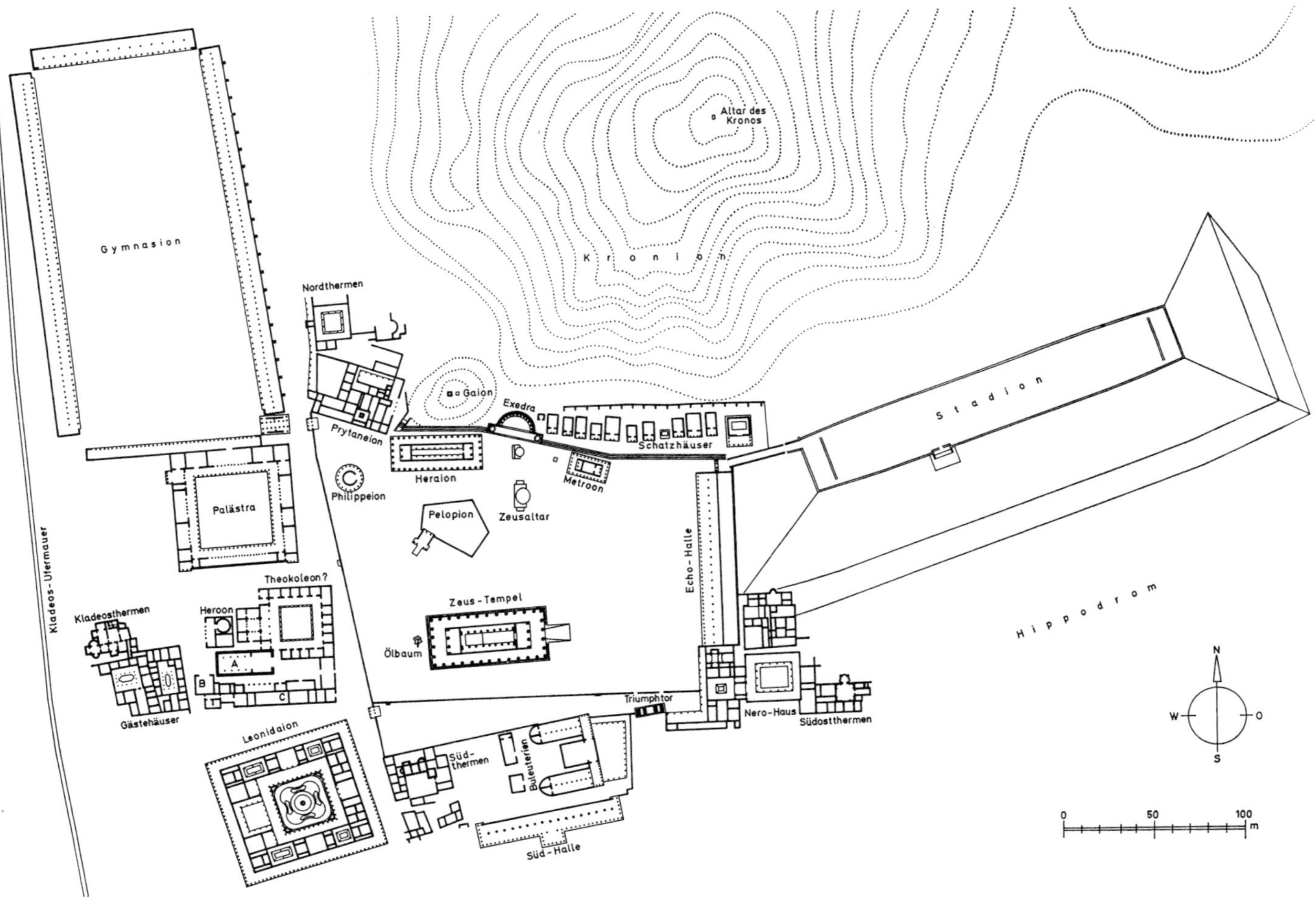

13 Plan des Zeus-Heiligtums von Olympia, röm. Kaiserzeit

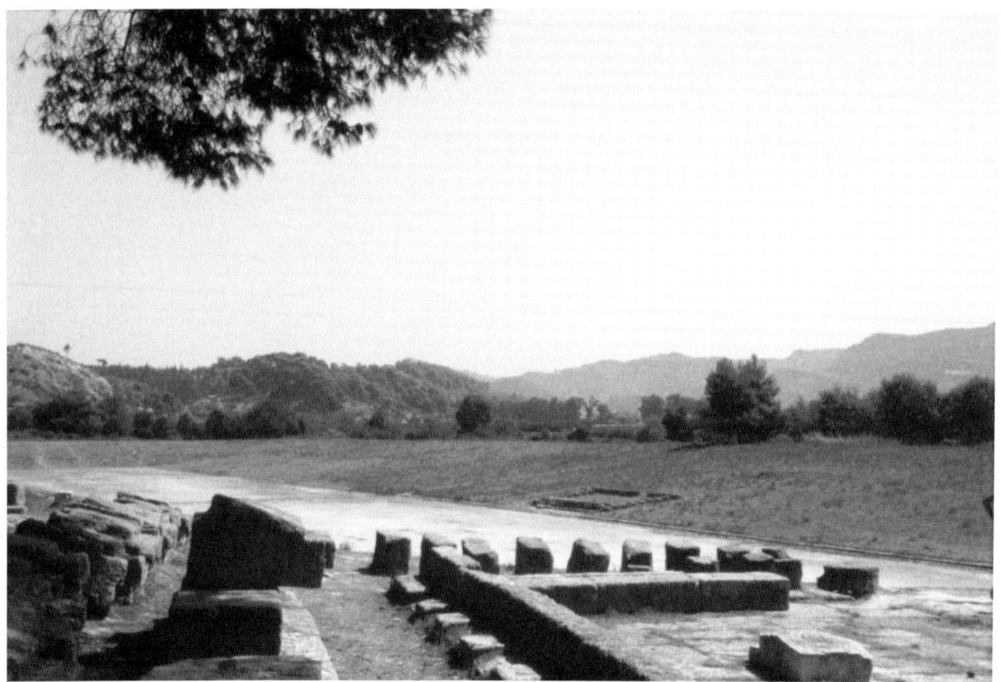

14 Stadion von Olympia mit Kampfrichtertribüne (von Schatzhausterrasse aus gesehen)

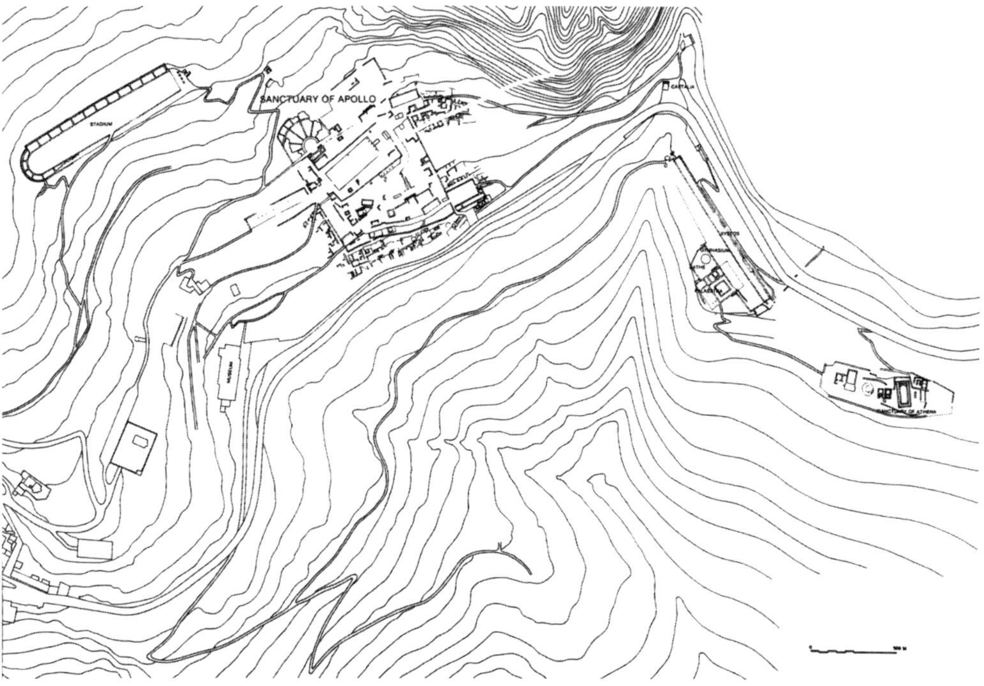

15 Plan des Apollon-Heiligtums von Delphi

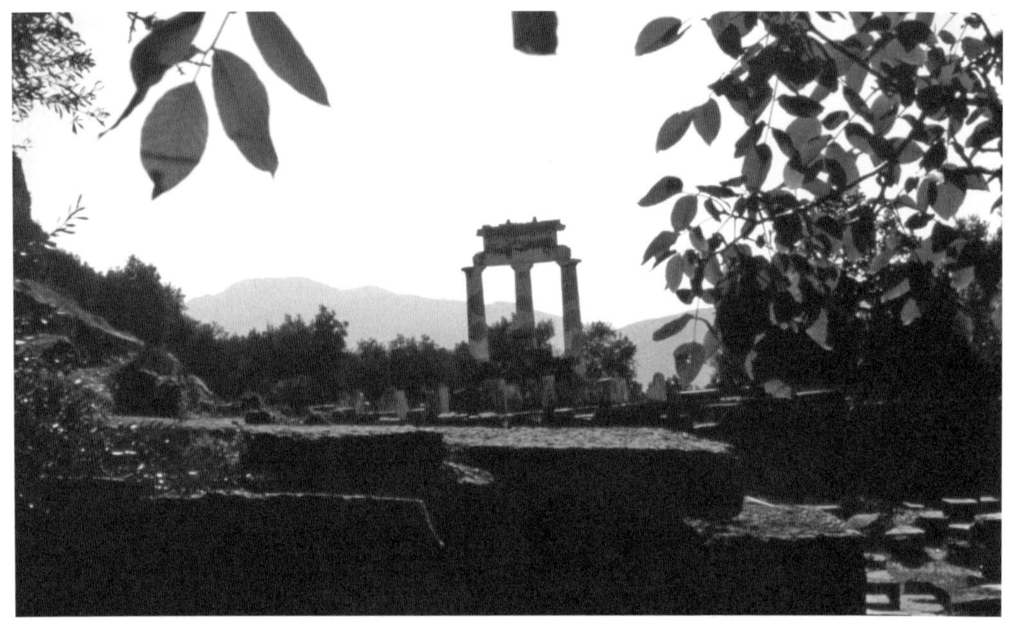

16 Delphi, Landschaft mit Tholos

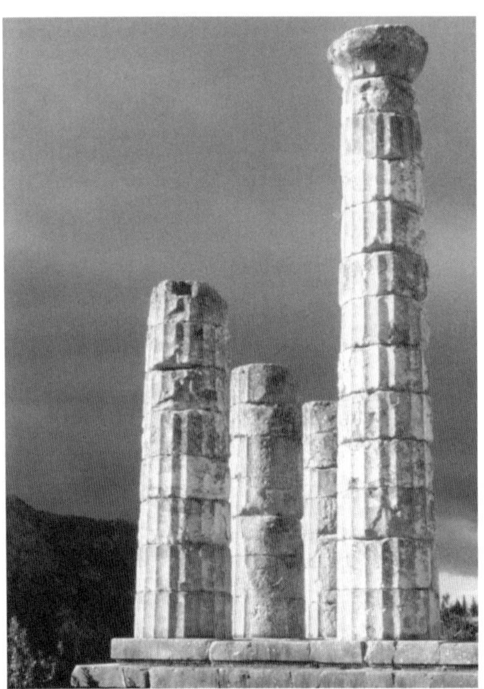

17 Delphi, Tempel des Apollon, Ostseite

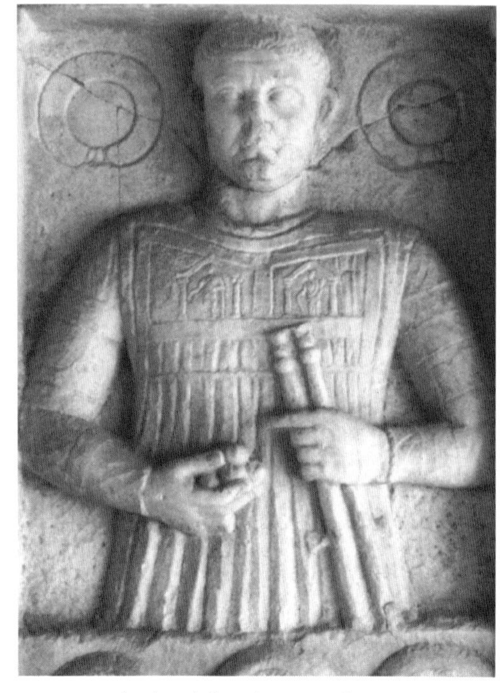

18 Siegesdenkmal des Flötenspielers L. Kornelios Korinthos aus Korinth (Ausschnitt), 2. Jh. n. Chr. – Isthmia, Arch. Mus.

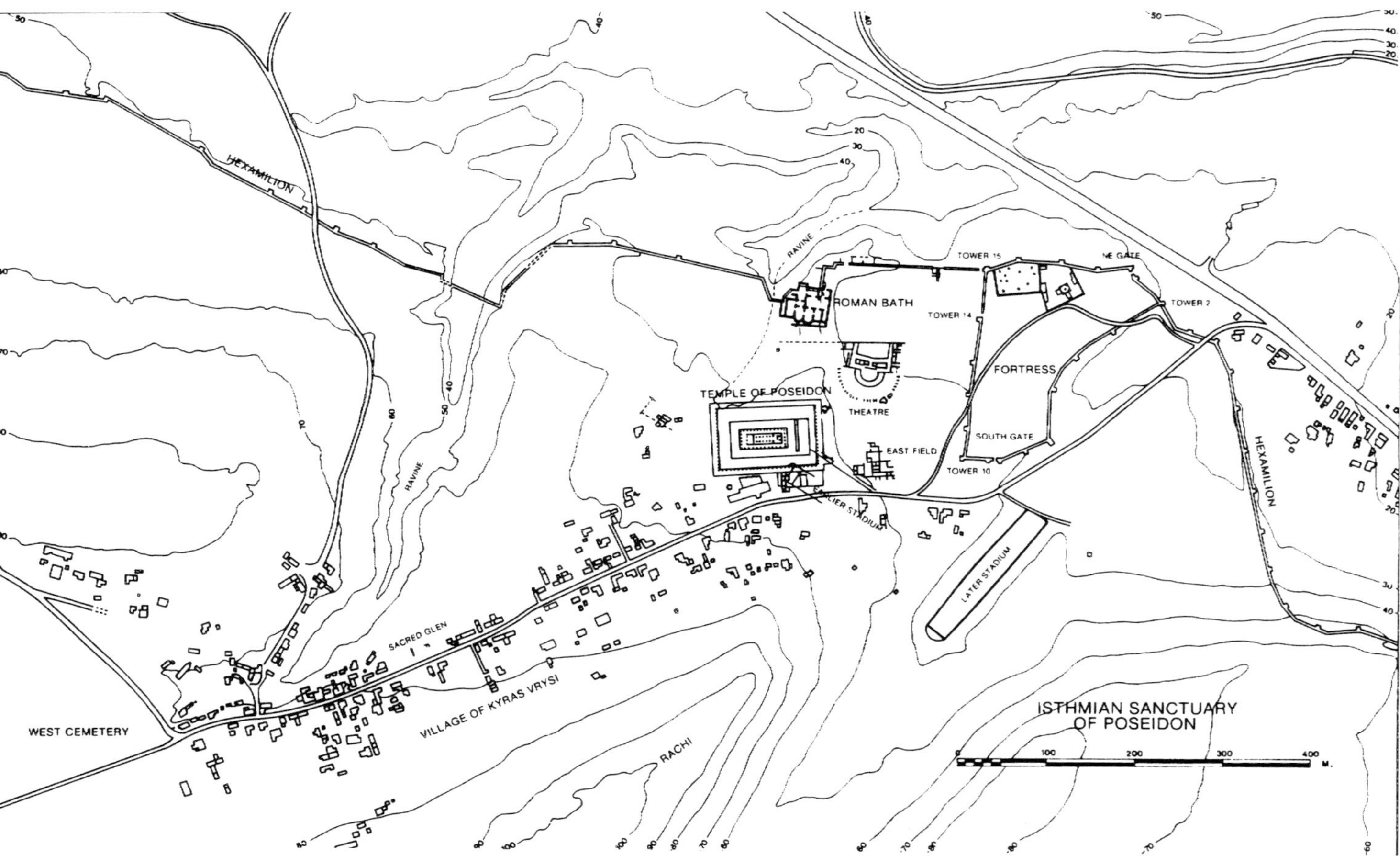

19 Plan des Poseidon-Heligtums von Isthmia mit altem Stadion (Tempelecke) und hellenistischem Neubau

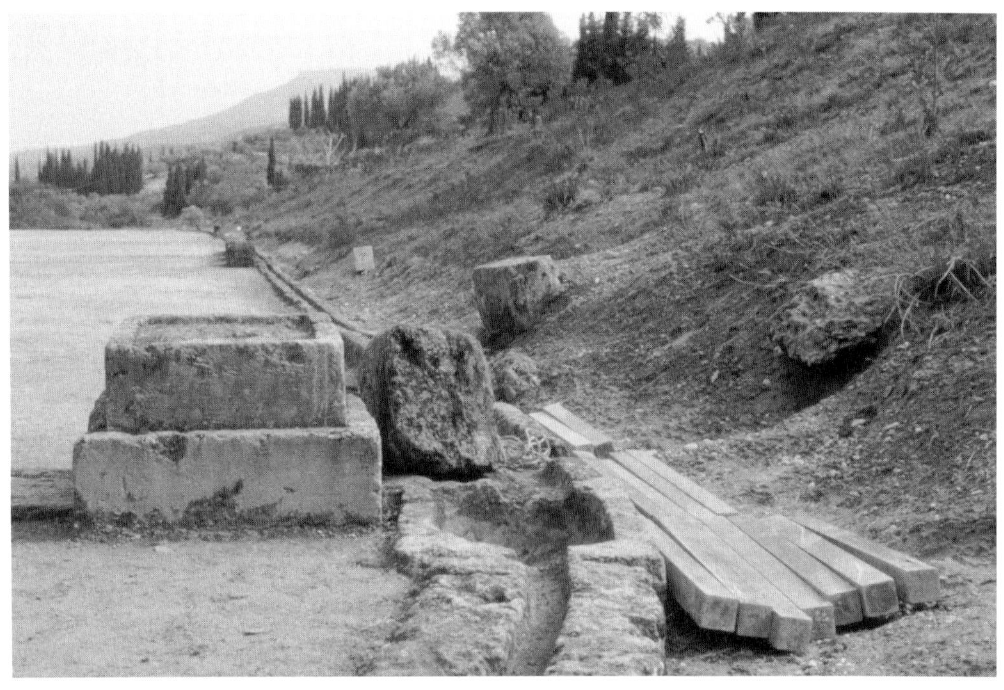

20 Nemea, Stadion: Ostwall, Basis, umlaufende Wasserrinne, Schöpfbecken; Holz für Hysplex

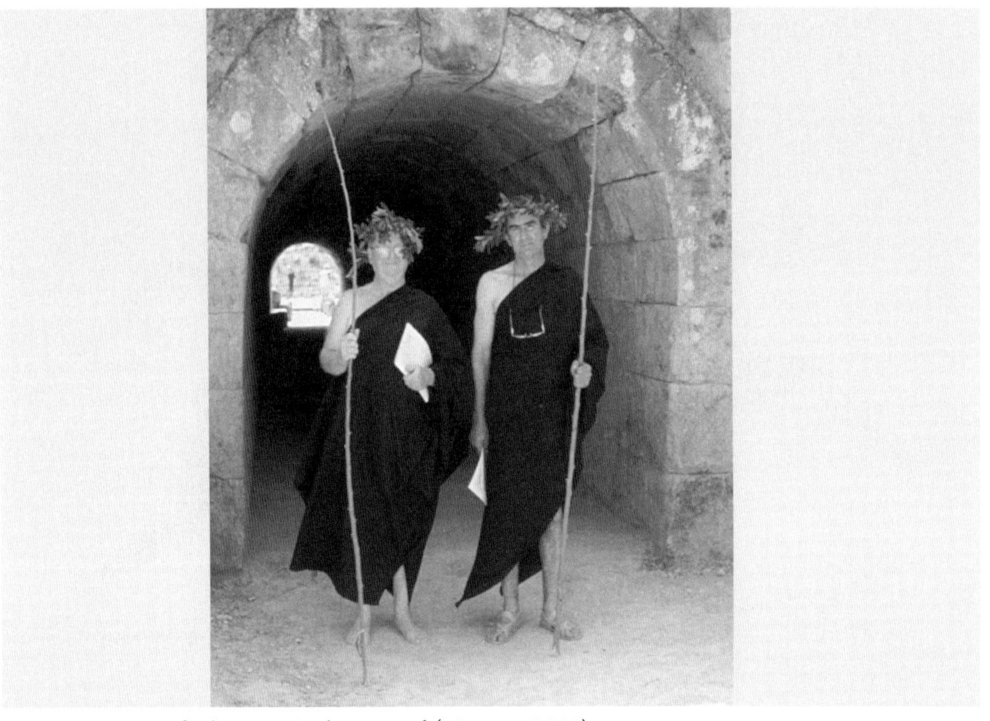

21 Nemea, Kampfrichter vor Stadiontunnel (Nemeen 2000)

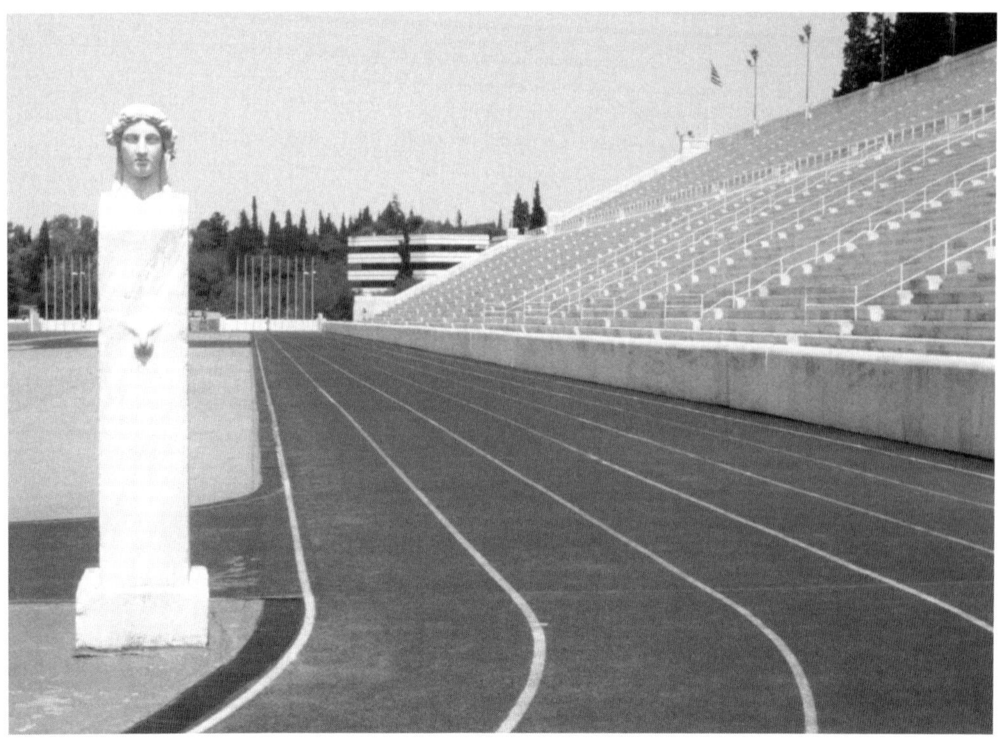

22 Athen, Panathenäisches Stadion mit antiker Herme, Zustand 1992

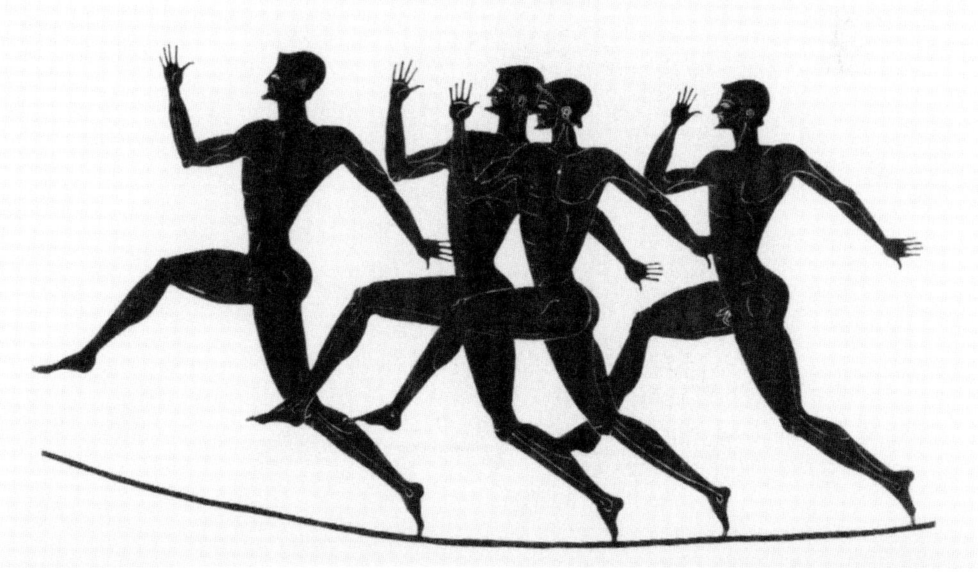

23 Stadionläufer – Panathenäische Preisamphora (aus Nola), 480/470 v. Chr. – Berlin, Antikenmus. 1832 (Bentz 5.071)

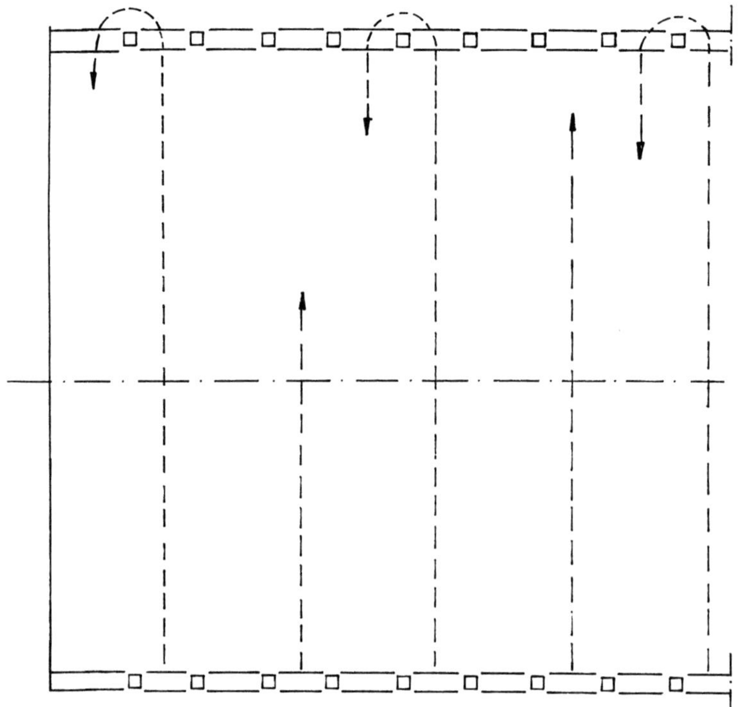

24 Wende beim Diaulos, Schema (Zeichnung M. Schwarz)

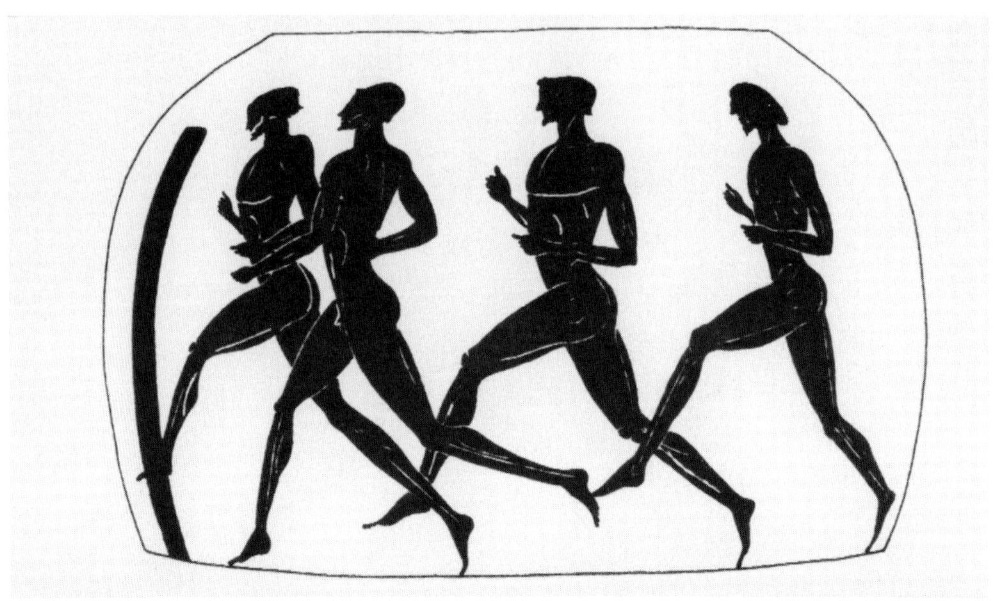

25 Langläufer bei der Wende – Panathenäische Preisamphora (aus Vulci), 480/470 v. Chr. – New York, Slg. Callimanopoulos L1982.102.3 (Bentz 5.079)

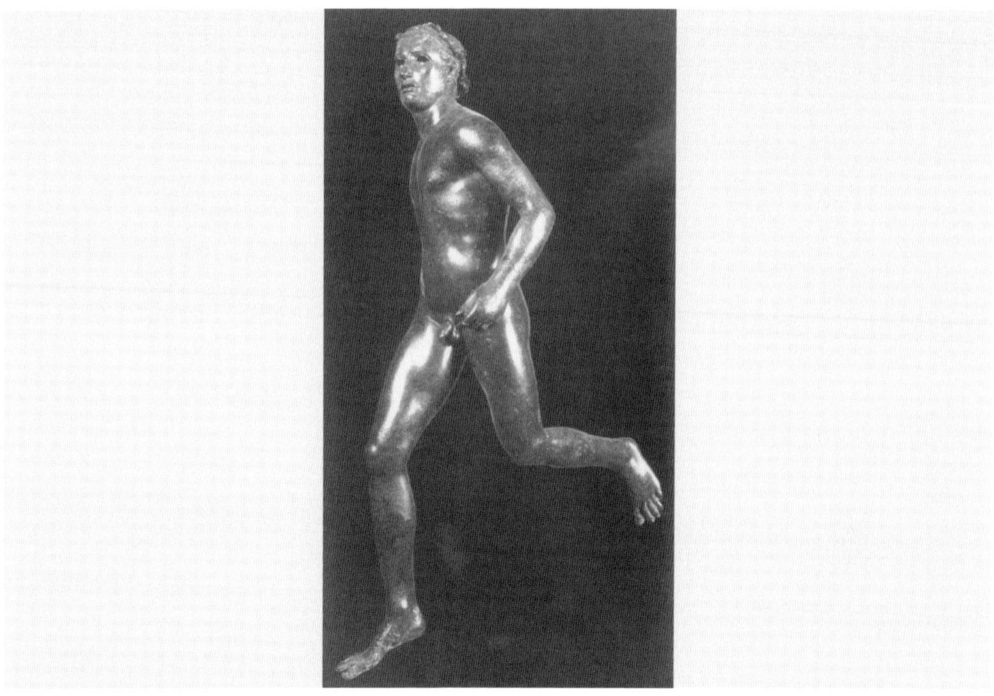

26 Bronzestatue eines Langläufers aus dem Meer vor Kyme, 1. Jh. v. Chr. – Izmir, Arch. Mus.

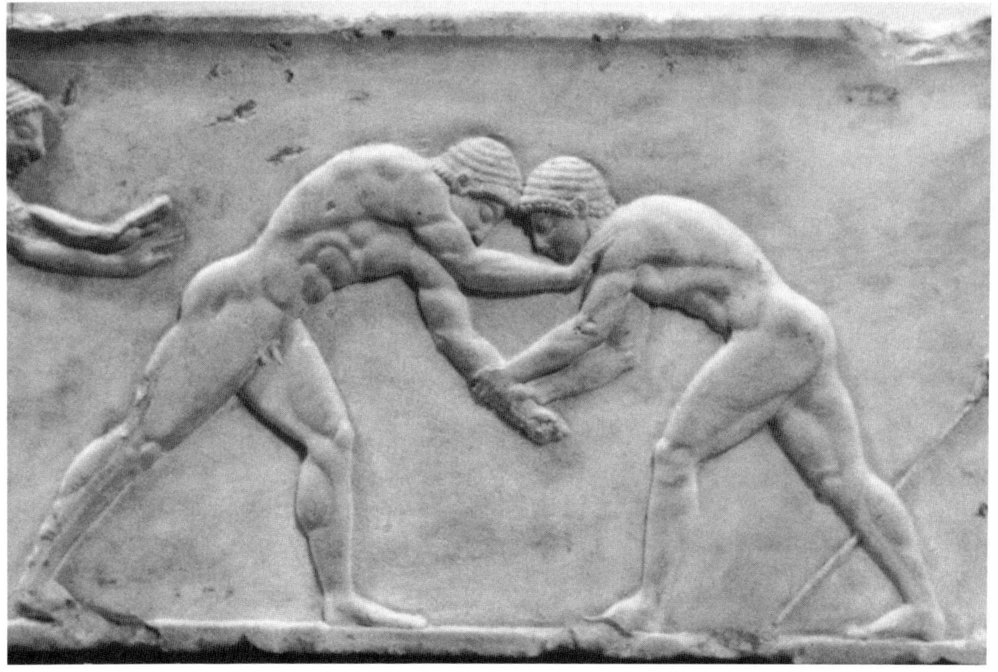

27 Ringerpaar – Reliefbasis einer Statue, Marmor, Athen, um 510 v. Chr. – Athen, Nat. Mus. 3476

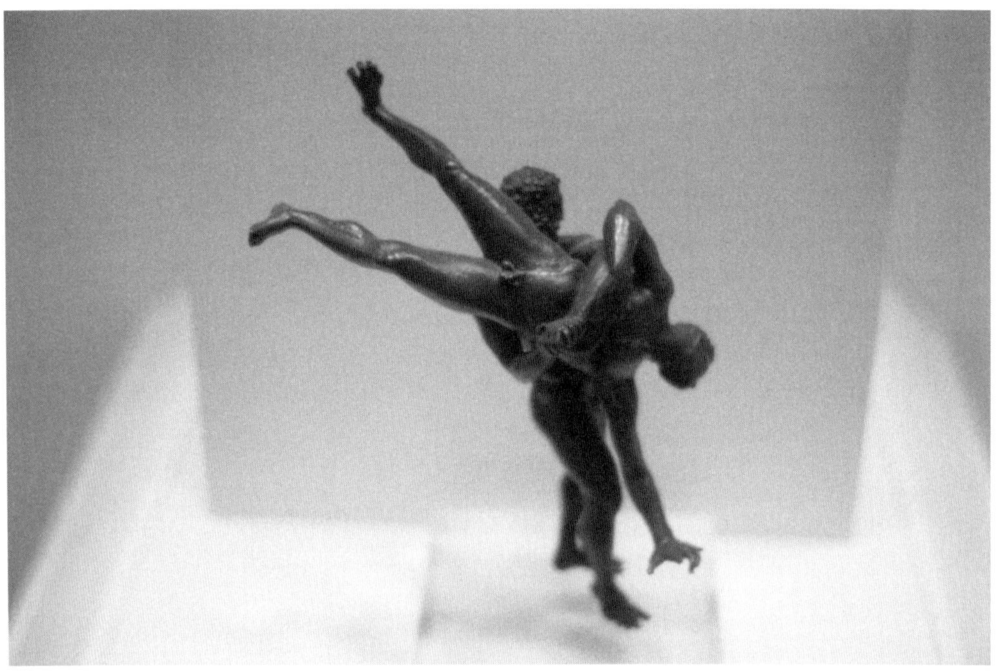

28 Ringerpaar – Bronzestatuette aus Ägypten, 2./1. Jh. v. Chr. – Athen, Nat. Mus. AIG 2548 (Slg. Dimitriou)

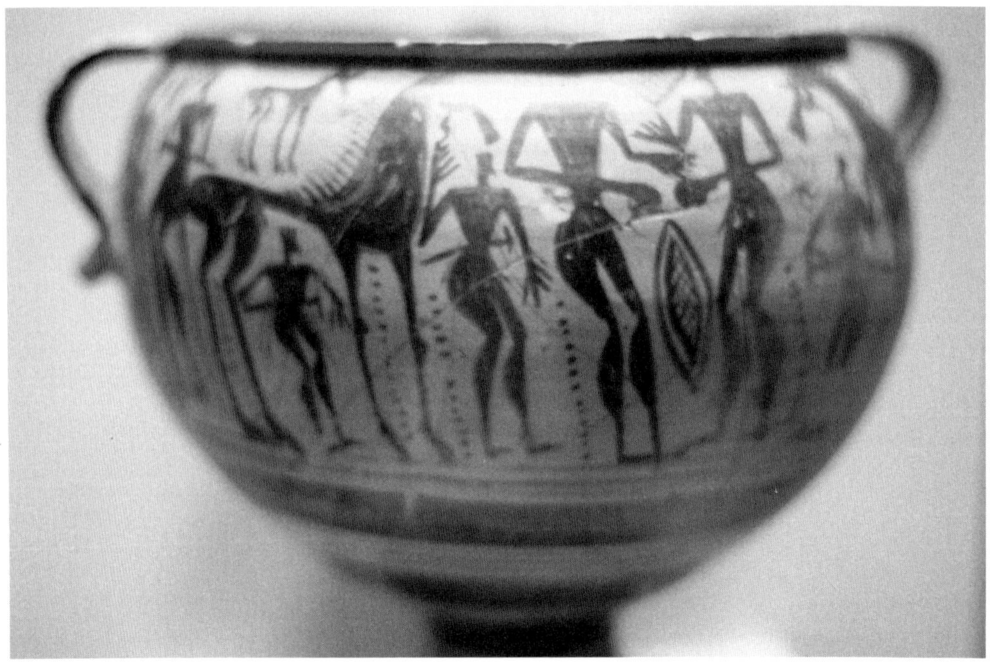

29 Faustkampf mit einer Faustwehr - Boiotischer Krater aus Theben, um 690/670 v. Chr. – Athen, Nat. Mus. 12896

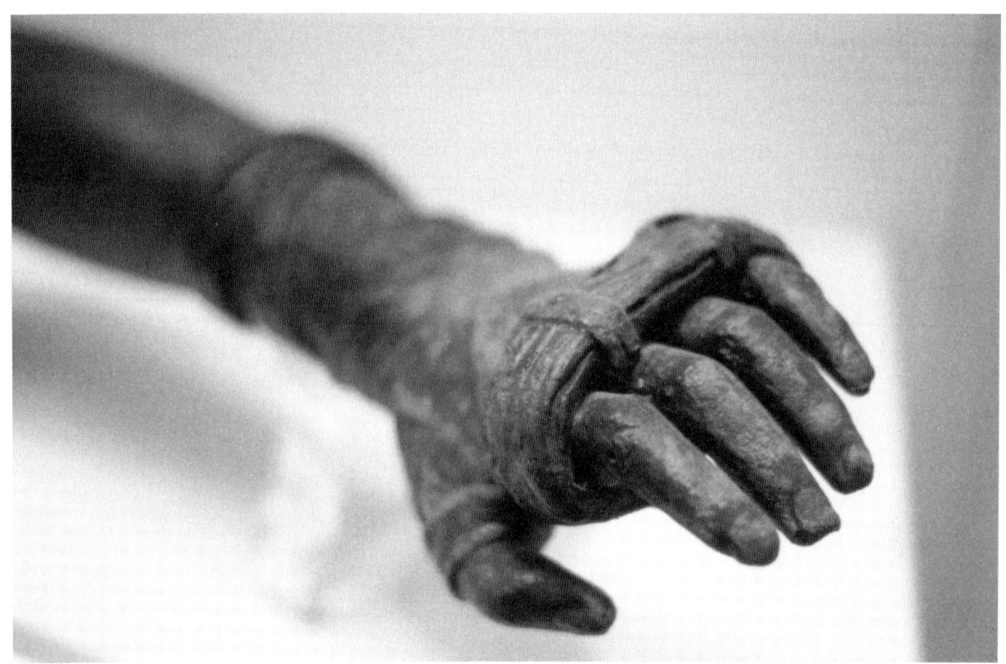

30 Faustwehr – Linker Arm der Bronzestatue eines Faustkämpfers, 2. (?) Jh. v. Chr. – Athen, Nat. Mus. X 15111

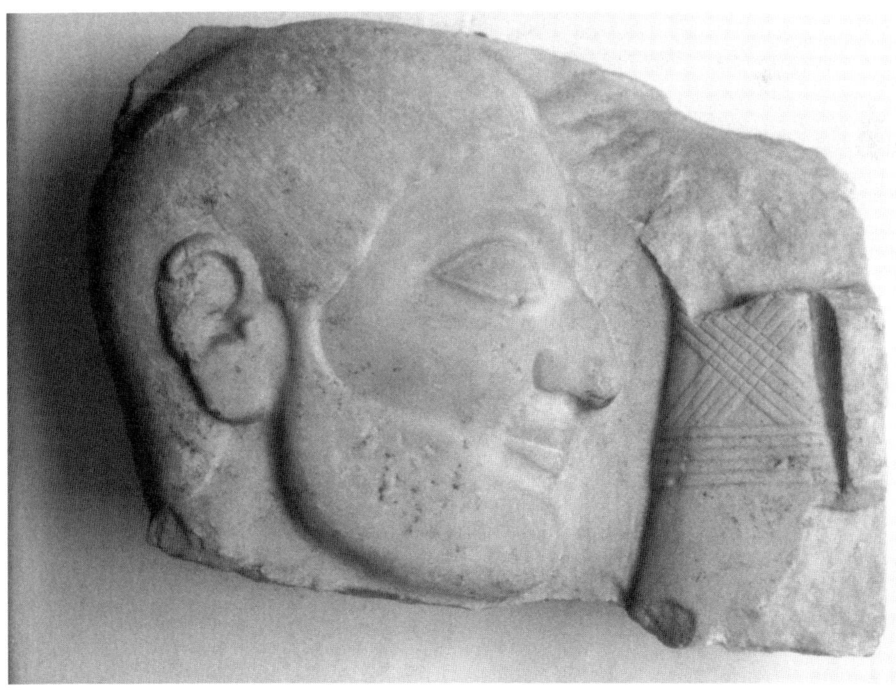

31 Faustkämpfer – Fragment einer attischen Grabstele, 560/550 v. Chr. – Athen, Kerameikos P 1054

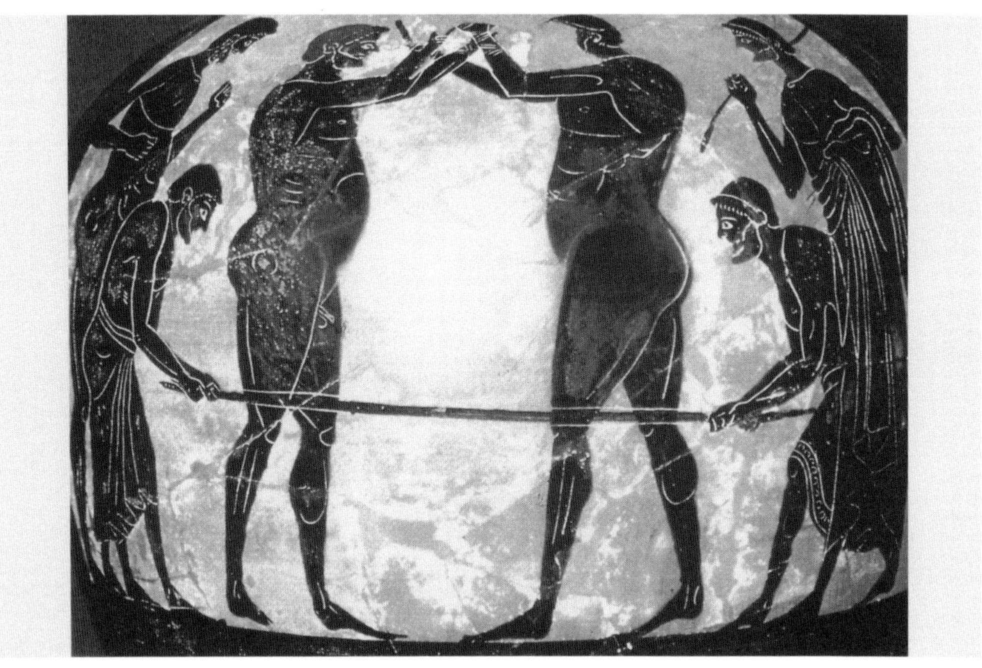

32 Faustkämpfer, Begrenzung des Kampfplatzes, Kampfrichter – Attische schwarzfigurige Vase, 480 v. Chr. – Tarent, Mus. Arch. 115.472

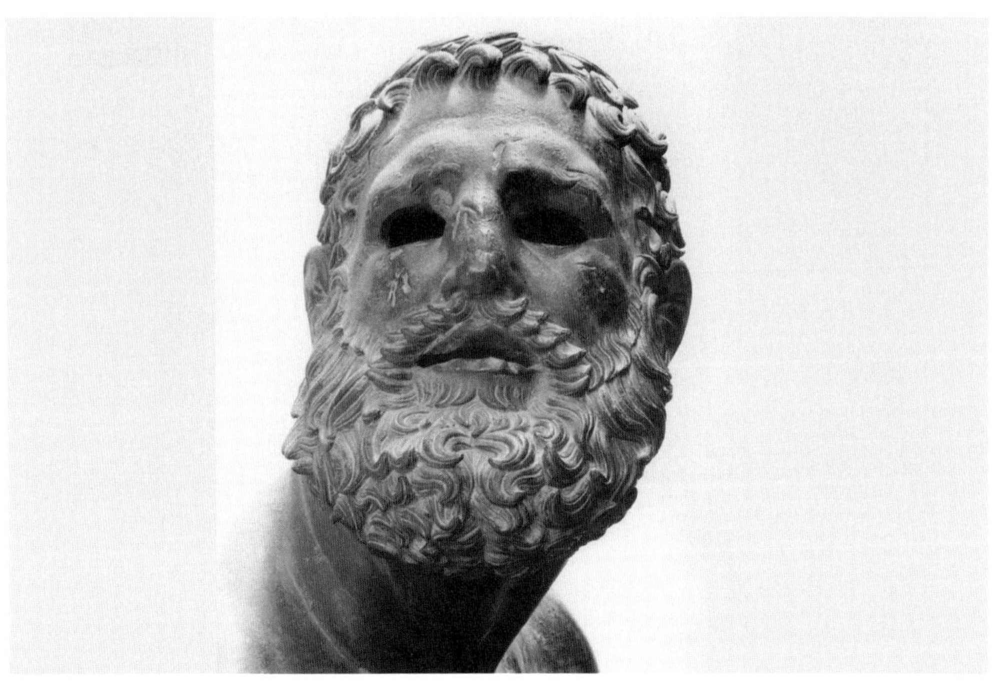

33 Kopf eines Faustkämpfers – Bronzestatue (sog. Thermenboxer), Rom, 1. Jh. v. Chr. – Rom, Mus. Naz. Terme 1055 (vgl. Abb. 52)

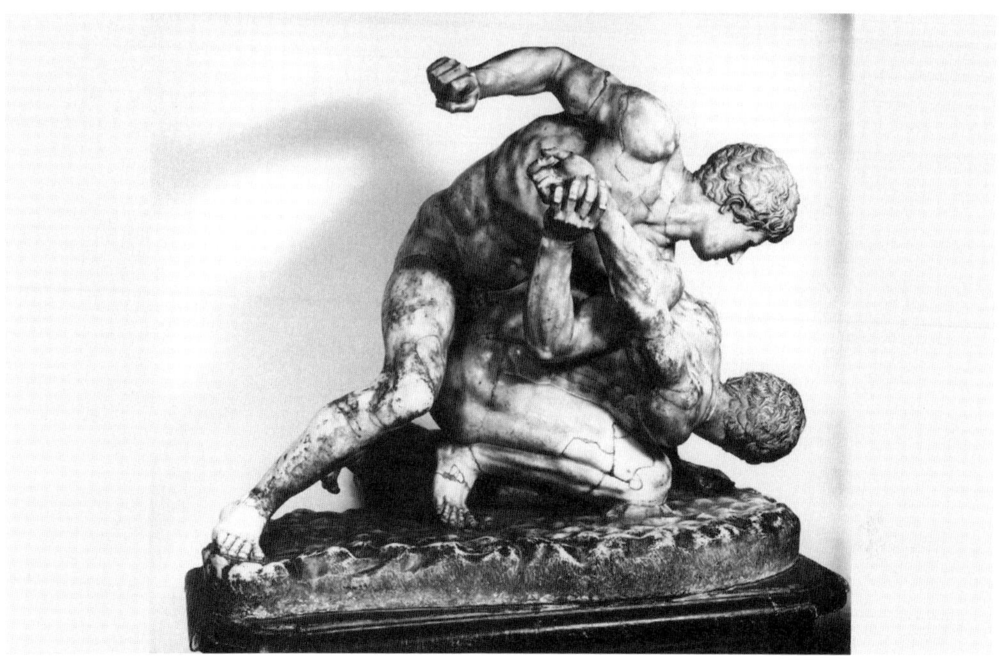

34 Pankratiasten – Marmorgruppe, 3. Jh. v. Chr. – Florenz, Uffizien 216

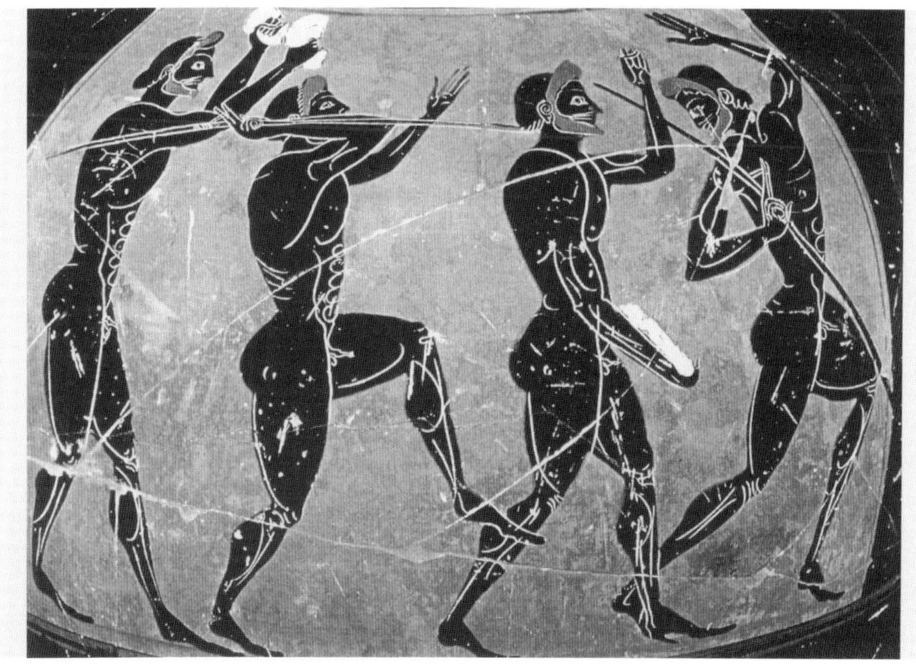

35 Pentathleten, v.l.: Weitspringer, Speerwerfer, Diskuswerfer, Speerwerfer – Panathenäische Preisamphora des Euphiletos-Malers (aus Vulci), 520/500 v. Chr. – London, Br. Mus. GR 1842.3-14.1 (Vase B 134) (Bentz 6.059)

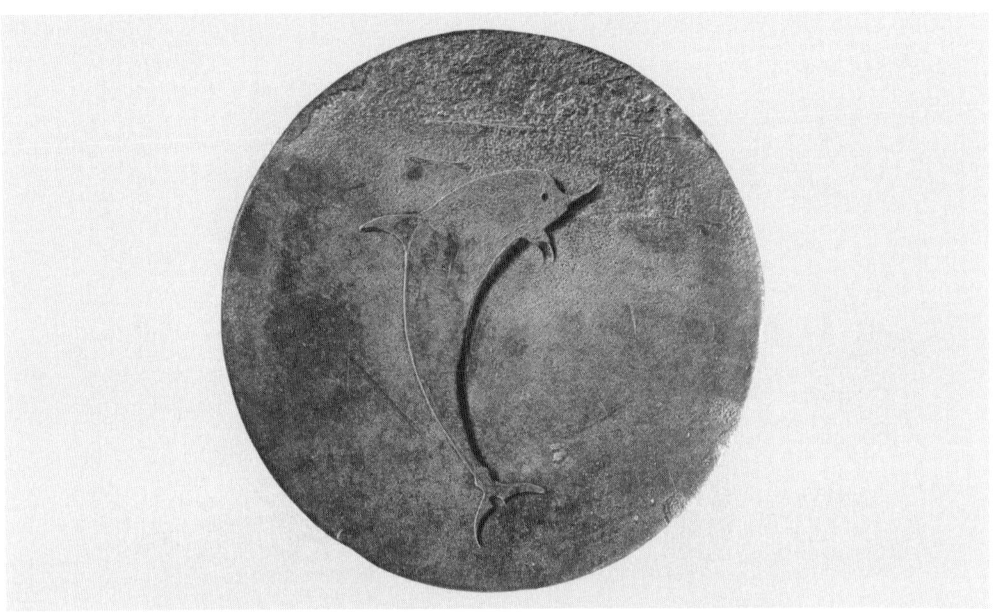

36 Bronzediskus (Gewicht ca. 2 kg, Durchmesser 28,3 cm) – Gela oder Messina, um 500 v. Chr. – Wien, Kunsthist. Mus. VI 2889

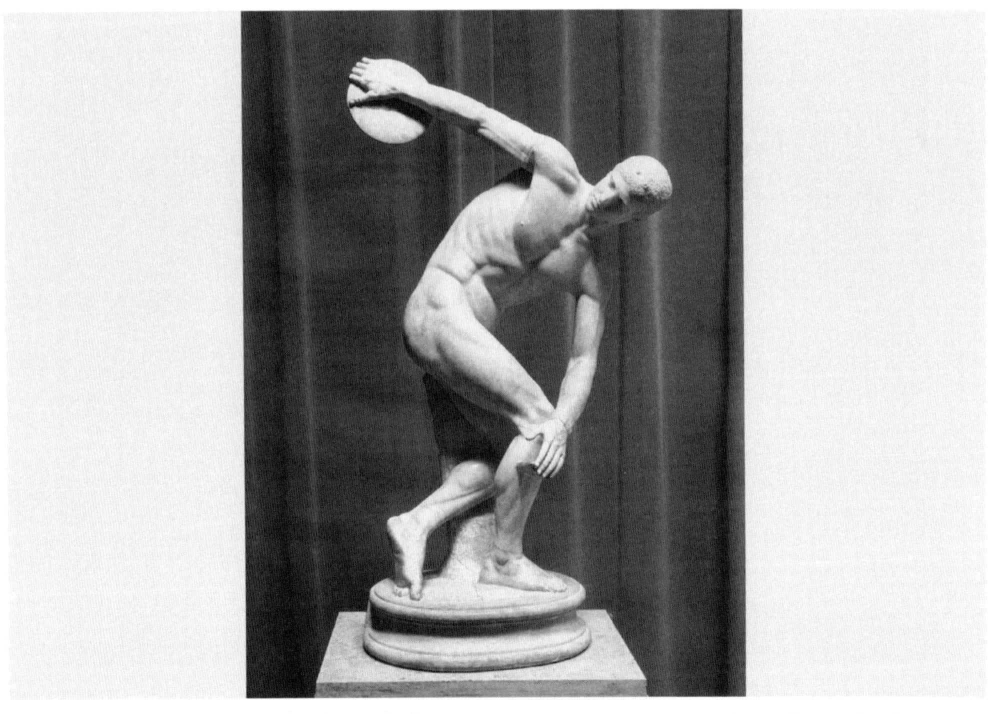

37 Diskuswerfer des Myron (5. Jh. v. Chr.) – Marmorstatue, röm. Kopie – Rom, Mus. Naz. Terme 126 371

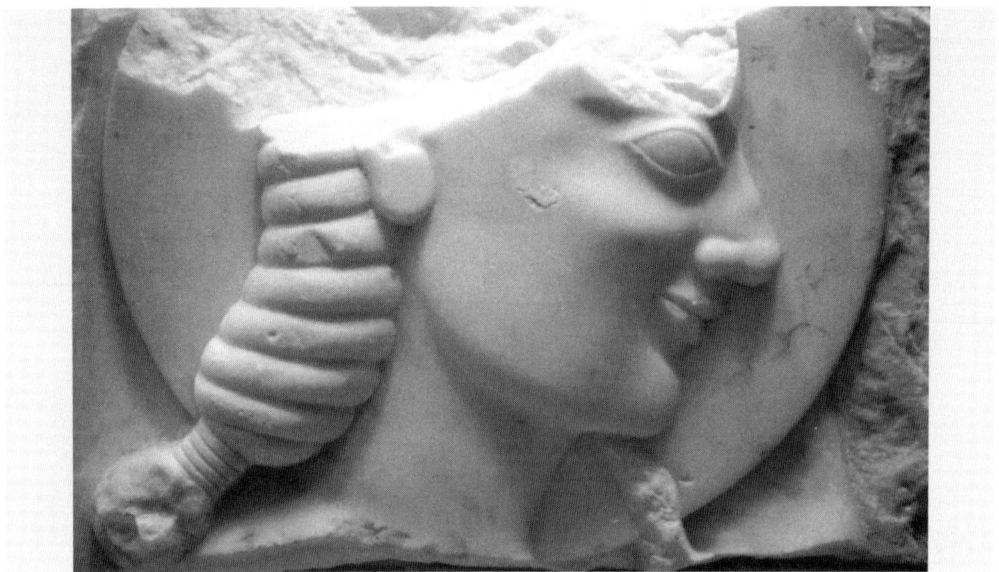

38 Diskusträger – Fragment einer attischen Grabstele, Marmor, vom Kerameikos, um 550 v. Chr. – Athen, Nat. Mus. 38

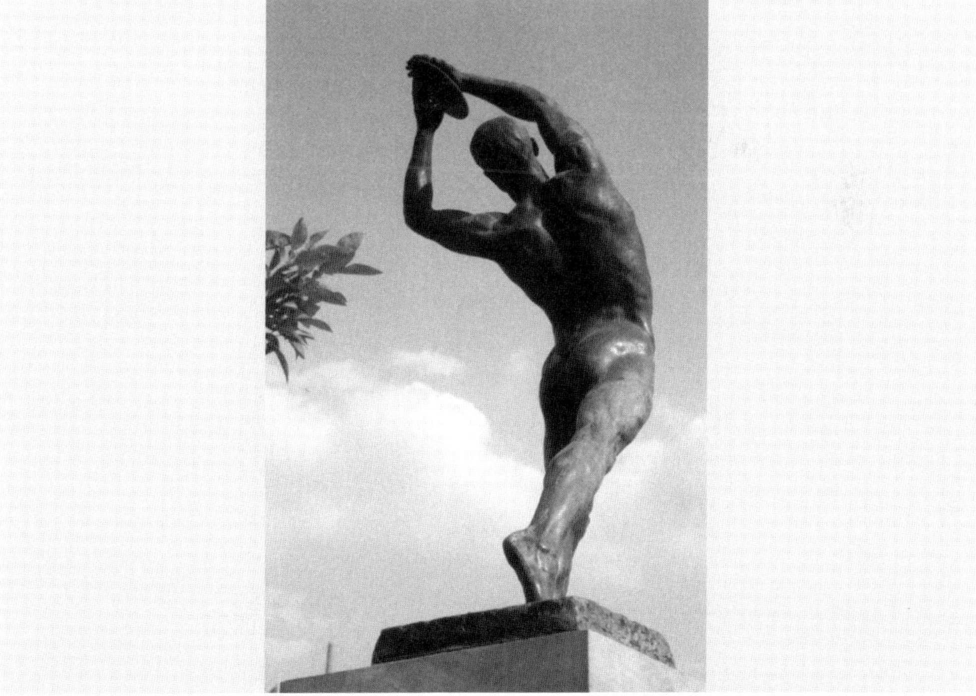

39 Diskuswerfer – Bronzestatue von Konstantinos Dimitriadis, 1924 (Goldmedaille bei den Kunstwettbewerben der Olympischen Spiele Paris 1924) – Athen, gegenüber dem Panathenäischen Stadion

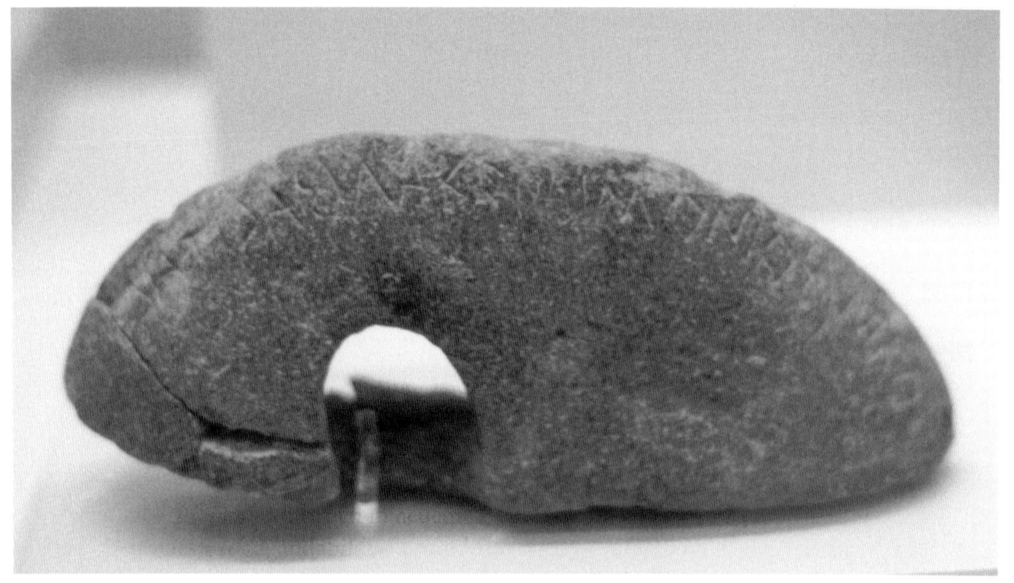

40 Rechtes Sprunggewicht *(Halter)* des Spartaners Akmatidas, Stein, Ende des 6. Jh. v. Chr. (4,629 kg) – Olympia, Mus. d. Geschichte d. Ol. Spiele d. Altertums 263

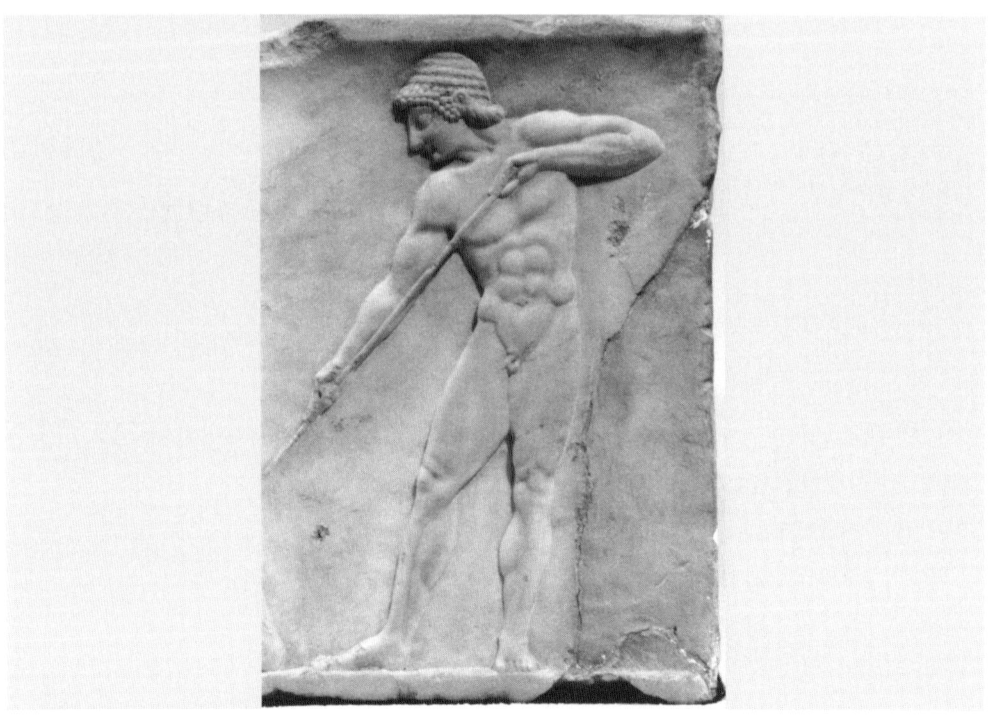

41 Speerwerfer, *Ankyle* (Abwurfschlaufe) drehend – Reliefbasis einer Statue, Marmor, Athen, um 510 v. Chr. – Athen, Nat. Mus. 3476

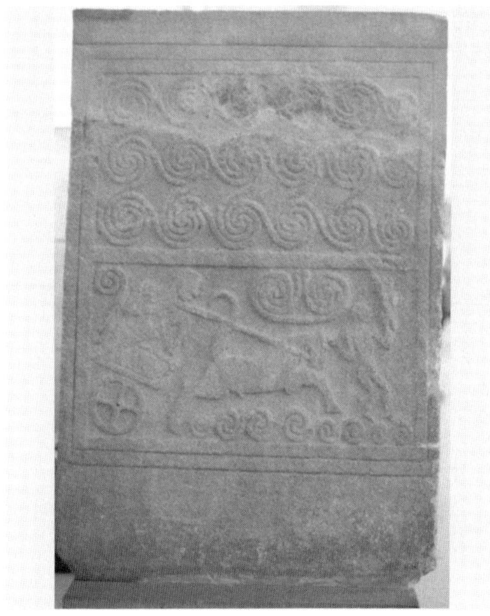

42 Wagenfahrt, Stele aus Gräberrund A, Mykene – Athen, Nat. Mus.

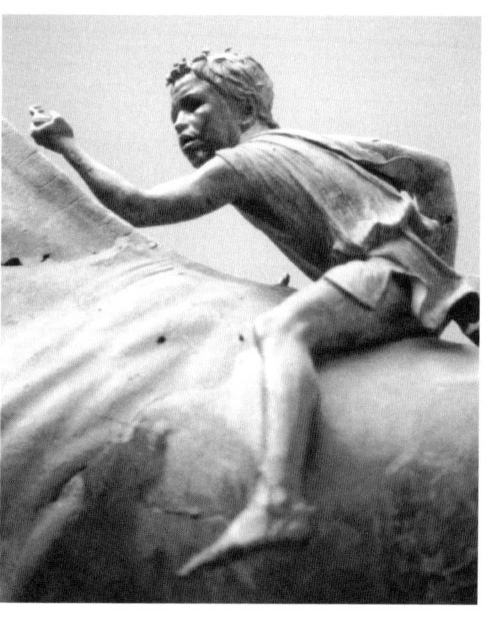

43 Reiter und Pferd – Bronzestatue, aus dem Meer vor Kap Artemision, 2. Jh. v. Chr. – Athen, Nat. Mus. 15177

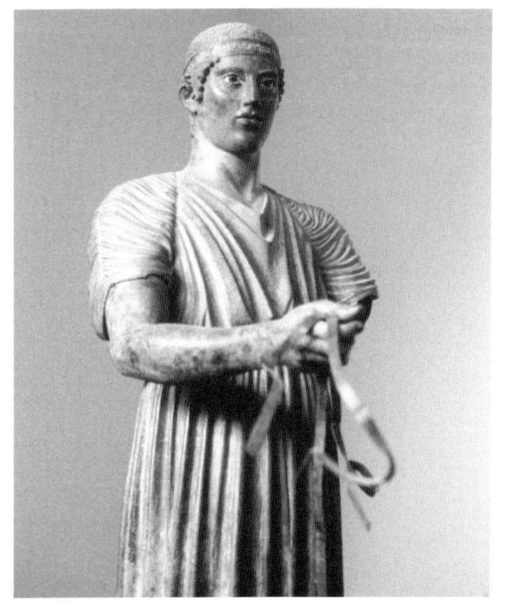

44 Wagenlenker (Weihgeschenk des Polyzalos) – Bronzestatue, 5. Jh. v. Chr., aus Delphi – Delphi, Arch. Mus.

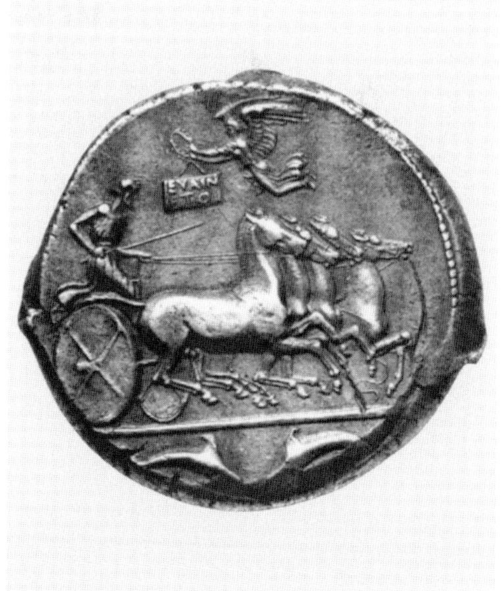

45 Siegreiches Viergespann mit Lenker und herabschwebender Nike – Tetradrachme aus Syrakus, signiert von Euainetos, letztes Viertel 5. Jh. v. Chr. – London, Br. Mus.

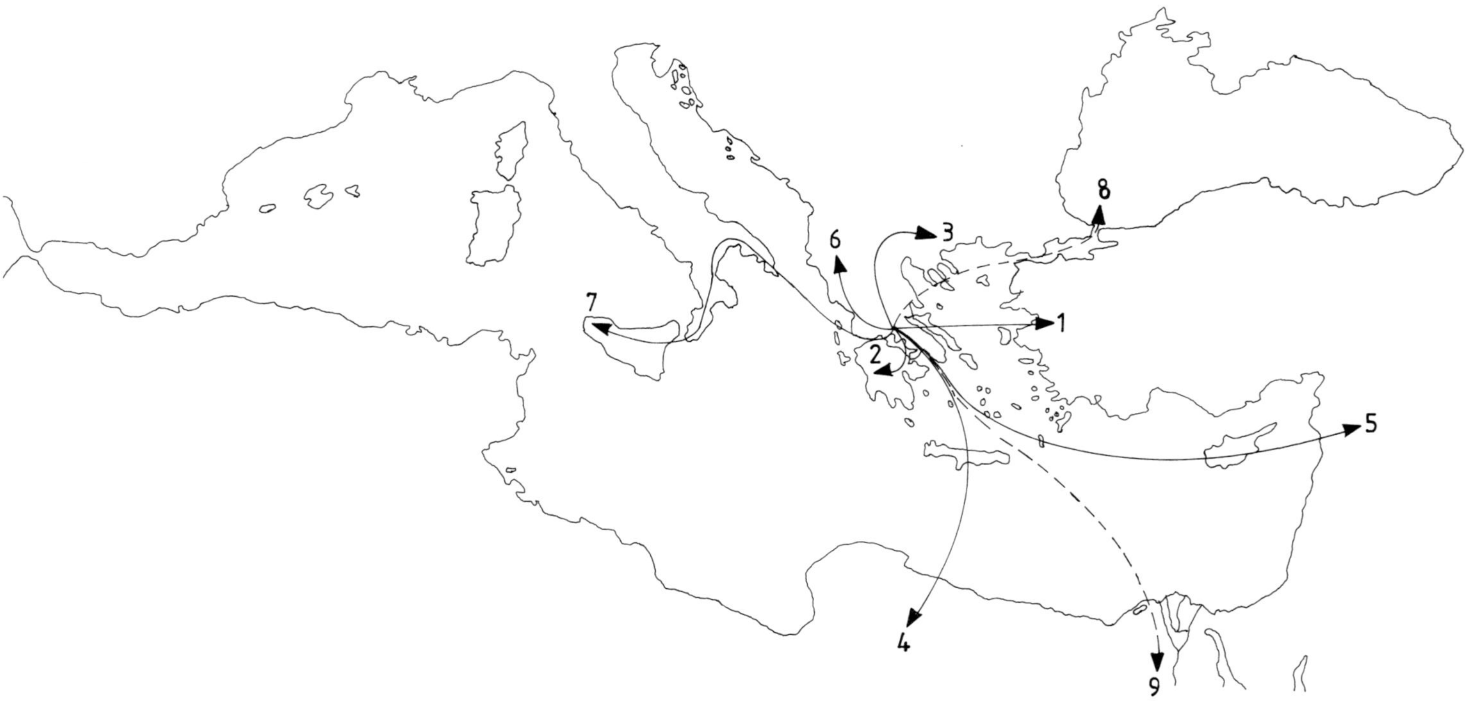

46 Karte mit Routen der Theoren der Pythien (Zeichnung M. Schwarz): 1 Ionien, 2 Boiotien und die Peloponnes, 3 Thessalien und Makedonien, 4 Kreta und Kyrenaika, 5 Zypern und Syrien, 6 Westgebiete Griechenlands, 7 Süditalien und Sizilien, 8 Schwarzes Meer, 9 Ägypten

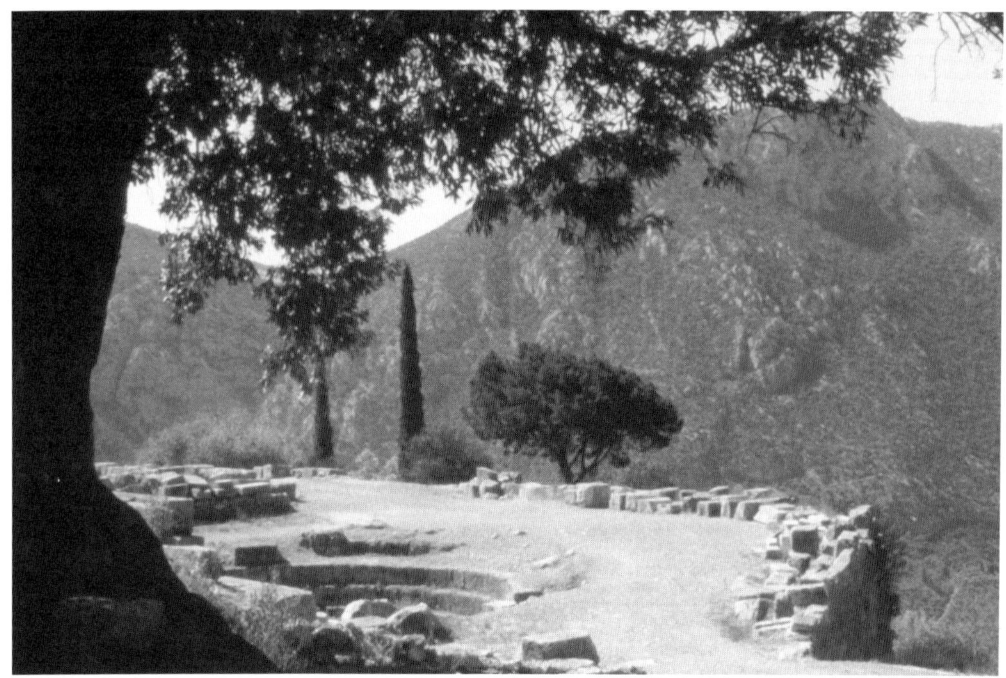

47 Gymnasion von Delphi

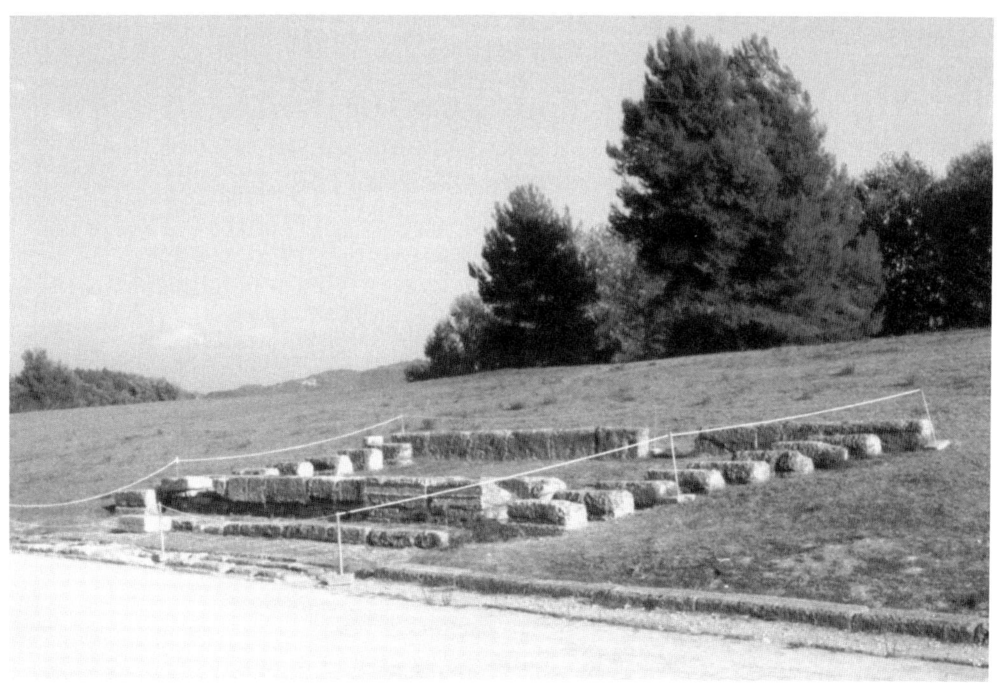

48 Kampfrichtertribüne im Stadion von Olympia

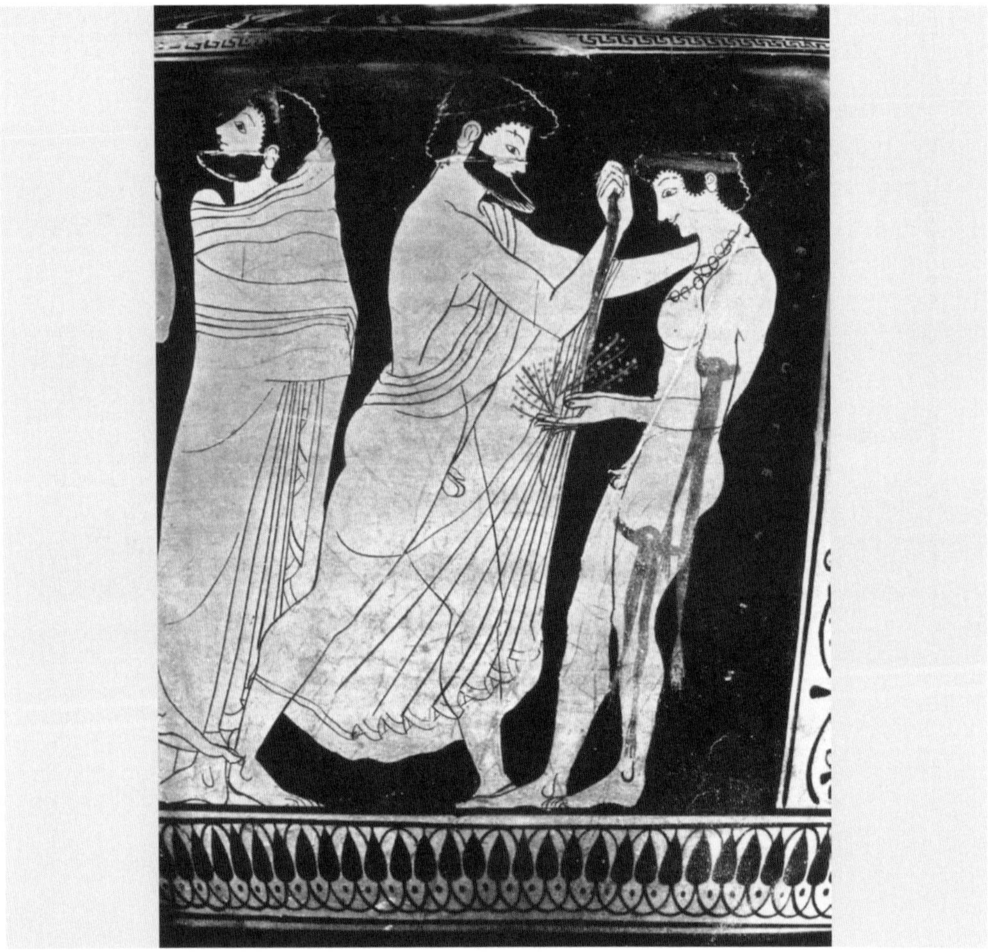

49 Bekränzung eines Siegers – Attische rotfigurige Hydria (aus Vulci), um 500 v. Chr. – München, Staatl. Antikenslg. 2420

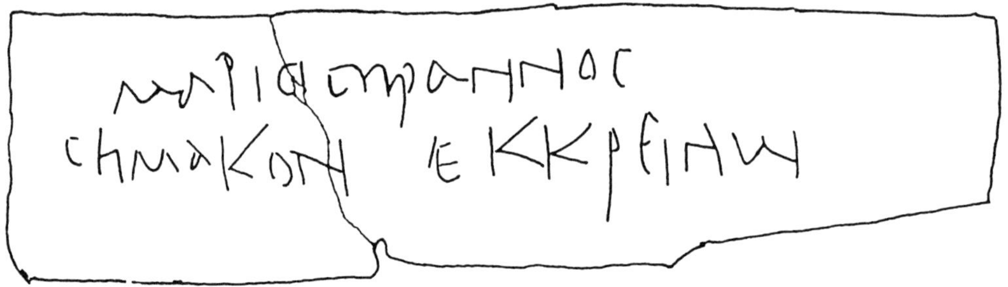

50 Stimmtäfelchen eines Kampfrichters über Altersklasseneinteilung – Bleiplättchen, aus Poseidon-Heiligtum am Isthmos von Korinth – Isthmia, Mus. IM 3263

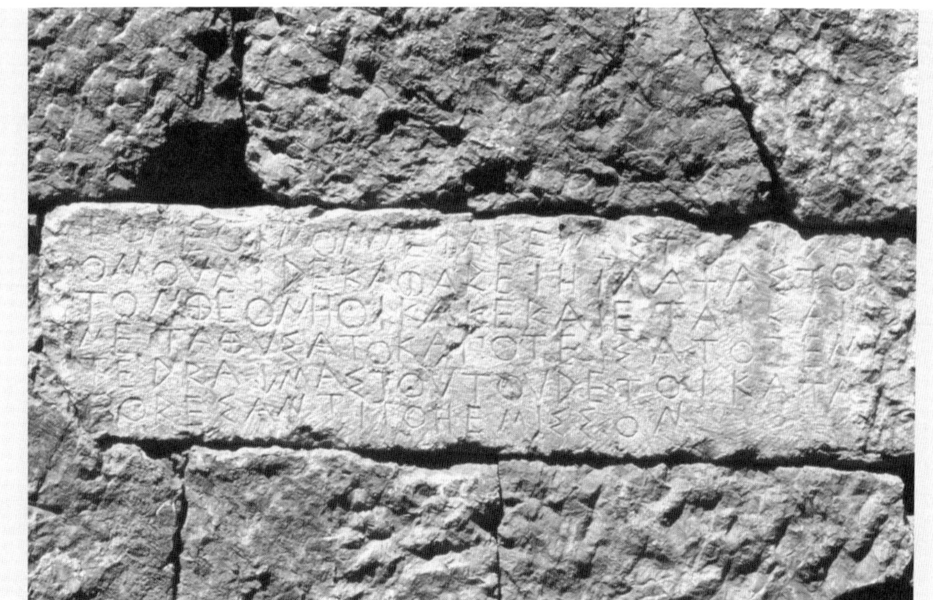

51 Inschrift des Weinverbotes, 5. Jh. – Delphi, Stadion, Stützmauer des Südwalles

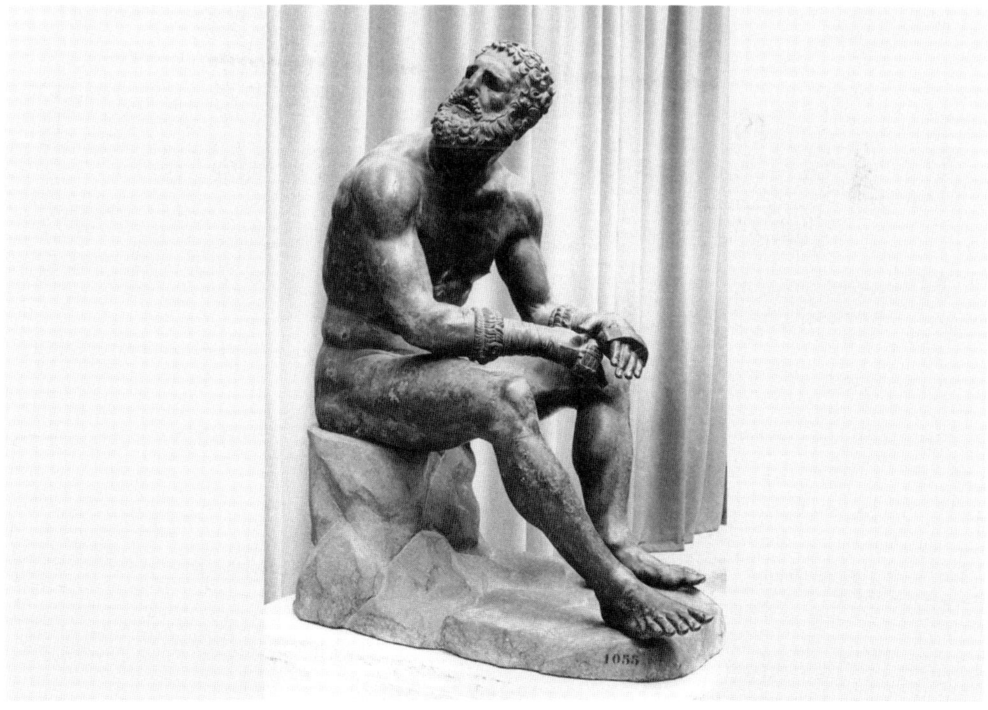

52 Sitzstatue eines Faustkämpfers (sog. Thermenboxer) – Bronze, Rom, 1. Jh. v. Chr. – Rom, Mus. Naz. Terme 1055 (vgl. Abb. 33)

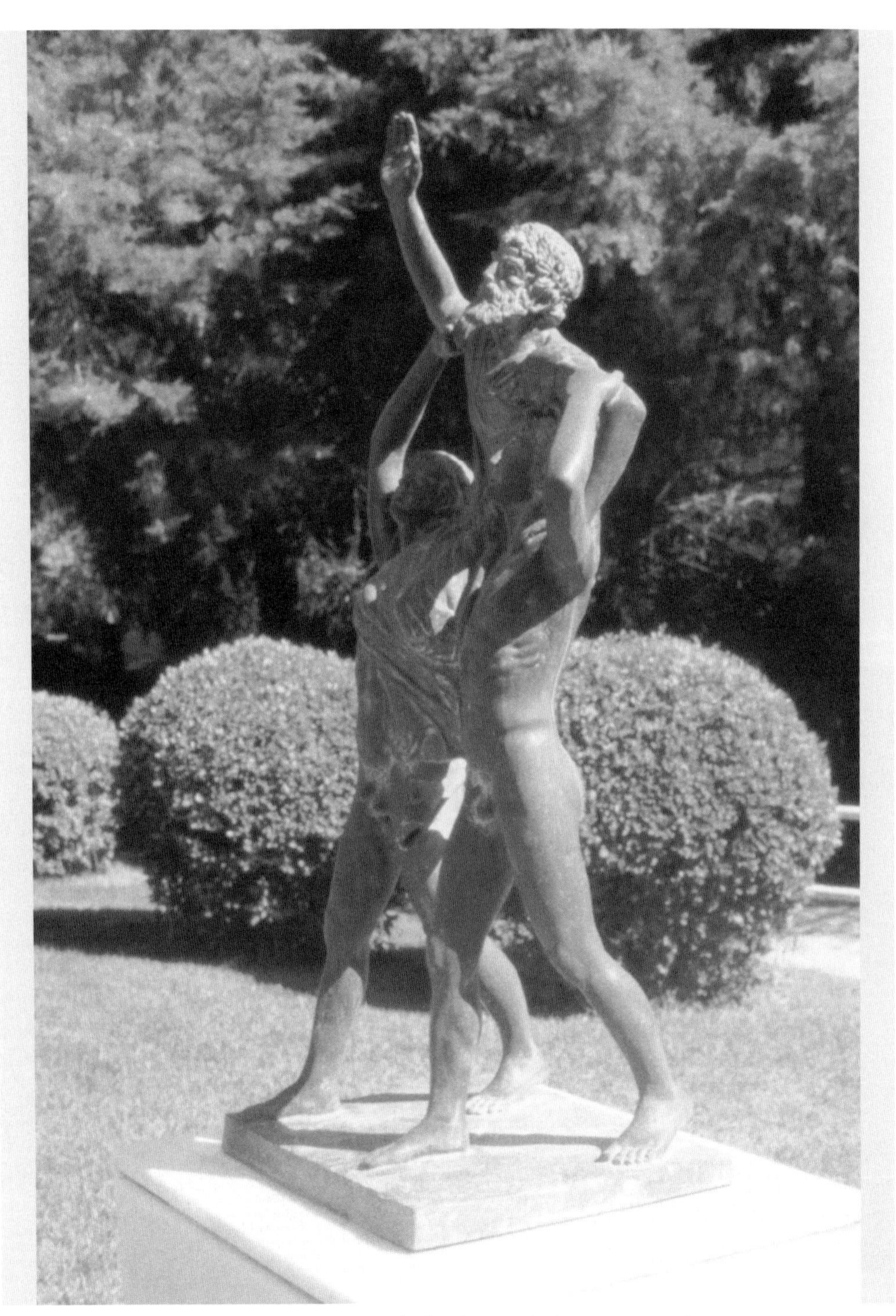

53 Diagoras mit den Söhnen Damagetos und Akusilaos nach deren Sieg in Olympia – Bronzegruppe von Nicolas – Olympia, Olympische Akademie

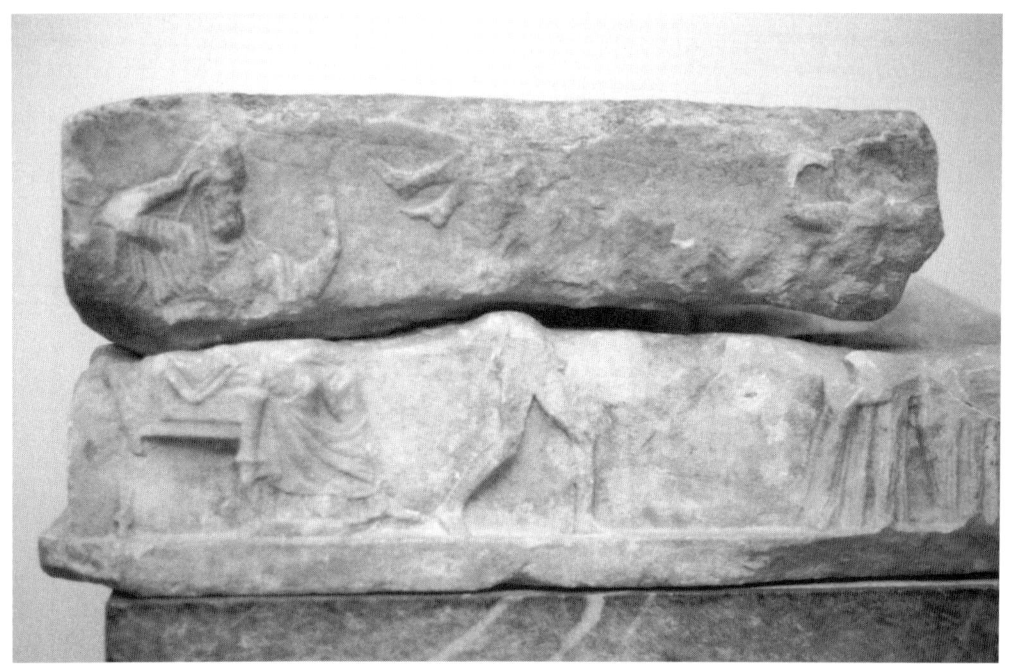

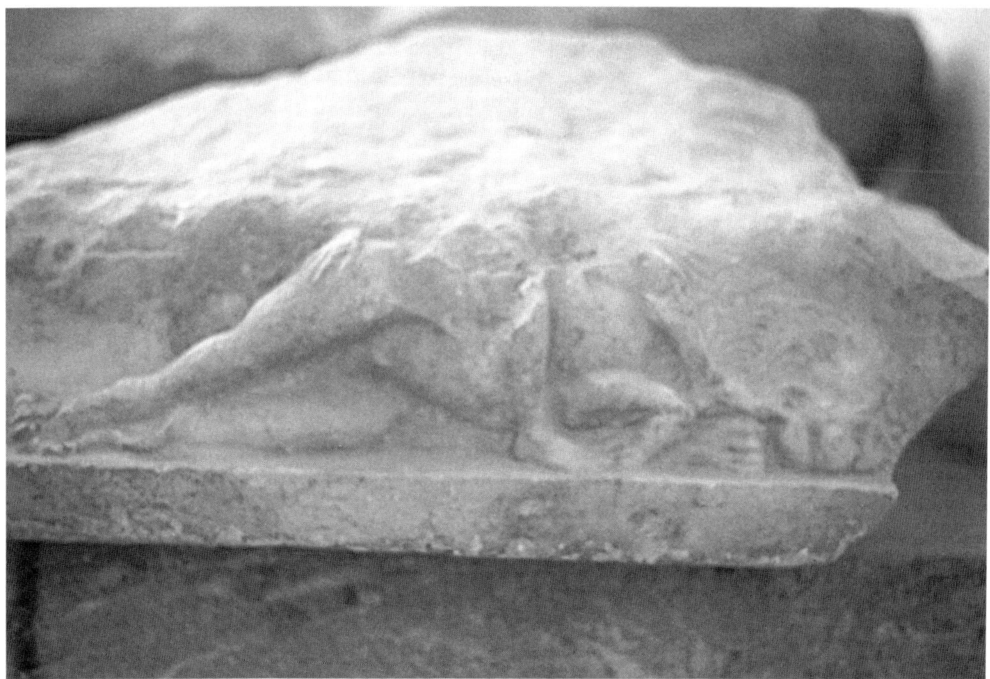

54 a/b Basis der Siegerstatue des Poulydamas: a) Kampf am persischen Königshof – Kalkstein, Olympia, um 400 v. Chr. – Olympia, Mus. d. Geschichte d. Ol. Spiele d. Altertums 306 (45), b) Nach dem Löwenkampf

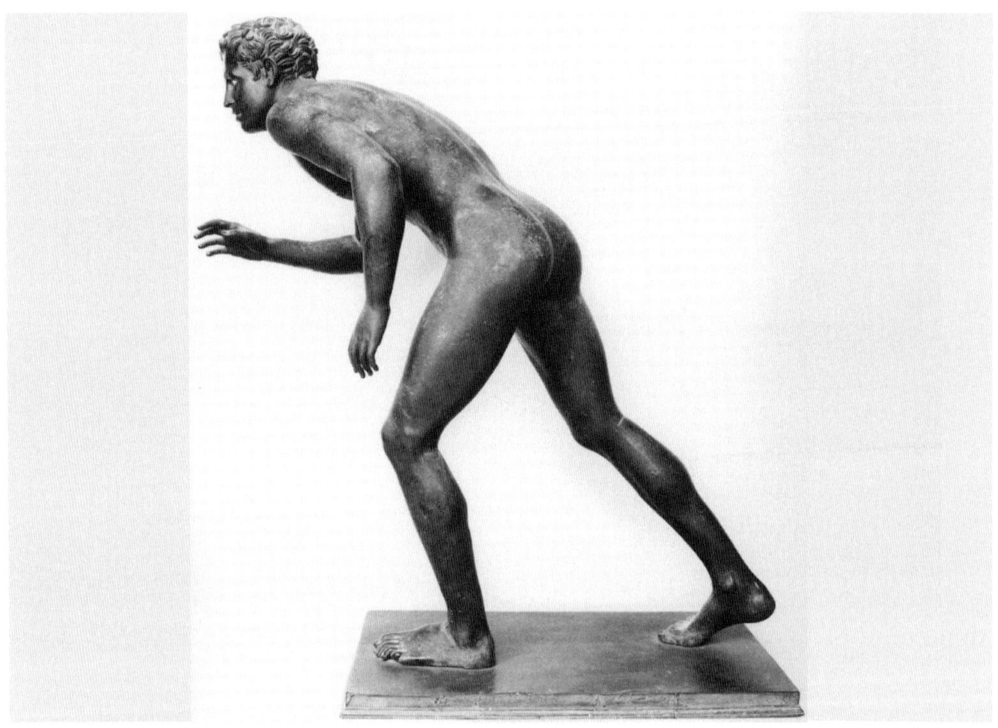

55 Bronzestatue eines Läufers (oder Ringers) – Röm. Kopie eines griechischen Originals vom Ende des 4. Jhs. v. Chr., Herculaneum, Villa der Pisones – Neapel, Mus. Naz. 5626

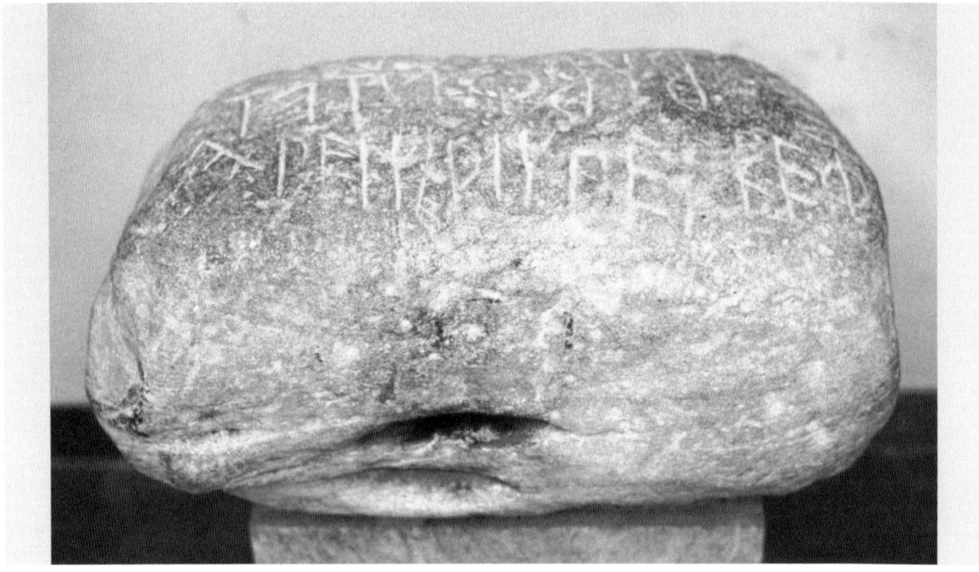

56 Stein des Bybon, 143,5 kg, Olympia – Olympia, Mus. d. Geschichte d. Ol. Spiele d. Altertums 301 (191)

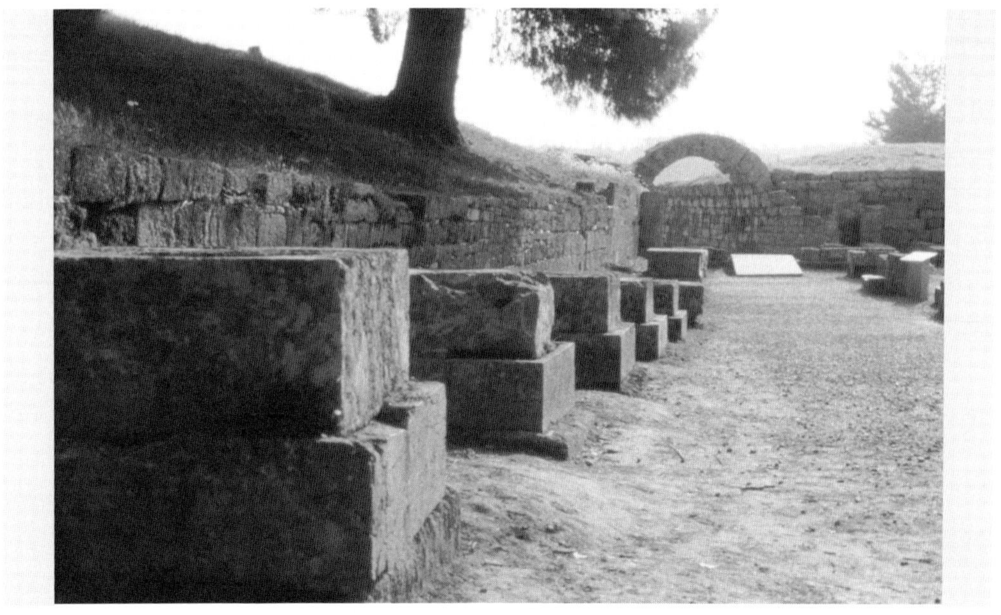

57 Basen für Zeusstatuen *(Zanes)* – Olympia, Altis, vor Stadioneingang

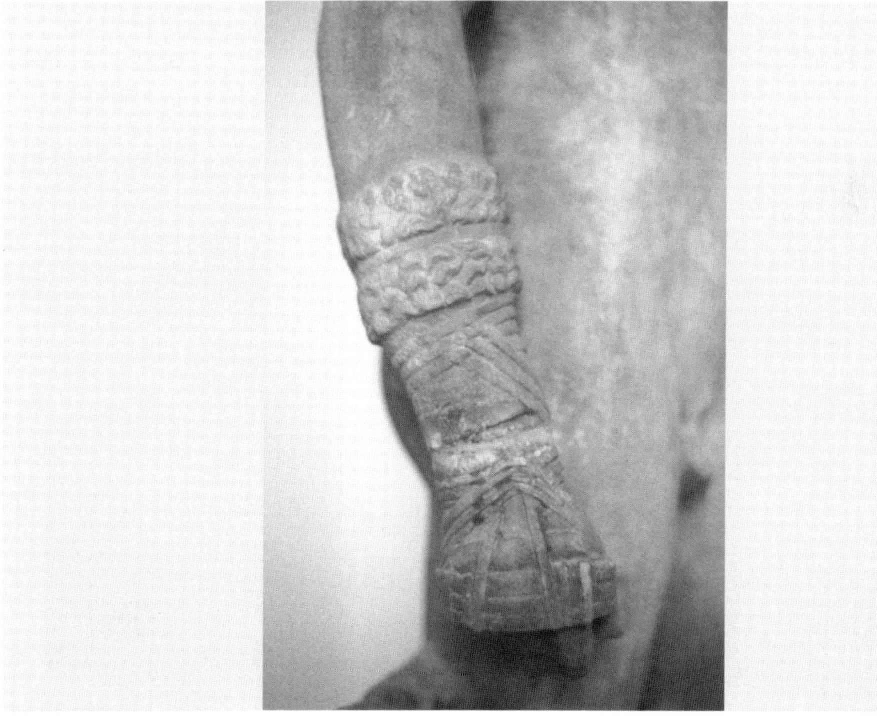

58 Vlies (Schaffellbesatz) an Faustwehr des Boxers von Koblanos – Marmorstatue, um 200 v. Chr. – Neapel, Mus. Naz. 119917

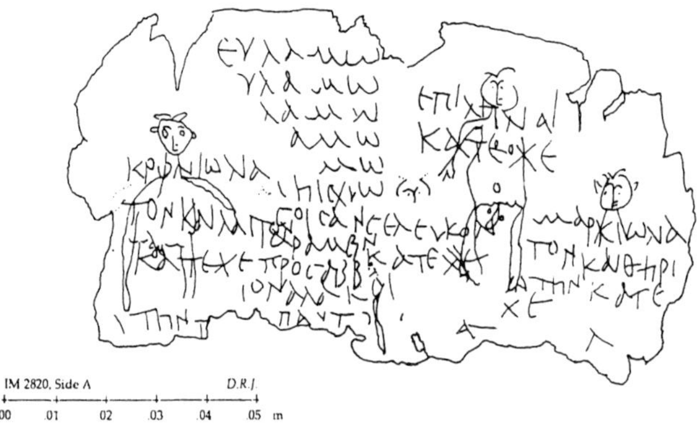

59 Fluchtafel aus Isthmia, beschriftete Bleilamelle (6,3 x 1,2 cm), Vorderseite, Faksimile – Isthmia, Arch. Mus. IM 3263 A+B

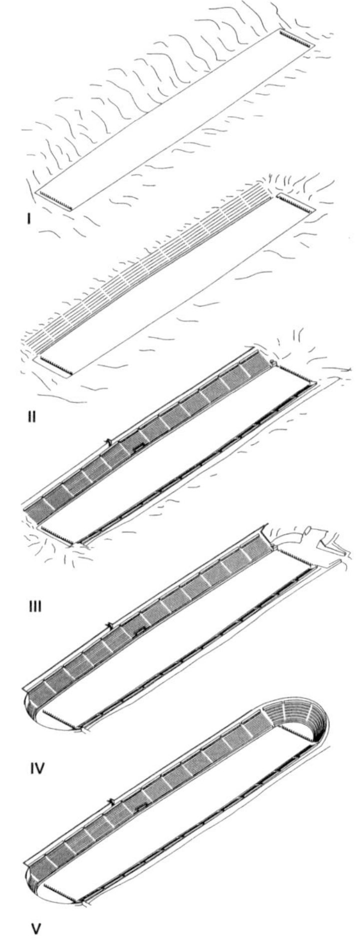

60 Idealtypische Entwicklung des griechischen Stadions

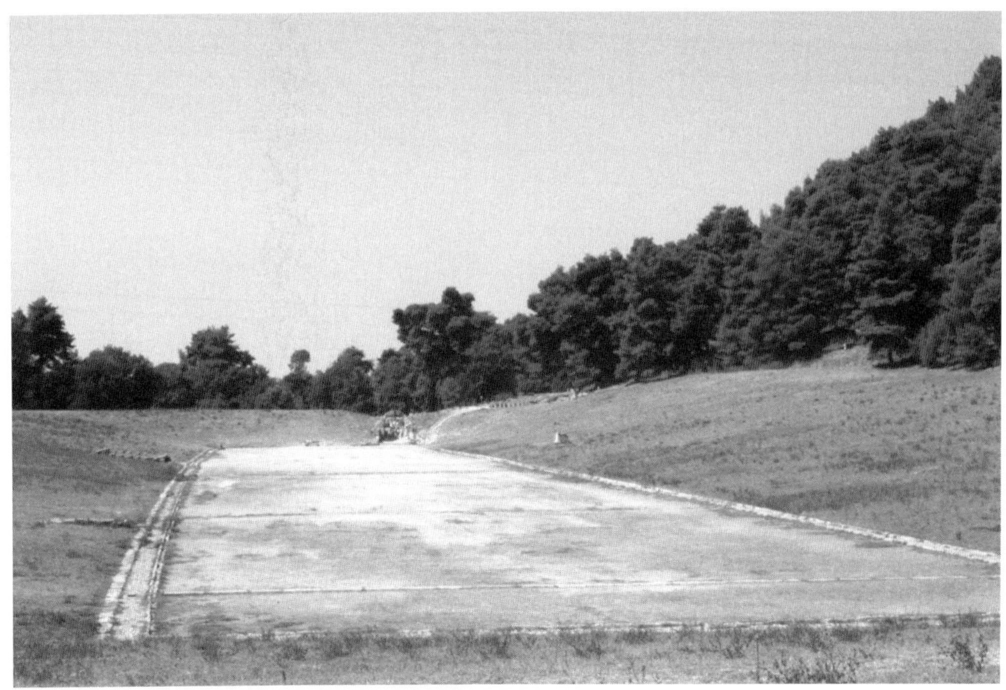

61 Stadion von Olympia, von Osten

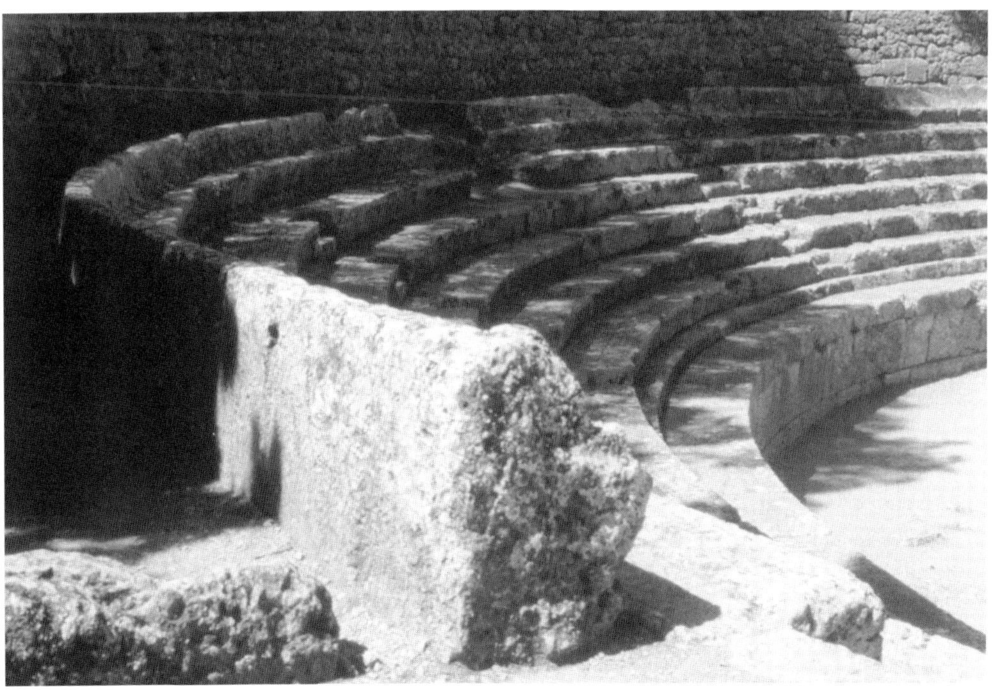

62 Stadion von Delphi, *Sphendone*

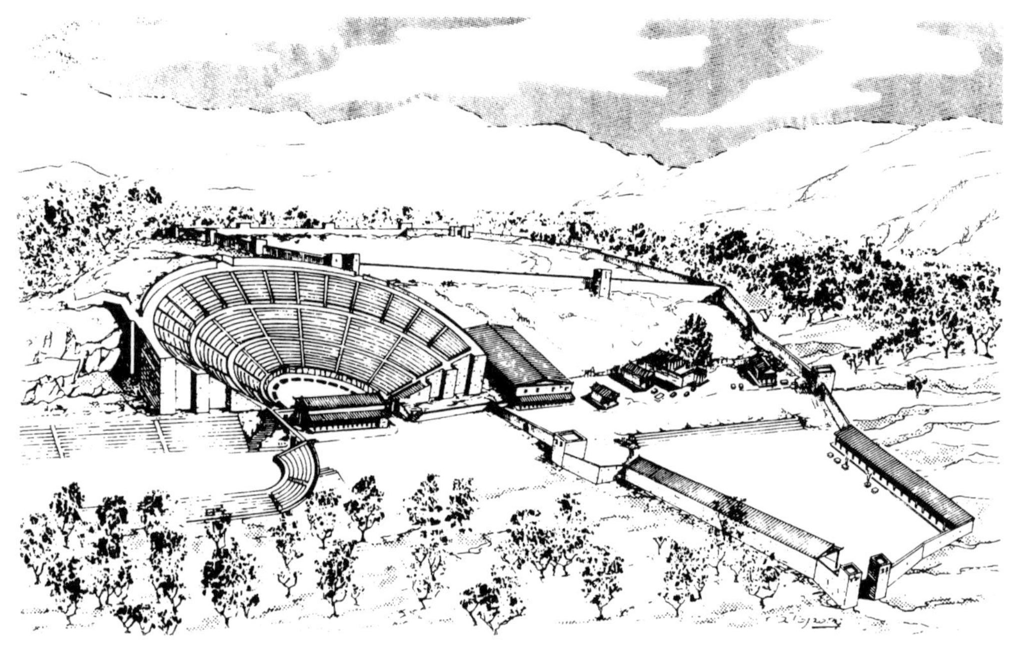

63 Stadion von Dodona, Rekonstruktionszeichnung

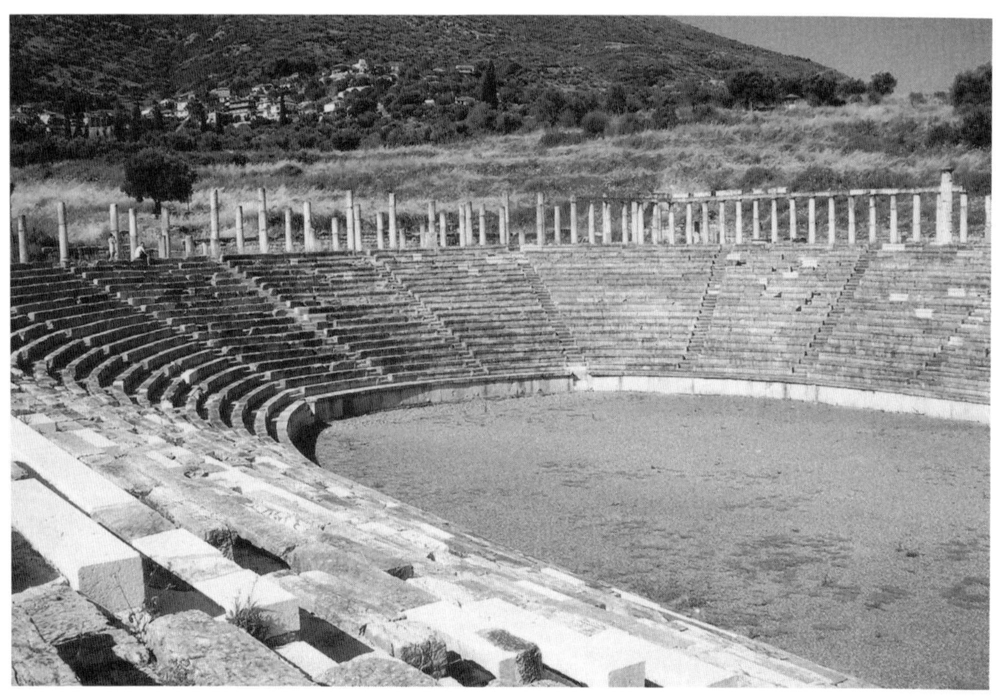

64 Stadion von Messene, *Sphendone* mit umlaufender Säulenhalle des Gymnasions

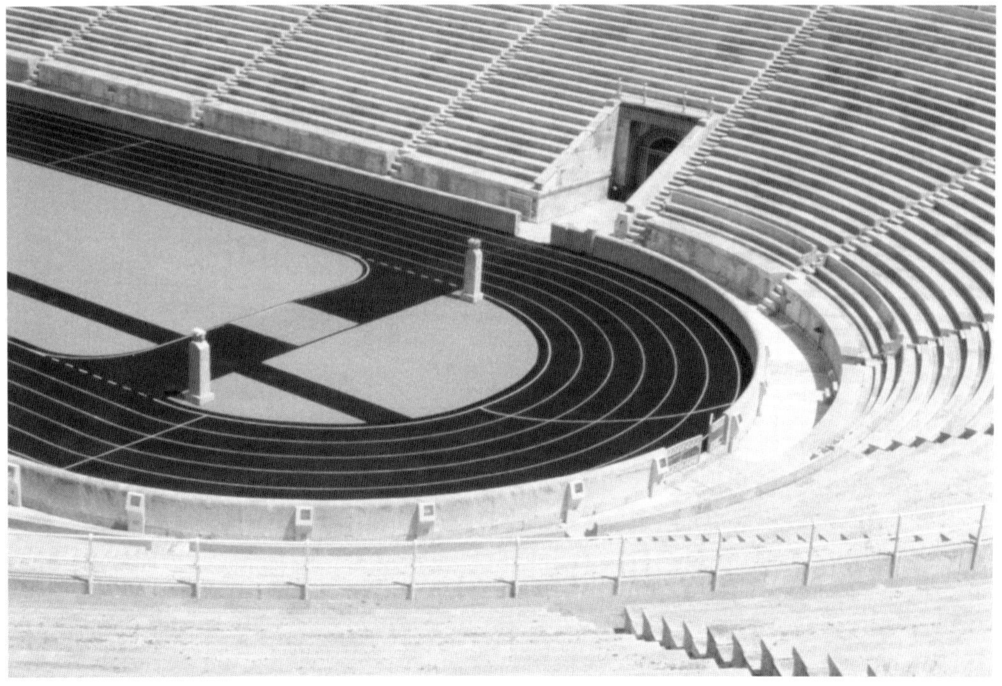

65 Athen, Panathenäisches Stadion

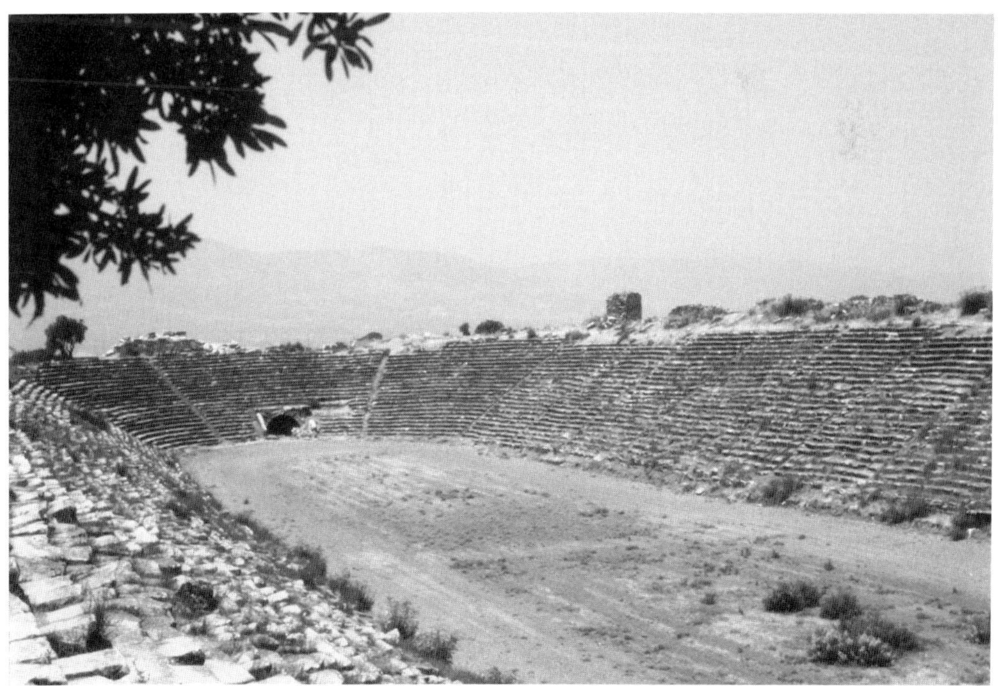

66 Stadion von Aphrodisias

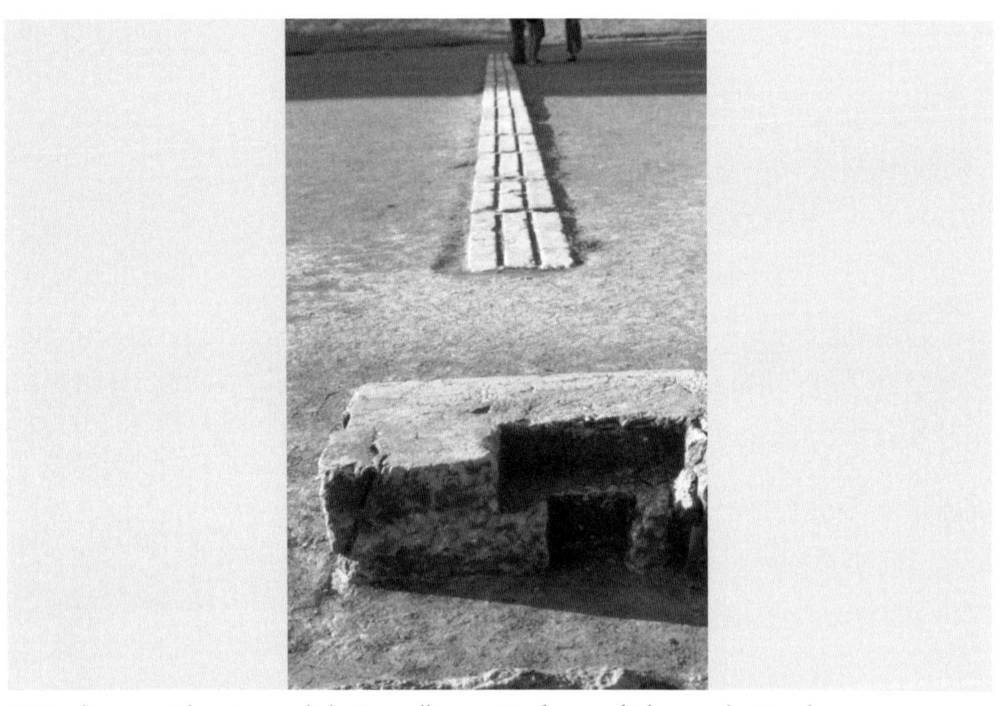

67 Stadion von Olympia, westliche Startrillen; im Vordergrund Element der *Hysplex*

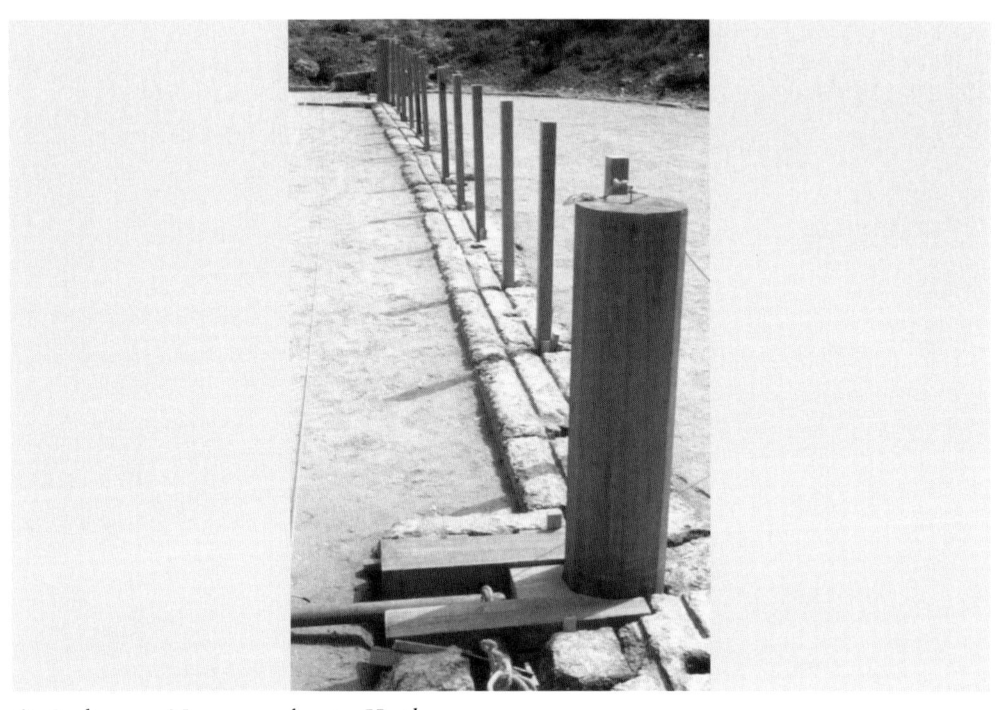

68 Stadion von Nemea, startbereite *Hysplex*

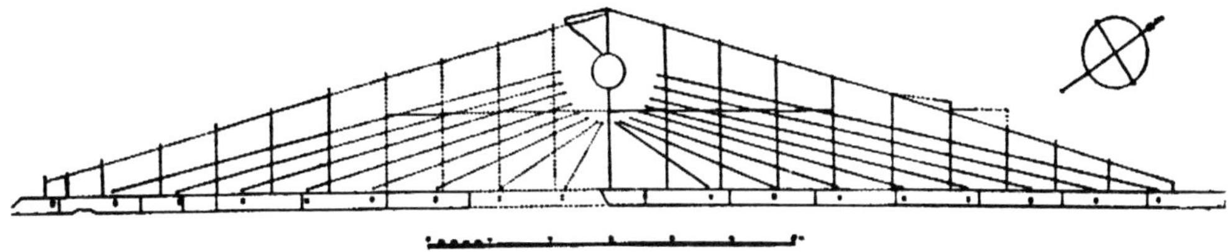

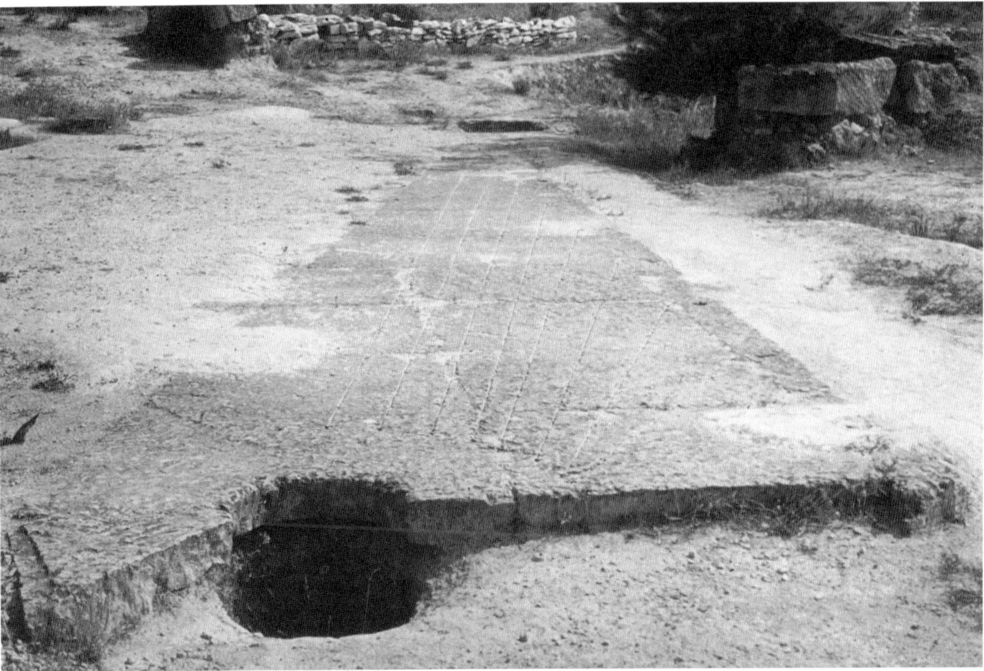

69 a/b Stadion III im Poseidon-Heiligtum am Isthmos von Korinth, Startvorrichtung
a) Rekonstruktionszeichnung; b) Zustand 1992,

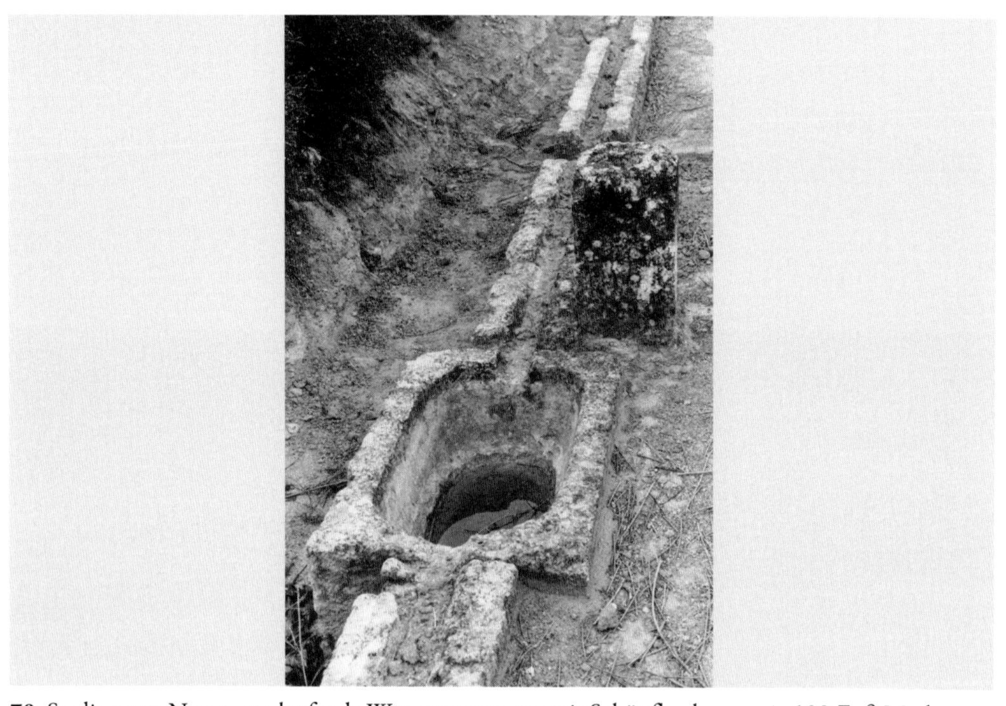

70 Stadion von Nemea, umlaufende Wasserversorgung mit Schöpfbecken sowie 100-Fuß-Marke

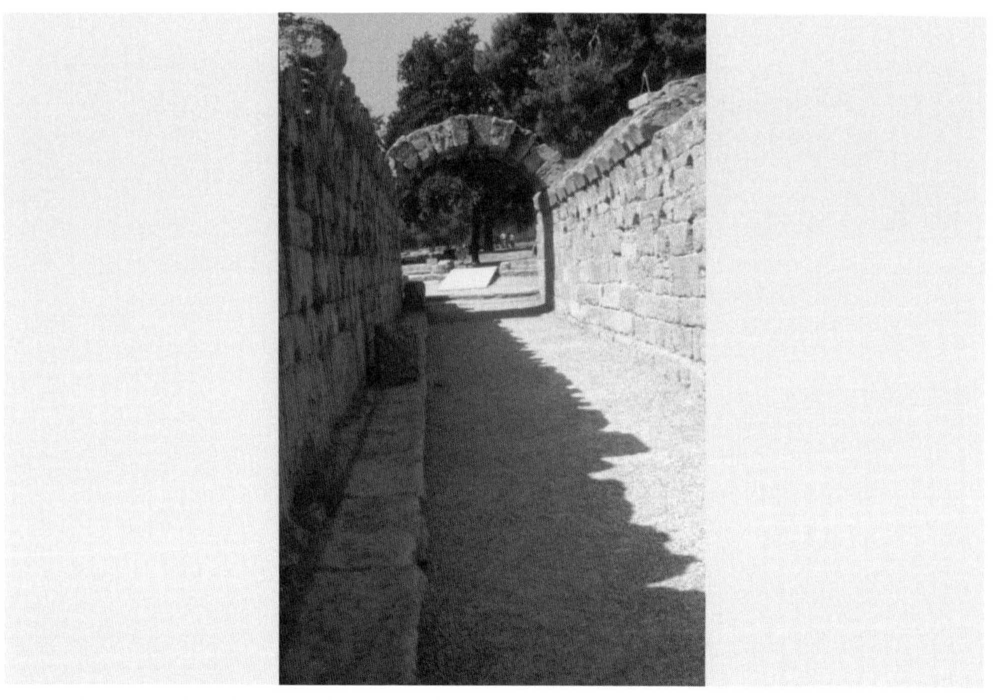

71 Stadion von Olympia, sog. verborgener Eingang

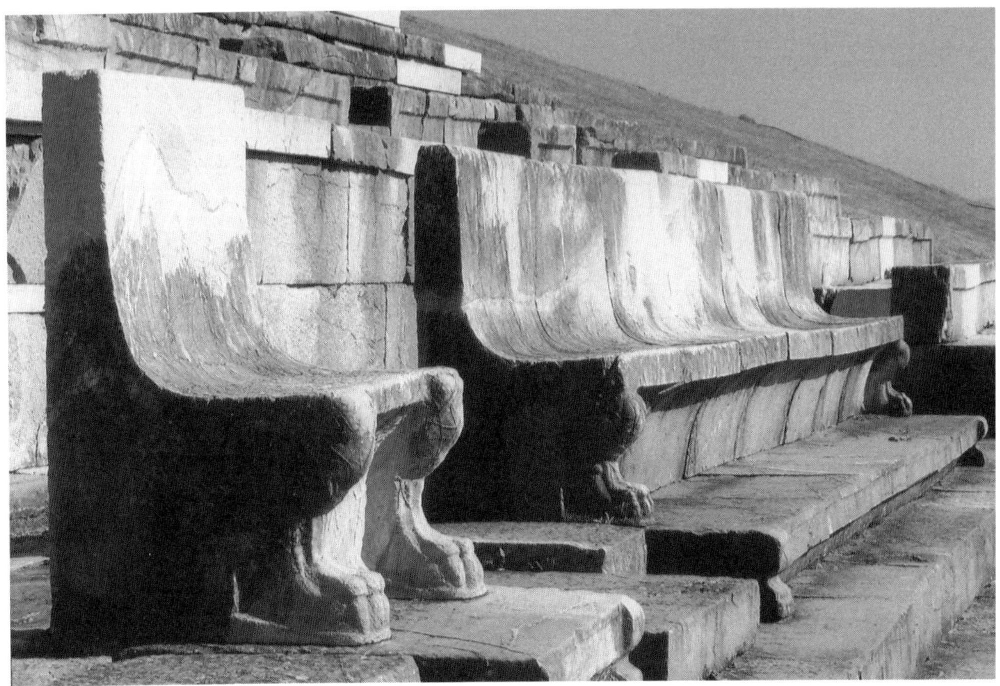

72 Stadion von Messene, 3. Jh. v. Chr., Ehrensitze

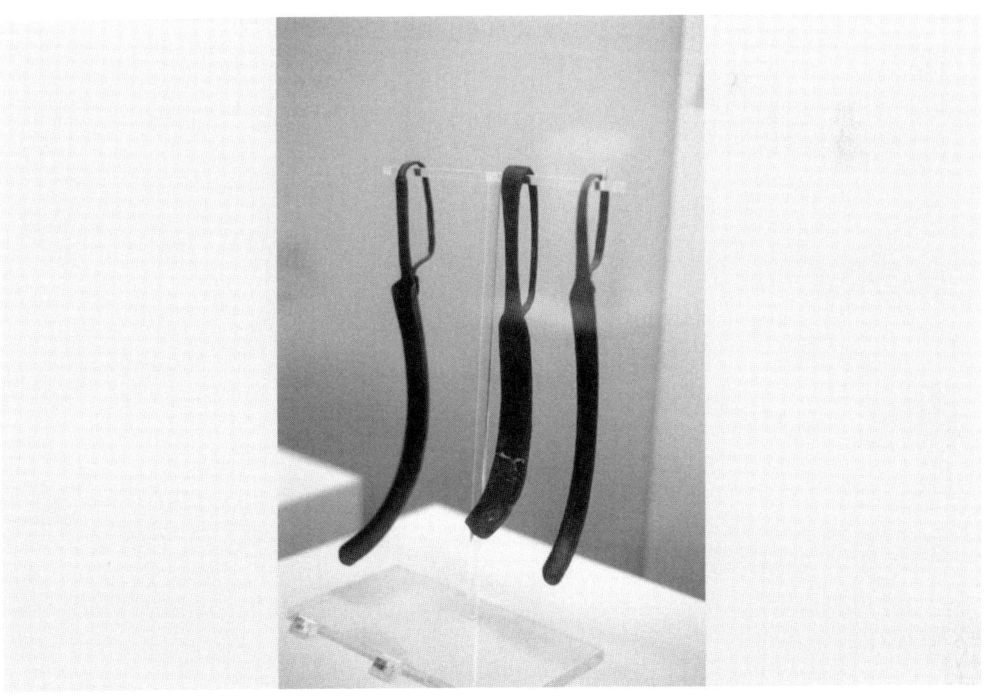

73 Drei Schabeisen *(Strigiles)* – Olympia, Mus. d. Geschichte d. Ol. Spiele d. Altertums

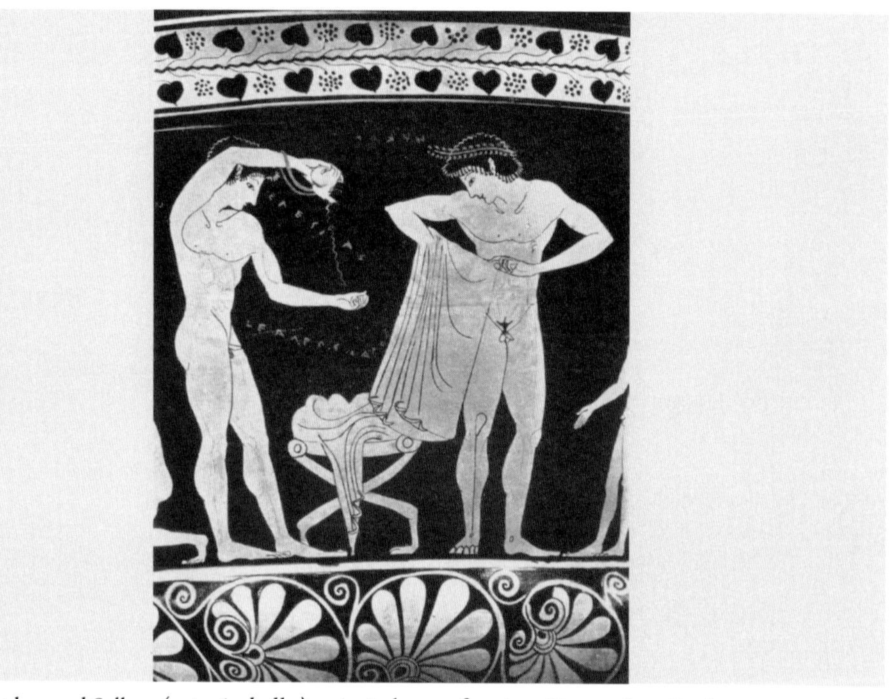

74 Entkleiden und Salben (mit *Aryballos*) – Attischer rotfiguriger Krater, dem Euphronios zugeschrieben (aus Capua), 510/500 v. Chr. – Berlin, Antikenmus. F 2180

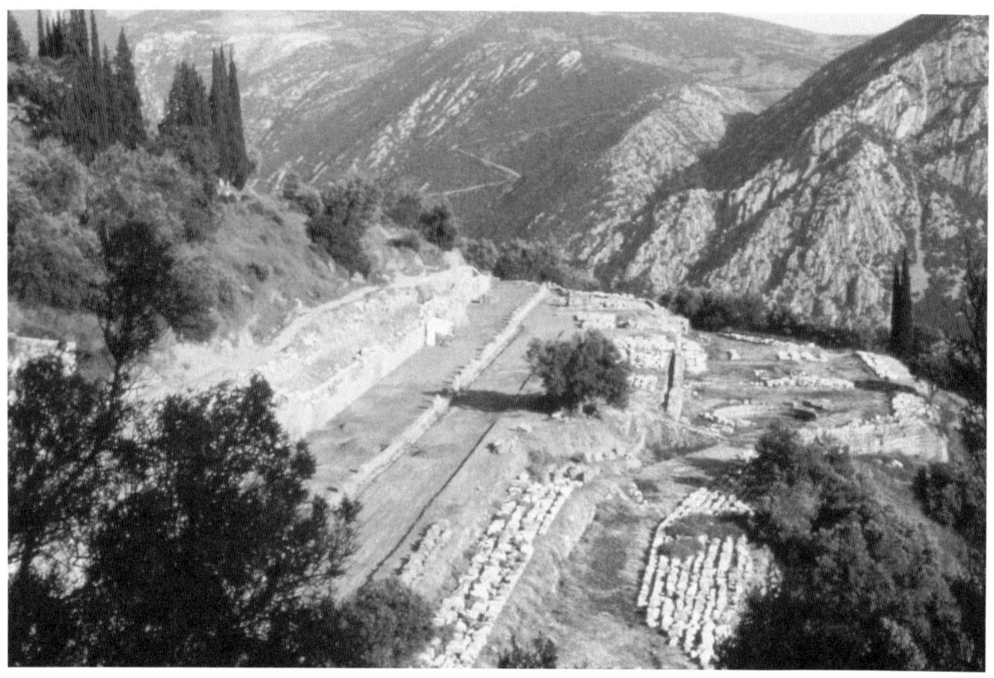

75 Gymnasion von Delphi, *Xystos* (links) und *Paradromis*

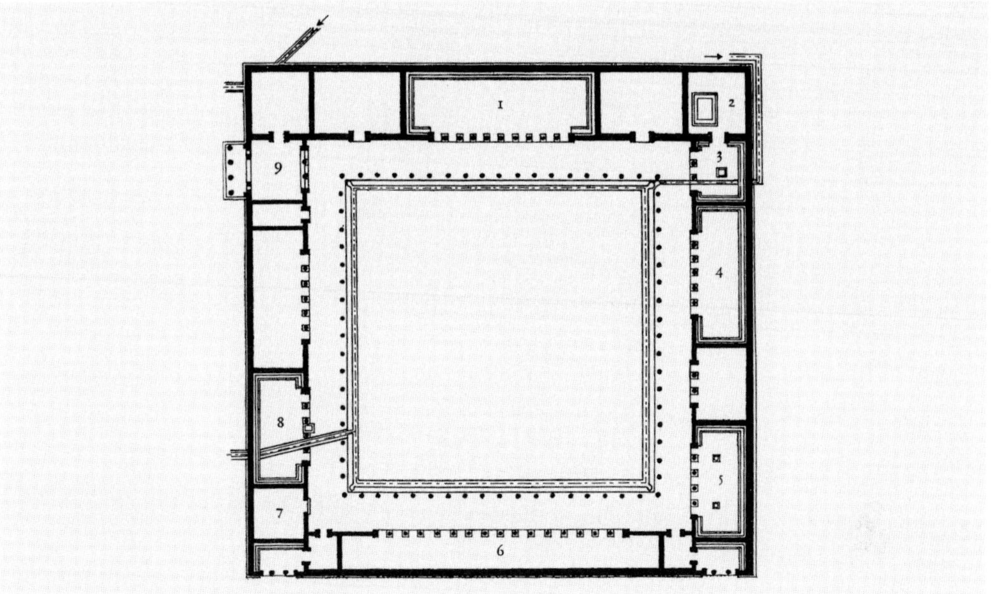

76 Gymnasion von Olympia, *Palaistra,* Grundriß: 1 Hauptsaal, 2 Kaltbad, 3 + 4 + 5 + 8 mit Bänken ausgestattete Räume, 6 Übungshalle, 7 verschließbarer Raum zum Aufbewahren von Geräten (?), 9 ursprünglicher Waschraum

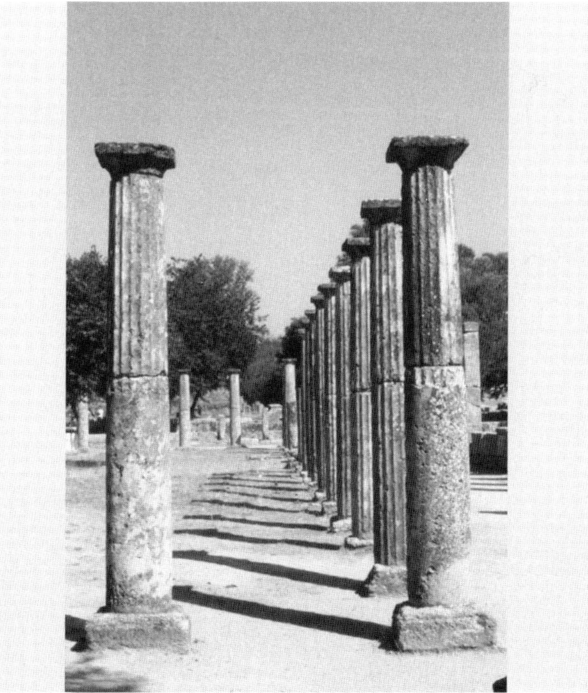

77 Gymnasion von Olympia, *Palaistra*

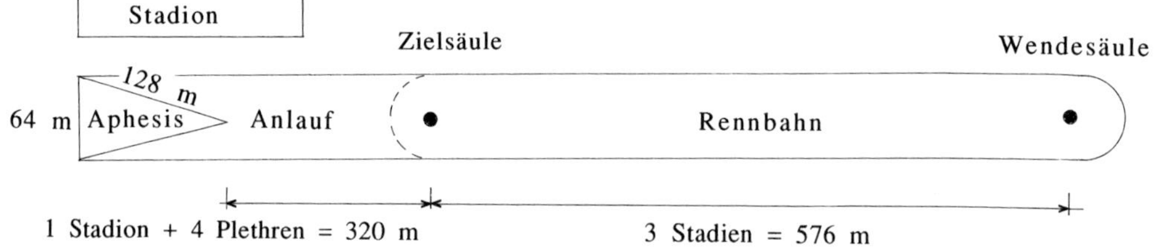

78 Hippodrom von Olympia, rekonstruierter Grundplan (nach J. Ebert)

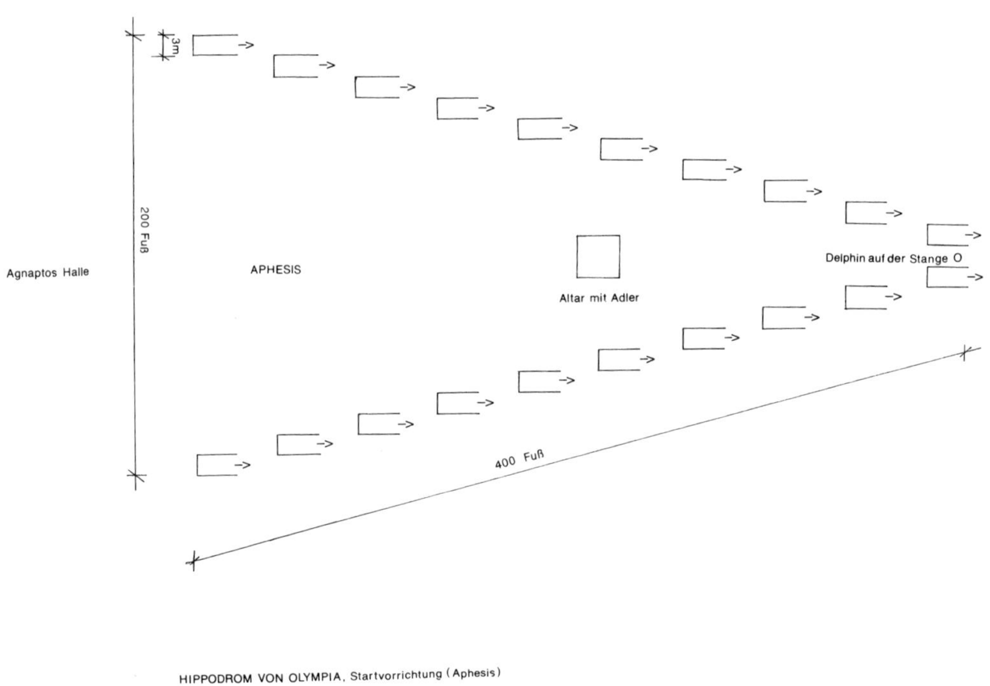

79 Hippodrom von Olympia, *Aphesis,* Rekonstruktion (Zeichnung M. Schwarz)

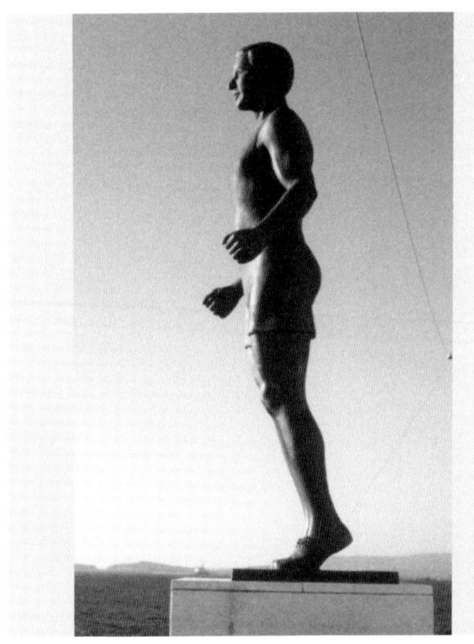

80 Moderne Siegerstatue des griechischen Olympiasiegers Kostis Tsiklitiras (Weitsprung aus dem Stand, Stockholm 1912) – Bronze (M. Papakonstantinou, 1981) – Pylos

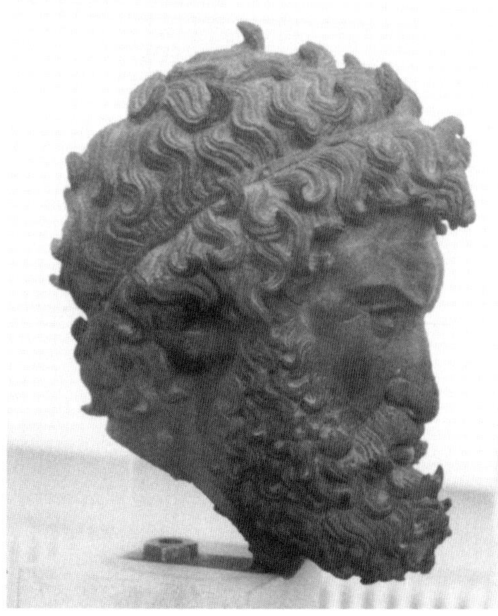

81 Kopf der Siegerstatue eines Faustkämpfers (vermutlich des Satyros) – Bronze, Olympia, um 330 v. Chr. – Athen, Nat. Mus. 6439

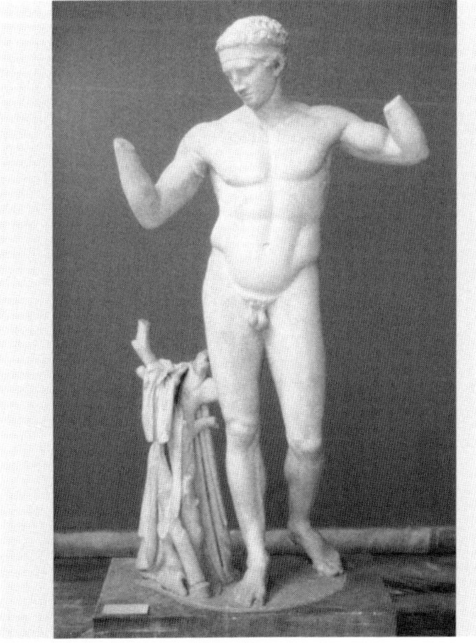

82 *Diadumenos* (sich bekränzender Athlet) des Polyklet (5. Jh. v. Chr.) – Marmor, röm. Kopie, Delos, um 100 v. Chr. – Athen, Nat. Mus. 1826

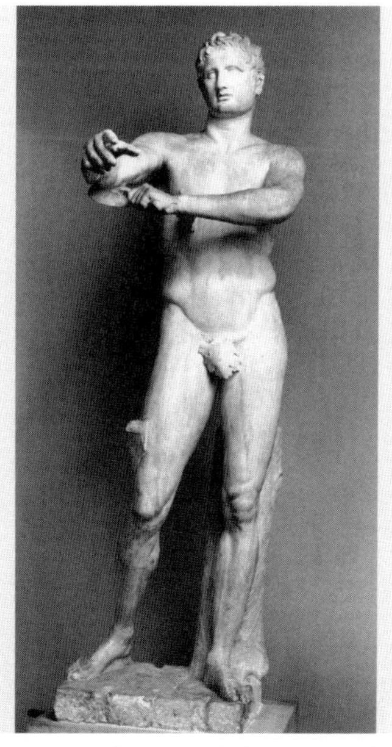

83 *Apoxyomenos* (Schaber) des Lysipp (4. Jh. v. Chr.) – Marmor, röm. Kopie – Rom, Vatikan, Mus. Pio Clementino 1185

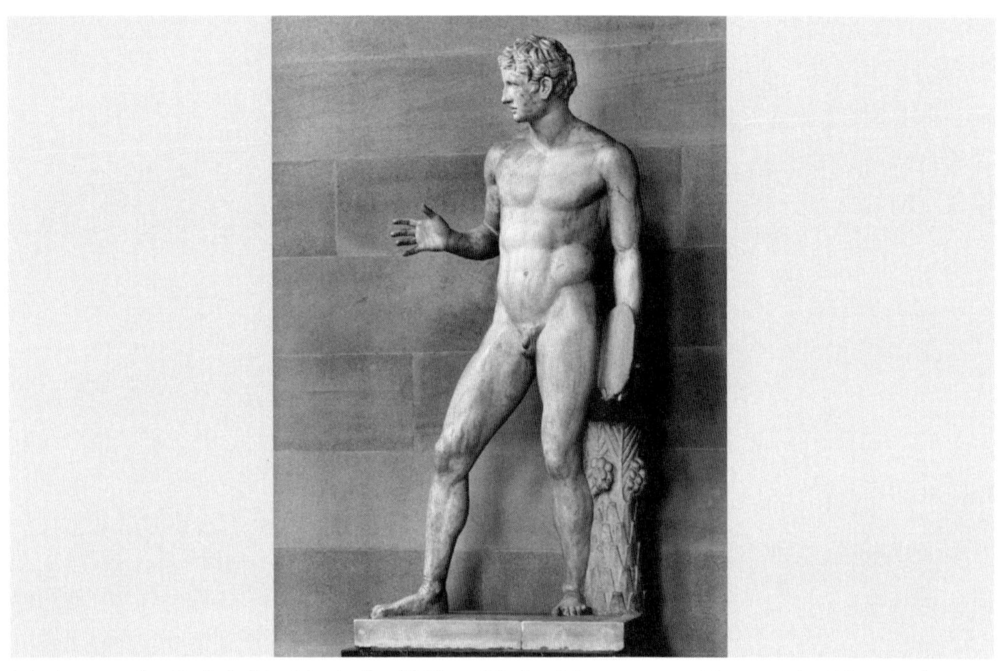

84 Antretender *Diskobol* des Naukydes (4. Jh. v. Chr.) – Marmor, röm. Kopie – Frankfurt, Liebieghaus 2608

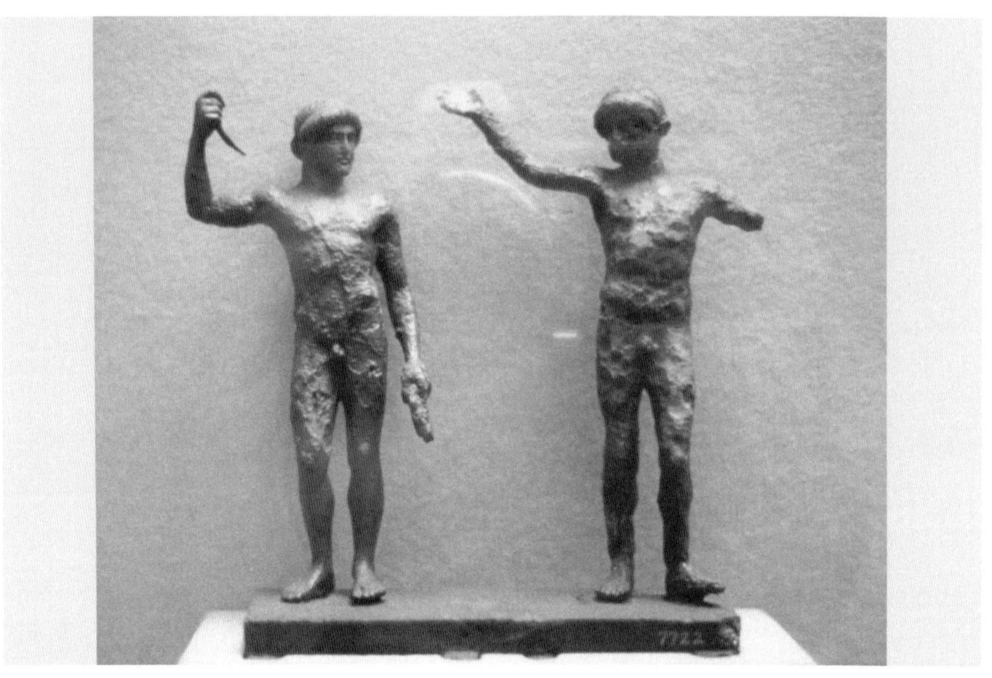

85 Statuettengruppe eines siegreichen Athleten (links) und seines Trainers – Bronze, um 460 v. Chr. – Delphi, Arch. Mus. 7722

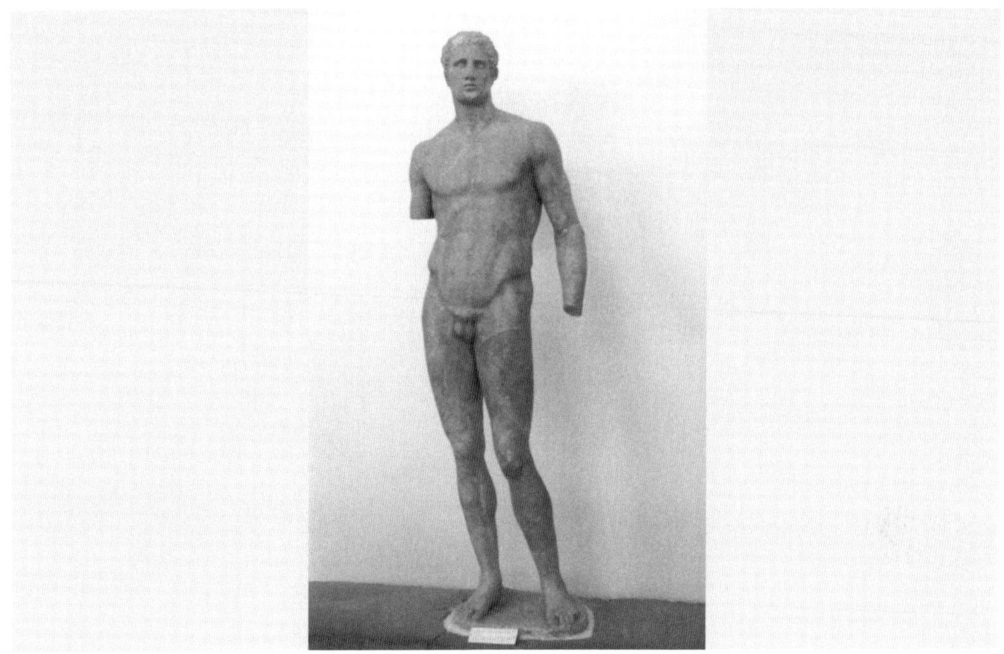

86 Marmorstatue des Hagias aus dem Weihgeschenk des Daochos, 4. Jh. v. Chr. – Delphi, Arch. Mus. 1875

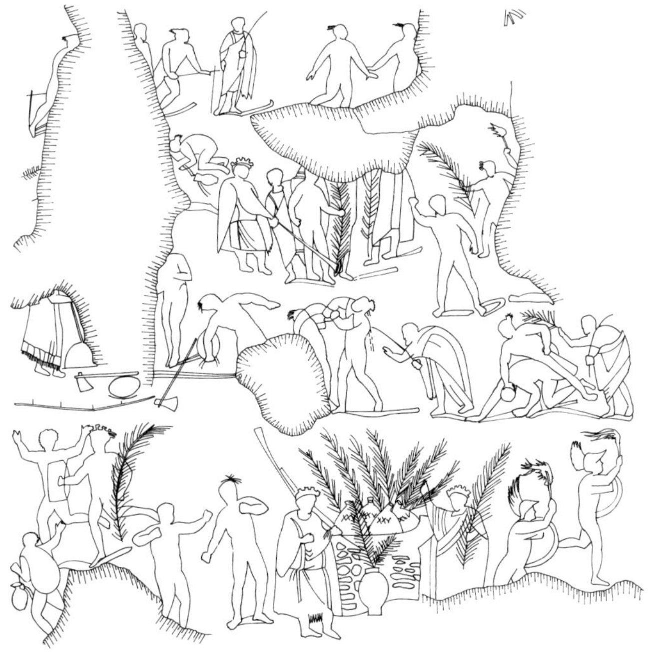

87 Mosaik mit Szenen eines Agons, aus Batten Zammour, 4. Jh. n. Chr. (Umzeichnung M. Schwarz) – Gafsa, Arch. Mus.

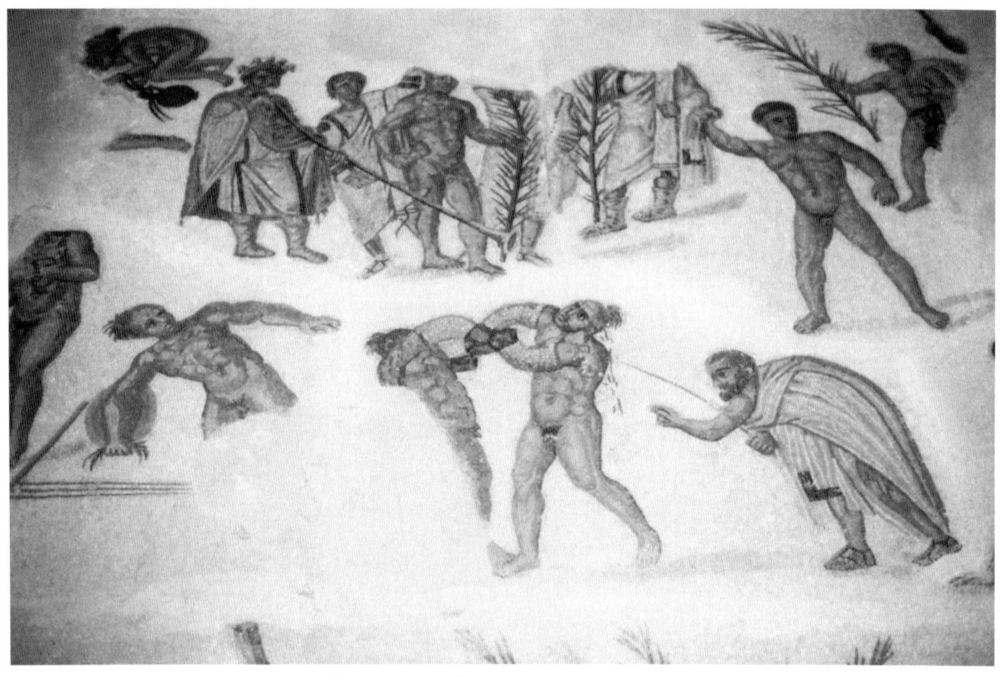

88 Mosaik aus Batten Zammour (vgl. Abb. 87), Ausschnitt

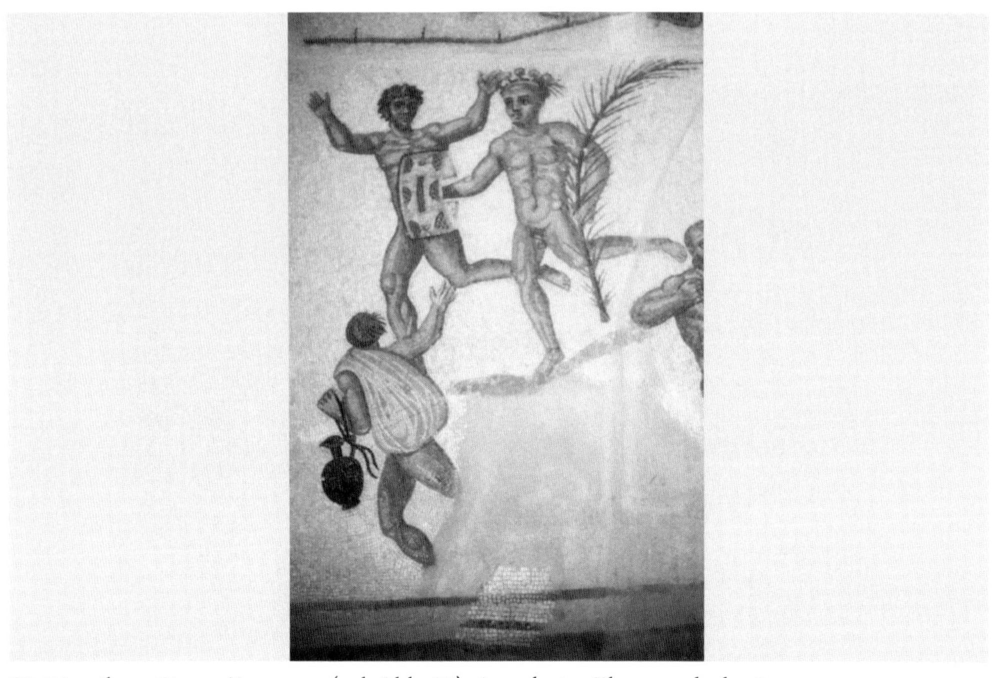

89 Mosaik aus Batten Zammour (vgl. Abb. 87), Ausschnitt: Ehrenrunde der Sieger

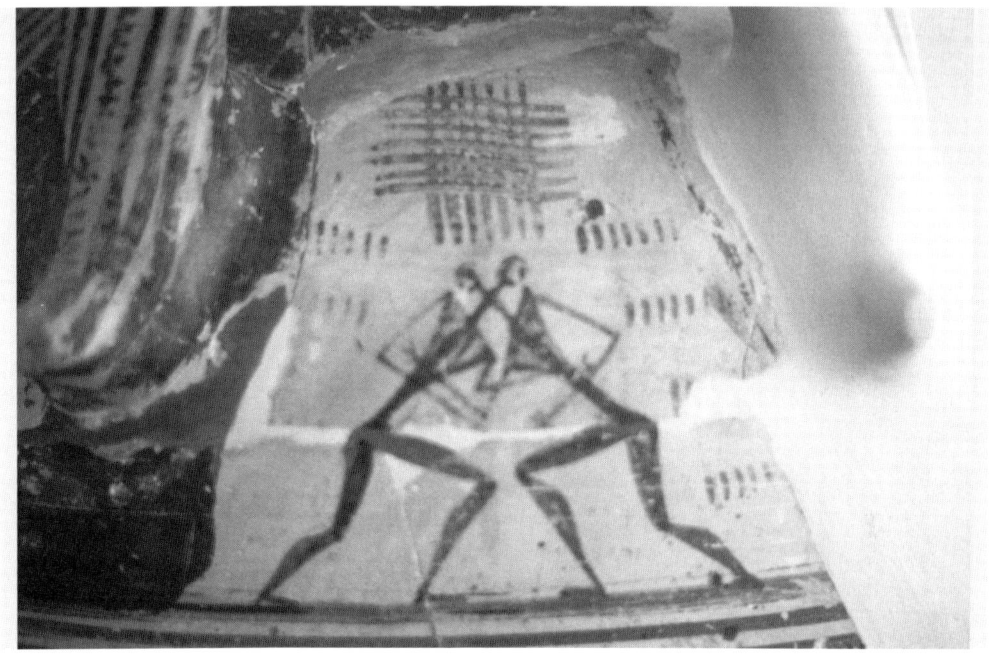

90 Pithos, geometrische Epoche, Ringerpaar – Argos, Arch. Mus. P 209

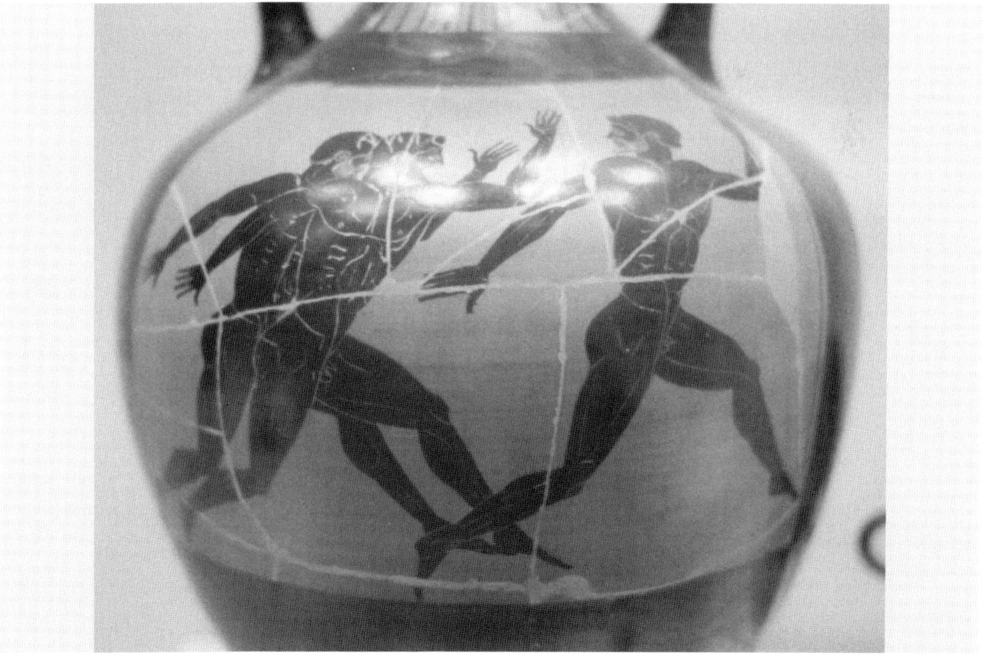

91 Panathenäische Preisamphora, um 500-480 v. Chr. (aus Etrurien): Kurzstreckenläufer – Paris, Louvre F 277 (Bentz 5.012)

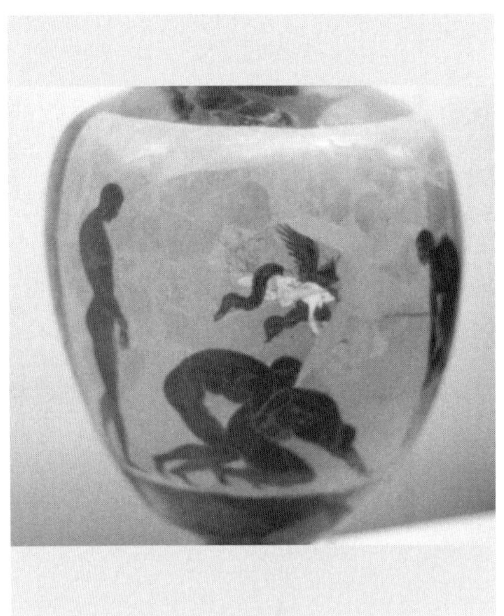

92 Panathenäische Preisamphora, 360/59 v. Chr. (aus Eretria): Ringerpaar, links *Ephedros,* rechts Kampfrichter; herabschwebende Nike – Eretria 14815 (Bentz 4.055)

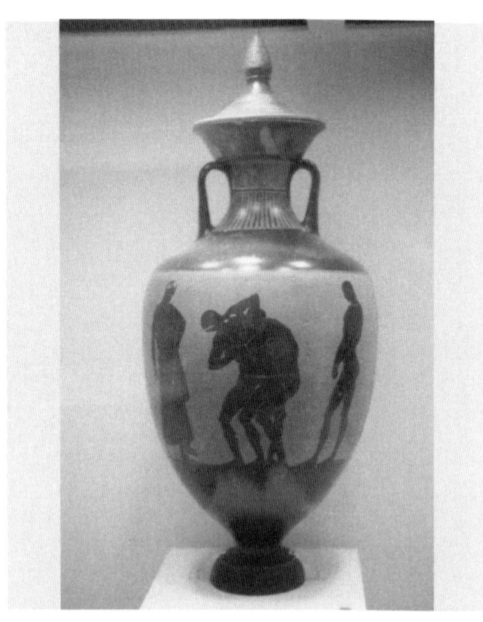

93 Panathenäische Preisamphora, 360/59 v. Chr. (aus Eretria): Ringerpaar, links Kampfrichter, rechts *Ephedros* – Athen, Nat. Mus. 20044 (Bentz 4.050)

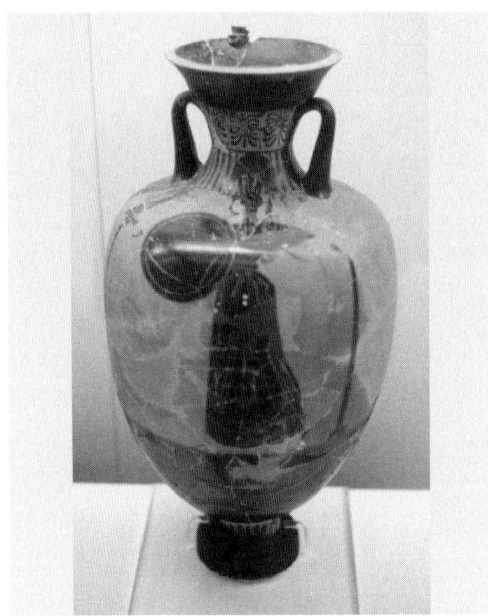

94 Panathenäische Preisamphora – Rückseite: Athena mit Schild und Speer

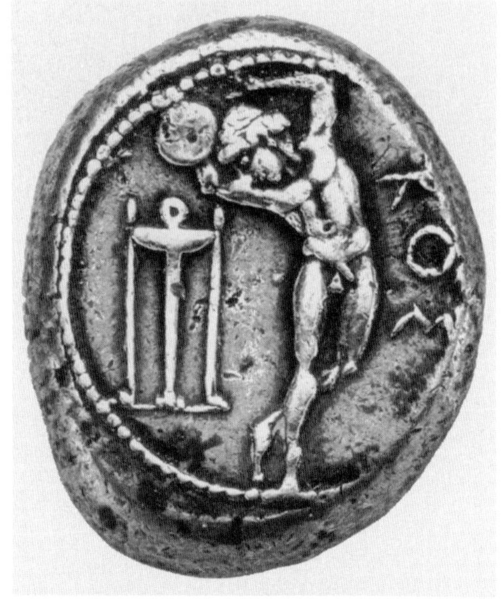

95 Diskuswerfer mit Dreifuß (Siegespreis) – Tetradrachme aus Kos, Silber, um 480–450 v. Chr., Vorderseite – Athen, Num. Mus. 1903/4 KΨ1

Abkürzungsverzeichnis

AAA	Αρχαιολογικά Ανάλεκτα εξ Αθηνών
Acta Antiqua	Acta Antiqua Academiae scientiarum hungaricae
AC	L'Antiquité Classique
ÄAT	Ägypten und Altes Testament
Ä & L	Ägypten und Levante
AJA	American Journal of Archaeology
AJPh	American Journal of Philology
AM	Mitteilungen des Deutschen Archäologischen Instituts, Athenische Abteilung
AncW	Ancient World
AnnPisa	Annali della Scuola normale superiore di Pisa
AOAT	Alter Orient und Altes Testament
AOF	Altorientalische Forschungen
AP	Anthologia Palatina
ASAW	Abhandlungen der Sächsischen Akademie der Wissenschaften zu Leipzig
BCH	Bulletin de Correspondance Hellénique
BEFAR	Bibliothèque des Ecoles françaises d'Athènes et de Rome
CIL	Corpus Inscriptionum Latinarum
CP	Classical Philology
CRAI	Comptes-rendus de l'Académie des Inscriptions et Belles Lettres
CSCA	Californian Studies of Classical Archaeology
CVA	Corpus Vasorum Antiquorum
CW	Classical World
DNP	H. Cancik/H. Schneider (Hg.), *Der Neue Pauly. Enzyklopädie der Antike,* 1–12/2, Stuttgart 1996–2002
EA	Epigraphica Anatolica
EAA	Enciclopedia dell'arte antica, classica e orientale
ESSH	European Studies in Sport History
FdD	Fouilles de Delphes
HdO	Handbuch der Orientalistik
Helbig[4]	W. Helbig/H. Speier, *Führer durch die öffentlichen Sammlungen klassischer Altertümer in Rom,* I–IV, Tübingen [4]1963–1972
IAG	L. Moretti, *Iscrizioni agonistiche greche,* Rom 1953
IG	Inscriptiones Graecae
IGUR	Inscriptiones Graecae Urbis Romae
K	Inschriften von Kleinasien
IvO	Inschriften von Olympia
JHS	Journal of Hellenic Studies
JNG	Jahrbuch für Numismatik und Geldgeschichte
JÖAI	Jahrbuch des Österreichischen Archäologischen Instituts
JPR	Journal of Prehistoric Religion

JRA	Journal of Roman Archaeology
JSH	Journal of Sport History
KBSW	Kölner Beiträge zur Sportwissenschaft
MAMA	Monumenta Asiae Minoris Antiquae
MDAI	Mitteilungen des Deutschen Archäologischen Instituts
MEFRA	Mélanges de l'École française de Rome, Antiquité
MNIR	Mededeelingen van het Nederlands Instituut te Rome
MemLincei	Memorie. Atti della Accademia nazionale dei Lincei, Classe di scienze morali, storiche e filologiche
MGR	Miscellanea Greca e Romana
OF	Olympische Forschungen
OGIS	Orientis Graeci Inscriptiones Selectae, ed. W. DITTENBERGER, Leipzig 1903–1905, Ndr. Hildesheim 1960
OLA	Orientalia Lovaniensia Analecta
POxy	Oxyrhynchus Papyri
PErl	W. SCHUBART, *Die Papyri der Universitätsbibliothek Erlangen,* Leipzig 1942
PP	La parola di passato
PGM	R. PREISENDANZ/A. HENRICHS (Hg.), *Papyri Graecae Magicae. Die griechischen Zauberpapyri,* 2 Bde, Stuttgart [2]1973–1974
QGAA	Quellendokumentation zur Gymnastik und Agonistik der Antike
RA	Revue Archéologique
RLA	Reallexikon der Assyriologie
RE	G. WISSOWA e.a. (Hg.), *Paulys Real-Encyclopädie der classischen Altertumswissenschaft. Neue Bearbeitung,* Stuttgart 1893–1980
REA	Revue des Études Anciennes
REG	Revue des Études Grecques
RFil	Rivista di filologia e di istruzione classica
RM	Mitteilungen des Deutschen Archäologischen Instituts, Römische Abteilung
SBÖAW	Sitzungsberichte der Österreichischen Akademie der Wissenschaften
Syll.[3]	Sylloge Inscriptionum Graecarum, 1915–1924, Ndr. 1960
TAPA	Transactions and Proceedings of the American Philological Association
ZDPV	Zeitschrift des Deutschen Palästina-Vereins
ZfN	Zeitschrift für Numismatik
ZPE	Zeitschrift für Papyrologie und Epigraphik

Literaturverzeichnis

Th. Aigner/B. Mauritsch-Bein/W. Petermandl, *Laufen. Texte, Übersetzungen, Kommentar* (QGAA 7), Wien/Köln/Weimar 2002

E. Akurgal, *Griechische und römische Kunst in der Türkei,* München 1987

E. Albanidis, *The Olympic Games of Ancient Macedonia,* in: ESSH 2, 1 (2009) 5–22

P. Amandry, *La fête des Pythia,* in: Praktika tes Akademias Athenon 65 (1990) 279–317

R. Amedick, *Die Sarkophage mit Darstellungen aus dem Menschenleben, 4. Vita privata* (Die antiken Sarkophagreliefs 1, 4), Berlin 1991

J.-M. André/M.-F. Baslez, *Voyager dans l'antiquité,* Paris 1993

S. Anezeri, *Die Vereine der Techniten im Kontext der hellenistischen Gesellschaft. Untersuchungen zur Geschichte, Organisation und Wirkung der hellenistischen Technitenvereine* (Historia Einzelschriften 163), Stuttgart 2003

P. Angeli Bernardini, *Le Halieia di Rodi e lo scolio a Pind. O. 7, 146,* in: Stadion 2 (1977) 1–3

P. Angeli Bernardini, *Mito e attualità nelle odi di Pindaro,* Rom 1983

W. Anschütz/M.-L. Huster, *Im Olympiajahr 1984: Der ‚Diskobol' zwischen Leistungssport und Regelzwang,* in: Hephaistos 5/6 (1983/1984) 71–89

D. W. Anthony, *The Horse, the Wheel and Language. How Bronze-Age Riders from the Eurasian Steppes Shaped the Modern World,* Princeton/Oxford 2007

P. E. Arias, *Euthymos di Locri,* in: AnnPisa 17 (1987) 1–8

W. G. Arnott, *Bull-Leaping as Initiation,* in: Liverpool Classical Monthly 18 (1993) 114–116

G. Arrigoni, *Donne e sport nel mondo greco. Religione e società,* in: Eadem (Hg.), Le donne in Grecia, Rom/Bari 1985, 55–201

M. Asper (Hg.), *Kallimachos. Werke. Griechisch und deutsch,* Darmstadt 2004

S. Athanossopoulou/P. Azara et al. (Hg.), *The Bull in the Mediterranean World. Myths and Cult,* Athen 2003

A. Audollent, *Defixionum tabellae,* Paris 1904, Ndr. Frankfurt 1967

P. Aupert, *Le stade* (FdD II), Paris 1979

C. Austin/G. Bastianini, *Posidippi quae supersunt omnia,* Mailand 2002

P. Azara, *The Golden Calf. The Bull in the Collective Imagination of the Ancient Mediterranean,* in: Athanossopoulou/Azara et al. (Hg.), Bull, 24–51

I. Bacchielli, *L'adyton del tempio di Zeus a Nemea,* in: Atti dell'Accademia nazionale dei Lincei, Rendiconti, ser. 8: 37 (1982) 219–237

J. M. Barringer, *The Temple of Zeus at Olympia. Heroes and Athletes,* in: Hesperia 74 (2005) 211–241

J. Bartels/A. Bohne/A. Pohl/B. Rieger (Hg.), *Sportschau. Antike Athleten in Aktion. Eine Ausstellung im Akademischen Kunstmuseum – Antikenmuseum der Universität Bonn 17. Juni – 31. Oktober 2004,* Bonn 2004

G. F. Bass, *Cape Gelidonya. A Bronze Age Shipwreck* (TAPA, N.S. 57, 8), Philadelphia 1967

J. D. Beazley, *Paralipomena,* Oxford [2]1971

J. D. Beazley, *Attic Black-figure Vase-painters,* 3 Bde., Oxford 1956

J. D. Beazley, *Attic Red-figure Vase-painters,* 2 Bde., Oxford [2]1993

H. Beck/P. C. Bol/M. Bückling (Hg.), *Polyklet. Der Bildhauer der griechischen Klassik,* Mainz 1990

H. Beckby (Hg.), *Anthologia Graeca,* IV, München 1958

J. Benedum, *Ohrverletzungen an Athleten des Altertums und ihre Beziehung zur medizinischen Literatur der Zeit,* in: Gesnerus 25 (1968) 11–28

E. Beneki, *Στάδιον Παναθηναϊκόν και Καλλιμάρμαρον. Στηγμιότυπα αθλτικού και δημόσιου βίον,* Athen 2002

H. Bengtson, *Die Olympischen Spiele in der Antike,* Zürich/Stuttgart 1972

M. Bentz, *Panathenäische Preisamphoren. Eine athenische Vasengattung und ihre Funktion vom 6.–4. Jahrhundert v. Chr.* (Antike Kunst, Beiheft 18), Basel 1998

M. Bentz, *Torch Race and Vase-painting,* in: Palagia/Choremi-Spetsieri (Hg.), Panathenaic Games, 73–80

E. Bernand, *Inscriptions métriques de l'Égypte gréco-romaine. Recherches sur la poésie épigrammatique des Grecs en Égypte* (Annales littéraires de l'Université de Besançon 98), Paris 1969

M. Bietak, *Discussion of the Taureador Scenes from Avaris (Tell el-Dabʿa/ʿEzbet Helmi),* in: Bietak/Marinatos et al., Taureador Scenes, 67–86

M. Bietak/N. Marinatos/C. Palyvou, *Fragments of the Bull Painting from Tell el-Dabʿa (Avaris) and their Reconstruction,* in: Bietak/Marinatos et al., Taureador Scenes, 45–66

M. Bietak/N. Marinatos/C. Palivou/A. Brysbaert, *Taureador Scenes in Tell el-Dabʿa (Avaris) and Knossos* (Untersuchungen der Zweigstelle Kairo des Österreichischen Archäologischen Institutes XXVII = Österreichische Akademie der Wissenschaften, Denkschriften der Gesamtakademie XLIII), Wien 2007

B. Bilinski, *L'antico oplite corridore di Maratona,* Rom 1960

A. Billaut, *Le Gymnastikos de Philostrate a-t-il une signification littéraire?,* in: REG 106 (1993) 142–162

G. Binder, *Agon,* in: DNP 12/2 (2002) 882–884

J. Bingen, *La victoire pythique de Callicrates de Samos (Posidippe, P.Mil.Vogl. VIII 309, XI.33–XII.7),* in: CdE LXXVII (2002) 185–190

C. Blümel, *Sport der Hellenen. Ausstellung griechischer Bildwerke,* Berlin 1936

J. Böhm, *Die Leibesübungen in den Dionysiaka des Nonnos von Panopolis,* in: R. Jahn (Hg.), Zur Weltgeschichte der Leibesübungen. Festgabe für Erwin Mehl zum 70. Geburtstag, Frankfurt 1960, 84–96

F. Boehringer, *Cultes d'athlètes en Grèce classique: propos politiques, discours mythiques,* in: REA 81 (1979) 5–18

F. Bölte, *Zu lakonischen Festen,* in: Rheinisches Museum 78 (1929) 124–143

P. Boesch, *ΘΕΩΡΟΣ. Untersuchungen zur Epangelie griechischer Feste,* Berlin 1908

A. Bohne, *Bilder vom Sport. Untersuchungen zur Ikonographie römischer Athletendarstellungen* (Nikephoros Beihefte 19), Hildesheim 2011

J. Bohus, *Sportgeschichte. Gesellschaft und Sport von Mykene bis heute,* München/Wien/Zürich 1986

P. C. Bol, *Antike Bronzetechnik,* München 1985

P. C. Bol, *Diadumenos,* in: Beck/Bol/Bückling (Hg.), Polyklet, 206–212

J.-F. Bommelaer/D. Laroche, *Guide de Delphes. Le site,* Paris 1991

J. Bousquet, *Delphes et les ‚Pythioniques' d'Aristote,* in: Idem, Etudes sur les contes de Delphes, Athen/Paris 1988, 97–101

C. M. Bowra, *Euripides' Epinician for Alcibiades,* in: Historia 9 (1960) 68–79

F. Brein, *Die Wertung im Pentathlon,* in: F. Krinzinger/B. Otto/E. Walde-Psenner et al. (Hg.), Forschungen und Funde. Festschrift Berhard Neutsch (Innsbrucker Beiträge zur Kulturwissenschaft 21), Innsbruck 1980, 89–93

K. Bringmann, *Gymnasion und griechische Bildung im Osten,* in: Kah/Scholz (Hg.), Gymnasion, 323–333

K. Brodersen, *Zur Datierung der ersten Pythien,* in: ZPE 82 (1990) 25–31

K. Brodersen, *Heiliger Krieg und Heiliger Friede,* in: Gymnasium 98 (1991) 1–14

K. Brodersen/W. Günther/H. H. Schmitt, *Historische griechische Inschriften in Übersetzung,* I–III, Darmstadt 1992–1999

O. Broneer, *An Archaeological Enigma,* in: Archaeology 9 (1956) 134–137

O. Broneer, *The Enigma Explained,* in: Archaeology 9 (1956) 268–272

O. Broneer, *The Isthmian Victory Crown,* in: AJA 66 (1962) 259–263

H. Bru, *Les concours grecs dans les provinces syriennes d'Auguste à Constantin,* in: Stadion 33 (2007) 1–28

St. Brunet, *Living in the Shadow of the Past: Greek Athletes during the Roman Empire,* in: Goff/Simpson (Hg.), Thinking the Olympics, 90–108

A. Brysbaert, *Technological Approach to the Painted Plaster of Tell el-Dab^{c}a, Egypt: Microscopy and Scientific Analysis,* in: Bietak/Marinatos et al., Taureador Scenes, 151–162

G. L. Bugh, *The Theseia in Late Hellenistic Athens,* in: ZPE 83 (1990) 20–37

H. Buhmann, *Der Sieg in Olympia und in den anderen panhellenischen Spielen,* Diss. München 1972

W. Burkert, *Von Amenophis II. zur Bogenprobe des Odysseus,* in: Grazer Beiträge 1 (1973) 69–78

W. Burkert, *Die Griechen und der Orient,* München 2003

St. Burmeister/C. Endlich/E. Kloos (Red.), *Rad und Wagen. Der Ursprung einer Innovation. Wagen im Vorderen Orient und Europa* (Archäologische Mitteilungen aus Nordwestdeutschland, Beiheft 40), Mainz [2004], 491–506

P. Cabanes, *Les concours des Naia à Dodone,* in: Nikephoros 1 (1988) 49–84

N. Caffarello (Hg.), *Archeologica. Scritti in onore di A. Neppi Modona,* Florenz 1975

M. L. Caldelli, *Gli agoni alla greca nelle regioni occidentali dell'impero,* in: MemLincei 9 (1998) 391–481

M. L. Caldelli, *L'agon Capitolinus. Storia e protagonisti dall'istituzione domizianea al IV secolo* (Studi pubblicati dall'Istituto Italiano per la storia antica LVI), Rom 1993

M. L. Caldelli, *Curia athletarum, hiera xystike synodos e orginazzazione delle terme a Roma,* in: ZPE 93 (1992) 75–86

A. B. Cameron, *Circus Factions,* Oxford 1976

A. B. Cameron, *Porphyrius the Charioteer,* Oxford 1973

R. Campagner, *Le mosse proibite del pancrazio in Aristofane,* in: Nikephoros 3 (1990) 141–144

F. Canali De Rossi, *Hippiká. Corse di cavalli e di carri in Grecia, Etruria e Roma,* I, *La gara delle quadrighe nel mondo greco* (Nikephoros Beihefte 18), Hildesheim 2011

M. J. Carter, *The Presentation of Gladiatorial Spectacles in the Greek East: Roman Culture and Greek Identity,* Diss. McMaster University 1999

L. Casson, *Reisen in der Alten Welt,* München 1976

J. Cazzaniga, *Osservazioni critiche intorno a POxy 466 e 2221, I, 26,* in: Athenaeum N.S. 42 (1964) 373–398

B. Ceysson/G. Bresc-Bautier/M. Fagiolo dell'Arco/F. Souchal, *Skulptur [III:] Renaissance bis Rokoko 15. bis 18. Jahrhundert,* Köln 1987

J. Chadwick, *Die mykenische Welt,* Stuttgart 1979

J. Chamay, *La borne d'Olympie,* in: Nelis-Clément/Roddaz (Hg.), Cirque romain, 539–542

F. Chamoux, *L'aurige* (FdD V), Paris [2]1990

P. Chrisostomou/F. Keffalonitou, *Nikopolis,* Athen 2001

P. Christesen, *On the Meaning of γυμνάζω,* in: Nikephoros 15 (2002) 7–37

P. Christesen, *Olympic Victor Lists and Ancient Greek History,* New York 2007

P. Christesen, *Whence 776? The Origin of the Date for the First Olympiad,* in: Papakonstantinou (Hg.), Sport of the Ancient World, 13–34

K. Coleman, *Martial: Liber Spectaculorum,* Oxford/New York 2006

J. Coulomb, *Les boxeurs minoëns,* in: BCH 105 (1981) 27–40

J. Coulomb, *Le prince aux lis de Knosos reconsidéré,* in: BCH 103 (1979) 29–50

W. Coulson/H. Kyrieleis (Hg.), *Proceedings of an International Symposium on the Olympic Games, 5–9 September 1988,* Athen 1992

J. H. Crouwel, *Chariots and Other Means of Land Transport in Mycenaean Greece* (Allard Pierson Series 3), Amsterdam 1981

N. B. Crowther, *The Apobates Reconsidered (Demosthenes LXI 23–29),* in: JHS 111 (1991) 174–176

N. B. Crowther, *Athletika. Studies on the Olympic Games and Greek Athletics* (Nikephoros Beihefte 11), Hildesheim 2001

N. B. Crowther, *Male 'Beauty' Contests in Greece: The Euandria and Euexia,* in: AC 54 (1985) 285–291

N. B. Crowther, *Euexia, eutaxia, philoponia,* in: ZPE 85 (1991) 301–304, wiederabgedruckt in: Idem, Athletika, 341–344

N. B. Crowther, *The Finish in the Greek Foot-Race,* in: Nikephoros 12 (1999) 131–142, wiederabgedruckt in: Idem, Athletika, 203–213

N. B. Crowther, *The Sebastan Games at Naples (IvO 56),* in: ZPE 79 (1989) 100–102

N. B. Crowther, *"Sed quis custodiet ipsos custodes?" The Impartiality of the Olympic Judges and the Case of Leon of Ambracia,* in: Nikephoros 10 (1997) 149–160, wiederabgedruckt in: Idem, Athletika, 71–81

N. B. Crowther, *Number of Contestants in Greek Athletic Contests,* in: Nikephoros 6 (1993) 39–52; wiederabgedruckt in: Idem, Athletika, 171–182

N. B. Crowther, *Sport in Ancient Times,* Westport, Connecticut/London 2007

N. B. Crowther, *Studies in Greek Athletics I,* in: CW 79 (1984) 497–558

N. B. Crowther, *Studies in Greek Athletics II,* in: AC 59 (1985) 73–135

N. B. Crowther, *The Olympic Training Period,* in: Nikephoros 4 (1991) 161–166, wiederabgedruckt in: Idem, Athletika, 65–70

N. B. Crowther, *Recent Trends in the Study of Greek Athletics,* in: AC 59 (1990) 246–255

E. Curtius/F. Adler (Hg.), *Olympia. Ergebnisse der vom Deutschen Reich veranstalteten Ausgrabungen,* 5 Bde., Berlin 1890–1897

O. Curty/S. Piccand/S. Coudorey (Hg.), *L'huile et l'argent. Gymnasiarchie et évergétisme dans la Grèce hellénistique. Actes du colloque tenu à Fribourg du 13 au 15 octobre 2005, publiés en l'honneur du Prof. Marcel Piérart à l'occasion de son 60ème anniversaire,* Fribourg/Paris 2009

S. I. Dakaris, *Δωδώνη,* Ioannina 1986

S. Damiani Indelicato, *Were Cretan Girls Playing at Bull-Leaping?,* in: Cretan Studies 1 (1988) 39–47

R. Daniel, *Inscribed Toe-nails and a delendum lexicis,* in: ZPE 93 (1992) 149

R. Daniel/F. Maltomini (Hg.), *Supplementum Magicum* II (Pap. Col. XVI. 2), Opladen 1992

J. DAVIDSON, *Olympia and the Chariot-race of Pelops,* in: PHILLIPS/PRITCHARD (Hg.), Sport and Festival, 101–122

W. DECKER, *Zur Athletenliste P. Ryl. 93,* in: H. KNUF/Ch. LEITZ/D. VON RECKLINGHAUSEN (Hg.), Honi soit qui mal y pense. Studien zum pharaonischen, griechisch-römischen und spätantiken Ägypten zu Ehren von Heinz-Josef Thissen (OLA 194), Löwen/Paris/Walpole, MA 2010, 153–157

W. DECKER, *Beinamen antiker Athleten,* in: MAURITSCH/PETERMANDL et al. (Hg.), Festschrift Weiler, 171–173

W. DECKER, *Bemerkungen zum Agon für Antinoos in Antinoupolis (Antinoeia),* in: KBSW 2 (1974) 38–56

W. DECKER, *Zur Bogenprobe des Odysseus,* in: KBSW 6 (1977) 149–153

W. DECKER, *La délégation des Éléens en Égypte sous la 26e dynastie,* in: CdE 49 (1974) 31–42

W. DECKER, *Die mykenische Herkunft des griechischen Totenagons,* in: Stadion 8/9 (1982/1983) 1–24

W. DECKER, *The Horse and Cart in the Ancient Near East and Ancient Egypt,* in: Ch. WACKER (Hg.), Horse Games – Horse Sports. From Traditional Oriental Games to Modern and Olympic Sports, 9th / 10th February 2010, Museum of Islamic Art, Qatar, i. Dr.

W. DECKER, *Kampfrichter im Alten Ägypten,* in: R. ROLLINGER/B. TRUSCHNEGG (Hg.), Altertum und Mittelmeerraum. Die antike Welt diesseits und jenseits der Levante. Festschrift für Peter W. Haider zum 60. Geburtstag (Oriens et Occidens 12), Stuttgart 2006, 461–472

W. DECKER, *Lug und Trug im Sport der Antike,* in: BARTELS/BOHNE et al. (Hg.), Sportschau, 227–237

W. DECKER, *Ο νόμος των γυμνασιαρχών στην Αρχαία Ελλάδα,* in: Pandektes. International Sports Law Review 1 (1992/93) 519–52.

W. DECKER, *Zum Gymnasiarchengesetz im antiken* Griechenland, in: S. YALDAI/Th. STEMPER/P. WASTL (Hg.), Menschen im Sport. Geschichtliche, ethische, pädagogische, gesellschaftliche und gesundheitliche Aspekte. Festschrift zur Emeritierung von Univ.-Prof. Dr. Heinz-Egon Rösch, Köln 1997, 12–19

W. DECKER, *Olympiasieger aus Ägypten,* in: U. VERHOEVEN/E. GRAEFE (Hg.), Religion und Philosophie im Alten Ägypten. Festgabe für Philippe Derchain zu seinem 65. Geburtstag am 24. Juli 1991 (OLA 39), Löwen 1991, 93–105

W. DECKER, *Neue Olympiasieger aus Ägypten,* in: W. WAITKUS (Hg.), Diener des Horus. Festschrift für Dieter Kurth zum 65. Geburtstag (Aegyptiaca Hamburgensia 1), Gladbeck 2008, 67–81

W. DECKER, *Pharao und Sport,* Mainz 2006

W. DECKER, *Praeludium Olympicum. Das Memorandum des Jahres 1835 von Innenminister Ioannis Kolettis an König Otto I. von Griechenland über ein Nationalfest mit öffentlichen Spielen nach dem Muster der antiken panhellenischen Agone* (Nikephoros Beihefte 13), Hildesheim 2006

W. DECKER, *Les prix des vainqueurs aux épreuves sportives avant l'invention de la monnaie,* in: LE GUEN (Hg.), Argent dans les concours, 227–247

W. DECKER, *Sport – eine Bezeichnung für die griechische Kultur?,* in: S. GÜLDENPFENNIG/S. KRIKKOW (Red.), Deutsches Olympisches Institut. Jahrbuch 2000, Berlin [2]2001, 83–92

W. DECKER, *Sport am Nil. Texte aus drei Jahrtausenden ägyptischer Geschichte,* Hildesheim 2012

W. DECKER, *Sport und Spiel im Alten Ägypten,* München 1987

W. DECKER, *Sportfeste,* in: DNP 11 (2001) 847–855

W. DECKER, *Altägyptische Sportstätten,* in: GAMER-WALLERT/HELCK (Hg.), Festschrift Brunner-Traut, 61–72

W. Decker, *Zum Stand der Erforschung des ‚Stierspiels' in der Alten Welt,* in: Dittmann/Eder/Jacobs (Hg.), Festschrift Nagel, 31–79

W. Decker, *Theorien zum Ursprung des Sports,* in: Krüger/Langenfeld (Hg.), Handbuch Sportgeschichte, 62–68

W. Decker, *Zum Ursprung des Diskuswerfens,* in: Stadion 2 (1976) 196–212

W. Decker, *Zur Vorbereitung und Organisation griechischer Agone,* in: Nikephoros 10 (1997) 77–102

W. Decker, *Wagenrennen im römischen Ägypten,* in: Nelis-Clément/Roddaz (Hg.), Cirque romain, 347–358

W. Decker, *Die Wiederbelebung der Olympischen Spiele* (Peleus. Studien zur Archäologie und Geschichte Griechenlands und Zyperns 42), Mainz/Ruhpolding 2008

W. Decker, *Zuschauer beim altägyptischen Sport,* in: Hawass/Daoud/Hussein (Hg.), *Scribe of Justice,* 119–126

W. Decker/M. Herb, *Bildatlas zum Sport im Alten Ägypten. Corpus der bildlichen Quellen zu Leibesübungen, Jagd, Tanz und verwandten Themen* I–II (HdO I 14, 1–2), Leiden/New York/Köln 1994

W. Decker/D. Kurth, *Eine Ruderregatta zur Zeit des Tutanchamun,* in: Nikephoros 12 (1999) 19–31

W. Decker/J.-P. Thuillier, *Le sport dans l'Antiquité. Égypte, Grèce et Rome,* Paris 2004

J. Delorme, *Gymnasion. Etude sur les monuments consacrés à l'éducation en Grèce* (BEFAR 196), Paris 1960

J. Delorme/W. Speyer, *Gymnasium,* in: RAC XIII (1986) 155–176

K. Demakopoulou (Hg.), *The Aidonia Treasure. Seals and Jewellery of the Aegean Late Bronze Age,* Athen [2]2006

K. Demakopoulou/N. Divari-Valakou, *The Aidonia Treasure,* Athen 1997

K.A. Diamantis, *Πρότασις καθιερώσεως ἐθνικῶν ἐπετείων καὶ δημοσίων ἀγώνων κατὰ τὸ πρότυπον τῶν ἑορτῶν τῆς ἀρχαιότητος κατὰ τὸ ἔτος 1835,* in: Athena. Deltion tes Epistemonikes Hetaireias Athenon 73/4 (1972/73) 307–323

D. di Nanni Durante, *I Sebastà di Neapolis. Il regolamento e il programma,* in: Ludica 13–14 (2007–2008) 7–22

R. Dittmann/Ch. Eder/B. Jacobs (Hg.), *Altertumswissenschaften im Dialog. Festschrift für Wolfram Nagel zur Vollendung seines 80. Lebensjahres* (AOAT 306), Münster 2003

G. Doblhofer/P. Mauritsch, *Boxen. Texte, Übersetzungen, Kommentar* (QGAA 4), Wien/Köln/Weimar 1995

G. Doblhofer/P. Mauritsch, *Pankration. Texte, Übersetzungen, Kommentar* (QGAA 5), Wien/Köln/Weimar 1996

G. Doblhofer/P. Mauritsch/M. Lavrencic, *Weitsprung. Texte, Übersetzungen, Kommentar* (QGAA 2), Wien/Köln/Weimar 1992

G. Doblhofer/P. Mauritsch/M. Lavrencic, *Speerwurf. Texte, Übersetzungen, Kommentar* (QGAA 3), Wien/Köln/Weimar 1993

G. Doblhofer/W. Petermandl/U. Schachinger, *Ringen. Texte, Übersetzungen, Kommentar* (QGAA 6), Wien/Köln/Weimar 1998

M. Doffey, *Les mythes de foundation des concours Néméens,* in: M. Piérart (Hg.), Polydipsion Argos. Actes de la table ronde, Fribourg, 7–9 mai 1987, Paris 1992, 185–193

T. Dohrn, *Die Marmor-Standbilder des Daochos-Weihgeschenks in Delphi,* in: Antike Plastik VIII, Berlin 1968, 33–53

M. DOLCH, *Wettkampf, Wasserrevue oder diätetische Übungen? Das Mosaik mit den zehn Mädchen in der römischen Villa bei Piazza Armerina,* in: Nikephoros 5 (1992) 153–181

M. DORATI, *Un giudizio degli Egiziani sugli giochi olimpici (Hdt. II 160),* in: Nikephoros 11 (1998) 9–20

E. DOZIO/C.-M. FALLANI/S. SOLDINI (Hg.), *Gli atleti di Zeus. Lo sport nell'antichità,* Mailand/Mendrisiso 2009

L. DREES, *Olympia. Götter, Künstler und Athleten,* Stuttgart/Berlin/Köln/Mainz 1967

K. M. D. DUNBABIN, *The Prize Table: Crowns, Wreaths, and Moneybags in Roman Art,* in: LE GUEN (Hg.), Argent dans les concours, 301–345

G. DUNST, *Die Siegerliste der samischen Heraia,* in: ZPE 1 (1967) 225–239

J. EBERT, *Agonismata. Kleine philologische Schriften zur Literatur, Geschichte und Kultur der Antike,* Stuttgart/Leipzig 1997

J. EBERT, *Zur neuen Bronzeplatte mit Siegerinschriften aus Olympia (Inv. 1148),* in: Nikephoros 12 (1997) 217–233, wiederabgedruckt in: IDEM, Agonismata, 317–335

J. EBERT, *Griechische Epigramme auf Sieger an gymnischen und hippischen Agonen* (ASAW, Phil.-hist. Kl. 63, 2), Berlin 1972

J. EBERT, *Zu Fackelläufen und anderen Problemen in einer griechischen agonistischen Inschrift aus Ägypten,* in: Stadion 5 (1979) 1–19

J. EBERT, *Neues zum Olympischen Hippodromos,* in: RIZAKIS (Hg.), Achaia und Elis, 99–102

J. EBERT, *Neues zum Hippodrom und zu den hippischen Konkurrenzen in Olympia,* in: Nikephoros 2 (1979) 89–107, wiederabgedruckt in: IDEM, Agonismata, 336–356

J. EBERT, *Paides pythikoi,* in: Philologus 109 (1965) 152–156

J. EBERT (Hg.), *Olympia. Von den Anfängen bis zu Coubertin,* Leipzig 1980

J. EBERT, *Zum Pentathlon der Antike. Untersuchungen über das System der Siegermittlung und die Ausführung des Halterensprunges* (ASAW, Phil.-hist. Kl. 56, 1), Berlin 1963

J. EBERT, *Zur Stiftungsurkunde der Λευκοφρυενά in Magnesia am Mäander (I.Magn. 16),* in: Philologus 126 (1982) 198–216, wiederabgedruckt in: IDEM, Agonismata, 258–279

J. EBERT, *Eine Textverderbnis bei Pindar, Pyth. 5,49,* in: QUCC, N.S. 38, 2 (1991) 25–30

J. EBERT/P. SIEWERT, *Eine archaische Bronzeurkunde aus Olympia mit Vorschriften für Ringkämpfer und Kampfrichter,* in: XI. Olympiabericht, Berlin/New York 1999, 391–412; vorabgedruckt in: EBERT, Agonismata, 200–236

F. ECKSTEIN, *Τὰ ὦτα κατεηγότα,* in: AJA 89 (1985) 613–617

E. EDEL/M. GÖRG, *Die Ortsnamenlisten im nördlichen Säulenhof des Totentempels Amenophis' III.* (ÄAT 50), Wiesbaden 2005

Ch. EDER/W. NAGEL, *Grundzüge der Streitwagenbewegung zwischen Tiefeurasien, Südwestasien und Ägäis,* in: AOF 33 (2006) 42–93

[D. EVGENIDOU], *Nike – Victoria on Coins and Medals,* Athen 2004

A. EVANS, *On a Minoan Bronze Group of a Galloping Bull and Acrobatic Figure from Crete,* in: JHS 41 (1921) 247–259

A. FARRINGTON, *Isthmionikai. A Catalogue of Isthmian Victors* (Nikephoros Beihefte), Hildesheim, i. Dr.

B. FELLMANN/H. SCHEYHING (Red.), *100 Jahre deutsche Ausgrabung in Olympia,* München 1972

M. FINLEY/H.W. PLEKET, *Die Olympischen Spiele der Antike,* Tübingen 1976

J. FONTENROSE, *The Cult of Apollo and the Games of Delphi,* in: RASCHKE (Hg.), Archaeology of the Olympics, 121–140

C. A. FORBES, *Οἱ ἀφ' Ἡρακλέους,* in: AJPh 60 (1939) 473 f.
J. FREL, *The Getty-Bronze,* Malibu 1978
P. FRISCH, *Der erste vollkommene Periodonike,* in: EA 18 (1991) 71–73
T. FUHRER, *Die Auseinandersetzung mit den Chorliedern in den Epinikien des Kallimachos in frühhellenistischer Zeit* (Schweizer Beiträge zur Altertumswissenschaft 23), Basel/Kassel 1992
H. GAEBLER, *Die Losurne in der Agonistik,* in: ZfN 29 (1939) 271–312
J.G. GAGER (Hg.), *Curse Tablets and Binding Spells from the Ancient World,* New York/Oxford 1992
I. GAMER-WALLERT/W. HELCK (Hg.), *Gegengabe. Festschrift für Emma Brunner-Traut,* Tübingen 1992
F. GARCÍA ROMERO, *Los Juegos Olímpicos y el deporte en Grecia* (Colleción estudios orientales 5), Sabadell [1992]
Ph. GAUTHIER/M. B. HATZOPOULOS, *La loi gymnasiarchique de Béroia* (Meletemata 16), Athen 1993
D. J. GEAGAN, *The Isthmian Dossier of P. Licinius Priscus Juventianus,* in: Hesperia 58 (1989) 349–360
E. R. GEBHARD, *The Isthmian Games and the Sanctuary in the Early Empire,* in: GREGORY (Hg.), Corinthia, 78–94
E. R. GEBHARD, *The Sanctuary of Poseidon on the Isthmus of Corinth and the Isthmian Games,* in: TZACHOU-ALEXANDRI (Hg.), Mind and Body, 82–88
E. R. GEBHARD, *The Early Stadium at Isthmia and the Founding of the Isthmian Games,* in: COULSON/KYRIELEIS (Hg.), Olympic Games, 73–79
H.-J. GEHRKE, *Eine Bilanz: Die Entwicklung des Gymnasions zur Institution der Sozialisierung in der Polis,* in: KAH/SCHOLZ (Hg.), Gymnasion, 413–419
E. GHISELLINI, *La statua di Milone di Crotone ad Olimpia,* in: Xenia 16 (1988) 43–52
B. GOFF/M. SIMPSON (Hg.), *Thinking the Olympics. The Classical Tradition and the Modern Games,* London 2011
M. GOLDEN, *Sport and Society in Ancient Greece,* Cambrigde 1998
M. GOLDEN, *Greek Sport and Social Status,* Austin 2008
J.-C. GOLVIN, *L'amphithéâtre romain. Essai sur la théorisation de sa forme et de ses fonctions,* 2 Bde, Paris 1988
P. GOUW, *Griekse atleten in de Romeinse Keizertijd (31. v. Chr. – 400 n. Chr.),* Diss. Univ. Amsterdam 2009
T. E. GREGORY (Hg.), *The Corinthia in the Roman Period,* Ann Arbor 1993
R. GÜNTHER, *Olympia. Kult und Spiele in der Antike,* Darmstadt 2004
A. GUTTMANN, *Sports Spectators,* New York 1986
A. GUTTMANN, *Sports. The First Five Millennia,* Amherst/Boston 2004
W. HABERMANN, *Gymnasien im ptolemäischen Ägypten – eine Skizze,* in: KAH/SCHOLZ (Hg.), Gymnasion, 335–348
Ch. HABICHT, *Pausanias und seine ‚Beschreibung Griechenlands',* München 1985
D. HAGOPIAN, *Pollux' Faustkampf mit Amykos,* Wien/Stuttgart 1955
P. W. HAIDER, *Menschenhandel zwischen dem ägyptischen Hof und der minoisch-mykenischen Welt?,* in: Ä & L 6 (1996) 137–156
P. W. HAIDER, *Trainingsanlagen im Alten Ägypten?,* in: Nikephoros 1 (1988) 1–27
H. A. HARRIS, *Greek Athletes and Athletics,* London 1964
H. A. HARRIS, *Sport in Greece and Rome,* Ithaca, N.Y. 1972

Z. A. HAWASS/K.A. DAOUD/R.B. HUSSEIN (Hg.), *Scribe of Justice. Egyptological Studies in Honour of Shafik Allam* (CASAE 42), Kairo 2011

R. A. HAZZARD/M. P. M. FITZGERALD, *The Regulation of the Ptolemaia,* in: Journal of the Royal Astronomical Society of Canada 85 (1991) 6–23

R. HEBERDEY, *Gymnische und andere Agone in Termessus Pisidiae,* in: Anatolian Studies to Sir W. M. Ramsay, Manchester 1923, 195–206

J. HEIDEN, *Die Tondächer von Olympia* (OF 24), Berlin/New York 1995

[W. HEILMEYER et al.], *Antikenmuseum Berlin. Die ausgestellten Werke,* Berlin 1988

H. HEINEN et al. (Hg.), *Althistorische Studien, H. Bengtson zum 70. Geburtstag dargebracht von Kollegen und Schülern* (Historia Einzelschriften 40), Wiesbaden 1983

H.-V. HERRMANN, *Olympia. Heiligtum und Wettkampfstätte,* München 1972

H.-V. HERRMANN (Hg.), *Die Olympia-Skulpturen* (Wege der Forschung 577), Darmstadt 1987

H.-V. HERRMANN, *Die Siegerstatuen von Olympia. Schriftliche Überlieferung und archäologischer Befund,* in: Nikephoros 1 (1988) 119–185

H.-V. HERRMANN, *Zanes,* in: RE Suppl. XIV (1974) 978

P. HERZ, *Herrscherverehrung und lokale Festkultur im Osten des römischen Reiches. Kaiser, Agone,* in: H. CANCIK/J. RÜPKE (Hg.), Römische Reichsreligion und Provinzialreligion, Tübingen 1997, 239–264

B. H. HILL, *The Temple of Zeus at Nemea,* Princeton 1966

N. HIMMELMANN, *Herrscher und Athlet. Die Bronzen vom Quirinal,* Mailand 1989

A. HÖNLE, *Olympia in der Politik der griechischen Staatenwelt. Von 776 bis zum Ende des 5. Jahrhunderts,* Bebenhausen 1972

G. HORSMANN, *Die Wagenlenker der römischen Kaiserzeit* (Forschungen zur antiken Sklaverei XXIX), Stuttgart 1998

J. H. HUMPHREY, *Roman Circuses. Arenas for Chariot Racing,* London 1986

R. HURSCHMANN, *Ballspiele,* in: DNP 2 (1997) 426 f.

S. HUTTER-BRAUNSAR, *Sport bei den Hethitern,* in: MAURITSCH/PETERMANDL et al. (Hg.), Festschrift Weiler, 25–37

S. A. IMMERWAHR, *Aegean Painting in the Bronze Age,* University Park/London 1990

A. INGLESE, *Itinerario cretese dei theoroi di Delfi,* in: MGR 16 (1991) 165–171

D. F. JACKSON, *Philostratos and the Pentathlon,* in: JHS 111 (1991) 178–181

J. JANNORAY, *Le gymnase* (FdD II), Paris 1953

D. R. JORDAN, *Defixiones from a Well near the Southwest Corner of the Athenian Agora,* in: Hesperia 54 (1985) 205–250

D. R. JORDAN/A. J. S. SPAWFORTH, *A New Document from the Isthmian Games,* in: Hesperia 51 (1982) 65–68

M. JUNKELMANN, *Die Reiter Roms* I–III (Kulturgeschichte der Alten Welt 45, 49, 53), Mainz 1990–1992

J. JÜTHNER, *Über antike Turngeräthe,* Wien 1896

J. JÜTHNER/F. BREIN, *Die athletischen Leibesübungen der Griechen* I: *Geschichte der Leibesübungen;* II: *Einzelne Sportarten* 1. *Lauf-, Sprung- und Wurfbewerbe* (SBÖAW 249,1–2), Graz/Wien/Köln 1965–1968

D. KAH/P. SCHOLZ (Hg.), *Das hellenistische Gymnasion* (Wissenskultur und gesellschaftlicher Wandel 8), Berlin 2004

M. KAJAVA, *When did the Isthmian Games Return to the Isthmus?,* in: CP 97 (2002) 168–176

N. KALTSAS (Hg.), *Agon. National Archaeological Museum 15 July–31 October 2004,* Athen 2004
A. KAMMENHUBER, *Hippologia hethitica,* Wiesbaden 1960
O. KEEL, *Der Bogen als Herrschaftssymbol,* in: ZDPV 93 (1977) 141–177
Y. KEMPEN, *Krieger, Boten und Athleten. Untersuchungen zum Langlauf in der griechischen Antike* (Studien zur Sportgeschichte 1), St. Augustin 1992
N. M. KENNELL, *Νέρων περιοδονίκης,* in: AJPh 109 (1988) 239–251
N. M. KENNELL, *The Gymnasium of Virtue. Education and Culture in Ancient Sparta,* Chapel Hill/ London 1995
J. H. KENT, *The Inscriptions 1926–1950* (Corinth VIII 3), Princeton 1966
E. KEPHALIDOU, *Νικητής. Εικονογραφική μελέτη του αρχαίου ελληνικού αθλητισμού,* Thessaloniki 1996
I. KERTÉSZ, *Schlacht und "Lauf" bei Marathon – Legende und Wirklichkeit,* in: Nikephoros 4 (1991) 155–160
M. KHANOUSSI, *Compte-rendu d'un spectacle de jeux athlétiques et de pugilat sur un mosaïque de la région Gafsa,* in: Bulletin des travaux de l'Institut National d'Archéologie et d'Art 2 (1988) 33–54
M. KHANOUSSI, *Spectaculum pugilum et gymnasium. Compte-rendu d'un spectacle de jeux athlétiques et de pugilat, figuré sur un mosaïque de la région Gafsa (Tunisie),* in: CRAI 1988, 543–561
K. KILIAN, *Zur Darstellung eines Wagenrennens aus spätmykenischer Zeit,* in: AM 95 (1980) 21–31
A. KIVROGLOU, *Die Olympien im 19. Jahrhundert in Griechenland. Entstehung, Gründung und wirtschaftliche Aspekte bei der Einführung der griechischen Nationalfeste,* Diss. Deutsche Sporthochschule Köln, Köln 2002 [2005]
G. KLAFFENBACH, *Die Nikephorien von Pergamon,* in: MDAI 3 (1950) 99–106
D. O. A. KLOSE, *Zur Entstehung der Preiskronen. Das Beispiel der Aktischen Spiele,* in: JNG 47 (1997) 29–45
D. O. A. KLOSE/G. STUMPF, *Sport, Spiele, Sieg. Münzen und Gemmen der Antike,* München 1996
F. KLUGE/E. SEEBOLD, *Etymologisches Wörterbuch der deutschen Sprache,* Berlin/New York [23]1999
R. KNAB, *Die Periodoniken,* Gießen 1934, Ndr. Chicago 1980
L. KOENEN, *Eine agonistische Inschrift aus Ägypten und frühptolemäische Königsfeste* (Beiträge zur klassischen Philologie 56), Meisenheim 1977
J. KÖNIG, *Athletics and Literature in the Roman Empire,* Cambridge/New York 2005
W. KÖRBS, *Gymnasiale Mitteilungen in hellenistischen Papyri der frühen Ptolemäerzeit,* in: IDEM/H. MIES/K. C. WILDT (Hg.), Festschrift Carl Diem, Frankfurt/Wien 1962, 88–99
W. KÖRBS, *Sport in Olympia,* in: B. FELLMANN/H. SCHEYHING (Red.), 100 Jahre deutsche Ausgrabung in Olympia, München 1972, 77–82
F. KOLB, *Tatort >Troia<. Geschichte, Mythen, Politik,* Paderborn et al. 2010
V. N. KONTORINI, *Les concours des grands Eréthimia à Rhodes,* in: BCH 99 (1975) 97–117
G. P. KOSTOUROS, *Νεμέων ἄθλων διήγησις,* I–II, Nemea 2008
E. KOTERA-FEYER, *Die Strigilis* (Europäische Hochschulschriften XXXVIII: 43), Frankfurt et al. 1993
E. KOTERA-FEYER, *Die Strigiles in der attisch-rotfigurigen Vasenmalerei: Bildformeln und ihre Deutung,* in: Nikephoros 11 (1998) 107–136
H. KOTSIDU, *Die musischen Agone der Panathenäen in archaischer und klassischer Zeit. Eine historisch-archäologische Untersuchung* (Quellen und Forschungen zur Antiken Welt 8), München 1991
K. KRAMER, *Studien zur griechischen Agonistik nach den Epinikien Pindars,* Diss. Köln 1970
J. KRAUSS, *Die Inschriften von Sestos und der thrakischen Chersones* (IK 19), Bonn 1980
I. KRAYNAK, *The Xenon I,* in: MILLER, Nemea (1990), 96–103

F. KRINZINGER, *Untersuchungen zur Entwicklung des griechischen Stadions,* Diss. Innsbruck 1968
M. KRÜGER/H. LANGENFELD (Hg.), *Handbuch Sportgeschichte* (Beiträge zur Lehre und Forschung im Sport 173), Schorndorf 2010
D. G. KYLE, *Athletics in Ancient Athens* (Mnemosyne Suppl. 95), Leiden/New York/Boston [2]1993
D. G. KYLE, *Sport and Spectacle in the Ancient World,* Malden, MA/Oxford/Carlton, Victoria 2007
D. KYLE, *Winning and Watching the Greek Pentathlon,* in: JSH 17 (1990) 291–305
D. G. KYLE, *'The only Woman in All Greece': Kyniska, Agesilaus, Alcibiades and Olympia,* in: JSH 30 (2003) 183–203
H. KYRIELEIS, *Anfänge und Frühzeit des Heiligtums von Olympia. Die Ausgrabungen am Pelopion 1987–1996* (OF 31), Berlin/New York 2006
H. KYRIELEIS, *Olympia. Archäologie eines Heiligtums,* Darmstadt/Mainz 2011
H. KYRIELEIS (Hg.), *Olympia 1875–2000. 125 Jahre Deutsche Ausgrabungen. Internationales Symposion, Berlin 9.–11. November 2000,* Mainz 2002
R. LAFFINEUR/W. D. NIEMEIER (Hg.), *Politeia. Society and State in the Aegean Bronze Age. Proceedings of the 5th International Aegean Conference, University of Heidelberg, Archäologisches Institut, 10–13 April 1994* (Aegaeum 12), Lüttich 1995
S. D. LAMBERT, *Parerga II: The Date of the Nemean Games,* in: ZPE 139 (2002) 72–74
Ch. LANDES (Hg.), *Catalogue de l'exposition: Le cirque et les courses de chars Rome-Byzance,* Lattes 1990
M. K. LANGDON, *Throwing the Discus in Antiquity,* in: Nikephoros 3 (1990) 177–182
M. K. LANGDON, *Scoring the Ancient Pentathlon: Final Solution?,* in: ZPE 78 (1989) 117 f.
H. LANGENFELD, *Artemidors Traumbuch als sporthistorische Quelle,* in: Stadion 17 (1991) 1–26
H. LANGENFELD, *Olympia – Zentrum des Frauensports in der Antike? Die Mädchen-Wettläufe beim Hera-Fest in Olympia,* in: Nikephoros 19 (2006) 153–185
H. LANGENFELD, *Die Politik des Augustus und die griechische Agonistik,* in: E. LEFÈVRE (Hg.), Monumentum Chiloniense. Festschrift für Erich Burck zum 70. Geburtstag, Amsterdam 1975, 228–259
S. LASER, *Sport und Spiel* (Archaeologia Homerica T), Göttingen 1987
J. LATACZ, *Homeros,* in: DNP 5 (1998) 686–699
J. LATACZ, *Die griechische Literatur in Text und Darstellung 1: Archaische Periode,* Stuttgart 1991
J. LATACZ, *Troia und Homer. Der Weg zur Lösung eines alten Rätsels,* München/Berlin 2001
S. LATTIMORE, *Agias at Delphi and at Pharsalos,* in: AJA 95 (1991) 296
B. LAUM, *Stiftungen in der griechischen und römischen Antike,* Leipzig 1914, Ndr. Aalen 1964
M. LAVRENCIC/G. DOBLHOFER/P. MAURITSCH, *Diskos* (QGAA 1), Wien/Köln 1991
K. D. LAZARIDES, *Ανασκαφές και έρευνες δτην Αμφίπολη,* in: Praktika 1984, A (1988) 33–39
A. LEBESSI/G. MUHLY/G. PAPASAVVAS, *The Runner's Ring. A Minoan Athlete's Dedication at the Syme Sanctuary, Crete,* in: AM 119 (2004) 1–31
H. M. LEE, *Athletics and the Bikini Girls from Piazza Armerina,* in: Stadion 10 (1984) 45–76
H. M. LEE, *The Later Greek Boxing Glove and the "Roman" Caestus: A Centennial Reevaluation of Jüthner's 'Über antike Turngeräthe',* in: Nikephoros 10 (1997) 161–178
H. M. LEE, *The* Halma*: A Running or Standing Jump?,* in: SCHAUS/WENN (Hg.), Onward to the Olympics, 153–165
H. M. LEE, *The Program and Schedule of the Ancient Olympic Games* (Nikephoros Beihefte 6), Hildesheim 2001
H. M. LEE, *Wrestling in the Repêchage of the Ancient Pentathlon,* in: JSH 20 (1993) 53–59
B. LE GUEN (HG.), *L'argent dans les concours du monde grec. Actes du colloque international, Saint-Denis et Paris, 5–6 décembre 2008,* Saint Denis 2010

B. Le Guen, *Les associations de Technites dionysiaques à l'époque hellénistique* (Études d'archéologie classique XI), I–II, Nancy 2001

B. Le Guen, *Hadrien, l'Empereur philhellène, et la vie agonistique de son temps. À propos d'un livre récent: Hadrian und die dionysischen Künstler. Drei in Alexandria Troas neugefundene Briefe des Kaisers an die Künstlervereinigung,* in: Nikephoros 23 (2010) i. Dr.

B. Le Guen, *Le palmarès de l'acteur-athlète: retour sur Syll.³1080 (Tégée),* in: ZPE 160 (2007) 97–107

G. A. Lehmann, *Das Auftreten der „Seevölker". Invasoren im östlichen Mittelmeerraum des 14.–12./11. Jh. v. Chr.,* in: Yalçin/Pulak/Slotta (Hg.), Schiff von Uluburun, 283–289

G. A. Lehmann, *Die mykenisch-frühgriechische Welt und der östliche Mittelmeerraum in der Zeit der "Seevölker"-Invasion um 1200 v. Chr.,* Opladen 1985

K. Lennartz, *Kenntnisse und Vorstellungen von Olympia und den Olympischen Spielen in der Zeit von 393–1896* (Theorie der Leibeserziehung. Texte – Quellen – Dokumente 9), Schorndorf 1974

W. Leschhorn, *Griechische Agone in Makedonien und Thrakien. Ihre Verbreitung und politisch-religiöse Bedeutung in der römischen Kaiserzeit,* in: U. Peter (Hg.), Stephanos noumismatikos. Festschrift Edith Schönert-Geiss zum 65. Geburtstag, Berlin 1998, 399–415

W. Leschhorn, *Die Verbreitung von Agonen in den östlichen Provinzen des Römischen Reiches,* in: Stadion 24 (1998) 31–57

W. Letzner, *Der römische Circus. Massenunterhaltung im Römischen Reich,* Mainz 2009

N. Lewis, *Life in Egypt under Roman Rule,* Oxford 1983

A. Ley, *Atalante – Von der Athletin zur Liebhaberin,* in: Nikephoros 3 (1990) 31–72

M. A. Littauer/J. H. Crouwel, *Wheeled Vehicles and Ridden Animals in the Near East* (HdO VII 1, 2 B, Lfg. 1), Leiden /Köln 1979

H. Lovatt, *Statius and Epic Games. Sport, Politics and Poetics in the Thebaid,* Cambridge 2005

M. Maass, *Das antike Delphi,* Darmstadt 1993

G. Maddoli, *Milone olimpionico ἑπτάκις ([Simon.] fr. 153 D e Paus. VI 14,5),* in: PP 47 (1992) 46–49

H. Maehler, *Die Lieder des Bakchylides I. Die Siegeslieder* (Mnemosyne 62), 2 Bde, Leiden 1982

A. Mallwitz, *Cult and Competition Locations at Olympia,* in: Raschke (Hg.), Archaeology of the Olympics, 79–109

A. Mallwitz, *Olympia und seine Bauten,* Darmstadt 1972

L. Malten, *Leichenspiel und Totenkult,* in: AM 38/39 (1923/1924) 300–340

H. Manderscheid, *Ancient Baths and Bathing: A Bibliography for the Years 1988–2001* (JRA, Suppl. 55), Portsmouth 2004

F. Maniscalco, *Il nuoto nel mondo greco-romano,* Neapel 1995

Ch. Mann, *Athlet und Polis im archaischen und frühklassischen Griechenland* (Hypomnemata 138), Göttingen 2001

Ch. Mann, *„Um keinen Kranz, um das Leben kämpfen wir". Gladiatoren im Osten des Römischen Reiches und die Frage der Romanisierung* (Studien zur Alten Geschichte 14), Berlin 2011

Ch. Mann, *Krieg, Sport und Adelskultur. Zur Entstehung des griechischen Gymnasions,* in: Klio 80 (1998) 7–21

D. Mannsperger, *Olympischer Wettkampf. Sportdarstellungen auf antiken Münzen und Medaillen,* Tübingen 1984

Ch. Marek, *Geschichte Kleinasiens in der Antike,* München 2010

M. Mari, *Olimpie macedoni di Dion tra Archelao e l'età romana,* in: RFil 126 (1998) 137–169

N. Marinatos, *The ‚Export' Significance of Minoan Bull Hunting and Bull Leaping Scenes,* in: Ä & L 4 (1994) 89–93

N. Marinatos, *Kunst und Religion im alten Thera. Zur Rekonstruktion einer bronzezeitlichen Gesellschaft,* Athen 1988

N. Marinatos/C. Palyvou, *The Taureador Frescoes from Knossos. A New Study,* in: Bietak/Marinatos et al. (Hg.) Taureador Scenes, 125–126

Sp. Marinatos/M. Hirmer, *Kreta, Thera und das mykenische Griechenland,* München 1986

E. Maróti, *ΠΕΡΙΟΔΟΝΙΚΗΣ. Anmerkungen zum Begriff Perioden-Sieger bei den panhellenischen Spielen,* in: Acta Antiqua 31 (1985/1988) 335–355

E. Maróti, *Zur Regelung der Sportwettkämpfe der Sebasta in Neapel,* in: Acta Antiqua 38 (1998) 211–213

E. Maróti, *Delphoi és a pythia sportversenyei,* Budapest 1995

E. Maróti, *A delphoi pythia sportversenyei gyöztesey,* Budapest 2000

E. Maróti, *Zur Problematik des Wettlaufes und der Reihenfolge beim altgriechischen Pentathlon* (ung.), in: Acta antiqua et archaeologica, Suppl. VIII, Szeged 1992, 3–24

E. Maróti/G. Maróti, *Zur Frage des Pentathlon-Sieges,* in: Nikephoros 6 (1993) 53–59

V. Mathé, *Coût et financement des stades et des hippodromes,* in: Le Guen (Hg.), Argent dans les concours, 189–223

E. Matos Moctezuma, *The Ballcourt in Tenochtitlan,* in: Whittington (Hg.), Sport of Life and Death, 88–95

V. Matthews, *The Greek Pentathlon Again,* in: ZPE 100 (1994) 129–138

P. Mauritsch/W. Petermandl et al. (Hg.), *Antike Lebenswelten. Konstanz – Wandel – Wirkungsmacht. Festschrift für Ingomar Weiler zum 70. Geburtstag* (Philippika 25), Wiesbaden 2008

W. McLeod, *Composite Bows from the Tomb of Tutʿankhamūn* (Tutʿankhamūn's Tomb Series III), Oxford 1970

A. Mehl, *Erziehung zum Hellenen – Erziehung zum Weltbürger. Bemerkungen zum Gymnasium im griechischen Osten,* in: Nikephoros 5 (1992) 43–73

E. Mehl, *Zur Geschichte des Begriffes Gymnastik,* in: R. Jahn (Hg.), Zur Weltgeschichte der Leibesübungen. Festgabe für Erwin Mehl zum 70. Geburtstag, Frankfurt 1960 [Teil II], 22–47

E. Mehl, *Antike Schwimmkunst,* München 1927

Ch. Meier, *Das große Fest zu Olympia im klassischen Altertum,* in: Nikephoros 6 (1993) 93–104

M. Meier, *Apopudobalia,* in: DNP 1 (1996) 895

B. D. Meritt, *Greek Inscriptions* (Corinth VIII 1), Cambridge, Mass. 1931

R. Merkelbach, *Die ruhmvollen Blumenkohlohren des Pionios von Smyrna,* in: ZPE 76 (1989) 17 f.

L. Migeotte, *Les concours d'Aktion en Acarnanie: organisation finacière et fiscale,* in: AncW 32 (2001) 164–170

St. G. Miller, *Arete. Greek Sports from Ancient Sources,* Berkeley/Los Angeles/Oxford [2]1991

St. G. Miller, *Ancient Greek Athletics,* New Haven/London 2004

St. G. Miller, *Excavations at the Panhellenic Site of Nemea,* in: Raschke (Hg.), Archaeology of the Olympics, 141–151

St. G. Miller, *The Date of Olympic Festivals,* in: AM 90 (1975) 215–231

St. G. Miller, *The Date of the First Pythiad,* in: CSCA 11 (1979) 127–158

St. G. Miller (Hg.), *Nemea. A Guide to the Site and Museum,* Berkeley/Los Angeles/Oxford 1990

St. G. Miller. *Nemea. A Guide to the Site and Museum,* Athen 2004

St. G. Miller, *Nemea and the Nemean Games,* in: Tzachou-Alexandri (Hg.), Mind and Body, 89–96

St. G. Miller, *The Rebirth of the Hysplex at Nemea,* in: Valavanis, Hysplex, 145–173

St. G. Miller, *The Shrine of Opheltes and the Early Stadium of Nemea,* in: Kyrieleis (Hg.), Olympia 1875–2000, 239–250
St. G. Miller, *The Early Hellenistic Stadium* (Excavations at Nemea II), Berkeley/Los Angeles/London 2001
St. G. Miller, *The Ancient Stadium of Nemea. A Self-guided Tour,* sine loco et sine anno
St. G. Miller, *The Stadium at Nemea and the Nemean Games,* in: Coulson/Kyrieleis (Hg.), Olympic Games, 81–86
St. G. Miller, *The* Theorodokoi *of the Nemean Games,* in: Hesperia 57 (1988) 147–163
St. G. Miller, *Turns and Lanes in the Ancient Stadium,* in: AJA 84 (1980) 159–166
C. Millon/B. Schouler, *Les jeux olympiques d'Antioche,* in: Pallas 34 (1988) 61–76
N. P. Milner, *Victors in the Meleagria and the Balbouran élite,* in: Anatolian Studies 41 (1991) 23–62
E. Miranda de Martino, *Neapolis e gli imperatori. Nuovi dati dai cataloghi dei Sebastà,* in: Oebalus 2 (2007) 203–215
M. T. Mitsos, *Thermaika and Panaitolika,* in: Hesperia 16 (1947) 256–261
Ch. Moretti, *Les courses de chars dans l'Orient grec,* in: Landes (Hg.), Cirque et courses de chars, 21–31
L. Moretti, *Dagli Heraia all'Aspis di Argo,* in: MGR 16 (1991) 179–189
L. Moretti, *Iscrizioni agonistiche greche* (Studi pubblicati dall'Istituto italiano per la storia antica 12), Rom 1953
L. Moretti, *Olympionikai, i vincitori negli antichi agoni olimpici* (Atti della Accademia nazionale dei Lincei, anno CCCLIV, 1957, Memorie, Classe di Scienze morali, storiche e filologiche, serie VIII, Vol. VIII, fasc. 2), Rom 1957
L. Moretti, *Nuovo supplemento al catalogo degli olympionikai,* in: MGR 12 (1987) 67–91
J. Mouratidis, *Anachronism in the Homeric Games and Sports,* in: Nikephoros 3 (1990) 11–22
J. Mouratidis, *Ιστορία φυσικής αγωγής (με στοιχεία φιλοσοφίας),* Thessaloniki 1990
J. Mouratidis, *Ιστορία φυσικής αγωγής και αθλητισμού του αρχαίου κόσμου,* Thessaloniki 2008
J. Mouratidis, *On the Jump of the Ancient Pentathlon* (Nikephoros Beihefte 20), Hildesheim 2012 i. Dr.
A. Moustaka, *Zeus und Hera im Heiligtum von Olympia,* in: Kyrieleis (Hg.), Olympia 1875–2000, 301–315
St. Müller, *„Herrlicher Ruhm im Sport oder im Krieg" – Der* Apobates *und die Funktion des Sports in der griechischen Polis,* in: Nikephoros 4 (1991) 41–69
St. Müller, *Das Volk der Athleten. Untersuchungen zur Ideologie und Kritik des Sports in der griechisch-römischen Antike* (Bochumer Altertumswissenschaftliches Colloquium 21), Trier 1995
St. R. Murray/W. A. Sands/D. A. O'Roark, *Recreating the Ancient Javelin Throw: how far was the Javelin Thrown?,* in: Nikephoros 25 (2012) i. Dr.
G. Musti, *Nikephoria e il ruolo panellenico di Pergamo,* in: RFil 126 (1998) 5–40
G. Musti, *Nuove riflessioni sui Nikephoria Pergameni e Diodoro Pasparo,* in: RFil 127 (1999) 325–333
J. Mylonopoulos/H. Roeder (Hg.), *Archäologie und Ritual. Auf der Suche nach der rituellen Handlung in den antiken Kulturen Ägyptens und Griechenlands,* Wien 2006
G. Nachtergael, *Les Galates en Grèce et les Sôtéria de Delphes,* Brüssel 1977
N. B. Need, *A Chariot Race for Athens' Finest: The Apobates Contest Re-Examined,* in: JSH 17 (1990) 306–317
J. Neils et al., *Goddess and Polis. The Panathenaic Festival in Ancient Athens,* Princeton 1992
J. Neils/St. V. Tracy, *TON ΑΘΕΝΕΘΕΝ ΑΘΛΟΝ. The Games at Athens,* [Athen] 2003

J. Nelis-Clément/J.-M. Roddaz (Hg.), *Le cirque romain et son image* (Ausonius Éditions. Mémoires 25), Bordeaux 2008

A. Neumann-Hartmann, *Der Aufführungsrahmen von Epinikien: ein Diskussionsbeitrag,* in: Nikephoros 20 (2007) 49–112

A. Neumann-Hartmann, *Epinikien und ihr Aufführungsrahmen* (Nikephoros Beihefte 17), Hildesheim 2009

A. Neumann-Hartmann, *Pindar und Bakchylides (1988–2007),* in: Lustrum 52 (2010) 181–463

A. Neumann-Hartmann, *Prosopographie zu den Epinikien von Pindar und Bakchylides,* in: Nikephoros 21 (1008) 81–132

A. Neumann-Hartmann, *Das Wettkampfprogramm der panhellenischen Spiele im 5. Jh. v. Chr.,* in: Nikephoros 20 (2007) 113–151

Z. Newby, *Greek Athletics in the Roman World. Victory and Virtue,* Oxford/New York 2005

N. J. Nicholson, *Aristocracy and Athletics in Archaic and Classical Greece,* New York 2005

I. Nielsen, *Thermae et Balnea. The Architecture and Cultural History of Roman Public Baths,* 2 Bde, Aarhus 1990

V. Nutton, *Galenos aus Pergamon,* in: DNP 4 (1998) 748–756

V. Olivová, *Sport und Spiele im Altertum. Eine Kulturgeschichte,* München 1985

W. Orth, *Zum Gymnasium im römerzeitlichen Ägypten,* in: Heinen et al. (Hg.), Althistorische Studien, 223–232

O. Palagia/A. Choremi-Spetsieri (Hg.), *The Panathenaic Games. Proceedings of an International Conference Held at the University of Athens, May 11–12, 2004,* Oxford 2007

D. Panagiotopopulos, *Das minoische Stierspringen. Zur Performanz und Darstellung eines altägäischen Rituals,* in: Mylonopoulos/Roeder (Hg.), Archäologie und Ritual, 125–138

Z. Papakonstantinou, *Prizes in Early Archaic Greek Sport,* in: Nikephoros 15 (2002) 51–67

Z. Papakonstantinou (Hg.), *Sport in the Cultures of the Ancient World. New Perspectives,* Milton Park/New York 2010

A. Papanicolaou-Christensen, *The Panathenaic Stadium. Its History over the Centuries,* Athen 2003

H. W. Parke, *A Note on the Fresco of the Boxing Boys at Akrotiri,* in: JPR 1 (1987) 35–38

R. Patrucco, *L'attività sportiva di Sparta,* in: Caffarello (Hg.), Archeologica, 395–412

R. Patrucco, *Lo stadio di Epidauro,* Florenz 1976

R. Patrucco, *Lo sport nella Grecia antica,* Florenz 1972

W. Peek, *Archaische Epigramme,* in: ZPE 23 (1976) 75–81

S. Penner, *Schliemanns Schachtgräberrund und der europäische Nordosten* (Saarbrücker Beiträge zur Altertumskunde 60), Bonn 1998

P. Perlman, *The Calendrical Position of the Nemean Games,* in: Athenaeum 77 [N.S. 67] (1989) 57–90

S. Perrot, *Les premiers concours des Pythia,* in: Nikephoros 22 (2009) 7–13

W. Petermandl, *Überlegungen zur Funktion der Altersklassen bei den griechischen Agonen,* in: Nikephoros 10 (1997) 135–147

M. Petterson, *Cults of Apollo at Sparta. The Hyakinthia, the Gymnopaidiai and the Karneia* (Acta Instituti Atheniensis regni Sueciae, series in 8°), Stockholm 1992

G. Petzl/E. Schwertheim, *Hadrian und die dionysischen Künstler. Drei in Alexandria Troas neugefundene Briefe des Kaisers an die Künstler-Vereinigung* (Asia Minor Studien 58), Bonn 2006

D. J. Phillips/D. Pritchard (Hg.), *Sport and Festival in the Ancient Greek World,* Swansea 2003

O. Picard, *Delphi and the Pythian Games,* in: Tzachou-Alexandri (Hg.), Mind and Body, 69–81

[O. PICARD], *Guide de Delphes. Le musée,* Paris 1991
L. PIHKALA/E. N. GARDINER, *The System of the Pentathlon,* in: JHS 45 (1925) 132–134
H. W. PLEKET, *Games, Prizes, Athletes and Ideology,* in: Stadion 1 (1975) 49–89
H. W. PLEKET, *The Participation in the Ancient Olympic Games: Social Background and Mentality,* in: COULSON/KYRIELEIS (Hg.), Olympic Games, 147–152
H. W. PLEKET, *Zur Soziologie des antiken Sports,* in: MNIR 36 (1974) 57–87, wiederabgedruckt in: Nikephoros 14 (2001) 157–212
H. W. PLEKET, *Sport and Ideology in the Graeco-Roman World,* in: Klio 80 (1998) 315–324.
M. B. POLIAKOFF, *Kampfsport in der Antike. Das Spiel um Leben und Tod,* Zürich/München 1989
M. B. POLIAKOFF, *Studies in the Terminology of the Greek Combat Sports* (Beiträge zur Klassischen Philologie 146), Königstein 1982
J. A. POTRATZ, *Der Pferdetext aus dem Keilschrift-Archiv von Boğazköy,* Diss. Rostock 1938
J. POUILLOUX, *Travaux à Delphes à l'occasion des Pythia,* in: Etudes Delphiques (BCH, Suppl. IV), Paris 1977, 103–123
C. PULAK, *Das Schiffswrack von Uluburun (und seine Ladung),* in: YALÇIN/PULAK/SLOTTA, Uluburun, 55–102
D. R. QUANZ, *Die Gründung des IOC im Horizont von bürgerlichem Pazifismus und sportlichem Internationalismus,* in: G. GEBAUER (Hg.), Die Aktualität der Sportphilosophie. Sport, Spiel, Kämpfe. Studien zur historischen Anthropologie des Sports. Vorträge der Jahrestagung der Philosophic Society for the Study of Sport in Berlin, 2.–4. Oktober 1992, St. Augustin 1993, 191–216
D. R. QUANZ, *Civic Pacifism and Sports-Based Internationalism: Framework for the Founding of the International Olympic Committee,* in: Olympika 2 (1993) 1–29
F. QUEYREL, *Inscriptions et scènes figurées peintes sur le xyste de Delphes,* in: BCH 125 (2001) 333–387
W. RAECK, *Archäologische Randbemerkungen zum griechischen Gymnasion,* in: KAH/SCHOLZ (Hg.), Gymnasion, 363–371
W. J. RASCHKE (Hg.), *The Archaeology of the Olympics. The Olympics and Other Festivals in Antiquity,* Madison, Wisconsin/London 1988
W. RASCHKE, *Aulos and Athlete,* in: Arete 2 (1985) 177–200
W. J. RASCHKE, *Images of Victory. Some New Considerations of Athletic Monuments,* in: EADEM (Hg.), Archaeology of the Olympics, 38–54
A. RAUBITSCHEK, *Panhellenic Idea and the Olympic Games,* in: RASCHKE (Hg.), Archaeology of the Olympics, 35–37
A. RAUBITSCHEK, *Unity and Peace through the Olympic Games,* in: COULSON/KYRIELEIS (Hg.), Olympic Games, 185–186
P. RAULWING, *Horses, Chariots and Indo-Europeans. Foundations and Methods of Chariotry Research from the Viewpoint of Comparative Indo-European Linguistics* (Archaeolingua. Series Minor 13), Budapest 2000
P. RAULWING/H. MEYER, *Der Kikkuli-Text. Hippologische und methodenkritische Überlegungen zum Training von Streitwagenpferden im Alten Orient,* in: BURMEISTER/ENDLICH/KLOOS (Red.), Rad und Wagen, 491–506
F. RAUSA, *L'immagine del vincitore. L'atleta nella statuaria greca dall'età arcaica all'ellenismo* (Ludica 2), Treviso/Rom 1994
M. RAUSCH, *Zeitpunkt und Anlaß der Einführung der Phylenagone in Athen,* in: Nikephoros 11 (1998) 83–105

S. Remijsen, *Challenged by Egyptians: Greek Sports in the Third Century BC,* in: Papakonstantinou (Hg.), Sport in the Ancient World, 98–123

A. Rengakos/B. Zimmermann (Hg.), *Homer-Handbuch. Leben – Werk – Wirkung,* Stuttgart/Weimar 2011

L. Riefenstahl, *Die Nuba,* München [2]1977

H. Rieder, *Sportliche Glanzleistungen vergangener Jahrhunderte,* Vaihingen 2005

B. Rieger, *Die Capitolia des Kaisers Domitian,* in: Nikephoros 12 (1999) 171–203

B. Rieger, *Von der Linie (grammé) zur Hysplex. Startvorrichtungen in den panhellenischen Stadien Griechenlands* (Nikephoros Beihefte 9), Hildesheim 2004

I. Ringwood-Arnold, *Local Festivals at Delos,* in: AJA 37 (1933) 452–458

D. Rizakis (Hg.), *Achaia und Elis in der Antike. Akten des 1. Internationalen Symposiums, Athen, 19.–21. Mai 1989* (Meletemata 13), Athen 1991, 99–102

L. Robert, *Catalogue agonistique des Romaia de Xanthos,* in: RA 1978, 277–290

L. Robert, *Choix d'écrits, édité par* D. Rousset *avec la collaboration de* Ph. Gauthier *et* I. Savalli-Lestrade, Paris 2007

L. Robert, *Les concours grecs,* in: Idem, Choix d'écrits, 267–278

L. Robert, *Les épigrammes satiriques de Lucillius sur les athlètes: parodie et réalité,* in: L'épigramme grecque (Entretiens sur l'Antiquité classique XIV), Vandœuvres/Genf 1967

L. Robert, *Etudes sur les inscriptions et la topographie de la Grèce centrale. I. Fêtes Thébaines,* in: BCH 59 (1935) 193–209, 193–199

L. Robert, *Les gladiateurs dans l'Orient grec,* Paris 1940, Ndr. Amsterdam 1971

L. Robert, *Recherches épigraphiques I: Ἄριστος Ἑλλήνων, avec Addendum,* in: REA 31 (1929) 13–20, 225 f.

P. Rösch, *Les Hérakleia de Thèbes,* in: ZPE 17 (1975) 1–7

L. Roller, *Funeral Games for Historical Persons,* in: Stadion 7 (1981) 1–18

C. Rolley, *En regardant l'aurige,* in: BCH 114 (1990) 285–297

R. Rollinger, *Aspekte des Sports im Alten Sumer. Sportliche Betätigung und Herrschaftsideologie im Wechselspiel,* in: Nikephoros 7 (1994) 7–64

R. Rollinger, *Altorientalische Einflüsse auf die homerischen Epen,* in: Rengakos/Zimmermann, Homer-Handbuch, 213–227

R. Rollinger, *Gilgamesch als ‚Sportler' oder pukku und mikku als Sportgeräte des Helden von Uruk,* in: Nikephoros 19 (2006) 9–44

R. Rollinger, *Sport und Spiel,* in: RLA XII (2010) 235–252

D. G. Romano, *Athletics and Mathematics in Archaic Corinth: The Origin of the Greek Stadion* (Memoirs of the American Philosophic Society 206), sine loco 1993

D. G. Romano, *The Early Stadium at Nemea,* in: Hesperia 46 (1977) 27–31

G. Rougement, *La hiéroménie et les 'trêves sacrés' d'Eleusis, de Delphes et d'Olympie,* in: BCH 97 (1973) 75–106

W. Rudolph, *Olympischer Kampfsport in der Antike. Faustkampf, Ringkampf und Pankration in den griechischen Nationalfestspielen,* Berlin 1965

J. K. Rühl, *Die „Olympischen Spiele" Robert Dovers* (Annales Universitatis Saraviensis, Reihe: Philosophische Fakultät 14), Heidelberg 1975

J. Rumscheid, *Kranz und Krone. Zu Insignien, Siegespreisen und Ehrenzeichen der römischen Kaiserzeit* (Istanbuler Forschungen 43), Tübingen 2000

I. Rutgers, *Sextus Julius Africanus, Olympionicarum fasti or List of the Victors at the Olympian Games,* Ndr. Chicago 1980

E. RYSTEDT, *The Foot-Race and Other Athletic Contests in the Mycenaean World. The Evidence of the Pictorial Vases,* in: Opuscula Atheniensia XVI (1986) 103–116

S. ŞAHIN, *Inschriften aus Seleukeia am Kalykadnos (Silifke),* in: EA 17 (1991) 139–166

J. SAKELLARAKIS, *Sport in Crete and Mycenae,* in: N. YALOURIS (Hg.), The Olympic Games in Ancient Greece, Athen 1982, 13–23

St. SAMIDA, *Zum Ursprung des Sports. Ein forschungsgeschichtlicher Rückblick,* in: Nikephoros 13 (2000) 7–46

A. E. SAMUEL, *Greek and Roman Chronology* (Handbuch der Altertumswissenschaft I 7), München 1972

Th. F. SCANLON, *Greek Boxing Gloves: Terminology and Evolution,* in: Stadion 8/9 (1982/1983) 31–45

Th. F. SCANLON, *Death and the Discus in Greek and Hindu Myth,* in: Nikephoros 18 (2005) 219–233

Th. F. SCANLON, *Eros and Greek Athletics,* Oxford 2002

Th. F. SCANLON, *The Heraia at Olympia Revisited,* in: Nikephoros 21 (2008) 159–196

Th. F. SCANLON, *Greek and Roman Sport. A Bibliography,* Chicago 1984

Th. F. SCANLON, *The Vocabulary of Competition: Agon and Aethlos, Greek Terms for Contest,* in: Arete 1 (1983) 147–162

K. SCHAUENBURG, *Athletenbilder des 4. Jahrhunderts,* in: Antike Plastik II, Berlin 1964, 75–80

G. P. SCHAUS/St. R. WENN (Hg.), *Onward to the Olympics. Historical Perspectives on the Olympic Games* (Publications of the Canadian Institute in Greece 5), sine loco 2007

J. SCHILBACH, *Olympia. Die Entwicklungsphasen des Stadions,* in: COULSON/KYRIELEIS (Hg.), Olympic Games, 33–37

H. SCHMID, *Zur Technik des Weitsprungs (ἅλμα) in der griechischen Antike. Eine Neubewertung literarischer und bildlicher Quellen unter Berücksichtigung biomechanischer Bewegungsanalysen und volkskundlicher Traditionen,* Diss. Mainz 1997

St. SCHMIDT, *Zum Treffen in Neapel und den Panhellenia in der Hadriansinschrift aus Alexandria Troas,* in: ZPE 170 (2009) 109–112

K. SCHNEIDER, *Hippodromos* (2), in: RE VIII 2 (1913) 1735–1745

K. SCHNEIDER, *Isthmien,* in: RE IX 2 (1916) 2248–2255

L. SCHOFIELD, *Mykene. Geschichte und Mythos,* Darmstadt 2000

B. SCHRÖDER, *Zum Diskobol des Myron. Eine Untersuchung,* Straßburg 1913

R. SCHROTT, *Homers Heimat. Der Kampf um Troia und seine realen Hintergründe,* München 2008

G. SCHWARZ, *Addenda zu Beazleys „Aryballoi",* in: JÖAI 54 (1983) 27–32

B. SEIDENSTICKER/A. STAEHLI/A. WESSELS (Hg.), *Poseidippos: Die neuen Epigramme. P. Mil. Vogl. 309. Griechisch und deutsch,* Darmstadt 2012

M. SÈGRE, *L'institution des Niképhoria à Pergame,* in: Hellenica 5 (1948) 101–128

M. SERRANO ESPINOSA, *La tauromaquia minoica,* Alicante 2006

M. SÈVE, *Les concours d'Epidaure,* in: REG 106 (1993) 303–328

J. L. SHEAR, *Prizes from Athens. The List of Panathenaic Prizes and the Sacred Oil,* in: ZPE 142 (2003) 87–108

M. SIEBLER, *Olympia. Ort der Spiele, Ort der Götter,* Stuttgart 2004

P. SIEWERT, *Die Namen der antiken Marthonläufer,* in: Nikephoros 3 (1990) 121–126

P. J. SIJPESTEIJN, *Nouvelle liste des gymnasiarches des métropoles de l'Égypte romaine* (Studia Amstelodamensia ad epigraphicam, ius antiquum et papyrologicam pertinentia XXVIII), Zutphen 1986

E. SIMON, *Archemoros,* in: AA (1979) 31–45

U. Sinn, *Das antike Olympia. Götter, Spiel und Kunst,* München 2004

U. Sinn, *Olympia. Kult, Sport und Fest in der Antike* (Wissen 2039), München 1996

U. Sinn, *Olympia. Die Stellung der Wettkämpfe im Kult des Zeus Olympios,* in: Nikephoros 4 (1991) 31–54

T. Sipahi, *New Evidence from Anatolia Regarding Bull-Leaping Scenes in the Art of the Aegean and the Near East,* in: Anatolica 27 (2002) 107–125

T. Sipahi, *Eine althethitische Reliefvase vom Hüseyindede Tepesi,* in: Istanbuler Mitteilungen 50 (2000) 63–85

W. J. Slater, *Hadrian's Letters to the Athletes and Dionysaic Artists Concerning Arrangements for the "Circuit" of Games,* in: JRA 21 (2008) 610–620

D. Spivey, *The Ancient Olympics,* Oxford/New York 2004

Th. Spyropoulos, *Tanagra* (EAA Suppl. V), Rom 1997

N. Ch. Stampolidis/Y. Tassoulas (Hg.), *Magna Graecia. Athletics and the Olympic Spirit on the Periphery of the Hellenic World,* Athen 2004

F. Starke, *Ausbildung und Training von Streitwagenpferden. Eine hippologisch orientierte Interpretation des Kikkuli-Textes* (Studien zu den Boghazköy-Texten 41), Wiesbaden 1995

I. E. Stephanis, *Διονυσιακοὶ τεχνίται. Συμβολὲς οτὴν προσωπογραφία τοῦ θεάτρου καὶ τῆς μουσικῆς τῶν ἀρχαίων Ἑλλήνων,* Heraklio 1988

M. Stephosi/G. G. Kavvadias, *Αρχαία στάδια. Στάδια και αγώνες από την Ολυμπία στην Αντιοχεία,* Heraklion/Athen [2004]

J.-Y. Strasser, *La carrière du pancratiaste Markos Aurèlios Dèmostratos Damas,* in: BCH 127 (2003) 251–299

J.-Y. Strasser, *«Qu'on fouette les concurrents...» À propos des lettres d'Hadrien retrouvées à Alexandrie de Troade,* in: REG 123 (2010) 585–622

J.-Y. Strasser, *Études sur les concours d'Occident,* in: Nikephoros 14 (2001) 109–155

J.-Y. Strasser, *Les Olympia d'Alexandrie et le pancratiaste M. Aur. Asklèpiadès,* in: BCH 128/129 (2004/2005) 421–468

J. Swaddling, *The Ancient Olympic Games,* London [4]2008

J. Swaddling, *Die Olympischen Spiele der Antike,* Stuttgart 2004

E. Taladoire, *Les terrains de jeu de balle (Mésoamérique et Sud-ouest des Etats-Unis)* (Etudes mésoaméricaines II 4), [Mexiko] 1981

P. Taracha, *Bull-Leaping on a Hittite Vase. New Light on Anatolian and Minoan Religion,* in: Archaeologia Warsawa 53 (2002) 7–20

A. Tarassouleas, *Jeux Olympiques à Athènes,* [Athen] 1988

G. J. M. te Riele, *Inscriptions conservées au Musée d'Olympie,* in: BCH 88 (1964) 186 f.

P. Themelis, *Das Stadion und das Gymnasion von Messene,* in: Nikephoros 22 (2009) 59–77

K. Thomamüller, *Die Steininschrift am Stadion von Delphi. Vom überlieferten Text zum Original* (Scripta redintegrata 3), Glückstadt 2007

R. Thomas, *Athletenstatuetten der Spätarchaik und des Strengen Stils* (Archaeologica 18), Rom 1987

J. G. Thompson, *Clues to the Location of Minoan Bull-Jumping from the Palace of Knossos,* in: JSH 16 (1989) 62–79

J. G. Thompson, *Clues to the Location of Bull Jumping at Zakro,* in: JSH 19 (1992) 163–168

J. G. Thompson, *The Location of Minoan Bull-Sports. A Consideration of the Problem,* in: JSH 13 (1986) 5–13

J.-P. Thuillier, *Le cirrus et la barbe,* in: MEFRA 110 (1998) 351–380

J.-P. Thuillier, *Les jeux athlétiques dans la civilisation étrusque* (BEFAR 256), Rom 1985

M. Tiverios, *Panathenaic Amphoras,* in: Palagia/Choremi-Spetsieri (Hg.), Panathenaic Games, 21–32

St. V. Tracy, *The Panathenaic Festival and Games: An Epigraphical Inquiry,* in: Nikephoros 4 (1991) 133–153

J. Tremel, *Magica agonistica. Fluchtafeln im antiken Sport* (Nikephoros Beihefte 10), Hildesheim 2004

J. Tremel, *Die Steinzeile in der Laufbahn des Stadions von Olympia* (Nikephoros Beihefte 16), Hildesheim 2009

A. D. Trendall, *Rotfigurige Vasen aus Unteritalien und Sizilien,* Mainz 1990

L. A. Turner, *The Basileia at Lebadeia,* in: J. M. Fossey (Hg.), Proceedings of the 8th International Conference on Boiotian Antiquities, Loyola University of Chicago, 24–26 May 1995 (Boeotia Antiqua VI), Amsterdam 1996, 105–126

O. Tzachou-Alexandri (Hg.), *Mind and Body. Athletic Contests in Ancient Greece,* Athen 1989

H. T. Uçankuş, *Die bronzene Siegerstatue eines Läufers aus dem Meer vor Kyme,* in: Nikephoros 2 (1989) 135–155

H. Ueberhorst (Hg.), *Geschichte der Leibesübungen,* I, Berlin/München/Frankfurt 1972

Ch. Ulf/R. Rollinger (Hg.), *Lag Troia in Kilikien? Der aktuelle Streit um Homers Ilias,* Darmstadt 2011

Ch. Ulf/I. Weiler, *Der Ursprung der antiken Olympischen Spiele in der Forschung,* in: Stadion 6 (1980) 1–38

A. Uzunaslan/Ch. Wallner, *Die Periodoniken. Vorüberlegungen zu einer Sammlung der besten Agonisten der Antike,* in: K. Strobel (Hg.), Die Geschichte der Antike aktuell. Akten des 9. gesamtösterreichischen Althistorikertages 2002 und der V. Internationalen Table Ronde zur Geschichte der Alpen-Adria-Region in der Antike (Klagenfurt, 14.11.–17.11.2002), Klagenfurt/Ljubljana/Wien 2005, 121–128

P. Valavanis, *Παναθηναϊκοί αμφορείς από την Ερέτρια. Συμβολή στην αττική αγγειογραφία του 4ου π.Χ. αιώνα,* Athen 1991

P. Valavanis, *Games and Sanctuaries in Ancient Greece. Olympia, Delphi, Isthmia, Nemea, Athens,* Los Angeles 2004

P. Valavanis, *Hysplex. The Starting Mechanism in Ancient Stadia. A Contribution to Ancient Greek Technology* (Classical Studies 36), Berkeley/Los Angeles/London 1999

P. Valavanis, *Prozessionen von Panathenäensiegern auf der Akropolis,* in: AM 106 (1991) 487–498

O. van Nijf, *Athletics, Festivals and Greek Identity in the Roman East,* in: Proceedings of the Cambridge Philological Society 45 (2000) 176–200

O. van Nijf, *Local Heroes. Athletics, Festivals and Elite Self-Fashioning in the Roman East,* in: S. Goodhill, (Hg.), Being Greek under Rome. Cultural Identity, the Second Sophistic and the Development of Empire, Cambridge 2001, 306–334

U. Verhoeven/E. Graefe (Hg.), *Religion und Philosophie im Alten Ägypten. Festgabe für Philippe Derchain zu seinem 65. Geburtstag am 24. Juli 1991* (OLA 39), Löwen 1991

H. Versnel, *Defixio,* in: DNP 3 (1997) 363–365

S. Veuve, *Fouilles d'Aïkhanoum 6: Le gymnase. Architecture, céramique, sculpture* (Mémoire de la délégation archéologique française en Afghanistan 30), Paris 1987

A. Viacava, *L'atleta di Fano* (Studia Archaeologica 74), Rom 1994

V. VISA-ONDARÇUHU, *L'image de l'athlète d'Homère à la fin du Ve siècle avant J.-C.* (Collection d'études anciennes 126), Paris 1999

V. VISA-ONDARÇUHU, *À propos de Mélankomas: observations sur des techniques du pugilat antique et sur le système du κλῖμαξ,* in: Nikephoros 16 (2003) 97–114

V. VISA-ONDARÇUHU, *Milon de Croton, personage exemplaire,* in: A. BILLAULT (Hg.), Héros et voyageurs grecs dans l'occident romain, Lyon/Paris 1997, 33–62

A. VON GERKAN, *Das Stadion* (Milet. Ergebnisse der Ausgrabungen und Untersuchungen II 1), Berlin 1921

[F. G.] VON PAPEN, *Die Spiele von Hierapolis,* in: ZfN 26 (1908) 161–182

H. VON STEUBEN, *Der Doryphoros,* in: BECK/BOL/BÜCKLING (Hg.), Polyklet, 185–198

S. WACHSMANN, *Aegeans in the Theban Tombs* (OLA 20), Leiden 1987

A. WACKE, *Unfälle bei Sport und Spiel nach römischem und geltendem Recht,* in: Stadion 3 (1977) 4–43

Ch. WACKER, *Wo trainierten die Athleten in Olympia?,* in: Nikephoros 10 (1997) 103–117

Ch. WACKER, *Die bauhistorische Entwicklung der Gymnasien. Von der Parkanlage zum ‚Idealgymnasion' des Vitruv,* in: KAH/SCHOLZ (Hg.), Gymnasion, 349–361

Ch. WACKER, *Das Gymnasion in Olympia. Geschichte und Funktion* (Würzburger Forschungen zur Altertumskunde 2), Würzburg 1996

Ch. WACKER (Hg.), *Horse Games – Horse Sports. From Traditional Oriental Games to modern and Olympic Sports,* 9th / 10th February 2010, Museum of Islamic Art, Qatar, i Dr.

Ch. WALLNER, *Der olympische Agon von Bostra,* in: ZPE 129 (2000) 97–107

U. WEGNER, *Olympische Götterspiele. Wettkampf und Kult,* Ostfildern 2004

I. WEILER, *Der Agon im Mythos. Zur Einstellung der Griechen zum Wettkampf* (Impulse der Forschung16), Darmstadt 1974

I. WEILER, *Einige Bemerkungen zu Solons Olympionikengesetz,* in: P. HÄNDEL/W. MEID (Hg.), Festschrift für Robert Muth (Innsbrucker Beiträge zur Kulturwissenschaft 22), Innsbruck 1983, 573–582

I. WEILER, *Die Gegenwart der Antike. Ausgewählte Schriften zu Geschichte, Kultur und Rezeption des Altertums,* hg. von P. MAURITSCH, W. PETERMANDL u. B. MAURITSCH-BEIN, Darmstadt 2004

I. WEILER, *Korruption in der olympischen Agonistik und die diplomatische Mission des Hypereides in Olympia,* in: RIZAKIS (Hg.), Achaia und Elis, 87–92

I. WEILER, *Der „Niedergang" und das Ende der olympischen Spiele in der Forschung,* in: Grazer Beiträge 12/13 (1985/1986) 235–263

I. WEILER, *Olympia – jenseits der Agonistik,* in: Nikephoros 10 (1997) 191–213

I. WEILER, *Philostrats Gedanken über den Verfall des Sports,* in: R. BACHLEITNER/S. REDL (Hg.), Sportwirklichkeit. Beiträge zur Didaktik, Geschichte und Soziologie des Sports. Festschrift E[rwin] Niedermann, Wien 1981, 97–105

I. WEILER, *Der Sport bei den Völkern der Alten Welt. Eine Einführung. Mit dem Beitrag „Sport bei den Naturvölkern" von* Ch. ULF, Darmstadt ²1988

I. WEILER, *Zum Verhalten der Zuschauer bei Wettkämpfen in der Alten Welt,* in: E. KORNEXL (Hg.), Spektrum der Sportwissenschaften. Festschrift zum 60. Geburtstag von Friedrich Fetz (Theorie und Praxis der Leibesübungen 58), Wien 1987, 43–59, auch abgedruckt in: IDEM, Gegenwart der Antike, 133–149

K. E. WELCH, *The Roman Amphitheatre. From its Origins to the Colosseum,* New York 2007

K. E. WELCH, *The Stadium at Aphrodisias,* in: AJA 102 (1998) 547–569

W. WELWEI, *Reisen,* in: DNP 10 (2001) 856–866

M. L. WEST, *The Eastern Face of Helicon. West Asiatic Elements in Greek Poetry and Myth,* Oxford 1997, Ndr. 2003

E. M. WHITTINGTON (Hg.), *The Sport of Life and Death. The Mesoamerican Ballgame,* New York 2001

H. WIEGARTZ, *Zur Startanlage im Hippodrom von Olympia,* in: Boreas 7 (1984) 41–78

K. WIEMANN, *Die Phylogenese des menschlichen Verhaltens im Hinblickk auf die Entwicklung sportlicher Betätigung,* in: UEBERHORST (Hg.), Geschichte der Leibesübungen, I, 48–61

J. WIESNER, *Fahren und Reiten* (Archaeologia Homerica F), Göttingen 1968

M. WÖRRLE, *Stadt und Fest im kaiserzeitlichen Kleinasien. Studien zu einer agonistischen Stiftung aus Oinoanda* (Vestigia 39), München 1988

N. YALOURIS (Hg.), *Die Olympischen Spiele im antiken Griechenland,* Athen 2003

Ü. YALÇIN/C. PULAK/R. SLOTTA (Hg.), *Das Schiff von Uluburun. Welthandel vor 3000 Jahren. Katalog der Ausstellung des Deutschen Bergbau-Museums Bochum vom 15. Juli 2005 bis 16. Juli 2006* Bochum 2005

F. YEGÜL, *Baths and Bathing in Classical Antiquity,* New York/Cambridge, Mass./London 1992

D. C. YOUNG, *A Brief History of the Olympic Games,* Malden, MA/Oxford/Carlton, Victoria 2004

D. C. YOUNG, *The Olympic Myth of Greek Amateur Athletics,* Chicago 1984

D. C. YOUNG, *The Modern Olympics. A Struggle for Revival,* Baltimore/London 1996

J. G. YOUNGER, *Bronze Age Representations of Aegean Bull Games III,* in: LAFFINEUR/NIEMEIER (Hg.), Politeia, 507–545

J. G. YOUNGER, *Bronze Age Representations of Aegean Bull-Leaping,* in: AJA 80 (1976) 125–137

J. G. YOUNGER, *The Iconography of Late Minoan and Mycenaean Sealstones and Finger Rings,* Bristol 1988

J. G. YOUNGER, *A New Look at Aegean Bull-Leaping,* in: Muse 17 (1983) 72–79

Th. ZAWADZKI, *"Olympia" zwischen Altertum und Gegenwart. Vom Verbot durch Theodosius bis zur Wiedereinführung durch Pierre de Coubertin,* Diplomarbeit Deutsche Sporthochschule Köln 2005

M. ZERBINI, *Alle fonti del doping. Fortuna e prospettive si un tema storico-religioso (*Storia delle religioni 14), Rom 2001

R. ZIEGLER, *Städtisches Prestige und kaiserliche Politik. Studien zum Festwesen in Ostkilikien im 2. und 3. Jahrhundert n. Chr.* (Kultur und Erkenntnis 2), Düsseldorf 1985

W. ZSCHIETZSCHMANN, *Wettkampf- und Übungsstätten in Griechenland* I*: Das Stadion,* Schorndorf 1960

W. ZSCHIETZSCHMANN, *Wettkampf- und Übungsstätten in Griechenland* II: *Palästra und Gymnasion,* Schorndorf 1961

Abbildungsnachweis

In Bezug auf die aus der Erstauflage übernommenen Abbildungen wiederhole ich meinen Dank für freundlichst überlassene Vorlagen sowie die Genehmigung ihrer Veröffentlichung an das Deutsche Archäologische Institut, Rom (Dr. Helmut Jung) sowie an das Liebieghaus, Frankfurt (Prof. Dr. Peter C. Bol); Prof. Dr. Manfred Bietak, Wien/Kairo, danke ich für die Abdruckerlaubnis von Abbildung 4.

AKURGAL, *Kunst in der Türkei,* Farbtf. 37 : 26
BASS, *Cape Gelidonya,* Abb. 93 : 10
BIETAK/MARINATOS e.a. (Hg.), *Taureador Scenes,* 58 f. : 4
BLÜMEL, *Sport der Hellenen,* Nr. 127 (S. 99), Nr. 89 : 49, 74
DAI Rom: 33, 34, 37, 52, 55, 83
DAKARIS, *Δωδώνη,* Abb. 36 : 63
Photo W. Decker: 8 b, 9, 11, 12, 14, 16, 17, 18, 20, 21, 22, 27, 28, 29, 30, 31, 38, 39, 40, 41, 42, 43, 44, 47, 48, 51, 53, 54 a/b, 56, 57, 58, 61, 62, 64, 65, 66, 67, 68, 69 a, 70, 71, 72, 73, 75, 77, 80, 81, 82, 85, 86, 88, 89, 90, 91, 92, 93, 94
DEMAKOPOULOU (Hg.), *Aidonia Treasure,* 70.1 : 6
DNP 11 (2001) 889 : 60
DOUMAS, *Wandmalereien von Thera,* Abb. 79 : 2
EBERT (Hg.), *Olympia,* Abb. 110, 34* : 45, 76
Frankfurt, Liebieghaus: 84
HERRMANN, *Olympia,* Abb. 129 : 13
Hesperia 51 (1982) 65 : 56
JÜTHNER/BREIN, *Leibesübungen,* II 1, Abb. 15 : 69 b
KILIAN, in: AM 95 (1981) Abb. 2 : 7 a
LASER, *Sport und Spiel,* Abb. 30 a, 2, 6 b, 7 : 3 a/b, 7 b, 23, 25
LEBESSI/MUHLY/PAPASAVVAS, in: AM 119 (2004) 1-31, Tf. I.2 : 5
Martina Schwarz, Umzeichnungen: 24, 46, 78, 79, 87
SPATHARI, *Το ολυμπιακό πνεύμα,* 23 : 8 a
TREMEL, *Magica agonistica,* Abb. 4 : 59
TZACHOU-ALEXANDRI (Hg.), *Mind and Body,* 70, 84, Nr. 168, 207 : 15, 19, 35, 95
VANHOVE, *Sport en Grèce,* Nr. 220, 153 : 32, 36

Index

Namensregister

Ortsregister

Sachregister